税法

主　编　刘立佳　梁海燕
副主编　王　聪　张威帆　梁　萌

中国财经出版传媒集团
中国财政经济出版社
·北京·

图书在版编目（CIP）数据

税法／刘立佳，梁海燕主编．-- 北京：中国财政经济出版社，2025.3．-- ISBN 978－7－5223－3808－8

Ⅰ．D922．22

中国国家版本馆 CIP 数据核字第 2025S3109W 号

责任编辑：彭　波　　　　责任校对：胡永立

责任印制：史大鹏

税　法

SHUIFA

中国财政经济出版社 出版

URL：http：//www. cfeph. cn

E－mail：cfeph@ cfeph. cn

社址：北京市海淀区阜成路甲 28 号　邮政编码：100142

营销中心电话：010－88191522

天猫网店：中国财政经济出版社旗舰店

网址：https：//zgczjjcbs. tmall. com

涿州汇美亿浓印刷有限公司印刷　各地新华书店经销

成品尺寸：185mm×260mm　16 开　26. 5 印张　497 000 字

2025 年 3 月第 1 版　2025 年 3 月河北第 1 次印刷

定价：68. 00 元

ISBN 978－7－5223－3808－8

（图书出现印装问题，本社负责调换，电话：010－88190548）

本社图书质量投诉电话：010－88190744

打击盗版举报热线：010－88191661　QQ：2242791300

前言

税收法治化进程不断深化的时代背景下，为适应应用型本科人才培养需求，我们组织编写了这本理论与实践并重的《税法》教材。本教材立足于我国税收法律体系的最新发展，紧扣应用型人才培养目标，以“知识传授—能力培养—价值引领”为核心理念，通过系统性内容优化与思政元素融入，构建知识传授、实践能力与职业素养协同发展的教学体系，为培养兼具专业能力与道德信念的复合型财会人才提供优质教学资源。本教材具有以下显著特色：

第一，构建“双导向”培养体系。教材编写贯彻就业导向与职业发展导向相结合的理念，每个知识点通过“理论阐释＋法条解析＋例题实训”三个阶段，帮助学生建立从税法原理到税务实践的完整认知链条。第二，突出应用型教学特色。全书收录大量的例题，培养学生解决复杂税务问题的能力。第三，教学内容更加有序。根据多年的课程讲授经验，对课程内容进行整合排序，使其在逻辑上更加清晰，更易于被学生接受和记忆。

教材编写工作汇聚了相关高校税法教学团队的集体智慧。上海电机学院商学院刘立佳、上海建桥学院商学院梁海燕担任主编，负责全书框架设计、体例创新和质量把控；上海理工大学管理学院王聪、上海电机学院商学院张威帆、梁萌担任副主编，承担了核心章节的编写任务。研究生陈一博等同学在习题开发、版本校对等方面提供了重要支持。全书最后由刘立佳统审定稿。

我们期待通过这本教材，帮助学生在掌握税法知识体系的同时，培养涉税信息处理、税务风险评估、税收筹划设计等职业核心能力，为其未来职业发展奠定坚实基础。限于编者水平，书中难免存在疏漏之处，恳请广大师生和业界同仁不吝指正。

编者

2025 年 3 月

目录

▶第2章

增值税 // 33

►第 4 章

关税和船舶吨税 // 152

▶第 5 章

企业所得税 // 175

第 1 章 总 论

知识目标

1. 了解税收的历史、概念和功能。
2. 掌握税收的特征。
3. 了解税法的概念、我国税法构成体系。
4. 掌握税法的基本原则和基本要素。
5. 了解我国税法的征收管理体制。

能力目标

能够简单评价现行税法改革的依据和方向。

思政目标

守信守责：具有社会责任感，培养爱国情怀，深刻理解税收与民生的关系。

1.1 税收基本知识

1.1.1 税收的概念

税收作为国家治理和社会发展的重要工具，其概念和本质一直是经济学研究的核心议题。在深入探讨税收的概念时，我们需要从其本质、征税依据以及征税目的三个方面来进行全面把握。

1. 税收的国家财政收入工具与分配关系

税收是国家为了实现其职能，满足社会公共需求而取得财政收入的一种基本形式。它的本质在于一种分配关系，这种关系体现了国家与纳税人之间的经济利益调节。国家通过税收参与社会产品价值的分配，这是市场经济条件下对社会总产品进行分割的一种法定形式。税收的分配功能主要表现在三个方面：首先，税收可以实现财富的再分配。通过对高收入者和富裕企业征收更多的税款，政府可以将这些资金用于社会福利项目和公共服务，从而缩小社会贫富差距，实现财富的公平分配。其次，税收可以实现资源的再分配。政府通过对不同行业和领域征收不同税率的税收，引导资源向更有效率的部门流动，促进经济结构的优化和经济的均衡发展。最后，税收还可以实现收入的再分配。通过调整个人所得税的税率和税基，政府可以调节个人收入分配，使之更加公平合理。

2. 国家征税的政治权力依据

国家征税的依据是政治权力，这一点将其与按生产要素进行的分配区别开来。在现代国家中，税收权力源自政府对国家的统治和管理。政府通过立法和法律规定来确定税收的范围、税率和征收方式，这些规定基于政治权力而非财产权力或生产资料的占有。税收分配是以国家为主体进行的分配，它体现了国家对经济资源的宏观调控和对国民收入的再分配。

马克思主义经典作家们对税收的政治权力依据进行了深刻阐释。马克思指出，"赋税是政府机器的经济基础，而不是其他任何东西。"恩格斯在《家庭、私有制和国家起源》中也指出，"为了维持这种公共权力，就需要公民缴纳费用——捐税。"这些论述表明，税收是国家行使政治权力、维持国家机构运行和社会公共服务的一种手段。

3. 国家征税的社会公共需要目的

国家征税的根本目的是满足社会公共需要。在国家履行其公共职能的过程中，必然涉及一系列的公共支出。由于公共产品和服务的特殊性，这些支出通常不能通过市场机制来实现，而必须通过国家强制征税的方式来筹集资金。税收的征收用于提供教育、医疗、基础设施建设等公共服务，以及用于实施宏观经济政策，如调控经济周期、促进就业、保障社会稳定等。

税收的目的不仅是筹集财政收入，更在于通过税收政策的制定和执行，实现社会资源的有效配置和社会财富的公平分配。税收政策的设计和调整，应当以促进社会整体福利和经济持续健康发展为目标，满足社会公共需求的同时，也应当考虑到税收对经济行为的激励和约束作用。

【例1-1】（单选题）下列权利中作为国家征税依据的是（　　）。

A. 管理权力　　B. 政治权力　　C. 社会权力　　D. 财产权力

【答案】 B

【解析】 国家征税的依据是政治权力，它有别于按生产要素进行的分配。

1.1.2 税收的特征

由于国家税收的经济前提是国家不直接占有生产资料和不直接从事生产活动，因此国家征税只能凭借政治权力而不是其他权力。这就决定了税收必须具有强制、无偿、固定的特征。它是税收本质的外在表现。

只有同时具备了这“三性”的分配形式，才能成为税收。这是税收分配形式区别于其他任何分配形式的标志，不受社会制度的影响。税收的特征是不同社会制度下税收的共性。

1. 强制性

税收的强制性是指国家凭借其政治权力以法律、法令形式对税收征纳双方的权利（权力）与义务进行规范，依据法律进行征税。我国《宪法》明确规定我国公民有依照法律纳税的义务。纳税人必须依法纳税，否则就要受到法律的制裁。税收的强制性主要体现在征税过程中。

税收的强制性是指税收参与社会物品的分配依据是国家的政治权力，而不是财产权力，和生产资料的占有没有关系。税收的强制性具体表现在税收是以国家法律的形式规定的，而税收法律作为国家法律的组成部分，对不同的所有者都是普遍适用的，任何单位和个人都必须遵守，不依法纳税者要受到法律的制裁。税收的强制性说明，依法纳税是人们不应回避的法律义务。《中华人民共和国宪法》（以下简称《宪法》）就明确规定，我国公民有依法纳税的义务。正因为税收具有强制性特点，所以它是国家取得财政收入最普遍、最可靠的一种形式。

2. 无偿性

税收的无偿性是就具体的征税过程来说，表现为国家征税后税款即为国家所有，并不存在对纳税人的偿还问题。税收的无偿性是相对的。对具体的纳税人来说，纳税后并未获得任何报酬。从这个意义上说，税收不具有偿还性或返还性，但若从财政活动的整体来看，税收是对政府提供公共物品和服务成本的补偿，这又反映出税收有偿性的一面。税收的这种有偿性是就整体而言的，而不是指个别有偿性。

税收本质上是国家按照社会的公共需要，向人民征收税款，获得社会财产，并以此为全社会谋取福利。因此，税收的有偿性是非直接意义上的，政府征税与纳税人受益之间不存在一一对应的直接偿还关系。尽管税收最终要用于满足社会公共需要，但国家征税时并不向纳税人支付任何报酬，税款征收入库之后也不再返还给纳税人本人。特别是在社会主义条件下，税收具有马克思所说的“从一个处于私人地位的生产者身上扣除的一切，又会直接或间接地用来为处于私人地位的生产者谋福利”的性质，即

"取之于民、用之于民"。税收的无偿性是税收形式特征的核心。

3. 固定性

税收的固定性是指税收课征的依据是税法，国家在征税之前，就通过法律形式把应开征的税种、征税范围、纳税人、征收比例及违法处罚标准等规定下来，由征纳双方共同遵守。税收固定性包含两个方面的含义：一是税收活动的进行不是随意的，而是以法律形式规定的；二是税收征纳及其他一切税收关系的处理原则和标准都应该被预先规定。

税收的固定性与税收的无偿性和强制性之间有着内在联系。税收的征收无偿性决定了税收必须依靠国家政治权力，实行强制征收。但是要保证这种分配活动的有序，维护国家和纳税人双方正当的利益，就有必要规范征纳双方的行为，通过法律的形式进行规定，这样既有利于保证国家的财政收入，又有利于维护纳税人的合法权益。

上述税收的三个形式特征，是中外古今一切税收的共性，它们是相互依存、不可分割的一体，是税收区别于其他财政收入形式的基本标志，只有同时具备以上三个特征的财政收入形式才是税收。

1.1.3 税收的职能

税收的职能，指税收内在的、固有的职责和功能，它是由税收本质决定的。税收的形式特征是税收本质的外在体现，税收职能则是税收本质的内在要求。任何社会形态、任何国家的税收都有这种本质要求。一般来说，税收具有两大职能：收入职能和调节职能。

1. 收入职能

税收的收入职能，也称筹集资金或组织收入的职能。它是国家对税收最基本的要求，也是税收最重要的职能目标。因为国家作为非生产性的上层建筑，它不直接占有物质资料进行生产活动，它只是消费而不能创造物质财富，政府提供的绝大部分公共商品和劳务，国家机器运作所需的绝大部分财政资金，通常都来源于税收。因此，为政府活动筹集和提供资金，税收一直具有下列优点：

（1）适用范围的广泛性。由于税收是国家凭借政治权力向纳税人进行的强制征收，因此从纳税人看，包括国家主权管辖范围内的一切企业、单位和个人，没有所有制、行业、地区、部门的限制。从征税对象看，征收范围也十分广泛，既包括流转额、所得额，也包括财产额，还包括对某些特定目的和行为的征税。

（2）取得财政收入的及时性。税法中明确规定了纳税义务成立的时间和纳税期限，从而保证了税收收入及时、均衡地入库。例如，流转税以纳税人实现销售收入为纳税义务成立时间，纳税人只要实现销售收入，不论盈亏与否都要依法纳税。又如纳税结算期和缴款期限的规定，对纳税人缴纳税款的时间给予了严格的限制，从而有利于国家及时取得财政收入，保证预算资金的正常安排。

（3）征收数额上的稳定性。由于税法明确规定了各税种的纳税人、征税对象和税率，并且由于征税的固定性，使税收在征收时间上具有连续性，可以保证稳定地取得国家财政收入。

2. 调节职能

税收的调节职能是指政府通过调整税收政策来影响经济活动和资源分配的功能。税收的调节职能可以通过增加或减少税收来影响个人和企业的行为，从而实现经济调节的目的。例如，政府可以通过提高所得税率来减少个人消费，以抑制通货膨胀；或者通过降低企业税率来鼓励企业投资和创造就业机会。税收的调节职能还可以通过税收优惠政策来促进特定行业或地区的发展，以及通过税收收入的再分配来实现社会公平和减少贫富差距。总体来说，税收的调节职能是政府利用税收工具来引导经济发展和实现社会目标的重要手段。

1.2 税法概念与原则

1.2.1 税法概念

税法是指税收法律制度，是国家权力机关和行政机关制定的用以调整国家与纳税人之间在征纳税方面的权利及义务关系的法律规范的总称。税法构建了国家及纳税人依法征税、依法纳税的行为准则体系，其目的是保障国家利益和纳税人的合法权益，维护正常的税收秩序，保证国家的财政收入。税法体现为法律这一规范形式，是税收制度的核心内容。税收制度是在税收分配活动中税收征纳双方所应遵守的行为规范的总和。其内容主要包括各税种的法律法规以及为了保证这些税法得以实施的税收征管制度和税收管理体制。税法具有义务性法规和综合性法规的特点。

1. 从法律性质上看，税法属于义务性法规

税法属于义务性法规，并不是指税法没有规定纳税人的权利，而是指纳税人的权利是建立在其纳税义务的基础之上，处于从属地位。税法属于义务性法规的这一特点是由税收的无偿性和强制性特点所决定的。税法的义务性、强制性，不仅有国家权力作为后盾，而且有一系列的制度措施作为保障；税法作为强制性规范，即对于一切满足税收要素的纳税人，均应根据税法缴纳税款。

2. 税法的综合性

它是由一系列单行税收法律法规及行政规章制度组成的体系，其内容涉及课税的基本内容、征纳双方的权利和义务、税收管理规则、法律责任、解决税务争议的法律规范等。税法的综合性特点是由税收制度所调整的税收分配关系和税收法律关系的复杂性所决定的。

税法的本质是正确处理国家与纳税人之间因税收而产生的税收法律关系和社会关系，既要保证国家税收收入，也要保护纳税人的权利，两者缺一不可。片面强调国家税收收入或纳税人权利都不利于社会的和谐发展。如果国家征收不到充足的税款，就无法履行其公共服务的职能，无法提供公共产品，最终也不利于保障纳税人的利益。从这个意义上讲，税法的核心在于兼顾和平衡纳税人权利，在保障国家税收收入稳步增长的同时，也保证对纳税人权利的有效保护，这是税法的核心要义。

1.2.2 税收法律关系

税收法律关系是税法所确认和调整的国家与纳税人之间、国家与国家之间以及各级政府之间在税收分配过程中形成的权利与义务关系。国家征税与纳税人纳税形式上表现为利益分配的关系，但经过法律明确其双方的权利与义务后，这种关系实质上已上升为一种特定的法律关系。了解税收法律关系，对于正确理解国家税法的本质，严格依法纳税、依法征税都具有重要的意义。

1. 税收法律关系的构成

税收法律关系在总体上与其他法律关系一样，都是由税收法律关系的主体、客体和内容三个方面构成的，但在三个方面的内涵上，税收法律关系又具有一定的特殊性。

（1）税收法律关系的主体。

法律关系的主体是指法律关系的参加者。纳税人是指依法应当缴纳税款的个人、企业或其他组织，他们有义务依照法律规定及时、足额地缴纳税款，并享有相应的权利。税务机关是指负责征收和管理税收的政府机构，他们有权利对纳税人进行税收征收、管理和监督。其他相关机构包括财政部门、法院、审计机关等，他们与税务机关合作，共同维护税收法律关系的正常运行。

（2）税收法律关系的客体。

税收法律关系的客体即税收法律关系主体的权利、义务所共同指向的对象，也就是征税对象。例如，所得税法律关系的客体就是生产经营所得和其他所得，财产税法律关系的客体即是财产，流转税法律关系的客体就是货物或劳务收入。税收法律关系客体也是国家利用税收调整和控制的目标，国家在一定时期根据客观经济形势发展的需要，通过扩大或缩小征税范围调整征税对象，以达到限制或鼓励国民经济中某些产业、行业发展的目的。

（3）税收法律关系的内容。

税收法律关系的内容就是主体所享有的权利和所应承担的义务，这是税收法律关系中最实质的东西，也是税法的灵魂。它规定权利主体可以有什么行为，不可以有什么行为，若违反了这些规定，须承担相应的法律责任。

税务机关的权利主要表现在依法进行征税、税务检查以及对违章者进行处罚；其义务主要是向纳税人宣传、咨询、辅导、解读税法，及时把征收的税款解缴国库，依法受理纳税人对税收争议的申诉等。

纳税义务人的权利主要有多缴税款申请退还权、延期纳税权、依法申请减免税权、申请复议和提起诉讼权等，其义务主要是按税法规定办理税务登记、进行纳税申报、接受税务检查、依法缴纳税款等。

2. 税收法律关系的产生、变更与消灭

税法是引起税收法律关系的前提条件，但税法本身并不能产生具体的税收法律关系。税收法律关系的产生、变更与消灭必须有能够引起税收法律关系产生、变更或消灭的客观情况，也就是由税收法律事实来决定。税收法律事实可以分为税收法律事件和税收法律行为。税收法律事件是指不以税收法律关系权力主体的意志为转移的客观事件。例如，自然灾害可以导致税收减免，从而改变税收法律关系内容的变化。税收法律行为是指税收法律关系主体在正常意志支配下作出的活动。例如，纳税人开业经营即产生税收法律关系，纳税人转业或停业就会造成税收法律关系的变更或消灭。

3. 税收法律关系的保护

税收法律关系是同国家利益及企业和个人的权益相联系的。保护税收法律关系，实质上就是保护国家正常的经济秩序、保障国家财政收入和维护纳税人的合法权益。税收法律关系的保护形式和方法是很多的，例如，税法中关于限期纳税、征收滞纳金和罚款的规定，《中华人民共和国刑法》（以下简称《刑法》）对构成逃避缴纳税款、抗税罪给予刑罚的规定，以及税法中对纳税人不服税务机关征税处理决定，可以申请复议或提出诉讼的规定等都是对税收法律关系的直接保护。税收法律关系的保护对权利主体双方是平等的，不能只对一方保护，而对另一方不予保护。同时对其享有权利的保护，就是对其承担义务的制约。

【例1-2】（单选题）关于税收法律关系的概念和构成，下列表述正确的是（　　）。

A. 税收法律关系的内容是税收法律关系中最实质的东西，也是税法的灵魂

B. 税收法律关系是由主体和客体两方面构成的

C. 税收法律关系中权利主体双方法律地位是不平等的

D. 税收法律关系的主体包括征纳双方，其中一方只能是税务机关，另一方是履行纳税义务的人

【答案】 A

【解析】 税收法律关系在总体上与其他法律关系一样，都是由税收法律关系的主体、客体和内容三个方面构成的；在税收法律关系中权利主体双方法律地位平等，只是因为主体双方是行政管理者与被管理者的关系，所以双方的权利与义务不对等；税收法律关系的主体包括征纳双方，一方是代表国家行使征税职责的国家行政机关，另一方是履行纳税义务的人。

1.2.3 税法与其他法律的关系

法的调整对象是具有某一性质的社会关系，它是划分各法律部门的基本因素，也是一个法律部门区别于其他法律部门的基本标志和依据。税法以税收关系为自己的调整对象，正是这一社会关系的特定性把税法同其他法律部门划分开来。因此，税法主要以维护公共利益而非个人利益为目的，在性质上属于公法。不过与宪法、行政法、刑法等典型公法相比，税法仍具有一些私法的属性，如征税依据私法化、税收法律关系私法化、税法概念范畴私法化等。

涉及税收征纳关系的法律规范，除税法本身直接在税收实体法、税收程序法、税收争讼法、税收处罚法中规定外，在某些情况下也援引一些其他法律。深入辨析税法与其他法律间的关系属性，是解决税法适用范围的基础，同时对于增强税法与整个法制体系的协调性也是十分必要的。

1. 税法与宪法的关系

《中华人民共和国宪法》（以下简称《宪法》）作为国家的根本大法，是制定所有法律、法规的依据和章程。《宪法》在现代法治社会中具有最高的法律效力，是立法的基础。税法是国家法律的组成部分，当然也是依据《宪法》的原则制定的。

《宪法》第五十六条规定："中华人民共和国公民有依照法律纳税的义务。"这里一是明确了国家可以向公民征税，二是明确了向公民征税要有法律依据。因此，《宪法》的这一条规定是立法机关制定税法并据以向公民征税以及公民必须依照税法纳税的最直接的法律依据。

《宪法》还对国家要保护公民的合法收入、财产所有权和保护公民的人身自由不受侵犯作出了规定。因此，在制定税法时，就要规定公民应享有的各项权利以及国家税务机关行使征税权的约束条件，同时要求税务机关在行使征税权时，不能侵犯公民

的合法权益。

《宪法》第三十三条规定："中华人民共和国公民在法律面前一律平等"，即凡是中国公民都应在法律面前处于平等的地位。在制定税法时也应遵循这个原则，对所有的纳税人平等对待，不能因为纳税人的种族、性别、出身、年龄等不同而在税收上给予不平等的待遇。

2. 税法与民法的关系

税法与民法之间既有明显的区别，又有内在的联系。民法是调整平等主体之间，也就是公民之间、法人之间、公民与法人之间财产关系和人身关系的法律规范，故民法调整方法的主要特点是平等、等价和有偿。而税法的本质是国家依据政治权力向公民课税，是调整国家与纳税人关系的法律规范，这种税收征纳关系不是商品的关系，明显带有国家意志和强制的特点，其调整方法要采用命令和服从的方法，这是由税法与民法的本质区别所决定的。

当税法的某些规范同民法的规范基本相同时，税法一般援引民法条款。在征税过程中，经常涉及大量的民事权利和义务问题。例如，印花税中有关经济合同关系的成立，房产税中有关房屋的产权认定等，而这些在民法中已予以规定，所以税法就不再另行规定。

当涉及税收征纳关系的问题时，一般应以税法的规范为准则。例如，两个关联企业之间，一方以高进低出的价格与对方进行商业交易，然后再以其他方式从对方取得利益补偿，以达到避税的目的。虽然上述交易符合民法中规定的"民事活动应遵循自愿、公平 、等价有偿、诚实信用"的原则，但是违反了税法规定，在确定纳税义务时应该按照税法的规定对此种交易的法律属性作相应调整。

3. 税法与刑法的关系

刑法是关于犯罪、刑事责任与刑罚的法律规范的总和。税法则是调整税收征纳关系的法律规范，其调整的范围不同。两者也有着密切的联系，因为税法和刑法对于违反税法都规定了处罚条款。但应该指出，违反了税法，并不一定就是刑事犯罪。区别就在于情节是否严重，轻者给予行政处罚，重者则要承担刑事责任，给予刑事处罚。从 2009 年 2 月 28 日起，"偷税"将不再作为一个刑法概念存在。第十一届全国人民代表大会常务委员会（以下简称全国人大常委会）第七次会议表决通过了《刑 法修正案（七）》，修订后的《刑法》对第二百零一条关于不履行纳税义务的定罪量刑标准和法律规定中的相关表述方式进行了修改。用"逃避缴纳税款"取代了"偷税"。但目前我国的《中华人民共和国税收征收管理法》（以下简称《税收征收管理法》）中还没有作出相应修改。

4. 税法与行政法的关系

税法与行政法有着十分密切的联系，主要表现在税法具有行政法的一般特性。税收实体法和税收程序法中都有大量内容是对国家机关之间、国家机关与法人或自然人之间的法律关系的调整。而且税收法律关系中居于领导地位的一方总是国家，体现国家单方面意志，不需要征纳双方意思表示完全一致。另外，税收法律关系中争议的解决一般按照行政复议程序和行政诉讼程序进行。

税法与行政法也有一定区别。与一般行政法所不同的是，税法具有经济分配的性质，并且经济利益由纳税人向国家无偿单方面转移，这是一般行政法所不具备的。几乎社会再生产的每一个环节都有税法的参与和调节，在广度和深度上是一般行政法所不能比的。另外，行政法大多为授权性法规，所含的少数义务性规定也不像税法一样涉及货币收益的转移，而税法则是一种义务性法规。

1.2.4 税法原则

税法的原则反映税收活动的根本属性，是税收法律制度建立的基础。税法原则包括税法基本原则和税法适用原则。

1. 税法基本原则

税法基本原则是统领所有税收规范的根本准则，为包括税收立法、执法、司法、守法在内的一切税收活动所必须遵守的。

（1）税收法定原则。

党的十八届三中全会审议通过的《中共中央关于全面深化改革若干重大问题的决定》中提出了“落实税收法定原则”。这是我国在党的文件中首次明确提出税法原则中这一最根本的原则。

税收法定原则是税法基本原则中的核心。税收法定原则又称为税收法定主义，是指税法主体的权利义务必须由法律加以规定，税法的各类构成要素皆必须且只能由法律予以明确。税收法定主义贯穿税收立法和执法的全部领域，其内容包括税收要件法定原则和税务合法性原则。

税收要件法定原则是指有关纳税人、课税对象、课税标准等税收要件必须以法律形式作出规定，且有关课税要素的规定必须尽量明确。税务合法性原则是指税务机关按法定程序依法征税，不得随意减征、停征或免征，无法律依据不征税。

（2）税收公平原则。

一般认为，税收公平原则包括税收横向公平和纵向公平，即税收负担必须根据纳税人的负担能力分配，负担能力相等，税负相同；负担能力不等，税负不同。税收公平原则源于法律上的平等性原则，所以许多国家的税法在贯彻税收公平原则时，都特别强调“禁止不平等对待”的法理，禁止对特定纳税人给予歧视性对待，也禁止在没有正当理由的情况下对特定纳税人给予特别优惠。

（3）税收效率原则。

税收效率原则包含两个方面：一是经济效率；二是行政效率。前者要求税法的制定要有利于资源的有效配置和经济体制的有效运行；后者要求提高税收行政效率，节约税收征管成本。

（4）实质课税原则。

实质课税原则是指应根据客观事实确定是否符合课税要件，并根据纳税人的真实负担能力决定纳税人的税负，而不能仅考虑相关外观和形式。

2. 税法适用原则

税法适用原则是指税务行政机关和司法机关运用税收法律规范解决具体问题所必须遵循的准则。税法适用原则并不违背税法基本原则，而且在一定程度上体现着税法基本原则。但是与其相比，税法适用原则含有更多的法律技术性准则，更为具体化。

（1）法律优位原则。

法律优位原则的基本含义为法律的效力高于行政立法的效力，其作用主要体现在处理不同等级税法的关系上。法律优位原则明确了税收法律的效力高于税收行政法规的效力，对此还可以进一步推论为税收行政法规的效力优于税收行政规章的效力。即，效力低的税法与效力高的税法发生冲突，效力低的税法是无效的。

（2）法律不溯及既往原则。

法律不溯及既往原则是绝大多数国家所遵循的法律程序技术原则。其基本含义为：一部新法实施后，对新法实施之前人们的行为不得适用新法，而只能沿用旧法。在税法领域内坚持这一原则，目的在于维护税法的稳定性和可预测性，使纳税人能在知道纳税结果的前提下作出相应的经济决策，税收的调节作用才会较为有效。

（3）新法优于旧法原则。

新法优于旧法原则也称后法优于先法原则，其含义为：新法、旧法对同一事项有不同规定时，新法的效力优于旧法。其作用在于避免因法律修订带来新法、旧法对同一事项有不同的规定而引起法律适用的混乱，为法律的更新与完善提供法律适用上的保障。

新法优于旧法原则在税法中普遍适用，但是当新税法与旧税法处于普通法与特别法的关系时，以及某些程序性税法引用“实体从旧，程序从新原则”时，可以例外。

（4）特别法优于普通法原则。

特别法优于普通法原则的含义为：对同一事项两部法律分别订有一般规定和特别

规定时，特别规定的效力高于一般规定的效力。特别法优于普通法原则打破了税法效力等级的限制，即居于特别法地位的级别较低的税法，其效力可以高于作为普通法的级别较高的税法。

（5）实体从旧、程序从新原则。

这一原则的含义包括两个方面：一是实体税法不具备溯及力。即，在纳税义务的确定上，以纳税义务发生时的税法规定为准，实体性的税法规定不具有向前的溯及力。二是程序性税法在特定条件下具备一定的溯及力。即，对于新税法公布实施之前发生、却在新税法公布实施之后进入税款征收程序的纳税义务，原则上新税法具有约束力。

（6）程序优于实体原则。

程序优于实体原则是关于税收争讼法的原则，其基本含义为：在诉讼发生时税收程序法优于税收实体法。适用这一原则，是为了确保国家课税权的实现，不因争议的发生而影响税款的及时、足额入库。

【例1－3】（多选题）下列税法原则中，属于税法适用原则的有（　　）。

A. 税收法定　　B. 税收公平　　C. 程序优于实体　　D. 法律不溯及既往

【答案】 CD

【解析】 选项AB属于税收基本原则。

1.3　税法要素

税法要素是指各种单行税法具有的共同的基本要素的总称。首先，税法要素既包括实体性的，也包括程序性的；其次，税法要素是所有完善的单行税法都共同具备的，仅为某一税法所单独具有而非普遍性的内容，不构成税法要素，如扣缴义务人。税法要素一般包括总则、纳税义务人、征税对象、税目、税率、纳税环节、纳税期限、纳税地点、减税免税、罚则、附则等项目。

1.3.1　总则

总则主要包括立法依据、立法目的、适用原则等。例如，《耕地占用税法》规定，“为了合理利用土地资源，加强土地管理，保护耕地，制定本法。”此条突出了该法制定的目的，即“立法目的”。

1.3.2　纳税义务人

纳税义务人或纳税人又称为纳税主体，是税法规定的直接负有纳税义务的单位和个人。任何一个税种首先要解决的就是国家对谁征税的问题，例如，我国个人所得税、增值税、消费税以及印花税等税法的第一条规定的都是该税种的纳税义务人。纳税人有两种基本形式：自然人和法人。自然人和法人是两个相对称的法律概念。自然人是基于自然规律而出生的，享有民事权利和义务的主体，包括本国公民，也包括外国人和无国籍人。法人是自然人的对称，根据《中华人民共和国民法典》第五十七条规定，法人是具有民事权利能力和民事行为能力，依法独立享有民事权利和承担民事义务的组织。

税法中规定的纳税人有自然人和法人两种最基本的形式，按照不同的目的和标准，还可以对自然人和法人进行多种详细的分类，这些分类对国家制定区别对待的税收政策、发挥税收的经济调节作用，具有重要的意义。例如，自然人可划分为居民个人和非居民个人，个体经营者和其他个人等；法人可划分为居民企业和非居民企业，还可按企业的不同所有制性质来进行分类等。

与纳税人紧密联系的两个概念是代扣代缴义务人和代收代缴义务人。前者是指虽不承担纳税义务，但依照有关规定，在向纳税人支付收入、结算货款、收取费用时有义务代扣代缴其应纳税款的单位和个人。例如，用人单位在支付工资时代扣的个人所得税等。代收代缴义务人是指虽不承担纳税义务，但依照有关规定，在向纳税人收取商品或劳务收入时，有义务代收代缴其应纳税款的单位和个人。例如，《中华人民共和国消费税暂行条例》（以下简称《消费税暂行条例》）规定，委托加工的应税消费品，由受托方在向委托方交货时代收代缴委托方应该缴纳的消费税。

与纳税人紧密相连的另一个概念是负税人。负税人是实际负担税款的单位或个人。由于税负转嫁现象的存在，纳税人与负税人存在不一致的情况。一般而言，直接税的纳税人与负税人是一致的，流转税的纳税人与负税人则更可能不一致。

与纳税人相关的几组概念如图 1－1 所示。

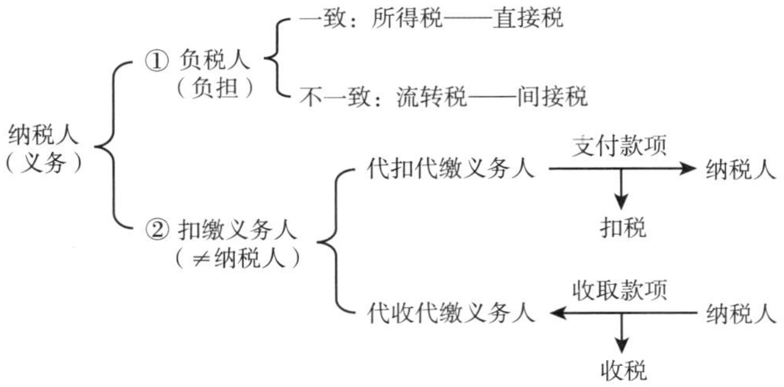

图 1－1　与纳税人相关的几组概念

1.3.3 征税对象与税目

1. 征税对象

征税对象又称为课税对象、征税客体，是指税法规定的对什么征税，也是征纳税双方权利义务共同指向的客体或标的物，又是区别一种税与另一种税的重要标志。例如，消费税的征税对象是《消费税暂行条例》所列举的应税消费品，房产税的征税对象是房屋等。征税对象是税法最基本的要素，因为它体现着征税的最基本界限，决定着某一种税的基本征税范围，同时，征税对象也决定了各个不同税种的名称。例如，消费税、土地增值税、个人所得税等，这些税种因征税对象不同、性质不同，税名也就不同。征税对象按其性质的不同，通常可划分为流转额、所得额、财产、资源、特定行为五大类，通常也因此将税收分为相应的五大类，即流转税或称商品和劳务税、所得税、财产税、资源税和特定行为税。

与课税对象相关的两个基本概念是税目和税基。税目本身也是一个重要的税法要素，下面将单独讨论。而税基又称为计税依据，是据以计算征税对象应纳税款的直接数量依据，它解决对征税对象课税的计算问题，是对课税对象的量的规定。例如，企业所得税应纳税额的基本计算方法是应纳税所得额乘以适用税率，其中，应纳税所得额是据以计算所得税应纳税额的数量基础，为所得税的税基。计税依据按照计量单位的性质划分，有两种基本形态：价值形态和物理形态。价值形态包括应纳税所得额、销售收入、营业收入等；物理形态包括面积、体积、容积、重量等。以价值形态作为税基，又称为从价计征，即按征税对象的货币价值计算，例如，生产销售化妆品应纳消费税额是由化妆品的销售收入乘以适用税率计算产生，其税基为销售收入，属于从价计征的方法。另一种是从量计征，即直接按征税对象物理形态的自然单位计算，例如，城镇土地使用税应纳税额是由占用土地面积乘以每单位面积应纳税额计算产生，其税基为占用土地的面积，属于从量计征的方法。

2. 税目

税目是在税法中对征税对象分类规定的具体的征税项目，反映具体的征税范围，是对课税对象质的界定。设置税目的目的首先是明确具体的征税范围，凡列入税目的即为应税项目，未列入税目的，则不属于应税项目。其次，划分税目也是贯彻国家税收调节政策的需要，国家可根据不同项目的利润水平以及国家经济政策等为依据制定高低不同的税率，以体现不同的税收政策。

并非所有税种都需要规定税目，有些税种不区分课税对象的具体项目，一律按照课税对象的应税数额采用同一税率计征税款，因此一般无须设置税目，如企业所得税。

有些税种具体课税对象比较复杂，需要规定税目，如消费税，一般都规定有不同的税目（见表1－1）。

表1－1 税目、税基与课税对象的关系

概念	含义	与课税对象关系
税目	对征税对象分类规定的具体征税项目，反映具体的征税范围	对课税对象质的界定
计税依据（税基）	计算征税对象应纳税款的直接数量依据，解决征税对象课税的计算问题	对课税对象的量的规定

1.3.4 税率

税率是对征税对象的征收比例或征收程度。税率是计算税额的尺度，也是衡量税负轻重与否的重要标志。我国现行的税率主要有以下几种。

1. 比例税率

即对同一征税对象，不分数额大小，规定相同的征收比例。例如，我国的增值税、城市维护建设税、企业所得税等采用的是比例税率。比例税率在适用中又可分为三种具体形式：

（1）单一比例税率，是指对同一征税对象的所有纳税人都适用同一比例税率，如车辆购置税。

（2）差别比例税率，是指对同一征税对象的不同纳税人适用不同的比例征税。我国现行税法又分别按产品、行业和地区的不同将差别比例税率划分为以下三种类型：一是产品差别比例税率，即对不同产品分别适用不同的比例税率，同一产品采用同一比例税率，如消费税、关税等；二是行业差别比例税率，即对不同行业分别适用不同的比例税率，同一行业采用同一比例税率，如增值税等；三是地区差别比例税率，即区分不同的地区分别适用不同的比例税率，同一地区采用同一比例税率，如城市维护建设税等。

（3）幅度比例税率，是指对同一征税对象，税法只规定最低税率和最高税率，各地区在该幅度内确定具体的适用税率，如契税。

比例税率具有计算简单、税负透明度高、有利于保证财政收入、有利于纳税人公平竞争、不妨碍商品流转额或非商品营业额扩大等优点，符合税收效率原则。但比例税率不能针对不同收入水平的纳税人实施不同的税收负担，在调节纳税人的收入水平方面难以体现税收的公平原则。

2. 累进税率

累进税率是指随着征税对象数量增大而随之提高的税率，即按征税对象数额的大小划分为若干等级，不同等级的课税数额分别适用不同的税率，课税数额越大，适用税率越高。累进税率一般在所得课税中使用，可以充分体现对纳税人收入多的多征、收入少的少征、无收入的不征的税收原则，从而有效地调节纳税人的收入，正确处理税收负担的纵向公平问题。

累进税率又分为三种，即全额累进税率、超额累进税率和超率累进税率。

（1）全额累进税率。

全额累进税率，是把征税对象的应税数额划分为若干等级，对每个等级分别规定相应税率，当税基超过某个级距时，课税对象的全部数额都按提高后级距的相应税率征税。

全额累进税率计算方法简便，但税收负担不合理，特别是在划分级距的临界点附近，税负呈跳跃式递增，甚至会出现税前收入增加，税后收入反而下降的不合理现象，不利于鼓励纳税人增加收入。当前我国税种中没有采用全额累进税率这种税率形式（见表 1－2）。

【例 1－4】 某纳税人某月应纳税所得额为 5 500 元，适用第二级次税率 20%，应纳税额 5 500 × 20% ＝1 100（元）。税后收入为 4 400 元。当应纳税所得额为 5 000 元时，适用第一级次税率 10%，应纳税额 5 000 × 10% ＝500，税后收入为 4 500 元。

表 1－2　　某三级全额累进税率

应纳税所得额	适用税率
5 000 元（含）以下	10%
5 000 ~ 20 000 元（含）	20%
20 000 元以上	30%

（2）超额累进税。

超额累进税率是指按征税对象税额的大小划分征税级距，以纳税人的征税对象的所属等级同时适用几个税率分别计算，将计算结果相加后得出应纳税额的一种累进税率。即，采用超额累进税率时征税对象数额超过某一等级时，仅就超过部分按高一级税率计算征税。我国现行税法中个人所得税采用这种税率。

【例 1－5】 某纳税人某月应纳税所得额为 5 500 元，按照表 1－3 中超额累进税率，5 000 元适用于税率 10%，应纳税额 ＝5 000 × 10% ＝500（元）；

第二级的 500 元（5 500－5 000）适用第二级次税率 20%，应纳税额 500 × 20% ＝100（元）。

其该月应纳税额 =500 +100 =600 元。税后收入为 4 900 元。

超额累进税率是各国普遍采用的一种税率。为解决超额累进税率计算税款比较复杂的问题，在实际工作中引入了“速算扣除数”的概念，通过预先计算出的速算扣除数，即可直接计算应纳税额，不必再分级分段计算。速算扣除数是按全额累进税率和超额累进税率计算的应纳税额的差额。

表 1－3　　某三级超额累进税

应纳税所得额	适用税率	速算扣除数
5 000 元（含）以下	10%	0
5 000～20 000 元（含）	20%	500 元
20 000 元以上	30%	2 500 元

速算扣除数 = 按全额累进方法计算的税额 － 按超额累进方法计算的税额

公式移项得：

按超额累进方法计算的税额 = 按全额累进方法计算的税额 － 速算扣除数

接上例，某人某月应纳税所得额为 5 500 元，如果直接用 5 500 元乘以所对应级次的税率 20%，则对于第 1 级次的 5 000 元应纳税所得额就出现了 5 000（20% －10%）的重复计算的部分。因为这 5 000 元仅适用 10% 的税率，而现在全部用了 20% 的税率来计算，故多算了 10%，这就是应该扣除的速算扣除数。如果用简化的方法计算，则 5 500 元月应纳税所得额 =5 500 ×20% －500 =600（元）。

3. 定额税率

定额税率即按征税对象确定的计算单位，直接规定一个固定的税额。目前采用定额税率的有城镇土地使用税和车船税等。

4. 超率累进税率

超率累进税率即以征税对象数额的相对比率划分为若干级距，分别规定相应的差别税率，相对率每超过一个级距的，对超过的部分就按高一级的税率计算征税。目前我国税收体系中采用这种税率的是土地增值税。

1.3.5 其他税法要素

1. 纳税环节

纳税环节主要指税法规定的征税对象在从生产到消费的流转过程中应当缴纳税款的环节。例如，流转税在生产和流通环节纳税、所得税在分配环节纳税等。纳税环节有广义和狭义之分。广义的纳税环节指全部课税对象在再生产中的分布情况。例如，资源税分布在资源生产环节，商品和劳务税分布在生产或流通环节，所得税分布在分配环节等。狭义的纳税环节特指应税商品在流转过程中应纳税的环节。商品从生产到消费要经历诸多流转环节，各环节都存在销售额，都可能成为纳税环节。但考虑到税收对经济的影响、财政收入的需要以及税收征管的能力等因素，国家常常对在商品流转过程中所征税种规定不同的纳税环节。按照某税种征税环节的多少，可以将税种划分为一次课征制或多次课征制。

合理选择纳税环节，对加强税收征管、有效控制税源、保证国家财政收入的及时、稳定、可靠，方便纳税人生产经营活动和财务核算，灵活机动地发挥税收调节经济的作用，具有十分重要的理论和实践意义。

2. 纳税期限

纳税期限是指税法规定的关于税款缴纳时间，即纳税时间方面的限定。税法关于纳税时间的规定，有以下三个相关概念。

一是纳税义务发生时间，是指应税行为发生的时间。例如，《中华人民共和国增值税暂行条例》（以下简称《增值税暂行条例》）规定采取预收货款方式销售货物的，其纳税义务发生时间为货物发出的当天。

二是纳税期限，纳税人每次发生纳税义务后，不可能马上去缴纳税款。税法规定了每种税的纳税期限，即每隔固定时间汇总一次纳税义务的时间。例如，《增值税暂行条例》规定，增值税的具体纳税期限分别为 1 日、3 日、5 日、10 日、15 日、1 个月或者 1 个季度。纳税人的具体纳税期限，由主管税务机关根据纳税人应纳税额的大小分别核定；不能按照固定期限纳税的，可以按次纳税。

三是缴库期限，即税法规定的纳税期满后，纳税人将应纳税款缴入国库的期限。例如，《增值税暂行条例》规定，纳税人以 1 个月或者 1 个季度为 1 个纳税期的，自期满之日起 15 日内申报纳税；以 1 日、3 日、5 日、10 日或者 15 日为 1 个纳税期的，自期满之日起 5 日内预缴税款，于次月 1 日起 15 日内申报纳税并结清上月应纳税款（见图 1 – 2）。

纳税义务发生时间（发生时间） → 纳税期限（税款计算区间要求） → 缴库期（税款入库时间要求）

图 1 – 2 与纳税时间相关的概念

3. 纳税地点

纳税地点主要是指根据各个税种纳税对象的纳税环节和有利于对税款的源泉控制而规定的纳税人（包括代征、代扣、代缴义务人）的具体申报缴纳税收的地点。

4. 减税免税

减税免税主要是对某些纳税人和征税对象采取减少征税或者免予征税的特殊规定。

5. 罚则和附则

罚则主要是指对纳税人违反税法的行为采取的处罚措施。

附则一般都规定了与该法紧密相关的内容，如税法的解释权、生效时间等。

【例1-6】（单选题）在税法的构成要素中，区分不同税种的主要标志的要素是（　　）。

A. 税率　　B. 税目　　C. 税基　　D. 征税对象

【答案】 D

【解析】 征税对象又叫课税对象，指税法规定对什么征税，是征纳税双方权利义务共同指向的客体或标的物，是区别一种税与另一种税的主要标志。

1.4 税收立法与我国税法体系

1.4.1 税收立法原则

税收立法是指有权的机关依据一定的程序，遵循一定的原则，运用一定的技术，制定、公布、修改、补充和废止有关税收法律、法规、规章的活动。税收立法是税法实施的前提，有法可依，有法必依，执法必严，违法必究，是税收立法与税法实施过程中必须遵循的基本原则。

税收立法原则是指在税收立法活动中必须遵循的准则。我国的税收立法原则是根据我国的社会性质和具体国情确定的，是立法机关根据社会经济活动、经济关系，特别是税收征纳双方的特点确定的，也是贯穿税收立法工作始终的指导方针。税收立法主要应遵循以下几个原则：

1. 从实际出发的原则

从实际出发，这是唯物主义的思想路线在税收立法实践中的运用和体现。贯彻这个原则，首先，要求税收立法必须根据经济、政治发展的客观需要，反映客观规律，也就是从中国国情出发，充分尊重经济社会发展规律和税收分配理论。其次，要客观反映一定时期国家、社会、政治、经济等各方面的实际情况，既不能被某些条条框框所束缚，也不能盲目抄袭别国的立法模式。在此基础上，充分运用科学知识和技术手段，不断丰富税收立法理论，完善税法体系，以适应社会主义市场经济发展的客观需要。

2. 公平原则

在税收立法中一定要体现公平原则。所谓公平，就是要体现合理负担原则。在市场经济体制下，参加市场竞争的各个主体需要有一个平等竞争的环境，而税收的公平是实现平等竞争的重要条件。公平主要体现在三个方面：一是从税收负担能力来看，负担能力大的应多纳税，负担能力小的应少纳税，没有负担能力的不纳税；二是从纳税人所处的生产和经营环境来看，由于客观环境优越而取得超额收入或级差收益者应多纳税，反之少纳税；三是从税负平衡看，不同地区、不同行业间及多种经济成分之间的实际税负必须尽可能公平。

3. 民主决策的原则

民主决策的原则主要指在税收立法过程中必须充分倾听群众的意见，严格按照法定程序进行，确保税收法律能体现广大群众的根本利益。坚持这个原则，要求税收立法的主体应以全国人民代表大会及其常务委员会为主，按照法定程序进行；对税收法案的审议，要进行充分地辩论，倾听各方面意见；税收立法过程要公开化，让广大公众及时了解税收立法的全过程，以及立法过程中各个环节的争论和如何达成共识的情况。

4. 原则性与灵活性相结合的原则

在制定税法时，要求明确、具体、严谨、周密。但是，为了保证税法制定后在全国范围内、在各个地区都能贯彻执行，避免与现实脱节，因此在制定税法时，不能规定得过细过死，这就要求必须坚持原则性与灵活性相结合的原则。具体来说，就是必须贯彻法治的统一性与因时、因地制宜相结合。法制的统一性，表现在税收立法上，就是税收立法权只能由国家最高权力机关来行使，各地区、各部门不能擅自制定违背国家法律的“土政策”“土规定”。但是，我国又是一个幅员辽阔、人口众多、多民族的国家，各地区的经济文化发展水平不平衡，因而对不同地区不能强求一致。因此，为了照顾不同地区特别是少数民族地区不同的情况和特点，为了充分发挥地方的积极性，在某些情况下，允许地方在遵守国家法律、法规的前提下，制定适合当地的实施办法等。因此，只有贯彻这个原则，才能制定出既符合全国统一性要求又能适应各地区实际情况的税法。

5. 法律的稳定性、连续性与废、改、立相结合的原则

制定税法，是与一定经济基础相适应的，税法一旦制定，在一定阶段内就要保持其稳定性，不能朝令夕改，变化不定。如果税法经常变动，不仅会破坏税法的权威性和严肃性，而且会给国民经济生活造成非常不利的影响。但是，这种稳定性不是绝对

的，因为社会政治、经济状况是不断变化的，税法也要进行相应发展变化。这种发展变化具体表现在：有的税法，已经过时，需要废除；有的税法，部分失去效力，需要修改、补充；根据新的情况，需要制定新的税法。此外，还必须注意保持税法的连续性，即税法不能中断，在新的税法未制定前，原有的税法不应随意中止、失效；在修改、补充或制定新的税法时，应保持与原有税法的承续关系，应在原有税法的基础上，结合新的实践经验，修改、补充原有的税法和制定新的税法。只有遵循这个原则，才能制定出符合社会政治、经济发展规律的税法。

1.4.2 税收立法权及其划分

税收立法权是制定、修改、解释或废止税收法律、法规、规章和规范性文件的权力。它包括两个方面的内容：一是什么机关有税收立法权；二是各级机关的税收立法权是如何划分的。

1. 税收立法权划分的种类

税收立法权的明确有利于保证税法的统一制定和贯彻执行，充分、准确地发挥各级有权机关管理税收的职能作用，防止各种越权自定章法、随意减免税收现象的发生。税收立法权的划分可按以下不同的方式进行：

（1）根据税种类型的不同来划分。例如，按商品和劳务税类、所得税类、地方税类来划分。有关特定税收领域的税收立法权通常全部给予特定一级的政府。

（2）根据税种的基本要素来划分。任何税种的结构都由以下几个要素构成：纳税人、征税对象、税基、税率、税目、纳税环节等。理论上，可以将税种的某一要素，如税基和税率的立法权，授予某级政府。但在实践中，这种做法并不多见。

（3）根据税收执法的级次来划分。立法权可以授予某级政府，行政上的执行权给予另一级，这是一种传统的划分方法，能适用于任何类型的立法权。根据这种模式，有关纳税主体、税基和税率的基本法规的立法权放在中央政府，更具体的税收实施规定的立法权给予较低级次政府或政府机构。因此，需要指定某级政府或政府机构制定不同级次的法规。我国税收立法权的划分就属于此种类型。

2. 我国税收立法权划分的现状

（1）中央税、中央与地方共享税以及全国统一实行的地方税的立法权集中在中央，以保证中央政令统一，维护全国统一市场和企业平等竞争。其中，中央税是指维护国家权益、实施宏观调控所必需的税种，具体包括消费税、关税、车辆购置税等。中央和地方共享税是指同经济发展直接相关的主要税种，具体包括增值税、企业所得税、个人所得税。地方税具体包括资源税、土地增值税、印花税、城市维护建设税、城镇土地使用税、房产税、车船税等。

（2）依法赋予地方适当的地方税收立法权。我国地域辽阔，地区间经济发展水平很不平衡，经济资源包括税源都存在较大差异，这种状况给全国统一制定税收法律带来一定的难度。因此，随着分税制改革的进行，有前提地、适当地给地方下放一些税收立法权，使地方可以实事求是地根据自己特有的税源开征新的税种，促进地方经济的发展。这样，既有利于地方因地制宜地发挥当地的经济优势，同时也便于同国际税收惯例对接。

（3）我国税收立法权划分的具体层次。

①全国性税种的立法权，即包括全部中央税、中央与地方共享税和在全国范围内征收的地方税税法的制定、公布和税种的开征、停征权，税收征收管理制度等税收基本制度的设立权属于全国人民代表大会（以下简称全国人大）及其常务委员会（以下简称常委会）。

②经全国人大及其常委会授权，全国性税种可先由国务院以“条例”或“暂行条例”的形式发布施行。经过一段时期后，再行修订并通过立法程序，由全国人大及其常委会正式立法。

③经全国人大及其常委会授权，国务院有制定税法实施细则、增减税目和调整税率的权力。

④经全国人大及其常委会的授权，国务院有税法的解释权；经国务院授权，国家税务主管部门（财政部、国家税务总局及海关总署）有税收条例的解释权和制定税收条例实施细则的权力。

⑤经国务院授权，省级人民政府有本地区地方税法的解释权和制定税法实施细则、调整税目、税率的权力，也可在上述规定的前提下，制定一些税收征收办法，还可以在全国性地方税条例规定的幅度内，确定本地区适用的税率或税额。上述权力除税法解释权外，在行使后和发布实施前须报国务院备案。

地区性地方税收的立法权应只限于省级立法机关或经省级立法机关授权同级政府，不能层层下放。所立税法可在全省（自治区、直辖市）范围内执行，也可只在部分地区执行。关于我国现行税收立法权的划分问题，迄今为止，尚无一部基本法律对之加以完整规定，只是散见于若干财政和税收法律、法规中，尚有待于未来的税收基本法对此作出统一规定。

1.4.3 税收立法机关

根据我国《宪法》《中华人民共和国全国人民代表大会组织法》《中华人民共和

国国务院组织法》《中华人民共和国立法法》以及《中华人民共和国地方各级人民代表大会和地方各级人民政府组织法》的规定，我国的立法体制是：全国人大及其常委会行使立法权，制定法律；国务院及所属各部委，有权根据宪法和法律制定行政法规和规章；地方人民代表大会及其常委会，在不与宪法、法律、行政法规抵触的前提下，有权制定地方性法规，但要报全国人大常委会和国务院备案；民族区域自治地方的人民代表大会有权依照当地民族政治、经济和文化的特点，制定自治条例和单行条例。

各有权机关根据国家立法体制规定所制定的一系列税收法律、法规、规章和规范性文件，构成了我国的税收法律体系。需要说明的是，我们平时所说的税法，有广义和狭义之分。广义概念上的税法包括所有调整税收关系的法律、法规、规章和规范性文件，是税法体系的总称；而狭义概念上的税法，特指由全国人大及其常委会制定和颁布的税收法律。由于制定税收法律、法规和规章的机关不同，其法律级次不同，因此其法律效力也不同。

1. 全国人大和全国人大常委会制定税收法律

《宪法》第五十八条规定："全国人民代表大会和全国人民代表大会常务委员会行使国家立法权。"上述规定确定了我国税收法律的立法权由全国人大及其常委会行使，其他任何机关都没有制定税收法律的权力。在国家税收中，凡是基本的、全局性的问题，例如，国家税收的性质，税收法律关系中征纳双方权利与义务的确定，税种的设置，税目、税率的确定等，都需要由全国人大及其常委会以税收法律的形式制定实施，并且在全国范围内，无论对居民纳税人，还是非居民纳税人都普遍适用。在现行税法中，例如，《中华人民共和国企业所得税法》《中华人民共和国个人所得税法》《税收征收管理法》都是税收法律。除《宪法》外，在税法体系中，税收法律具有最高的法律效力，其他各级有权机关制定的税收法规、规章，都不得与《宪法》和税收法律相抵触。

2. 全国人大或全国人大常委会授权立法

授权立法是指全国人大及其常委会根据需要授权国务院制定某些具有法律效力的暂行规定或者条例。授权立法与制定行政法规不同。国务院经授权立法所制定的规定或条例等，具有国家法律的性质和地位，它的法律效力高于行政法规，在立法程序上还需要报全国人大常委会备案。授权立法，在一定程度上解决了我国经济体制改革和对外开放工作急需法律保障的当务之急。税收暂行条例的制定和公布施行，为全国人大及其常委会的立法工作提供了有益的经验和条件，也为将这些条例在条件成熟时上升为法律做好了准备。

3. 国务院制定税收行政法规

国务院作为最高国家权力机关的执行机关，是最高的国家行政机关，拥有广泛的行政立法权。我国《宪法》规定，国务院可以“根据宪法和法律，规定行政措施，制定行政法规，公布决定和命令”。行政法规作为一种法律形式，在中国法律形式中处于低于宪法、法律和高于地方性法规、部门规章、地方规章的地位，也是在全国范围内普遍适用的。行政法规的立法目的在于保证宪法和法律的实施，行政法规不得与宪法、法律相抵触，否则无效。国务院发布的《中华人民共和国企业所得税法实施条例》《中华人民共和国税收征收管理法实施细则》等，都是税收行政法规。

4. 地方人民代表大会及其常委会制定税收地方性法规

根据《中华人民共和国地方各级人民代表大会和地方各级人民政府组织法》的规定，省、自治区、直辖市的人民代表大会和设区市的人民代表大会有制定地方性法规的权力。由于我国在税收立法上坚持“统一税法”的原则，因此地方权力机关制定税收地方性法规不是无限制的，而是要严格按照税收法律的授权行事。目前，除了海南省、民族区域自治地区按照全国人大授权立法规定，在遵循宪法、法律和行政法规的原则基础上，可以制定有关税收的地方性法规外，其他省、市一般都无权制定税收地方性法规。

5. 国务院税务主管部门制定税收部门规章

《宪法》第九十条规定，国务院“各部、各委员会根据法律和国务院的行政法规、决定、命令，在本部门的权限内，发布命令、指示和规章”。有权制定税收部门规章的税务主管机关是财政部、国家税务总局及海关总署。其制定规章的范围包括对有关税收法律、法规的具体解释、税收征收管理的具体规定、办法等，税收部门规章在全国范围内具有普遍适用效力，但不得与税收法律、行政法规相抵触。例如，财政部、国家税务总局颁布的《中华人民共和国增值税暂行条例实施细则》、国家税务总局颁布的《税务代理试行办法》等都属于税收部门规章。

6. 地方政府制定税收地方规章

《中华人民共和国地方各级人民代表大会和地方各级人民政府组织法》规定：“省、自治区、直辖市以及省、自治区的人民政府所在地的市和国务院批准的较大的市的人民政府，可以根据法律和国务院的行政法规，制定规章。”按照“统一税法”的原则，上述地方政府制定税收规章，都必须在税收法律、法规明确授权的前提下进行，并且不得与税收法律、行政法规相抵触。没有税收法律、法规的授权，地方政府是无权自定税收规章的，凡是越权自定的税收规章没有法律效力。例如，国务院发布实施的城市维护建设税、房产税等地方性税种暂行条例，都规定了省、自治区、直辖市人民政府可根据条例制定实施细则。

【例1－7】（单选题）税收行政法规由（　　）制定。

A. 全国人民代表大会及其常务委员会

B. 国务院

C. 地方人民代表大会及其常务委员会

D. 财政部和国家税务总局

【答案】 B

【解析】 全国人民代表大会及其常务委员会行使立法权，制定法律；地方人民代表大会及其常务委员会有权制定地方性法规；财政部、国家税务总局制定税收部门规章。

1.4.4 税收立法程序

税收立法程序是指有权的机关，在制定、认可、修改、补充、废止等税收立法活动中，必须遵循的法定步骤和方法。目前我国税收立法程序主要包括以下几个阶段：

（1）提议阶段。无论是税法的制定，还是税法的修改、补充和废止，一般由国务院授权其税务主管部门（财政部、国家税务总局及海关总署）负责立法的调查研究等准备工作，并提出立法方案或税法草案，上报国务院。

（2）审议阶段。税收法规由国务院负责审议。税收法律在经国务院审议通过后，以议案的形式提交全国人大常委会的有关工作部门，在广泛征求意见并作修改后，提交全国人大或其常务委员会审议通过。

（3）通过和公布阶段。税收行政法规，由国务院审议通过后，以国务院总理名义发布实施。税收法律，在全国人大或其常委会开会期间，先听取国务院关于制定税法议案的说明，然后经过讨论，以简单多数的方式通过后，以国家主席名义发布实施。

1.4.5 我国现行税法体系

税法内容十分丰富，涉及范围也极为广泛，各单行税收法律法规结合起来，形成了完整配套的税法体系，共同规范和制约税收分配的全过程，是实现依法治税的前提和保证。从法律角度来讲，一个国家在一定时期内、一定体制下以法定形式规定的各种税收法律、法规的总和，被称为税法体系。但从税收工作的角度来讲，所谓税法体系往往被称为税收制度。一个国家的税收制度是指在既定的管理体制下设置的税种以及与这些税种的征收、管理有关的，具有法律效力的各级成文法律、行政法规、部门规章等的总和。换句话说，税法体系就是通常所说的税收制度（以下简称税制）。

一个国家的税制，可按照构成方法和形式分为简单型税制及复合型税制。简单型税制主要是指税种单一、结构简单的税制；复合型税制主要是指由多个税种构成的税制。在现代社会中，世界各国一般都采用多种税并存的复合税制。一个国家为了有效取得财政收入或调节社会经济活动，必须设置一定数量的税种，并规定每种税的征收和缴纳办法，包括对什么征税、向谁征税、征多少税以及何时纳税、何地纳税、按什么手续纳税和不纳税如何处理等。

因此，税制的内容主要有 3 个层次：一是不同的要素构成税种。构成税种的要素主要包括纳税人、征税对象、税目、税率、纳税环节、纳税期限、减税免税等。二是不同的税种构成税制。构成税制的具体税种，国与国之间差异较大，但一般都包括所得税（直接税），如企业（法人）所得税、个人所得税等，也包括商品课税（间接税），如增值税、消费税及其他一些税种等。三是规范税款征收程序的法律法规，如《税收征收管理法》等。

（1）税收实体法体系。

我国的现行税法体系就其实体法而言，是中华人民共和国成立后经过几次较大的改革逐步演变而来的，主要是经 1994 年税制改革后形成的，按征税对象大致分为以下 5 类：

①商品（货物）和劳务税类，包括增值税法、消费税法和关税法，主要在生产、流通或者服务业中发挥调节作用。

②所得税类，包括企业所得税法、个人所得税法、土地增值税法，主要是在国民收入形成后，对生产经营者的利润和个人的纯收入发挥调节作用。

③财产和行为税类，包括房产税法、车船税法、印花税法、契税法，主要是对某些财产和行为发挥调节作用。

④资源税和环境保护税类，包括资源税法、环境保护税法和城镇土地使用税法，主要是对因开发和利用自然资源差异而形成的级差收入发挥调节作用。

⑤特定目的税类，包括城市维护建设税法、车辆购置税法、耕地占用税法、船舶吨税法和烟叶税法，主要是为了达到特定目的，对特定对象和特定行为发挥调节作用。

上述税种一共有 18 个，其中进口环节的增值税和消费税、关税和船舶吨税由海关负责征收管理，其他税种由税务机关负责征收管理。

现行税种中，以国家法律的形式发布实施的有：企业所得税、个人所得税、车船税、环境保护税、烟叶税、船舶吨税、车辆购置税、耕地占用税、资源税、契税、城市维护建设税、印花税；除此之外，其他各税种都是经全国人大授权，由国务院以暂行条例的形式发布实施的，包括增值税、消费税、土地增值税、城镇土地使用税、房产税等。这些法律法规共同组成了我国的税收实体法体系。

（2）税收程序法体系。

除税收实体法外，我国对税收征收管理适用的法律制度，是按照税收管理机关的不同而分别规定的。

①由税务机关负责征收的税种的征收管理，按照全国人大常委会发布实施的《税收征收管理法》及各实体税法中的征管规定执行。

②由海关负责征收的税种的征收管理，按照《中华人民共和国海关法》及《中华人民共和国进出口关税条例》等有关规定执行。

上述税收实体法和税收征收管理的程序法共同构成了我国现行税法体系。

③按照主权国家行使税收管辖权的不同，可分为国内税法和国际税法。

国内税法一般是按照属人或属地原则，规定一个国家的内部税收制度。国际税法是指国家之间形成的税收制度，主要包括双边或多边国家之间的税收协定、条约和国际惯例等，一般而言，其效力高于国内税法。

以上对于税法或税种的分类不具有法定性，但将各具体税种按一定方法分类，在税收理论研究和税制建设方面用途相当广泛，作用非常之大。例如，商品和劳务税也称为间接税，这些税种都是按照商品和劳务收入计算征收的，而这些税种虽然是由纳税人负责缴纳，但最终是由商品和劳务的购买者即消费者负担的，所以称为间接税；而所得税类税种的纳税人本身就是负税人，一般不存在税负转移或转嫁问题，所以称为直接税。一国税法体系的确立，要根据本国的具体政治经济条件。就一个国家而言，在不同的时期，由于政治经济条件和政治经济目标不同，税法体系也有着或大或小的差异。

1.5 税收管理体制

税法的实施即税法的执行。它包括税收执法及守法两个方面：一方面，要求税务机关及税务人员正确运用税收法律，对违法者实施制裁；另一方面，要求税务机关、税务人员、公民、法人、社会团体及其他组织严格遵守税收法律。

税收执法权和行政管理权是国家赋予税务机关的基本权力，是税务机关实施税收管理和系统内部行政管理的法律手段。其中，税收执法权是指税务机关依法征收税款，依法进行税收管理活动的权力，具体包括税款征收管理权、税务检查权、税务稽查权、税务行政复议裁决权及其他税务管理权。

1.5.1 税务机构设置

2018 年，根据我国经济和社会发展及推进国家治理体系和治理能力现代化的需要，我国对国税地税征管体制进行了改革。现行税务机构设置是中央政府设立国家税务总局（正部级），原有的省及省以下国税地税机构两个系统通过合并整合，统一设置为省、市、县三级税务局，实行以国家税务总局为主与省（自治区、直辖市）人民政府双重领导管理体制。此外，另由海关总署及下属机构负责关税征收管理和受托征收进出口增值税、消费税等税收。为了提高社会保险资金征管效率，基本养老保险费、基本医疗保险费、失业保险费等各项保险费也由税务部门统一征收。

1.5.2 税收征收管理范围划分

目前，我国的税收分别由税务、海关等系统负责征收管理。

（1）税务系统即国家税务总局系统负责征收和管理的税种有：增值税、消费税、车辆购置税、企业所得税、个人所得税、资源税、城镇土地使用税、耕地占用税、土地增值税、房产税、车船税、印花税、契税、城市维护建设税、环境保护税和烟叶税，共 16 个税种。

（2）海关系统负责征收和管理的税种有：关税、船舶吨税。同时，海关负责代征进出口环节的增值税和消费税。

1.5.3 税收收入划分

根据国务院关于实行分税制财政管理体制的规定，我国的税收收入分为中央政府固定收入、地方政府固定收入和中央政府与地方政府共享收入。

（1）中央政府固定收入包括消费税（含进口环节由海关代征的部分）、车辆购置税、关税、由海关代征的进口环节增值税等。

（2）地方政府固定收入包括城镇土地使用税、耕地占用税、土地增值税、房产税、车船税、契税、环境保护税和烟叶税等。

（3）中央政府与地方政府共享收入主要包括下列几项：

①增值税：国内增值税中央政府分享 50%，地方政府分享 50%。进口环节由海关代征的增值税和铁路建设基金营业税改征增值税为中央收入。

②企业所得税：中国国家铁路集团（原铁道部）、各银行总行及海洋石油企业缴纳的部分归中央政府，其余部分中央与地方政府按 60% 与 40% 的比例分享。

③个人所得税：除储蓄存款利息所得的个人所得税外，其余部分的分享比例与企

业所得税相同。

④资源税：海洋石油企业缴纳的部分归中央政府，其余部分归地方政府。

⑤城市维护建设税：中国国家铁路集团、各银行总行、各保险总公司集中缴纳的部分归中央政府，其余部分归地方政府。

⑥印花税：证券交易印花税收入归中央政府，其他印花税收入归地方政府。

能力训练

一、单选题

1. 税收的本质体现的是一种（　　）。

A. 交换关系　　B. 分配关系　　C. 契约关系　　D. 管理关系

2. 国家征税的依据是（　　）。

A. 管理权力　　B. 政治权力　　C. 社会权力　　D. 财产权力

3. 税收的（　　）是指政府通过调整税收政策来影响经济活动和资源分配的功能。

A. 收入职能　　B. 调节职能　　C. 监督职能　　D. 管理职能

4. 税法的本质是为了正确处理（　　）两者之间因税收而产生的税收法律关系和社会关系。

A. 国家与企业　　B. 国家与公民　　C. 国家与纳税人　　D. 企业与消费者

5. 税收法律关系的主体包括（　　）。

A. 征纳双方　　B. 政府与法院

C. 政府与立法机关　　D. 立法机关与司法机关

6. 税收法律关系的内容是由（　　）构成的。

A. 主体和客体　　B. 权利和义务

C. 法律事件和法律行为　　D. 税法和行政法规

7. 税法与其他法律的关系中，税法主要以维护（　　）而非个人利益为目的。

A. 私人利益　　B. 企业利益　　C. 公共利益　　D. 社会利益

8. 税法的基本原则中，（　　）要求税收要件法定原则和税务合法性原则。

A. 税收公平原则　　B. 税收效率原则

C. 税收法定原则　　D. 实质课税原则

9. 税收征管中，税务机关的（　　）是指在一定范围内对某些税法作出相应解释的权力。

A. 征税权　B. 税法解释权　C. 估税权　D. 委托代征权

10. 根据我国税法，税款追征权的追缴期限在一般情况下是（　　）年。

A. 1　B. 3　C. 5　D. 10

二、多选题

1. 税收的特征包括（　　）。

A. 强制性　B. 无偿性　C. 固定性　D. 有偿性

2. 税收的职能主要包括（　　）。

A. 收入职能　B. 调节职能　C. 监督职能　D. 管理职能

3. 税法的法律性质表现为（　　）。

A. 义务性法规　B. 综合性法规　C. 任意性法规　D. 独立性法规

4. 税收法律关系的构成包括（　　）要素。

A. 主体　B. 客体　C. 内容　D. 形式

5. 税收法律关系的产生、变更与消灭取决于（　　）。

A. 税收法律事实　B. 税收法律事件

C. 税收法律行为　D. 税收法律程序

6. 税法与其他法律的关系中，税法具有哪些属性？（　　）。

A. 维护公共利益　B. 属于公法

C. 具有私法属性　D. 以维护个人利益为目的

7. 税法原则包括（　　）。

A. 税收法定原则　B. 税收公平原则　C. 税收效率原则　D. 实质课税原则

8. 税法适用原则包括（　　）。

A. 法律优位原则　B. 法律不溯及既往原则

C. 新法优于旧法原则　D. 特别法优于普通法原则

9. 税法要素一般包括（　　）项目。

A. 总则　B. 纳税义务人　C. 征税对象　D. 税率

10. 税率的类型主要包括（　　）。

A. 比例税率　B. 累进税率　C. 定额税率　D. 超率累进税率

三、简答题

1. 简述税收的概念及其在国家经济生活和社会文明中的重要作用。

2. 解释税收的三个基本特征（强制性、无偿性、固定性）并分别举例说明。

3. 税收法律关系的主体和客体分别指的是什么？请举例说明。

4. 税法的概念是什么？请简述税法的本质和税法的两大特点。

5. 描述税收征管中的税务机关职权，包括哪些方面？并简要说明其重要性。

参考答案

一、单选题

1～10 BBBCA BCCBB

二、多选题

1. ABC	2. AB	3. AB	4. ABC	5. ABC
6. ABC	7. ABCD	8. ABCD	9. ABCD	10. ABCD

三、简答题

1. 答案：

税收是国家为了满足社会公共需要，凭借政治权力，按照法律的规定，强制、无偿地取得财政收入的一种形式。在国家经济生活和社会文明中，税收起到了至关重要的作用。首先，税收是国家财政收入的主要来源，保证了国家机构的正常运转和公共服务的提供。其次，通过税收的再分配作用，可以调节社会财富，减少贫富差距，促进社会公平。最后，税收还可以调节经济，通过调整税率和税种，影响消费、投资等经济活动，从而实现宏观经济的平衡与稳定。

2. 答案：

税收的三个基本特征是强制性、无偿性和固定性。强制性指的是税收征收是基于国家的法律和政治权力，纳税人必须依法纳税，否则会受到法律的制裁。无偿性意味着纳税人缴纳税款后，不会直接获得等价的回报，税款用于国家的公共服务和福利。固定性则是指税收的种类、税率、征收对象等都是通过法律明确规定的，不会随意变动，保证了税收征收的稳定性和可预测性。

3. 答案：

税收法律关系的主体通常指的是纳税人和税务机关。纳税人是指依法应当缴纳税款的个人、企业或其他组织，如一家制造公司需要缴纳增值税和所得税。客体则是指税收法律关系主体的权利、义务所共同指向的对象，即征税对象，如企业的销售收入或个人的所得。税收法律关系客体也是国家利用税收调整和控制的目标。

4. 答案：

税法是指税收法律制度，是国家权力机关和行政机关制定的用以调整国家与纳税人之间在征纳税方面的权利及义务关系的法律规范的总称。税法的本质是正确处理国家与纳税人之间因税收而产生的税收法律关系和社会关系。税法的两大特点包括义务性法规和综合性法规。义务性法规意味着税法主要规定纳税人的义务，而综合性法规则指税法是由一系列单行税收法律法规及行政规章制度组成的体系，内容涉及课税的基本内容、征纳双方的权利和义务、税收管理规则等。

5. 答案：

税收征管中，税务机关的职权主要包括征税权、税法解释权、估税权、委托代征权、税收保全权、强制执行权、税收检查权、税款追征权、行政处罚权和行政裁量权等。这些职权对于确保税收法律的正确实施、维护税收秩序、保护国家财政收入以及纳税人合法权益至关重要。例如，征税权确保税务机关能够依法征收税款，税收检查权使税务机关能够监督纳税人的纳税行为，确保税法的遵守。

第 2 章 增值税

知识目标

1. 了解增值税税法的概念。
2. 掌握增值税纳税义务人、征税范围、税率。
3. 掌握一般纳税人增值税税额的计算。
4. 了解小规模纳税人增值税税额的计算。
5. 了解进出口环节增值税税额的计算。
6. 掌握增值税征收管理的内容。

能力目标

1. 能够区别小规模纳税人和一般纳税人。
2. 能够进行准确地计算一般纳税人当期应纳增值税税额。
3. 能运用税收优惠政策筹划企业增值税的缴纳。

思政目标

1. 遵纪守法：遵守增值税相关法律条例，培养合法纳税的意识。

2. 耐挫抗压：按照增值税征税范围、不同的销售方式和经营模式，合规合法纳税。

3. 守信守责：具有社会责任感，培养爱国主义情怀，深刻理解税收的“取之于民，用之于民”。

案例引入

2024 年国家税务总局常德市某局根据相关部门移送线索，联合公安经侦部门破获一起虚开增值税发票案件，摧毁犯罪团伙 1 个。经查，犯罪团伙利用他人身份信息成立多家空壳棉纺、木材加工企业，租用废旧闲置厂房、虚构电费等方式营造正常生产经营假象，通过虚构皮棉、木板销售业务等方式，对外虚开增值税发票7 204份，价税合计金额7亿元。目前，唐某平、宋某枝等8名犯罪分子因犯虚开增值税专用发票罪、虚开发票罪分别被判处1年至14年不等有期徒刑，并处罚金合计210万元，没收违法所得706万元。

案例问题

1. 增值税的征税范围是哪些？

2. 增值税税额如何计算？案例中犯罪团伙为何可以通过成立多家空壳公司获得违法所得？

3. 案例企业在增值税专用发票的管理上需要注意哪些？

2.1 增值税概述

2.1.1 增值税的概念

增值税是以商品和劳务在流转过程中产生的增值额作为征税对象而征收的一种流转税。按照我国增值税法的规定，增值税是对在我国境内销售货物或者加工、修理修配劳务（以下简称劳务），销售服务、无形资产、不动产以及进口货物的单位和个人，就其销售货物、劳务、服务、无形资产、不动产（以下统称应税销售行为）的增值额和进口金额为计税依据而课征的一种流转税。

增值税法是指国家制定的用以调整增值税征收与缴纳之间权利和义务关系的法律规范。

2.1.2 增值税的基本原理

1. 增值额

从理论上讲，增值税的征税对象应是一定时期销售货物或提供应税劳务、服务后取得的新增价值，即增值额。它相当于商品价值中扣除物化劳动转移价值以后的余额，即V＋M部分。从个别生产经营单位来说，增值额是这个单位的商品销售收入额或经营收入额扣除规定的非增值项目后的余额，这个余额大体上相当于劳动所创造的价值额。从某个商品生产经营全过程来说，增值额相当于这个商品的最后销售额，而不论这个商品经过多少流转环节。

从一个商品来看，增值额是该商品经历的生产和流通的各个环节所创造的增值额之和，也即该货物的最终销售价格。表2－1列示的是某一商品从最初生产到最终实现销售各环节增值额与其销售收入额的关系。

表2－1 增值额与销售收入的关系

生产经营环节	销售收入	增值额
最初生产	200	200－0＝200
成品生产	500	500－200＝300
批发	700	700－500＝200
零售	900	900－700＝200
合计		900

2. 增值税的类型

由于理论增值额在实际计算中可操作性较差，实践中增值税的计税依据与理论增值额并不完全一致。造成两者不一致的原因是对外购固定资产扣除的处理方法不同。对于当期的外购固定资产，计算增值税时价值扣除的处理方式有三种：当期及以后期不允许扣除、当期的折旧值允许扣除、当期一次全额扣除。根据对固定资产价值扣除方式选择的不同，可以将增值税分为三种类型。

（1）生产型增值税。

它是指在计算增值额时，只允许扣除原材料等劳动对象的价值，而不允许扣除的固定资产价值，而将其计入固定资产成本。作为课税对象的增值额既包括新创造的价值，又包括当期计入成本的固定资产部分。从整个社会经济情况来看，它相当于国民生产总值，故称为生产型增值税。

这种类型增值税的法定增值额大于理论增值额，对固定资产耗费形成的价值存在重复征税，不利于鼓励投资，但有利于确保财政收入。

（2）收入型增值税。

收入型增值税是指在计算增值额时，除允许扣除中间产品的价值外，还允许扣除固定资产当期折旧部分。作为课税对象的增值额为工资、奖金、利息、利润和其他增值性费用之和。从整个社会经济情况来看，它相当于国民收入，故称为收入型增值税。这种类型增值税的增值额与理论增值额相同，是一种标准的增值税。

由于不同企业的折旧方法不尽相同，且缺乏统一的结转凭证，影响了增值额的计算，在实际操作中税务机关很难对企业进行有效监管，影响了这种增值税类型的推广应用。

（3）消费型增值税。

消费型增值税是指在计算增值额时，除允许扣除中间产品价值外，对纳税人购入固定资产的价值，也允许一次性全部扣除。此时，作为课税对象的增值税额为当期全部销售额中收入额扣除全部外购生产资料价款后的余额。从整个社会经济情况来看，它相当于国民收入中全部消费资料的价值，故称为消费型增值税。

由于外购固定资产的成本可凭发票一次性全部扣除，既便于操作，又便于管理，因而是最能体现增值税优越性的一种类型，但这种方式会在一定程度上减少财政收入。

【例2-1】 不同类型增值税增值额的计算

假定某企业报告期货物销售额为100万元，从外单位购入的原材料等流动资产价款为30万元，购入机器设备等固定资产价款为50万元，当期计入成本的折旧费用为10万元。根据上述条件可以计算该企业在不同增值税制度下的增值额（见表2-2）。

表2-2　　不同类型增值税下的增值额

类型	销售额	允许扣除的流动资产价值	允许扣除的固定资产价值	增值额
生产性增值税	100	30	0	70
收入型增值税	100	30	10	60
消费型增值税	100	30	50	20

1994年开征增值税时，我国选择采用了生产型增值税。2009年1月1日起，我国在全国范围内实施不彻底的消费型增值税，允许抵扣购入动产固定资产的进项税额。2016年5月1日起，“营改增”全面实施，并允许抵扣购入不动产的进项税额，使我国的增值税转换为彻底的消费型增值税。目前在140多个实行增值税的国家中，绝大多数国家实行的是消费型增值税。

表2-3　　三种类型增值税优缺点比较

类型	特点	优点	缺点	我国情况
生产型增值税	1. 法定增值额不允许扣除任何外购固定资产价款 2. 法定增值额大于理论增值额	保证财政收入	重复征税，不利于鼓励投资	1994~2008年
收入型增值税	1. 对外购固定资产只允许扣除当期计入产品价值的折旧部分 2. 法定增值额等于理论增值额	完全避免重复征税	给以票扣税造成困难	未实施
消费型增值税	1. 当期购入固定资产价款一次全部扣除 2. 法定增值额小于理论增值额	体现增值税优越性，便于操作，鼓励社会投资	减少财政收入	2009年1月1日至今

2.1.3　增值税计税方法

增值税计税方法分为直接计算法和间接计算法两种类型。

（1）直接计算法。

直接计算法是指首先计算出应税货物或劳务的增值额，然后用增值额乘以适用税率求出应纳税额的方法。这种方法的增值额很难准确计算，因此很少被采用。

（2）间接计算法。

间接计算法是指不直接根据增值额计算增值税，而是首先以每一生产经营环节上发生的货物或劳务的销售额为计税依据，按规定税率计算出应税货物的整体税负，然后从整体税负中扣除法定的外购项目在以前环节已纳税款，求出应纳税额的方法。

这种方法简便易行，计算准确，既适用于单一税率，又适用于多档税率，是实行增值税的国家广泛采用的计税方法。

2.1.4　增值税的特点

增值税之所以能够在世界上众多国家推广，是因为其可以有效地防止商品在流转过程中的重复征税问题，并使其具备保持税收中性、普遍征收、税收负担由最终消费者承担、实行税款抵扣制度、实行比例税率、实行价外税制度等特点。

（1）不重复征税，具有税收中性。

增值税在计税原理上是以商品或劳务价值中的增值额为征税对象，可避免对同一对象重复征税。由于同一货物在其各个生产、流通环节中税负大致相同，因此增值税对生产经营活动以及消费行为基本不发生影响。增值税具有中性税收的特点，从而有利于生产的专业化分工，提高社会经济资源的利用效率。

（2）税源广阔，具有普遍性。

现阶段只要在流转环节产生了增值额就应纳增值税，增值税的课税对象是商品生产、流通过程中或提供劳务时实现的增值额，即人们在生产劳动中新创造的价值额。由于人们不论是从事矿产资源开发、工业品生产，还是经营商品批发、零售业务或提供服务，都会在劳动过程中创造商品和劳动的附加值，因此，增值税可以课征于社会经济活动的各个部门、领域和环节。

（3）实行税款抵扣制度，具有可操作性。

由于新增值额或商品附加值在商品流通过程中是一个难以准确计算的数据，因此，在增值税的实际操作上采用税款抵扣法计算。可根据货物或应税劳务销售额，按照规定的税率计算税款，然后从中扣除上一道环节已纳增值税税款，其余额即为纳税人应缴纳的增值税税款。这种方法购销环环相连，形成了相互交叉的监督关系，便于税款的准确、及时征收。

（4）价外征收，具有转嫁性。

增值税以不含税增值额为计税基础，将税金排除在计税基础之外，税金实行“体外循环”，并在发票上分别列示价款和税金。增值税是在交易价值之外，由卖方向买方收取，由买方所承担的税款，它会通过其销售活动全部转移给下一个环节（下一个买方）而得到足额补偿。因此，从形式上讲，增值税税收负担由不能再转嫁的最终消费者承担。

2.1.5 我国增值税的实施历程

我国从1979年开始在部分城市试行生产型增值税。1994年，在生产和流通领域全面实施生产型增值税。2008年，国务院决定全面实施增值税改革，即将生产型增值税转为消费型增值税。2011年底，国家决定在上海试点营业税改征增值税（以下简称“营改增”）工作，并逐步将试点地区扩展到全国。2016年5月1日起，在全国范围内全面推开“营改增”试点，将建筑业、房地产业、金融业、生活服务业等全部营业税纳税人纳入试点范围，由缴纳营业税改为缴纳增值税。2017年11月19日，国务院发布了《关于废止〈中华人民共和国营业税暂行条例〉和修改〈中华人民共和国增值税暂行条例〉的决定》（国务院令第691号），正式结束了营业税的历史使命。之后又逐步发布了诸多“营改增”的具体实施办法和措施。

我国现行增值税的基本法律规范是国务院于2017年11月19日公布的《中华人民共和国增值税暂行条例》（国务院令第691号，以下简称《增值税暂行条例》）、2016年3月财政部和国家税务总局发布的《关于全面推开营业税改征增值税试点的通知》（财税〔2016〕36号，以下简称《“营改增”通知》）以及2008年12月财政部和国家税务总局发布的《中华人民共和国增值税暂行条例实施细则》（财政部国家税务总局令第50号，以下简称《增值税暂行条例实施细则》）。2024年12月20日第十四届全国人大常务委员会第十三次会议表决通过了《中华人民共和国增值税法》，于2026年1月1日施行。考虑到实施条例等细则尚未颁布，本教材暂按现行有效的增值税法律条文对增值税进行展开。

2.2 纳税人及登记管理制度

2.2.1 纳税义务人与扣缴义务人

1. 纳税义务人

在中华人民共和国境内（以下简称境内）销售货物、劳务、服务、无形资产、不动产的单位和个人，为增值税纳税人。

单位是指企业、行政单位、事业单位、军事单位、社会团体及其他单位。

个人是指个体工商户和其他个人。

单位以承包、承租、挂靠方式经营的，承包人、承租人、挂靠人（以下统称承包人）以发包人、出租人、被挂靠人（以下统称发包人）名义对外经营并由发包人承担相关法律责任的，以该发包人为纳税人。否则，以承包人为纳税人。

采用承包、承租、挂靠经营方式的，区分以下两种情况界定纳税人。

（1）同时满足以下两个条件的，以发包人为纳税人。

①以发包人名义对外经营；

②由发包人承担相关法律责任。

（2）不同时满足上述两个条件的，以承包人为纳税人。

纳税人应当按照国家统一的会计制度进行增值税会计核算。

资管产品运营过程中发生的增值税应税销售行为，以资管产品管理人为增值税纳税人。

2. 扣缴义务人

境外单位或者个人在境内发生应税行为，在境内未设有经营机构的，以购买方为增值税扣缴义务人。财政部和国家税务总局另有规定的除外。

扣缴义务人按照下列公式计算应扣缴税额：

应扣缴税额 = 接受方支付的价款/(1 + 税率) × 税率

【例 2 - 2】（单选题）下列承包经营的情形中，应以发包人为增值税纳税人的是（　　）。

A. 以承包人名义对外经营，由承包人承担法律责任的

B. 以发包人名义对外经营，由发包人承担法律责任的

C. 以发包人名义对外经营，由承包人承担法律责任的

D. 以承包人名义对外经营，由发包人承担法律责任的

【答案】 B

【解析】 承包、承租、挂靠方式经营的，承包人、承租人、挂靠人以发包人、出租人、被挂靠人（以下统称发包人）名义对外经营并由发包人承担相关法律责任的，以该发包人为纳税人；否则以承包人为纳税人。

2.2.2　纳税人分类标准

增值税实行凭增值税专用发票（含其他符合规定的发票）抵扣税款的制度，客观

上要求纳税人具备健全的会计核算制度和能力。在实际经济生活中我国增值税纳税人众多，会计核算水平参差不齐，大量的小企业和个人还不具备使用专用发票抵扣税款的条件，为了简化增值税的计算和征收，减少税收征管漏洞，税法将增值税纳税人按会计核算水平和经营规模分为一般纳税人和小规模纳税人。

1. 一般纳税人

根据《增值税一般纳税人登记管理办法》的规定，增值税纳税人（以下简称纳税人），年应税销售额超过财政部、国家税务总局规定的小规模纳税人标准（以下简称规定标准）的，除按规定选择按照小规模纳税人纳税的以外，应当向主管税务机关办理一般纳税人登记。

年应税销售额是指纳税人在连续不超过12个月或4个季度的经营期内累计应征增值税销售额，包括纳税申报销售额、稽查查补销售额、纳税评估调整销售额。

销售服务、无形资产或者不动产（以下简称“应税行为”）有扣除项目的纳税人，其应税行为年应税销售额按未扣除之前的销售额计算。纳税人偶然发生的销售无形资产、转让不动产的销售额，不计入应税行为年应税销售额。

年应税销售额未超过规定标准的纳税人，会计核算健全，能够提供准确税务资料的，可以向主管税务机关办理一般纳税人登记。会计核算健全，是指能够按照国家统一的会计制度规定设置账簿，根据合法、有效凭证进行核算。

2. 小规模纳税人

小规模纳税人是指年销售额在规定标准以下，并且会计核算不健全，不能按规定报送有关税务资料的增值税纳税人。

“会计核算不健全”，是指不能按照国家统一的会计制度规定设置账簿，根据合法、有效凭证进行核算。

小规模纳税人的具体认定标准为年应征增值税销售额500万元及以下。

【例2-3】（多选题）以下各项中，应计入增值税一般纳税人确定标准的“年应税销售额”的有（　　）。

A. 发生纳税义务的预售销售额

B. 稽查查补销售额

C. 纳税评估调整销售额

D. 偶然发生的销售无形资产销售额

【答案】 ABC

【解析】 年应税销售额包括纳税申报销售额、稽查查补销售额、纳税评估调整销售额、免税销售额，但不包括偶然发生的销售无形资产、转让不动产销售额。对于预售销售额，需要根据纳税义务是否发生进行处理。发生纳税义务的预售销售额计入应税销售额，否则不计入。

2.2.3　纳税人管理制度

1. 一般纳税人

（1）一般纳税人的一般规定。

纳税人应当向其机构所在地主管税务机关办理一般纳税人登记手续。纳税人登记为一般纳税人后，不得转为小规模纳税人，国家税务总局另有规定的除外。在计算增值税时，一般纳税人实行凭票扣税的一般计税方法。

登记后的一般纳税人适用一般计税方法（另有规定除外）。

（2）不得办理一般纳税人登记的情况。

①根据政策规定，选择按照小规模纳税人纳税的（应当向主管税务机关提交书面说明）。

②年应税销售额超过规定标准的其他个人。

（3）办理一般纳税人登记的程序。

①纳税人向主管税务机关填报《增值税一般纳税人登记表》，如实填写固定生产经营场所等信息，并提供税务登记证件。

②纳税人填报内容与税务登记信息一致的，主管税务机关当场登记。

③纳税人填报内容与税务登记信息不一致，或者不符合填列要求的，税务机关应当场告知纳税人需要补正的内容。

（4）登记的时限。

纳税人应在年应税销售额超过规定标准的月份（或季度）的所属申报期结束后 15 日内按照规定办理相关手续；未按规定时限办理的，主管税务机关应当在规定时限结束后 5 日内制作《税务事项通知书》，告知纳税人应当在 5 日内向主管税务机关办理相关手续；逾期仍不办理的，次月起按销售额依照增值税税率计算应纳税额，不得抵扣进项税额，直至纳税人办理相关手续为止。

纳税人自一般纳税人生效之日起，按照增值税一般计税方法计算应纳税额，并可以按照规定领用增值税专用发票，财政部、国家税务总局另有规定的除外。

生效之日是指纳税人办理登记的当月 1 日或者次月 1 日，由纳税人在办理登记手续时自行选择。

2. 小规模纳税人

小规模纳税人实行简易征税办法，并且一般不使用增值税专用发票，但基于增值税征收管理中一般纳税人与小规模纳税人之间客观存在的经济往来的实情，小规模纳税人可以到税务机关代开增值税专用发票。自 2019 年 3 月 1 日起，将小规模纳税人自行开具增值税专用发票试点范围由住宿业，鉴证咨询业，建筑业，工业，信息传输、软件和信息技术服务业，扩大至租赁和商务服务业，科学研究和技术服务业，居民服务、修理和其他服务业。上述 8 个行业，小规模纳税人发生增值税应税行为，需要开具增值税专用发票的，可以自愿使用增值税发票管理系统自行开具。

根据《国家税务总局关于扩大小规模纳税人自行开具增值税专用发票试点范围等事项的公告》和《关于〈国家税务总局关于扩大小规模纳税人自行开具增值税专用发票试点范围的公告〉的解读》第二条规定，为了进一步便利小微企业开具增值税专用发票，纳入自开票试点的行业中的所有小规模纳税人，均可以自愿使用增值税发票管理系统自行开具增值税专用发票，不受月销售额标准的限制。也就是说，月销售额未超过 10 万元（含本数，以 1 个季度为 1 个纳税期的，季度销售额未超过 30 万元）的试点行业小规模纳税人，发生增值税应税行为，需要开具增值税专用发票的，可以选择使用增值税发票管理系统按照有关规定自行开具增值税专用发票。

2.3 征税范围

增值税的征税范围包括在境内发生应税销售行为以及进口货物等，涵盖了生产、批发、零售各环节的销售货物、进口货物、提供加工修理修配劳务，以及销售服务、无形资产和不动产。根据《增值税暂行条例》《增值税暂行条例实施细则》《“营改增”通知》等规定，我们将增值税的征税范围分为一般规定和特殊规定。

2.3.1 征税范围的一般规定

现行增值税范围的一般规定包括应税销售行为和进口的货物，具体规定如下。

1. 销售或进口货物

货物是指有形动产，包括电力、热力、气体在内。销售货物是指有偿转让货物的所有权。

2. 提供加工、修理修配劳务

加工是指受托加工货物，即委托方提供原料及主要材料，受托方按照委托方的要求制造货物并收取加工费的业务；修理修配是指受托对损伤和丧失功能的货物进行修复，使其恢复原状和功能的业务。

销售劳务也称为提供劳务，是指有偿提供劳务。单位或者个体工商户聘用的员工为本单位或者雇主提供劳务不包括在内。

3. 销售服务

服务包括交通运输服务、邮政服务、电信服务、建筑服务、金融服务、现代服务、生活服务。具体征税范围如下。

（1）交通运输服务。

交通运输服务，包括陆路运输服务、水路运输服务、航空运输服务和管道运输服务。纳税人发生下列服务时的征税范围界定：

①陆路运输服务，包括铁路运输服务和其他陆路运输服务。其他陆路运输服务包括公路运输、缆车运输、索道运输、地铁运输、城市轻轨运输等。

②出租车公司向使用本公司自有出租车的出租车司机收取的管理费用，按照“陆路运输服务”缴纳增值税。

③水路运输的程租、期租业务，属于水路运输服务。程租业务是指运输企业为租船人完成某一特定航次的运输任务并收取租赁费的业务。期租业务是指运输企业将配备有操作人员的船舶承租给他人使用一定期限，承租期内听候承租方调遣，不论是否经营，均按天向承租方收取租赁费，发生的固定费用均由船东负担的业务。

④航空运输的湿租业务属于航空运输服务。湿租业务是指航空运输企业将配备有机组人员的飞机承租给他人使用一定期限，承租期内听候承租方调遣，不论是否经营，均按一定标准向承租方收取租赁费，发生的固定费用均由承租方承担的业务。

⑤航天运输服务按照“航空运输服务”缴纳增值税。航天运输服务，是指利用火箭等载体将卫星、空间探测器等空间飞行器发射到空间轨道的业务活动。

⑥纳税人已售票但客户逾期未消费取得的运输逾期票证收入，按照“交通运输服务”缴纳增值税。

⑦无运输工具承运业务，按照交通运输服务缴纳增值税。无运输工具承运业务，是指经营者以承运人身份与托运人签订运输服务合同，收取运费并承担承运人责任，然后委托实际承运人完成运输服务的经营活动。

（2）邮政服务。

邮政服务，是指中国邮政集团公司及其所属邮政企业提供邮件寄递、邮政汇兑和机要通信等邮政基本服务的业务活动，包括邮政普遍服务、邮政特殊服务和其他邮政服务。

①邮政普遍服务，是指函件、包裹等邮件寄递，以及邮票发行、报刊发行和邮政汇兑等业务活动。

②邮政特殊服务，是指义务兵平常信函、机要通信、盲人读物和革命烈士遗物的寄递等业务活动。

③其他邮政服务，是指邮册等邮品销售、邮政代理等业务活动。

（3）电信服务。

电信服务，是指利用有线、无线的电磁系统或者光电系统等各种通信网络资源，提供语音通话服务，传送、发射、接收或者应用图像、短信等电子数据和信息的业务活动，包括基础电信服务和增值电信服务。

①基础电信服务，是指利用固网、移动网、卫星、互联网，提供语音通话服务的业务活动，以及出租或者出售带宽、波长等网络元素的业务活动。

②增值电信服务，是指利用固网、移动网、卫星、互联网、有线电视网络，提供短信和彩信服务、电子数据和信息的传输及应用服务、互联网接入服务等业务活动。卫星电视信号落地转接服务，按照增值电信服务缴纳增值税。

（4）建筑服务。

建筑服务，包括工程服务、安装服务、修缮服务、装饰服务和其他建筑服务。

①工程服务，包括与建筑物相连的各种设备或者支柱、操作平台的安装或者装设工程作业，以及各种窑炉和金属结构工程作业。

②安装服务，包括与被安装设备相连的工作台、梯子、栏杆的装设工程作业，以及被安装设备的绝缘、防腐、保温、油漆等工程作业。固定电话、有线电视、宽带、水、电、燃气、暖气等经营者向用户收取的安装费、初装费、开户费、扩容费以及类似收费，按照安装服务缴纳增值税。

③修缮服务，是指对建筑物、构筑物进行修补、加固、养护、改善，使之恢复原来的使用价值或者延长其使用期限的工程作业。

④装饰服务，是指对建筑物、构筑物进行修饰装修，使之美观或者具有特定用途的工程作业。物业服务企业为业主提供的装修服务，按照“建筑服务”缴纳增值税。

⑤其他建筑服务，是指上列工程作业之外的各种工程作业服务，如钻井（打井）、拆除建筑物或者构筑物、平整土地、园林绿化、疏浚（不包括航道疏浚）、建筑物平移、搭脚手架、爆破、矿山穿孔、表面附着物（包括岩层、土层、沙层等）剥离和清理等工程作业。

纳税人将建筑施工设备出租给他人使用并配备操作人员的，按照“建筑服务”缴纳增值税。

（5）金融服务。

金融服务，是指经营金融保险的业务活动，包括贷款服务、直接收费金融服务、保险服务和金融商品转让。

①贷款服务。

贷款，是指将资金贷与他人使用而取得利息收入的业务活动。

各种占用、拆借资金取得的收入，包括金融商品持有期间（含到期）利息（保本收益、报酬、资金占用费、补偿金等）收入、信用卡透支利息收入、买入返售金融商品利息收入、融资融券收取的利息收入，以及融资性售后回租、押汇、罚息、票据贴现、转贷等业务取得的利息及利息性质的收入，按照“贷款服务”缴纳增值税。

融资性售后回租，是指承租方以融资为目的，将资产出售给从事融资性售后回租业务的企业后，从事融资性售后回租业务的企业将该资产出租给承租方的业务活动。

以货币资金投资收取的固定利润或者保底利润，按“贷款服务”缴纳增值税。

“保本收益、报酬、资金占用费、补偿金”，是指合同中明确承诺到期本金可全部收回的投资收益，金融商品持有期间（含到期）取得的非保本的上述收益，不属于利息或者利息性质的收入，不征收增值税。

②直接收费金融服务。

直接收费金融服务，是指为货币资金融通及其他金融业务提供相关服务并且收取费用的业务活动，包括货币兑换、账户管理、电子银行、信用卡、信用证、财务担保、资产管理、信托管理、基金管理、金融交易场所（平台）管理、资金结算、资金清算、金融支付等服务。

③保险服务。

保险服务，是指投保人根据合同约定，向保险人支付保险费，保险人对于合同约定的可能发生的事故因其发生所造成的财产损失承担赔偿保险金责任，或者当被保险人死亡、伤残、疾病或者达到合同约定的年龄、期限等条件时承担给付保险金责任的商业保险行为。保险服务包括人身保险服务和财产保险服务。

人身保险服务，是指以人的寿命和身体为保险标的的保险业务活动。

财产保险服务，是指以财产及其有关利益为保险标的的保险业务活动。

④金融商品转让。

金融商品转让，是指转让外汇、有价证券、非货物期货和其他金融商品所有权的业务活动。其他金融商品转让包括基金、信托、理财产品等各类资产管理产品和各种金融衍生品的转让。

纳税人购入基金、信托、理财产品等各类资产管理产品持有至到期，不属于金融商品转让。

纳税人转让因同时实施股权分置改革和重大资产重组而首次公开发行股票并上市形成的限售股，以及上市首日至解禁日期间由上述股份孳生的送、转股，以该上市公司股票上市首日开盘价为买入价，按照“金融商品转让”缴纳增值税。

（6）现代服务。

现代服务，是指围绕制造业、文化产业、现代物流产业等提供技术性、知识性服务的业务活动，包括研发和技术服务、信息技术服务、文化创意服务、物流辅助服务、租赁服务、鉴证咨询服务、广播影视服务、商务辅助服务和其他现代服务。

①研发和技术服务，包括研发服务、合同能源管理服务、工程勘察勘探服务、专业技术服务。

研发服务，也称技术开发服务，是指就新技术、新产品、新工艺或者新材料及其系统进行研究与试验开发的业务活动。

合同能源管理服务，是指节能服务公司与用能单位以契约形式约定节能目标，节能服务公司提供必要的服务，用能单位以节能效果支付节能服务公司投入及其合理报酬的业务活动。

工程勘查勘探服务，是指在采矿、工程施工前后，对地形、地质构造、地下资源蕴藏情况进行实地调查的业务活动。

专业技术服务，是指气象服务、地震服务、海洋服务、测绘服务、城市规划、环境与生态监测服务等专项技术服务。

②信息技术服务，是指利用计算机、通信网络等技术对信息进行生产、收集、处理、加工、存储、运输、检索和利用，并提供信息服务的业务活动，包括软件服务、电路设计及测试服务、信息系统服务、业务流程管理服务和信息系统增值服务。

软件服务，是指提供软件开发服务、软件维护服务、软件测试服务的业务活动。

电路设计及测试服务，是指提供集成电路和电子电路产品设计、测试及相关技术支持服务的业务活动。

信息系统服务，是指提供信息系统集成、网络管理、网站内容维护、桌面管理与维护、信息系统应用、基础信息技术管理平台整合、信息技术基础设施管理、数据中心、托管中心、信息安全服务、在线杀毒、虚拟主机等业务活动，包括网站对非自有的网络游戏提供的网络运营服务。

业务流程管理服务，是指依托信息技术提供的人力资源管理、财务经济管理、审计管理、税务管理、物流信息管理、经营信息管理和呼叫中心等服务的活动。

信息系统增值服务，是指利用信息系统资源为用户附加提供的信息技术服务，包括数据处理、分析和整合，数据库管理，数据备份，数据存储，容灾服务，电子商务平台等。

③文化创意服务，包括设计服务、知识产权服务、广告服务和会议展览服务。

设计服务，是指把计划、规划、设想，通过文字、语言、图画、声音、视觉等形式传递出来的业务活动，包括工业设计、内部管理设计、业务运作设计、供应链设计、造型设计、服装设计、环境设计、平面设计、包装设计、动漫设计、网游设计、展示设计、网站设计、机械设计、工程设计、广告设计、创意策划、文印晒图等。

知识产权服务，是指处理知识产权事务的业务活动，包括对专利、商标、著作权、软件、集成电路布图设计的登记、鉴定、评估、认证、检索服务。

广告服务，是指利用图书、报纸、杂志、广播、电视、电影、幻灯、路牌、招贴、橱窗、霓虹灯、灯箱、互联网等各种形式为客户的商品、经营服务项目、文体节目或者通告、声明等委托事项进行宣传和提供相关服务的业务活动，包括广告代理和广告的发布、播映、宣传、展示等。

会议展览服务，是指为商品流通、促销、展示、经贸洽谈、民间交流、企业沟通、国际往来等举办或者组织安排的各类展览和会议的业务活动。

宾馆、旅馆、旅社、度假村和其他经营性住宿场所提供会议场地及配套服务的活动，按照“会议展览服务”缴纳增值税。

④物流辅助服务，包括航空服务、港口码头服务、货运客运场站服务、打捞救助服务、装卸搬运服务、仓储服务和收派服务。

航空服务，包括航空地面服务和通用航空服务。

航空地面服务，是指航空公司、飞机场、民航管理局、航站等向在境内航行或者在境内机场停留的境内外飞机或者其他飞行器提供的导航等劳务性地面服务的业务活动，包括旅客安全检查服务、停机坪管理服务、机场候机厅管理服务、飞机清洗消毒服务、空中飞行管理服务、飞机起降服务、飞行通信服务、地面信号服务、飞机安全服务、飞机跑道管理服务、空中交通管理服务等。

通用航空服务，是指为专业工作提供飞行服务的业务活动，包括航空摄影、航空培训、航空测量、航空勘探、航空护林、航空吊挂播撒、航空降雨、航空气象探测、航空海洋监测、航空科学实验等。

港口码头服务，是指港务船舶调度服务、船舶通信服务、航道管理服务、航道疏浚服务、灯塔管理服务、航标管理服务、船舶引航服务、理货服务、系解缆服务、停泊和移泊服务、海上船舶溢油清除服务、水上交通管理服务、船只专业清洗消毒检测服务和防止船只漏油服务等为船只提供服务的业务活动。

港口设施经营人收取的港口设施保安费按照港口码头服务缴纳增值税。

货运客运场站服务，是指货运客运场站提供货物配载服务、运输组织服务、中转换乘服务、车辆调度服务、票务服务、货物打包整理、铁路线路使用服务、加挂铁路客车服务、铁路行包专列发送服务、铁路到达和中转服务、铁路车辆编解服务、车辆挂运服务、铁路接触网服务、铁路机车牵引服务等业务活动。

打捞救助服务，是指提供船舶人员救助、船舶财产救助、水上救助和沉船沉物打捞服务的业务活动。

装卸搬运服务，是指使用装卸搬运工具或者人力、畜力将货物在运输工具之间、装卸现场之间或者运输工具与装卸现场之间进行装卸和搬运的业务活动。

仓储服务，是指利用仓库、货场或者其他场所代客贮放、保管货物的业务活动。

收派服务，是指接受寄件人委托，在承诺的时限内完成函件和包裹的收件、分拣、派送服务的业务活动。

收件服务，是指从寄件人处收取函件和包裹，并运送到服务提供方同城的集散中心的业务活动。

分拣服务，是指服务提供方在其集散中心对函件和包裹进行归类、分发的业务活动。

派送服务，是指服务提供方从其集散中心将函件和包裹送达同城的收件人的业务活动。

⑤租赁服务，包括融资租赁服务和经营租赁服务。

融资租赁服务，是指具有融资性质和所有权转移特点的租赁活动。即出租人根据承租人所要求的规格、型号、性能等条件购入有形动产或者不动产租赁给承租人，合同期内租赁物所有权属于出租人，承租人只拥有使用权，合同期满付清租金后，承租人有权按照残值购入租赁物，以拥有其所有权。不论出租人是否将租赁物销售给承租人，均属于融资租赁。

按照标的物的不同，融资租赁服务可分为有形动产融资租赁服务和不动产融资租赁服务。

融资性售后回租不按照本税目缴纳增值税，需要按贷款服务缴纳增值税。

经营租赁服务，是指在约定时间内将有形动产或者不动产转让他人使用且租赁物所有权不变更的业务活动。

按照标的物的不同，经营租赁服务可分为有形动产经营租赁服务和不动产经营租赁服务。

将建筑物、构筑物等不动产或者飞机、车辆等有形动产的广告位出租给其他单位或者个人用于发布广告，按照经营租赁服务缴纳增值税。

车辆停放服务、道路通行服务（包括过路费、过桥费、过闸费等）等，按照不动产经营租赁服务缴纳增值税。

水路运输的光租业务、航空运输的干租业务，属于经营租赁。

光租业务，是指运输企业将船舶在约定的时间内出租给他人使用，不配备操作人员，不承担运输过程中发生的各项费用，只收取固定租赁费的业务活动。

干租业务，是指航空运输企业将飞机在约定的时间内出租给他人使用，不配备机组人员，不承担运输过程中发生的各项费用，只收取固定租赁费的业务活动。

⑥鉴证咨询服务，包括认证服务、鉴证服务和咨询服务。

认证服务，是指具有专业资质的单位利用检测、检验、计量等技术，证明产品、服务、管理体系符合相关技术规范的强制性要求或者标准的业务活动。

鉴证服务，是指具有专业资质的单位受托对相关事项进行鉴证，发表具有证明力的意见的业务活动，包括会计鉴证、税务鉴证、法律鉴证、职业技能鉴定、工程造价鉴证、工程监理、资产评估、环境评估、房地产土地评估、建筑图纸审核、医疗事故鉴定等。

咨询服务，是指提供信息、建议、策划、顾问等服务的活动，包括金融、软件、技术、财务、税收、法律、内部管理、业务运作、流程管理、健康等方面的咨询。

翻译服务和市场调查服务，按照咨询服务缴纳增值税。

⑦广播影视服务，包括广播影视节目（作品）制作服务、发行服务和播映（含放映，下同）服务。广播影视节目（作品）制作服务，是指进行专题（特别节目）、专栏、综艺、体育、动画片、广播剧、电视剧、电影等广播影视节目和作品制作的服务。其具体包括与广播影视节目和作品相关的策划，采编，拍摄，录音，音视频文字图片素材制作，场景布置，后期的剪辑，翻译（编译），字幕制作，片头、片尾、片花制作，特效制作，影片修复，编目和确权等业务活动。

广播影视节目（作品）发行服务，是指以分账、买断、委托等方式，向影院、电台、电视台、网站等单位和个人发行广播影视节目（作品）以及转让体育赛事等活动的报道及播映权的业务活动。

广播影视节目（作品）播映服务，是指在影院、剧院、录像厅及其他场所播映广播影视节目（作品），以及通过电台、电视台、卫星通信、互联网、有线电视等无线或者有线装置播映广播影视节目（作品）的业务活动。

⑧商务辅助服务，包括企业管理服务、经纪代理服务、人力资源服务和安全保护服务。

企业管理服务，是指提供总部管理、投资与资产管理、市场管理、物业管理、日常综合管理等服务的业务活动。

经纪代理服务，是指各类经纪、中介、代理服务，包括金融代理、知识产权代理、货物运输代理、代理报关、法律代理、房地产中介、职业中介、婚姻中介、代理记账、拍卖等。

货物运输代理服务，是指接受货物收货人、发货人、船舶所有人、船舶承租人或者船舶经营人的委托，以委托人的名义，为委托人办理货物运输、装卸、仓储和船舶进出港口、引航、靠泊等相关手续的业务活动。

代理报关服务，是指接受进出口货物的收、发货人委托，代为办理报关手续的业务活动。

拍卖行受托拍卖取得的手续费或佣金收入，按照“经纪代理服务”缴纳增值税。

人力资源服务，是指提供公共就业、劳务派遣、人才委托招聘、劳动力外包等服务的业务活动。纳税人提供安全保护服务，属于人力资源服务，比照劳务派遣服务政策执行。

安全保护服务，是指提供保护人身安全和财产安全、维护社会治安等的业务活动，包括场所住宅保安、特种保安、安全系统监控以及其他安保服务。纳税人提供武装守护押运服务，按照“安全保护服务”缴纳增值税。

⑨其他现代服务，是指除研发和技术服务、信息技术服务、文化创意服务、物流辅助服务、租赁服务、鉴证咨询服务、广播影视服务和商务辅助服务以外的现代服务。

纳税人为客户办理退票而向客户收取的退票费、手续费等收入，按照“其他现代服务”缴纳增值税。

纳税人对安装运行后的机器设备提供的维护保养服务，按照“其他现代服务”缴纳增值税。

（7）生活服务。

生活服务，是指为满足城乡居民日常生活需求提供的各类服务活动，包括文化体育服务、教育医疗服务、旅游娱乐服务、餐饮住宿服务、居民日常服务和其他生活服务。

①文化体育服务，包括文化服务和体育服务。

文化服务，是指为满足社会公众文化生活需求提供的各种服务。文化服务包括文艺创作、文艺表演、文化比赛，图书馆的图书和资料借阅，档案馆的档案管理，文物及非物质遗产保护，组织举办宗教活动、科技活动、文化活动，提供游览场所。

纳税人在游览场所经营索道、摆渡车、电瓶车、游船等取得的收入，按照“文化体育服务”缴纳增值税。

体育服务，是指组织举办体育比赛、体育表演、体育活动，以及提供体育训练、体育指导、体育管理的业务活动。

②教育医疗服务，包括教育服务和医疗服务。

教育服务，是指提供学历教育服务、非学历教育服务、教育辅助服务的业务活动。学历教育服务，是指根据教育行政管理部门确定或者认可的招生和教学计划组织教学，并颁发相应学历证书的业务活动，包括初等教育、初级中等教育、高级中等教育、高等教育等。非学历教育服务，包括学前教育、各类培训、演讲、讲座、报告会等。

教育辅助服务，包括教育测评、考试、招生等服务。

医疗服务，是指提供医学检查、诊断、治疗、康复、预防、保健、接生、计划生育、防疫服务等方面的服务，以及与这些服务有关的提供药品、医用材料器具、救护车、病房住宿和伙食的业务。

③旅游娱乐服务，包括旅游服务和娱乐服务。

旅游服务，是指根据旅游者的要求，组织安排交通、游览、住宿、餐饮、购物、文娱、商务等服务的业务活动。

娱乐服务，是指为娱乐活动同时提供场所和服务的业务。

旅游娱乐服务具体包括歌厅、舞厅、夜总会、酒吧、台球、高尔夫球、保龄球、游艺（包括射击、狩猎、跑马、游戏机、蹦极、卡丁车、热气球、动力伞、射箭、飞镖）。

④餐饮住宿服务，包括餐饮服务和住宿服务。

餐饮服务，是指通过同时提供饮食和饮食场所的方式为消费者提供饮食消费服务的业务活动。提供餐饮服务的纳税人销售的外卖食品，按照“餐饮服务”缴纳增值税。

纳税人现场制作食品并直接销售给消费者，按照“餐饮服务”缴纳增值税。

住宿服务，是指提供住宿场所及配套服务等的活动，包括宾馆、旅馆、旅社、度假村和其他经营性住宿场所提供的住宿服务。

⑤居民日常服务，是指主要为满足居民个人及其家庭日常生活需求提供的服务，包括市容市政管理、家政、婚庆、养老、殡葬、照料和护理、救助救济、美容美发、按摩、桑拿、氧吧、足疗、沐浴、洗染、摄影扩印等服务。

⑥其他生活服务，是指除文化体育服务、教育医疗服务、旅游娱乐服务、餐饮住宿服务和居民日常服务之外的生活服务。

纳税人提供植物养护服务，按照“其他生活服务”缴纳增值税。

4. 销售无形资产

销售无形资产，是指转让无形资产所有权或者使用权的业务活动。无形资产，是指不具实物形态，但能带来经济利益的资产，包括技术、商标、著作权、商誉、自然资源使用权和其他权益性无形资产。

技术，包括专利技术和非专利技术。

自然资源使用权，包括土地使用权、海域使用权、探矿权、采矿权、取水权和其他自然资源使用权。

其他权益性无形资产，包括基础设施资产经营权、公共事业特许权、配额、经营权（包括特许经营权、连锁经营权、其他经营权）、经销权、分销权、代理权、会员权、席位权、网络游戏虚拟道具、域名、名称权、肖像权、冠名权、转会费等。

5. 销售不动产

销售不动产，是指转让不动产所有权的业务活动。不动产，是指不能移动或者移动后会引起性质、形状改变的财产，包括建筑物、构筑物等。

建筑物，包括住宅、商业营业用房、办公楼等可供居住、工作或者进行其他活动的建造物。

构筑物，包括道路、桥梁、隧道、水坝等建造物。

6. 缴纳增值税的经济行为需具备的条件

确定一项经济行为是否需要缴纳增值税，根据《国务院关于做好全面推开“营改增”试点工作的通知》，除另有规定外，一般应同时具备四个条件：①应税行为发生在中华人民共和国境内；②应税行为属于《销售服务、无形资产、不动产注释》范围内的业务活动；③应税服务是为他人提供的；④应税行为是有偿的。

【例2-4】（单选题）纳税人提供的下列应税服务中，应按照“其他现代服务”计征增值税的是（　　）。

A. 安全保护服务

B. 车辆停放服务

C. 武装守护押运服务

D. 对安装运行后的机器设备提供的维护保养服务

【答案】 D

【解析】 本题考查增值税征税范围的一般规定。

选项AC，纳税人提供武装守护押运服务，按照“安全保护服务”缴纳增值税，安全保护服务属于“商务辅助服务”，选项AC错误。

选项B，车辆停放服务、道路通行服务（包括过路费、过桥费、过闸费等）等按照“不动产经营租赁服务”缴纳增值税，选项B错误。

选项D，纳税人对安装运行后的机器设备提供的维护保养服务，按照“其他现代服务”缴纳增值税，选项D正确。

7. 非经营活动的确认

销售服务、无形资产或者不动产，是指有偿提供服务、有偿转让无形资产或者不动产，但属于下列非经营活动的情形除外。

（1）行政单位收取的同时满足以下条件的政府性基金或者行政事业性收费。

①由国务院或者财政部批准设立的政府性基金，由国务院或者省级人民政府及其财政、价格主管部门批准设立的行政事业性收费。

②收取时开具省级以上（含省级）财政部门监（印）制的财政票据。

③所收款项全部上缴财政。

（2）单位或者个体工商户聘用的员工为本单位或者雇主提供取得工资的服务。

（3）单位或者个体工商户为聘用的员工提供服务。

（4）财政部和国家税务总局规定的其他情形。

8. 境内销售服务、无形资产或者不动产的含义

（1）在境内销售服务、无形资产或者不动产，是指：

①服务（租赁不动产除外）或者无形资产（自然资源使用权除外）的销售方或者购买方在境内。

②所销售或者租赁的不动产在境内。

③所销售自然资源使用权的自然资源在境内。

④财政部和国家税务总局规定的其他情形。

（2）下列情形不属于在境内销售服务或者无形资产。

①境外单位或者个人向境内单位或者个人销售完全在境外发生的服务。

②境外单位或者个人向境内单位或者个人销售完全在境外使用的无形资产。

③境外单位或者个人向境内单位或者个人销售完全在境外使用的有形动产。

④财政部和国家税务总局规定的其他情形。

（3）境外单位或者个人销售的服务（不含租赁不动产）在以下两种情况下属于在我国境内销售服务，应照章缴纳增值税。

①境外单位或者个人向境内单位或者个人销售的完全在境内发生的服务，属于在境内销售服务。例如，境外某一工程公司到境内给境内某单位提供工程勘查勘探服务。

②境外单位或者个人向境内单位或者个人销售的未完全在境外发生的服务，属于在境内销售服务。例如，境外某一咨询公司与境内某一公司签订咨询合同，就这家境内公司开拓境内、境外市场进行实地调研并提出合理化管理建议，境外咨询公司提供的咨询服务同时在境内和境外发生，属于在境内销售服务。

（4）境外单位或者个人销售的无形资产在以下两种情况下属于在我国境内销售无形资产，应该照章缴纳增值税。

①境外单位或者个人向境内单位或者个人销售的完全在境内使用的无形资产，属于在境内销售无形资产。例如，境外 A 公司向境内 B 公司转让 A 公司在境内的连

锁经营权。

②境外单位或者个人向境内单位或者个人销售的未完全在境外使用的无形资产属于在境内销售无形资产。例如，境外C公司向境内D公司转让一项专利技术，该专利技术同时用于D公司在境内和境外的生产线。

上述一般规定中所说的有偿，是指从购买方取得货币、货物或者其他经济利益。其他经济利益是指非货币、货物形式的收益，具体包括固定资产（不含货物）、生物资产（不含货物）、无形资产（包括特许权）、股权投资、存货、不准备持有至到期的债券投资服务以及有关权益等。

9. 征税范围的特殊项目

（1）航空运输企业已售票但未提供航空运输服务取得的逾期票证收入，按照航空运输服务征收增值税。

（2）纳税人取得的中央财政补贴，不属于增值税应税收入，不征收增值税。

（3）融资性售后回租业务中，承租方出售资产的行为不属于增值税的征收范围，征收增值税。

（4）药品生产企业销售自产创新药的销售额，为向购买方收取的全部价款和价外费用，其提供给患者后续免费使用的相同创新药，不属于增值税视同销售范围。创新药是指经食品药品监督管理部门批准注册，批准前未曾在中国境内外上市销售，通过合成或者半合成方法制得的原料药及其制剂。

（5）根据国家指令无偿提供的铁路运输服务、航空运输服务，属于《营业税改征增值税试点实施办法》第十四条规定的用于公益事业的服务。

（6）存款利息不征增值税。

（7）被保险人获得的保险赔付不征收增值税。

（8）房地产主管部门或者其指定的机构、公积金管理中心、开发企业以及物业管理单位收取的住宅专项维修资金，不征收增值税。

（9）纳税人在资产重组过程中，通过合并、分立、出售、置换等方式，将全部或者部分实物资产以及与其相关联的债权、负债和劳动力一并转让给其他单位和个人，不属于增值税征税范围。

2.3.2 视同销售的行为的征税规定

增值税视同销售行为是指为了平衡税收负担，控制逃税，对不完全具备一般意义上的销售行为，税法规定应当视同销售征收增值税的行为。根据现行增值税法的规定，单位或者个体工商户的下列行为，视同销售货物，应当缴纳增值税。

（1）将货物交付其他单位或者个人代销。

（2）销售代销货物。

（3）设有两个以上机构并实行统一核算的纳税人，将货物从一个机构移送其他机构用于销售，但相关机构设在同一县（市）的除外。

（4）将自产或者委托加工的货物用于非应税项目。

（5）将自产、委托加工的货物用于职工福利或者个人消费。

（6）将自产、委托加工或者购进的货物作为投资，提供给其他单位或者个体工商户。

（7）将自产、委托加工或者购进的货物分配给股东或者投资者。

（8）将自产、委托加工或者购进的货物无偿赠送给其他单位或者个人。

（9）单位或者个体工商户向其他单位或者个人无偿销售服务、无偿转让无形资产或者不动产，但用于公益事业或者以社会公众为对象的除外。

（10）财政部和国家税务总局规定的其他情形。

第（3）项中“用于销售”是指受货机构发生两项情形之一的经营行为：一是向购货方开具发票；二是向购货方收取货款。受货机构的货物移送行为有上述两项情形之一的，应当向所在地税务机关缴纳增值税；未发生上述两项情形的，则应由总机构统一缴纳增值税。

上述 10 种情况应该确定为视同发生应税销售行为，均要征收增值税。其确定的目的主要有三个：一是保证增值税税款抵扣制度的实施，不致因发生上述行为而造成各相关环节税款抵扣链条的中断，如前两种情况就是这种原因。如果不将之视同发生应税销售行为从而出现销售代销货物方仅有销项税额而无进项税额，而将货物交付其他单位或者个人代销方仅有进项税额而无销项税额的情况，就会出现增值税抵扣链条不完整。二是避免因发生上述行为而造成应税销售行为之间税收负担不平衡的矛盾，防止以上述行为逃避纳税的现象。三是体现增值税计算的配比原则，即购进货物、劳务、服务、无形资产、不动产已经在购进环节实施了进项税额抵扣，这些购进货物、劳务、服务、无形资产、不动产应该产生相应的销售额，同时就应该产生相应的销项税额，否则就会产生不配比情况。例如上述第（4）项至第（9）项中的几种情况就属于此种原因。

【例 2－5】（多选题）下列行为中，属于增值税征收范围的有（　　）。

A. 汽车销售公司销售其代销的某品牌小汽车

B. 电脑生产企业将自产新型电脑无偿赠送给客户

C. 航空公司根据国家指令无偿提供航空运输服务

D. 房产公司购入执法部门拍卖的罚没房产再销售

【答案】ABD

【解析】本题考查增值税的征税范围。

选项A，销售代销货物，属于增值税视同销售行为，选项A正确。

选项B，将自产的新型电脑无偿赠送客户，属于增值税视同销售行为，选项B正确。

选项C，根据国家指令无偿提供的铁路运输服务、航空运输服务，属于用于公益事业的服务。

2.3.3 混合销售

一项销售行为如果既涉及货物又涉及服务，为混合销售行为。“货物”是指《增值税暂行条例》中规定的有形动产；“服务”是指属于增值税征收范围的交通运输服务、建筑服务、金融服务、邮政服务、电信服务、现代服务、生活服务。

混合销售行为成立的行为标准有两点：一是其销售行为必须是一项；二是该项行为必须既涉及货物销售又涉及应税行为。

我们在确定混合销售是否成立时，其行为标准中的上述两点必须是同时存在的，如果一项销售行为只涉及销售服务，不涉及货物，这种行为就不是混合销售行为；反之，如果涉及销售服务和涉及货物的行为，不是存在于一项销售行为之中，这种行为也就不是混合销售行为。

对于混合销售行为的税务处理，从事货物的生产、批发或者零售的单位和个体工商户的混合销售行为，按照销售货物缴纳增值税；其他单位和个体工商户的混合销售行为，按照销售服务缴纳增值税。上述从事货物的生产、批发或者零售的单位和个体工商户，包括以从事货物的生产、批发或者零售为主，并兼营销售服务的单位和个体工商户在内。

2.3.4 兼营行为的征税规定

兼营行为是指纳税人的经营范围既包括销售货物和加工修理修配劳务，又包括销售服务、无形资产或者不动产，但销售货物、加工修理修配劳务，以及销售服务、无形资产或者不动产不同时发生在同一项销售行为中。

纳税人兼营销售货物、劳务、服务、无形资产或者不动产，适用不同税率或者征收率的，应当分别核算适用不同税率或者征收率的销售额；未分别核算销售额的，按照以下方法适用税率或征收率：

（1）兼有不同税率的应税销售行为，从高适用税率。

（2）兼有不同征收率的应税销售行为，从高适用征收率。

（3）兼有不同税率和征收率的应税销售行为，从高适用税率。

（4）纳税人销售活动板房、机器设备、钢结构件等自产货物的同时提供建筑、安装服务，不属于《国务院关于做好全面推开“营改增”试点工作的通知》第四十条规定的混合销售，应当分别核算货物和建筑服务的销售额，分别适用不同的税率或征收率。

纳税人兼营免税、减税项目的，应当分别核算免税、减税项目的销售额；未分别核算的，不得免税、减税。

混合销售行为与兼营行为的比较如表2－4所示。

表2－4　　混合销售行为与兼营行为的比较

行为类别	判断标准	税务处理
混合销售行为	强调同一项销售行为存在着两类经营项目的混合，有从属关系	按“经营主业”缴纳增值税
兼营行为	强调在同一纳税人存在多项经营项目，但不是发生在同一销售行为中，无从属关系和关联性	分别核算使用不同税率或征收率的销售额，否则从高适用税率或征收率

【例2－6】（单选题）下列经营行为中，属于增值税混合销售行为的是（　　）。

A. 4S店销售汽车及内饰用品　　B. 商场销售空调并提供安装服务

C. 酒店提供住宿及机场接送服务　　D. 餐厅提供餐饮及音乐舞蹈表演

【答案】 B

【解析】 本题考查混合销售的判断。

一项销售行为如果既涉及货物又涉及服务即为混合销售行为。

选项A，4S店主营业务是销售汽车，消费者可以选择不购买内饰用品，并非属于同一项销售行为，且两者均属于货物销售，不涉及相关应税服务，不属于混合销售，选项A错误。

选项B，商场销售空调，属于销售货物。提供安装服务，属于销售服务，且消费者自己不会安装空调，商场在销售货物的同时提供安装服务，两者为同一项销售行为，属于混合销售。选项B正确。

选项C，酒店主营业务是住宿，并非需要同时提供机场接送服务，不属于同一项销售行为，且两者均属于销售服务，不涉及销售货物，不属于混合销售，选项C错误。

选项D，餐厅主营业务是餐饮，并非需要同时提供音乐舞蹈表演，不属于同一项销售行为，且两者均属于销售服务，不属于混合销售，选项D错误。

2.4 税率与征收率

我国增值税纳税人分为一般纳税人和小规模纳税人。对一般纳税人采用一般计税方法，适用于增值税税率；小规模纳税人和一般纳税人的特殊业务采用简易计征，适用征收率。

2.4.1 增值税税率

一般纳税人适用的税率有13%、9%、6%和零税率。

1. 13%税率适用范围

纳税人销售货物、提供加工修理修配劳务、有形动产租赁服务或者进口货物，除按规定适用9%税率的货物以外，适用13%的基本税率。

2. 9%税率适用范围

纳税人销售交通运输、邮政、基础电信、建筑、不动产租赁服务，销售不动产，转让土地使用权，适用税率为9%。

纳税人销售以下货物，税率为9%：

（1）粮食等农产品、食用植物油、食用盐。其中，农产品是指种植业、养殖业、林业、牧业、水产业生产的各种植物、动物的初级产品。具体征税范围暂继续按照《农业产品征税范围注释》及现行相关规定执行。调制乳、淀粉不属于农业产品的范围，应按照13%的税率征收增值税。

（2）自来水、暖气、冷气、热水、煤气、石油液化气、天然气、二甲酸、沼气、居民用煤炭制品。

（3）图书、报纸、杂志、音像制品、电子出版物。

（4）饲料、化肥、农药、农机、农膜。其中，农机零部件不属于本货物的征收范围。

（5）国务院规定的其他货物。

上述适用9%税率的货物按《农业产品征税范围注释》（财税字〔1995〕52号）、《增值税部分货物征税范围注释》（国税发〔1993〕151号）及其他相关规定执行。

3. 6%税率适用范围

纳税人销售增值电信服务、金融服务、现代服务（不动产租赁除外）、生活服务以及销售无形资产（转让土地使用权除外），税率为6%。

纳税人通过省级土地行政主管部门设立的交易平台转让补充耕地指标，按照“销售无形资产”缴纳增值税，税率为6%。

4. 零税率

纳税人出口货物、销售国务院规定范围内的服务、无形资产，税率为零。出口货物的具体规定在后续章节深入讲解。跨境服务增值税适用零税率的范围如下：

（1）国际运输服务。国际运输服务包括在境内载运旅客或者货物出境、在境外载运旅客或者货物入境和在境外载运旅客或者货物。

（2）航天运输服务。

（3）向境外单位提供的完全在境外消费的下列服务：①研发服务；②合同能源管理服务；③设计服务；④广播影视节目（作品）的制作和发行服务；⑤软件服务；⑥电路设计及测试服务；⑦信息系统服务；⑧业务流程管理服务；⑨离岸服务外包业务，离岸服务外包业务，包括信息技术外包服务（ITO）、技术性业务流程外包服务（BPO）、技术性知识流程外包服务（KPO），其所涉及的具体业务活动，按照《销售服务、无形资产、不动产注释》相对应的业务活动执行；⑩转让技术。

（4）财政部和国家税务总局规定的其他服务。

【例2－7】（单选题）增值税一般纳税人发生的下列应税行为中，适用6%税率计征增值税的是（　　）。

A. 提供建筑施工服务

B. 通过省级土地行政主管部门设立的交易平台转让补充耕地指标

C. 出租2020年新购入的房产

D. 销售非现场制作食品

【答案】 B

【解析】 本题考查增值税税率。

选项A，一般纳税人提供建筑服务，适用9%的税率，选项A错误。

选项B，纳税人通过省级土地行政主管部门设立的交易平台转让补充耕地指标，按照“销售无形资产”缴纳增值税，税率为6%，选项B正确。

选项C，一般纳税人出租2020年新购入的房产属于不动产租赁服务，适用9%的税率，选项C错误。

选项D，纳税人现场制作食品并销售属于餐饮服务，销售非现场制作食品属于正常的销售行为，适用13%或9%的税率，选项D错误。

2.4.2 增值税征收率

增值税征收率是指特定纳税人发生应税销售行为在某一生产流通环节应纳税额与

销售额的比率。增值税征收率适用于两种情况：一是小规模纳税人；二是一般纳税人发生应税销售行为按规定可以选择简易计税方法计税的。

1. 小规模纳税人征收率

（1）小规模纳税人销售货物、加工修理修配劳务、服务、无形资产，适用3%的征收率。

（2）小规模纳税人销售自己使用过的固定资产，按3%征收率减按2%征收增值税。

（3）小规模纳税人销售自己使用过的其他物品，按3%的征收率征收增值税。

（4）小规模纳税人销售不动产（含房地产开发企业中的小规模纳税人销售自行开发的房地产项目），适用5%的征收率。

（5）出租不动产，适用5%的征收率。但个人出租住房，应按5%的征收率减按1.5%计征增值税。

（6）小规模纳税人提供劳务派遣服务选择差额纳税的，适用5%的征收率。

2. 一般纳税人适用征收率的情形

（1）一般纳税人下列应税行为，“可选择”简易计税方法依3%的征收率计征增值税。

①县级及以下小型水力发电单位生产的电力。

②建筑用和生产建筑材料所用的砂、土、石料或其他矿物连续生产的砖、瓦、石灰。

③用微生物、血液或组织等制成的生物制品。

④自来水。

⑤商品混凝土。

⑥特定药品。

一般纳税人生产销售和批发、零售抗癌药品，可以选择按照简易办法依照3%的征收率计算增值税；

一般纳税人生产销售和批发、零售罕见药品，可以选择按照简易办法依照3%的征收率计算增值税。

⑦公共交通运输服务，包括轮客渡、公交客运、地铁、城市轻轨、出租车、长途客车、班车。

⑧经认定的动漫企业开发动漫产品提供的动漫脚本编撰、形象设计、背景设计、动画设计、分镜、动画制作、摄制、描线、上色、画面合成、配音、配乐、音效合成、剪辑、字幕制作、压缩转码（面向网络动漫、手机动漫格式适配）服务，以及在境内转让动漫版权（包括动漫品牌、形象或者内容的授权及再授权）。

⑨电影放映服务、仓储服务、装卸服务、装卸搬运服务、收派服务和文化体育服务。

⑩以纳入“营改增”试点之日前取得的有形动产为标的物提供的经营租赁服务。

⑪在纳入“营改增”试点之日前签订的尚未执行完毕的有形动产租赁合同。

⑫以清包工方式提供的建筑服务。“以清包工方式提供的建筑服务”是指施工方不采购建筑工程所需的材料或只采购辅助材料，并收取人工费、管理费或者其他费用的建筑服务。

⑬为甲供工程提供的建筑服务。“甲供工程”是指全部或部分设备、材料、动力由工程发包方自行采购的建筑工程。

⑭为建筑工程老项目提供的建筑服务。“建筑工程老项目”是指“建筑工程施工许可证”注明的合同开工日期在 2016 年 4 月 30 日前的建筑工程项目；未取得“建筑工程施工许可证”的，建筑工程承包合同注明的开工日期在 2016 年 4 月 30 日前的建筑工程项目。

⑮一般纳税人跨县（市）提供建筑服务，选择适用简易计税方法计税的，以取得的全部价款和价外费用扣除支付的分包款后的余额为销售额，按照 3% 的征收率计算应纳税额。

（2）适用减按 2% 征收的情形。

①一般纳税人销售自己使用过的属于《增值税暂行条例》规定不得抵扣且未抵扣进项税额的固定资产，按照简易办法依照 3% 征收率减按 2% 征收增值税。

②纳税人销售旧货，按照简易办法依照 3% 征收率减按 2% 征收增值税。旧货是指进入二次流通的具有部分使用价值的货物（含旧汽车、旧摩托车和旧游艇），不包括自己使用过的物品。

（3）适用 5% 征收率的情形。

①一般纳税人收取试点前开工的一级公路、二级公路、桥、闸通行费，选择适用简易计税方法。

②房地产开发企业中的一般纳税人购入未完工的房地产老项目（2016 年 4 月 30 日之前的建筑工程项目）继续开发后，以自己名义立项销售的不动产，属于房地产老项目，可以选择适用简易计税方法按照 5% 的征收率计算缴纳增值税。

③一般纳税人转让 2016 年 4 月 30 日前取得的土地使用权，选择适用简易计税方法。

④一般纳税人 2016 年 4 月 30 日前签订的不动产融资租赁合同，或以 2016 年 4 月 30 日前取得的不动产提供的融资租赁服务，选择简易计税方法。

⑤一般纳税人选择简易计税方法计税的不动产销售。

⑥一般纳税人选择简易计税方法计税的不动产经营租赁。

⑦一般纳税人提供人力资源外包服务，选择适用简易计税方法。

⑧一般纳税人提供劳务派遣服务选择差额纳税。

2.5 一般计税方法应纳税额的计算

2.5.1 一般计税方法增值税计算原理

我国增值税一般纳税人的采用间接计算法，按照当期销售额和适用税率计算出销项税额，然后减去当期准予抵扣的进行税，以此间接计算出当期的应纳税额（见图2－1）。计算公式如下：

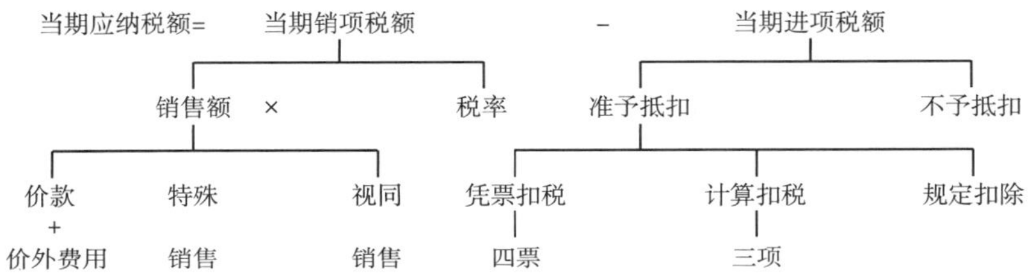

图2－1 一般计税方法应纳税额的计算

在此公式中，销项税既包括正常销售的销项税额，还包括特殊销售和视同销售的销项税额。在进项税的计算中，需要注意将不予抵扣的进项税从进项税总额中予以扣除，准许抵扣的进项税包括凭票抵扣、计算抵扣和一些特殊规定的抵扣项目。

2.5.2 销项税额的计算

销项税额是指纳税人发生应税销售行为时，按照销售额与规定税率计算并向购买方收取的增值税税额。销项税额的计算公式为：

销项税额＝销售额×适用税率

从销项税额的定义和公式中可以知道，它是由购买方在购买货物、劳务、服务、无形资产、不动产等行为时，随同商品的价款一并向销售方支付的税额。对于属于一般纳税人的销售方来说，在没有抵扣其进项税额前，销售方收取的销项税额还不是其应纳增值税税额。

销项税额的计算取决于销售额和适用税率两个因素。当适用税率确定时，销项税额的大小主要取决于销售额的大小。

应当注意的是，尽管销项税额是销售方向购买方收取的，但是由于增值税采用价外计税方式，是用不含增值税（以下简称不含税）价作为计税依据，计算销项税时的销售额中是不包括向购买方收取的销项税额的。当纳税人采用价格和税款合并定价或被视为价款是含税销售额时，则需要按照下列公式计算不含税销售额：

不含税销售额 = 含税销售额/(1 + 税率)

下面介绍在不同情况下销售额的确定。

1. 一般销售方式下的销售额

销售额是指纳税人因销售货物或者提供应税劳务而向购买方收取的全部价款和价外费用。由于增值税采用价外计税方式，用不含增值税价作为计税依据，因此，计算销项税额的销售额不含增值税，但是包含价外费用。所谓价外费用，是指价外向购买方收取的各种手续费、补贴、基金、集资费、返还利润、奖励费、违约金、滞纳金、延期付款利息、赔偿金、代收款项、代垫款项、包装费、包装物租金、储备费、优质费、运输装费以及其他各种性质的价外收费。

下列项目不包括在价外费用内中。

(1) 受托加工应征消费税的消费品所代收代缴的消费税。

(2) 同时符合以下条件的代垫运输费用：①承运部门的运输费用发票开具给购买的；②纳税人将该项发票转交给购买方的。

(3) 同时符合以下条件的代为收取的政府性基金或者行政事业性收费：由国务院或者财政部批准设立的政府性基金，由国务院或者省级人民政府及其财政、价格主管部门批准设立的行政事业性收费；收取时开具省级以上财政部门印制的财政票据；所收款项全额上缴财政。

(4) 销售货物的同时因代办保险等而向购买方收取的保险费，以及向购买方收取的代购买方缴纳的车辆购置税、车辆牌照费。

凡随同应税销售行为向购买方收取的价外费用，无论其会计制度如何核算，均应并入销售额计算应纳税额。应当注意，根据国家税务总局的规定：对增值税一般纳税人（包括纳税人自己或代其他部门）向购买方收取的价外费用和逾期包装物押金，应视为含增值税（以下简称含税）收入，在征税时应换算成不含税收入再并入销售额。

【例 2-8】 (单选题) 汽车销售公司销售小轿车时一并向购买方收取的下列款项中，应作为价外费用计算增值税销项税额的是（　　）。

A. 收取的小轿车改装费

B. 因代办缴税收取的车辆购置税税款

C. 因代办保险收取的保险费

D. 因代办牌照收取的车辆牌照费

【答案】 A

【解析】 按照会计准则的规定，由于对价外收费一般都不在营业收入科目中核算，而在“其他应付款”“营业外收入”等科目中核算。这样，企业在会计实务中时常出现对价外收费虽在相应科目中作会计核算，但却未核算其销项税额。有的企业则既不按会计核算要求进行收入核算，又不按规定核算销项税额，而是将发生的价外收费直接冲减有关费用科目。因此，应严格核查各项价外收费，进行正确的会计核算和税额核算。

销售额应以人民币计算。纳税人以人民币以外的货币结算销售额的，应当折合成人民币计算。折合率可以选择销售额发生的当天或者当月 1 日的人民币汇率中间价。纳税人应当事先确定采用何种折合率，确定后 1 年内不得变更。

【例 2－9】（单选题）某船运公司为增值税一般纳税人，2023 年 6 月发生以下行为：开具普通发票取得的含税收入包括国内运输收入 1 276 万元、期租业务收入 253 万元、打捞收入 116.6 万元。该公司 6 月的增值税销项税为（　　）万元。

A. 145.05　　B. 132.84　　C. 155.9　　D. 160.85

【答案】 B

【解析】 应纳增值税 $=(1\ 276+253)\div(1+9\%)\times9\%+116.6\div(1+6\%)\times6\%$

$=132.84$（万元）

2. 特殊销售方式下的销售额

在实际的经营活动中，纳税人为了达到促销的目的，会采取各种销售方式，不同的销售方式下销售额的确定是不同的，进而对增值税的影响也是不同的。增值税的法律法规对以下几种销售方式分别作出了规定。

（1）采用折扣方式销售。

①折扣销售（商业折扣）。折扣销售又称价格折扣，先折扣后销售，是指销货方因购货方购货数量较大等原因而给予的价格折让，即购买越多，价格折扣越多。商业折扣一般从销售价格中直接折算，即购买方所付的价款和销售方所收的货款，都是按打折以后的实际售价来计算的。纳税人发生应税销售行为，如将价款和折扣额在同一张发票上的“金额”栏分别注明的，可按折扣后的销售额征收增值税。未在同一张发票“金额”栏注明折扣额，而仅在发票的“备注”栏注明折扣额的，折扣额不得从销售额中减除；未在同一张发票上分别注明的，以价款为销售额，不得扣减折扣额。

②销售折扣（现金折扣）。销售折扣是指销货方为鼓励买方在一定期限内早日付款，而给予的一种折让优惠，例如，1天内付款，货款折扣2%；20天内付款，折扣1%；30天内全价付款。销售折扣发生在销货之后，属于融资行为，折扣额不得从销售额中减除。

③实物折扣。销货者将自产、委托加工和购买的应税销售行为用于实物折扣的，则该实物款额不能从应税销售行为的销售额中减除，且该实物应按《增值税暂行条例实施细则》和《“营改增”通知》“视同销售货物”中的“赠送他人”计算征收增值税。

④销售退回或折让。这是指货物售出后，由于品种、质量等原因购货方要求予以退货或要求销货方给予购货方的一种价格折让。由于货物的品种和质量问题而引起的销售额减少，对手续完备的销售退回或折让而退还给购买方的增值税，可从发生销售退回或折让的当期的销项税额中扣减。

纳税人发生应税行为，开具增值税专用发票后，发生开票有误或者销售折让、中止、退回等情形的，应当按照国家税务总局的规定开具红字增值税专用发票；未按照规定开具红字增值税专用发票的，不得按规定扣减销项税额或者销售额。

【例2-10】 某设备生产企业2022年12月销售自产产品，取得不含税价款300万元，考虑到与购买方长期合作，给予5%价格优惠（开一张发票）；由于购货方及时付款，给予2%的销售折扣，实收279.3万元。

要求：计算该生产企业应缴纳的销项税额。

【解析】 销项税额 $=300\times(1-5\%)\times13\%$

$=37.05$（万元）

（2）采用以旧换新方式销售。

以旧换新是指纳税人在销售自己的货物时，有偿收回旧货物的行为。

①一般商品。根据增值税法律法规的规定，采取以旧换新方式销售货物的，应按新货物的同期销售价格确定销售额，不得扣减旧货物的收购价格。之所以这样规定，既是因为销售货物与收购货物是两个不同的业务活动，销售额与收购额不能相互抵减，也是为了严格增值税的计算征收制度，防止出现销售额不实、减少纳税的现象。

【例2-11】 2022年12月某商场采取以旧换新方式零售洗衣机，新机零售价1 000元，旧机折价100元，顾客只需支付900元。要求：计算该笔业务的销项税。

【解析】 销项税 $=1\ 000\div(1+13\%)\times13\%=115.04$ 元

②金银首饰。考虑到金银首饰以旧换新业务的特殊情况，对金银首饰以旧换新业务，可以按销售方实际收取的不含增值税的全部价款征收增值税。

【例 2－12】某商场采取以旧换新方式零售金项链，新项链零售价 1 000 元，旧项链折价 100 元，顾客只需支付 900 元。要求：计算该笔业务的销项税。

【解析】销项税 $=900\div(1+13\%)\times13\%=103.54$ 元

（3）以物易物。

以物易物是指购销双方不是以货币结算，而是以同等价款的货物相互结算，实现货物购销的一种方式。以物易物双方都应作购销处理，以各自发生的应税销售行为核算销售额并计算销项税额，以各自收到的货物、劳务、服务、无形资产、不动产按规定核算购进金额并计算进项税额。在以物易物活动中，应分别开具合法的票据，如收到的货物、劳务、服务、无形资产、不动产不能取得相应的增值税专用发票或其他合法票据的，则不能抵扣进项税额。

（4）还本销售。

还本销售是指纳税人在销售货物后，在一定期限内由销售方一次或分次退还给购货方全部或部分价款。这种方式实际上是一种筹资方式，是以货物换取资金的使用价值、到期还本不付息的方法。还本销售计算增值税的销售额就是货物的销售价格，不能扣除还本支出。

（5）包装物押金计税的规定。

包装物押金分为以下两种类型：

①一般包装物押金。如果包装物不是作价随同产品销售，而是收取押金，且单独核算又未过期，对此项押金则不应并入应税产品的销售额中征税。但对因逾期未收回的包装物不再退还的和已收取 1 年以上的押金应并入应税产品的销售额，按照所包装货物适用税率征收增值税，如果为应税消费品，还应按照应税消费品的适用税率征收消费税。

②酒类产品包装物押金。对生产企业销售酒类产品（黄酒、啤酒除外）时收取的包装物押金，无论押金是否返还及会计上如何核算，均须并入酒类产品销售额中征税。

黄酒、啤酒包装物押金按照一般包装物押金处理。

【例 2－13】某酒厂为一般纳税人，2022 年 12 月销售白酒并开具普通发票上注明金额 101 700 元；同时收取单独核算的包装物押金 2 000 元（尚未逾期），计算此业务酒厂应确认的销项税额。

【解析】销项税 $=(101\,700+2\,000)\div(1+13\%)\times13\%$

$=11\,930.09$（元）

（6）直销企业的税务处理。

直销企业先将货物销售给直销员，直销员再将货物销售给消费者的，直销企业的销售额为其向直销员收取的全部价款和价外费用。直销员将货物销售给消费者时，应按照现行规定缴纳增值税。

直销企业通过直销员向消费者销售货物，直接向消费者收取货款，直销企业的销售额为其向消费者收取的全部价款和价外费用。

（7）贷款服务的销售额。

贷款服务，以提供贷款服务取得的全部利息及利息性质的收入为销售额。

银行提供贷款服务按期计收利息的，结息日当日计收的全部利息收入，均应计入结息日所属期的销售额，按照现行规定计算缴纳增值税。

证券公司、保险公司、金融租赁公司、证券基金管理公司、证券投资基金，以及其他经人民银行、银监会、证监会、保监会批准成立且经营金融保险业务的机构发放贷款后，自结息日起 90 天内发生的应收未收利息按现行规定缴纳增值税，自结息日起 90 天后发生的应收未收利息暂不缴纳增值税，待实际收到利息时按规定缴纳增值税。

（8）直接收费金融服务。

直接收费金融服务，以提供直接收费金融服务收取的手续费、佣金、酬金、管理费、服务费、经手费、开户费、过户费、结算费、转托管费等各类费用为销售额。

（9）拍卖行受托拍卖文物艺术品。

委托方按规定享受免征增值税政策的，拍卖行可以自己名义就代为收取的货物价款向购买方开具增值税普通发票，对应的货物价款不计入拍卖行的增值税应税收入。

3. 按差额确定的销售额

虽然原营业税的征税范围全行业均纳入了增值税的征收范围，但是目前仍然有无法通过抵扣机制完全避免重复征税的情况存在，因此引入了差额征税的办法，以解决纳税人税收负担增加问题。以下项目属于按差额确定销售额。

（1）金融商品转让的销售额。

金融商品转让，按照卖出价扣除买入价后的余额为销售额。

转让金融商品出现的正负差，按盈亏相抵后的余额为销售额。若相抵后出现负差，可结转下一纳税期与下期转让金融商品销售额相抵，但年末时仍出现负差的，不得转入下一个会计年度。

金融商品的买入价，可以选择按照加权平均法或者移动加权平均法进行核算，选择后 36 个月内不得变更。

金融商品转让不得开具增值税专用发票。

单位将其持有的限售股在解禁流通后对外转让的，按照以下规定确定买入价：

①上市公司实施股权分置改革时，在股票复牌之前形成的原非流通股股份，以及股票复牌首日至解禁日期间由上述股份孳生的送、转股，以该上市公司完成股权分置改革后股票复牌首日的开盘价为买入价。

②公司首次公开发行股票并上市形成的限售股，以及上市首日至解禁日期间由上述股份孳生的送、转股，以该上市公司股票首次公开发行（IPO）的发行价为买入价。

③因上市公司实施重大资产重组形成的限售股，以及股票复牌首日至解禁日期间由上述股份孳生的送、转股，以该上市公司因重大资产重组股票停牌前一交易日的收盘价为买入价。

④单位将其持有的限售股在解禁流通后对外转让，按照规定确定的买入价低于该单位取得限售股的实际成本价的，以实际成本价为买入价计算缴纳增值税。

⑤纳税人无偿转让股票时，转出方以该股票的买入价为卖出价，按照“金融商品转让”计算缴纳增值税；在转入方将上述股票再转让时，以原转出方的卖出价为买入价，按照“金融商品转让”计算缴纳增值税。

（2）经纪代理服务的销售额。

①经纪代理服务，以取得的全部价款和价外费用，扣除向委托方收取并代为支付的政府性基金或者行政事业性收费后的余额为销售额。向委托方收取的政府性基金或者行政事业性收费，不得开具增值税专用发票。

②航空运输销售代理企业提供境内机票代理服务，以取得的全部价款和价外费用，扣除向客户收取并支付给航空运输企业或其他航空运输销售代理企业的境内机票净结算款和相关费用后的余额为销售额。其中，支付给航空运输企业的款项，以国际航空运输协会（IATA）开账与结算计划（BSP）对账单或航空运输企业的签收单据为合法有效凭证；支付给其他航空运输销售代理企业的款项，以代理企业间的签收单据为合法有效凭证。航空运输销售代理企业就取得的全部价款和价外费用，向购买方开具行程单，或开具增值税普通发票。

（3）融资租赁和融资性售后回租业务的销售额。

①经人民银行、银监会（现银保监会，下同）或者商务部批准从事融资租赁业务的试点纳税人（包括经上述部门备案从事融资租赁业务的试点纳税人），提供融资租赁服务，以取得的全部价款和价外费用，扣除支付的借款利息（包括外汇借款和人民币借款利息）、发行债券利息和车辆购置税后的余额为销售额。

②经人民银行、银监会或者商务部批准从事融资租赁业务的试点纳税人，提供融资性售后回租服务，以取得的全部价款和价外费用（不含本金），扣除对外支付的借款利息（包括外汇借款和人民币借款利息）、发行债券利息后的余额作为销售额。

③经人民银行、银监会或者商务部批准从事融资租赁业务的，纳税人根据2016年

4 月 30 日前签订的有形动产融资性售后回租合同，在合同到期前提供的有形动产融资性售后回租服务，可继续按照有形动产融资租赁服务缴纳增值税，并选择以下方法之一计算销售额：

方法一：以向承租方收取的全部价款和价外费用，扣除向承租方收取的价款本金，以及对外支付的借款利息（包括外汇借款和人民币借款利息）、发行债券利息后的余额为销售额。

方法二：纳税人提供有形动产融资性售后回租服务，计算当期销售额时可以扣除的价款本金，为书面合同约定的当期应当收取的本金。无书面合同或者书面合同没有约定的，为当期实际收取的本金。

方法三：纳税人提供有形动产融资性售后回租服务，向承租方收取的有形动产价款本金，不得开具增值税专用发票，可以开具普通发票。

方法四：以向承租方收取的全部价款和价外费用，扣除支付的借款利息（包括外汇借款和人民币借款利息）、发行债券利息后的余额为销售额。

④经商务部授权的省级商务主管部门和国家经济技术开发区批准的从事融资租赁业务的试点纳税人，2016 年 5 月 1 日后实收资本达到 17 亿元的，从达到标准的当月起按照上述第①、②、③项规定执行；2016 年 5 月 1 日后实收资本未达到 1.7 亿元但注册资本达到 17 亿元的，在 2016 年 7 月 31 日前仍可按照上述第①、②、③项规定执行，2016 年 8 月 1 日后开展的融资租赁业务和融资性售后回租业务不得按照上述第①、②、③项规定执行。

（4）航空运输企业的销售额，不包括代收的机场建设费和代售其他航空运输企业客票而代收转付的价款。

（5）客运场站服务，以其取得的全部价款和价外费用，扣除支付给承运方运费后的余额为销售额。

（6）纳税人提供旅游服务，可以选择以取得的全部价款和价外费用，扣除向旅游服务购买方收取并支付给其他单位或者个人的住宿费、餐饮费、交通费、签证费、门票费和支付给其他接团旅游企业的旅游费用后的余额为销售额。

（7）试点纳税人提供建筑服务适用简易计税方法的，以取得的全部价款和价外费用扣除支付的分包款后的余额为销售额。

（8）房地产开发企业中的一般纳税人销售其开发的房地产项目（选择简易计税方法的房地产老项目除外），以取得的全部价款和价外费用，扣除受让土地时向政府部门支付的土地价款后的余额为销售额。“向政府部门支付的土地价款”，包括土地受让人向政府部门支付的征地和拆迁补偿费用、土地前期开发费用和土地出让收益等。

①房地产开发企业、项目公司、政府部门三方签订变更协议或补充合同，将土地受让人变更为项目公司。

②政府部门出让土地的用途、规划等条件不变的情况下，签署变更协议或补充合同时，土地价款总额不变。

③项目公司的全部股权由受让土地的房地产开发企业持有。

（9）纳税人转让不动产缴纳增值税差额扣除的有关规定。

①纳税人转让不动产，按照有关规定差额缴纳增值税的，如因丢失等原因无法提供取得不动产时的发票，可向税务机关提供其能证明契税金额的完税凭证等资料进行差额扣除。

②纳税人以契税计税金额进行差额扣除的，按照下列公式计算增值税应纳税额。

2016 年 4 月 30 日及以前缴纳契税的：

增值税应纳税额 = [全部交易价格（含增值税）－契税计税金额（含营业税）] ÷ (1 + 5%) × 5%

2016 年 5 月 1 日及以后缴纳契税的：

增值税应纳税额 = [全部交易价格（含增值税）÷ (1 + 5%) －契税计税金额（不含增值税）] × 5%

（10）纳税人按照上述规定，从全部价款和价外费用中扣除价款，应当取得符合法律、行政法规和国家税务总局规定的有效凭证，否则不得扣除。有效凭证包括：

①支付给境内单位或者个人的款项，以发票为合法有效凭证。

②支付给境外单位或者个人的款项，以该单位或者个人的签收单据为合法有效凭证。税务机关对签收单据有疑义的，可以要求其提供境外公证机构的确认证明。

③缴纳的税款，以完税凭证为合法有效凭证。

④扣除的政府性基金、行政事业性收费或者向政府支付的土地价款，以省级以上（含省级）财政部门监（印）制的财政票据为合法有效凭证。

⑤国家税务总局规定的其他凭证。

【例 2－14】（单选题）对下列增值税应税行为计算销项税额时，按照全额确定销售额的是（　　）。

A. 贷款服务　　B. 一般纳税人提供客运场站服务

C. 金融商品转让服务　　D. 经纪代理服务

【答案】 A

【解析】 选项 BCD，差额征收增值税。

4. 视同发生应税销售行为的销售额确定

纳税人发生应税销售行为的情形，价格明显偏低并无正当理由的，或者视同发生应税销售行为而无销售额的，由主管税务机关按照下列顺序核定销售额：

（1）按纳税人最近时期同类货物的平均销售价格确定。

（2）按其他纳税人最近时期同类货物的平均销售价格确定。

（3）按组成计税价格确定。

组成计税价格公式：

组成计税价格 = 成本 ×(1 + 成本利润率)

成本利润率由国家税务总局确定。

【例 2－15】 某汽车生产企业为增值税一般纳税人，2023 年 12 月业务如下：

将生产的 800 辆汽车分两批出售，其中 300 辆增值税专用发票注明金额 4 500 万元，税额为 585 万元，500 辆增值税专用发票注明金额 6 500 万元，税额 845 万元。

将生产的 100 辆小汽车用于换取生产资料，以每辆成本 12 万元互相开具，增值税专用发票注明金额 1 200 万元，税额 156 万元。

要求：计算本月增值税的销项税。

【解析】 平均售价 =(4 500 + 6 500)/800 = 13.75（万元）

销项税额 = 585 + 845 + 100 × 13.75 × 13%

= 1 608.75（万元）

2.5.3　进项税额的计算

进项税额是指纳税人购进货物、劳务、服务、无形资产、不动产所支付或者负担的增值税税额。进项税额与销项税额是互相对应的两个概念。在购销业务中，对于销售方而言，在收回货款的同时，收回销项税额；对于购买方而言，在支付货款的同时，支付进项税额。也就是说，销售方的销项税额就是购买方的进项税额。增值税的核心就是用纳税人收取的销项税额抵扣其支付的进项税额，其余额为纳税人实际应缴纳的增值税税额。这样，进项税额作为可抵扣的部分，对于纳税人实际纳税多少就产生了举足轻重的作用。

然而，并不是纳税人支付的所有进项税额都可以从销项税额中抵扣。为体现增值税的配比原则，即购进项目金额与发生应税销售行为的销售额之间应有配比性，当纳税人购进的货物、劳务、服务、无形资产、不动产行为不适用于增值税应税项目，而是用于简易计税方法计税项目、免税项目或用于集体福利、个人消费等情况时，其支付的进项税额就不能从销项税额中抵扣。增值税法律法规对不能抵扣进项税额的项目作了严格的规定，如果违反规定，随意抵扣进项税额就将以逃避缴纳税款论处。因此，严格把握哪些进项税额可以抵扣、哪些进项税额不能抵扣是非常重要的，这些方面也是纳税人在缴纳增值税实务中差错出现最多的地方。

2.5.3.1 准予从销项税额中抵扣的进项税额

1. 以票抵扣

纳税人购进货物、加工修理修配劳务、服务、无形资产、不动产取得下列法定扣税凭证，可根据凭证上注明的增值税税额直接抵扣：

（1）从销售方取得的增值税专用发票（含《机动车销售统一发票》，下同）。

（2）从海关取得的海关进口增值税专用缴款书。对海关开具的增值税专用缴款书上标明有两个单位名称，既有代理进口单位名称，又有委托进口单位名称的，只准予其中取得专用缴款书原件的一个单位抵扣税款。

（3）从境外单位或者个人购进劳务、服务、无形资产或者境内的不动产，从税务机关或者扣缴义务人取得的代扣代缴税款的完税凭证。

纳税人凭完税凭证抵扣进项税额的，应当具备书面合同、付款证明和境外单位的对账单或者发票。资料不全的，其进项税额不得从销项税额中抵扣。

2. 农产品计算抵扣

（1）一般免税农产品。

①纳税人取得（开具）农产品销售发票或收购发票的，以农产品销售发票或收购发票上注明的农产品买价和9%的扣除率计算进项税额。

②从按照简易计税方法依照3%征收率计算缴纳增值税的小规模纳税人取得增值税专用发票的，以增值税专用发票上注明的金额和9%的扣除率计算进项税额。

③纳税人购进农产品用于深加工生产销售或委托加工13%税率的农产品，按照10%的扣除率计算进项税额。一般购进时先按9%的抵扣率扣除，领用时再决定是否需要加计扣除1%。

④纳税人从批发、零售环节购进适用免征增值税政策的蔬菜、部分鲜活肉蛋而取得的普通发票，不得作为计算抵扣进项税额的凭证。

⑤纳税人购进农产品既用于生产销售或委托受托加工13%税率货物又用于生产销售其他货物服务的，应当分别核算用于生产销售或委托受托加工13%税率货物和其他货物服务的农产品进项税额。未分别核算的，统一以增值税专用发票或海关进口增值税专用缴款书上注明的增值税额为进项税额，或以农产品收购发票或销售发票上注明的农产品买价和9%的扣除率计算进项税额。

（2）特殊农产品—烟叶税。

烟叶税纳税人按规定缴纳的烟叶税，准予并入烟叶产品的买价计算增值税的进项税额，并在计算缴纳增值税时予以抵扣。购进烟叶准予抵扣的增值税进项税额，相关计算公式如下：

烟叶税应纳税额 = 购买烟叶实际支付的价款总额 × 税率(20%)

准予抵扣的进项税额 = (购买烟叶实际支付的价款总额 + 烟叶税应纳税额) × 扣除率(9%)

纳税人收购烟叶实际支付的价款总额包括纳税人支付给烟叶生产销售单位和个人的烟叶收购价款和价外补贴。其中，价外补贴统一按烟叶收购价款的10%计算。

【例2-16】 某工业企业（一般纳税人），适用税率13%，本月发生：

（1）从农场购进水果20万元，货已入库，取得农产品购进发票；当月全部领用。

（2）从玻璃厂购进玻璃10万元，取得增值税专用发票上注明税款1.3万元；

（3）从设备厂购进生产机器50万元，取得增值税专用发票上注明税款6.5万元；

（4）从小规模纳税人处购进商标2万元，无专用发票。

计算该企业当月可抵扣的增值税进项税。

【解析】（1）购进农产品用于生产13%的产品，可以按10%抵扣。

（2）专用发票上的进项税1.3万元可以抵扣。

（3）购进机器设备，取得专用发票，可以抵扣进项税6.5万元。

（4）未取得专用发票，不得抵扣进项税。

当月进项税额 = 20 × 10% + 1.3 + 6.5 = 9.8（万元）

【例2-17】 某卷烟厂为增值税一般纳税人，主要生产卷烟，2023年8月从烟农手中购进烟叶，买价10万元并按规定支付了10%的价外补贴，将其运到卷烟厂，发生运费1万元，取得增值税专用发票。

要求：计算上述业务允许抵扣的进项税额。

【解析】 准予抵扣的进项税额 = 10(1 + 10%)(1 + 20%)9% + 19%

= 1.28（万元）

3. 其他非专用发票抵扣的特殊规定

（1）收费公路通行费增值税抵扣规定。

纳税人支付的道路、桥、闸通行费，按照以下规定抵扣进项税额：

①纳税人支付的道路通行费，按照收费公路通行费增值税电子普通发票上注明的增值税税额抵扣进项税额。

②纳税人支付的桥、闸通行费，暂凭取得的通行费发票上注明的收费金额按照下列公式计算可抵扣的进项税额：

桥、闸通行费可抵扣进项税额 = 桥、闸通行费发票上注明的金额/(1 + 5%) × 5%

（2）纳税人购进国内旅客运输服务，其进项税额允许从销项税额中抵扣。

①取得增值税电子普通发票的，为发票上注明的税额。

②取得注明旅客身份信息的航空运输电子客票行程单的，按照下列公式计算进项税额：

航空旅客运输进项税额＝(票价＋燃油附加费)÷(1＋9%)×9%

③取得注明旅客身份信息的铁路车票的，按照下列公式计算进项税额：

铁路旅客运输进项税额＝票面金额÷(1＋9%)×9%

④取得注明旅客身份信息的公路、水路等其他客票的，按照下列公式计算进项税额：公路、水路等。

其他旅客运输进项税额＝票面金额÷(1＋3%)×3%

【例2－18】 某企业员工境内出差，取得注明旅客身份信息的航空运输电子客票行程单，票价金额合计4万元，另支付燃油附加费合计0.36万元；取得注明旅客身份信息的铁路车票，票面金额合计2.18万元；取得注明旅客身份信息的公路运输客票，票面金额0.515万元。计算该项业务该公司当期可抵扣的进项税。

【解析】 取得注明旅客身份信息的航空运输电子客票行程单的，可抵扣的进项税额＝(票价＋燃油附加费)÷(1＋9%)×9%＝(4＋0.36)÷(1＋9%)×9%＝0.36（万元）

取得注明旅客身份信息的铁路车票的，可抵扣的进项税额＝票面金额÷(1＋9%)×9%＝2.18÷(1＋9%)×9%＝0.18（万元）

取得注明旅客身份信息的公路、水路等其他客票的，可抵扣进项税额＝票面金额÷(1＋3%)×3%＝0.515÷(1＋3%)×3%＝0.015（万元）

该项业务可以抵扣的进项税额＝0.36＋0.18＋0.015＝0.555（万元）

4. 进项税抵扣的其他特殊规定

（1）增值税一般纳税人在资产重组过程中，将全部资产、负债和劳动力一并转让给其他增值税一般纳税人，并按程序办理注销税务登记的，其在办理注销登记前尚未抵扣的进项税额可结转至新纳税人处继续抵扣。

（2）自2018年1月1日起，纳税人租入固定资产、不动产，既用于一般计税方法计税项目，又用于简易计税方法计税项目、免征增值税项目、集体福利或者个人消费的，其进项税额准予从销项税额中全部抵扣。

（3）自用的应征消费税的摩托车、汽车、游艇，2013年8月1日（含）以后购入的，其进项税额准予从销售税额中抵扣。

（4）部分服务业加计抵扣的规定。

自2023年1月1日至2023年12月31日，允许生产性服务业纳税人按照当期可抵扣进项税额加计5%抵减应纳税额。生产性服务业纳税人，是指提供邮政服务、电信服务、现代服务、生活服务取得的销售额占全部销售额的比重超过50%的纳税人。

允许生活性服务业纳税人按照当期可抵扣进项税额加计10%抵减应纳税额。生活性服务业纳税人，是指提供生活服务取得的销售额占全部销售额的比重超过50%的纳税人。

【例2-19】（多选题）自2019年4月1日至2023年12月31日，对一般纳税人提供下列服务取得的销售额占全部销售额比重超过50%的，适用增值税加计抵扣政策的有（　　）。

A. 邮政服务　　B. 电信服务　　C. 金融服务　　D. 餐饮服务

【答案】 ABD

【解析】 提供邮政服务、电信服务、现代服务、生活服务（餐饮服务属于生活服务）取得的销售额占全部销售额的比重超过50%的纳税人适用增值税加计抵扣政策，金融服务不适用加计抵减政策。

2.5.3.2 不得从销项税额中抵扣的进项税额

纳税人购进货物、劳务、服务、无形资产、不动产，取得的增值税扣税凭证不符合法律、行政法规或者国务院税务主管部门有关规定的，其进项税额不得从销项税额中抵扣。纳税人即使取得了符合合法的抵扣凭证，如将购进的货物、劳务、服务、无形资产和不动产等用于商品流通环节的消费端或者其他不得抵扣的项目时，进项税也不得抵扣。

按增值税相关法规，下列项目的进项税额不得从销项税额中抵扣。

（1）用于简易计税方法计税项目、免征增值税项目、集体福利或者个人消费的购进货物、加工修理修配劳务、服务、无形资产和不动产。

其中，涉及的固定资产、无形资产、不动产指专用于上述项目的固定资产、无形资产（不包括其他权益性无形资产）、不动产。但是发生兼用于上述不允许抵扣项目情况的，进项税额准予全部抵扣。

另外，纳税人购进其他权益性无形资产无论是专用于简易计税方法计税项目、免征增值税项目、集体福利或者个人消费，还是兼用于上述不允许抵扣项目，均可以抵扣进项税额。

纳税人的交际应酬消费属于个人消费，即交际应酬消费不属于生产经营中的生产投入和支出。

（2）非正常损失的购进货物，以及相关劳务和交通运输服务。

（3）非正常损失的在产品、产成品所耗用的购进货物（不包括固定资产）、劳务和交通运输服务。

（4）非正常损失的不动产，以及该不动产所耗用的购进货物、设计服务和建筑服务。

（5）非正常损失的不动产在建工程所耗用的购进货物、设计服务和建筑服务。纳税人新建、改建、扩建、修缮、装饰不动产，均属于不动产在建工程。

上述第（2）~（5）项所说的非正常损失，是指因管理不善造成货物被盗、丢失、霉烂变质，以及因违反法律法规造成货物或者不动产被依法没收、销毁、拆除的情形。这些非正常损失是由纳税人自身原因造成导致征税对象实体的灭失，为保证税负公平，其损失不应由国家承担，因而纳税人无权要求抵扣进项税额。上述第（4）项和第（5）项所称货物，是指构成不动产实体的材料和设备，包括建筑装饰材料和给排水、采暖、卫生、通风、照明、通信、煤气、消防、中央空调、电梯、电气、智能化楼宇设备及配套设施。

（6）纳税人购进的贷款服务、餐饮服务、居民日常服务和娱乐服务。

（7）纳税人接受贷款服务向贷款方支付的与该笔贷款直接相关的投融资顾问费、手续费、咨询费等费用，其进项税额不得从销项税额中抵扣。

（8）提供保险服务的纳税人以现金赔付方式承担机动车辆保险责任的，将应付给被保险人的赔偿金直接支付给车辆修理劳务提供方，不属于保险公司购进车辆修理劳务，其进项税额不得从保险公司销项税额中抵扣。

纳税人提供的其他财产保险服务，比照上述规定执行。

（9）一般计税方法的纳税人，兼营简易计税方法计税项目、免征增值税项目而无法划分不得抵扣的进项税额，按照下列公式计算不得抵扣的进项税额：

不得抵扣的进项税额＝当期无法划分的全部进项税额×（当期简易计税方法计税项目销售额＋免征增值税项目销售额）÷当期全部销售额

主管税务机关可以按照上述公式依据年度数据对不得抵扣的进项税额进行清算。

（10）一般纳税人已抵扣进项税额的固定资产、无形资产或者不动产，发生《增值税暂行条例》和《国务院关于做好全面推开营改增试点工作的通知》规定不得从销项税额中抵扣进项税额情形的，按照下列公式计算不得抵扣的进项税额：

不得抵扣的进项税额＝固定资产、无形资产或者不动产净值×适用税率

固定资产、无形资产或者不动产净值，是指纳税人根据财务会计制度计提折旧或摊销后的余额。

（11）有下列情形之一者，应当按照销售额和增值税税率计算应纳税额，不得抵扣进项税额，也不得使用增值税专用发票：

①一般纳税人会计核算不健全，或者不能够提供准确税务资料的。

②应当办理一般纳税人资格登记而未办理的。

该规定是为了加强对符合一般纳税人条件的纳税人的管理，防止利用一般纳税人和小规模纳税人的两种不同的征税办法少缴税款。

（12）财政部和国家税务总局规定的其他情形。

2.5.3.3 扣减发生期进项税额的规定（进项税额转出）

当期购进的货物、劳务、服务、无形资产、不动产如果事先并未确定将用于不得抵扣进项税额项目，其进项税额会在当期销项税额中予以抵扣。但已抵扣进项税额的购进货物、劳务、服务、无形资产、不动产如果事后改变用途，用于不得抵扣进项税额项目，根据增值税相关法律的规定，应当将该项购进货物、劳务、服务、无形资产、不动产的进项税额从当期的进项税额中扣减。

（1）能确定原已抵扣进项税额的，按原抵扣的进项税额转出。

（2）无法确定该项进项税额的，按当期实际成本计算应扣减的进项税额。该做法是指其扣减进项税额的计算依据不是按该货物、劳务、服务、无形资产、不动产的原进价，而是按发生上述情况的当期该货物、劳务、服务、无形资产、不动产的“实际成本”与征税时该货物、劳务、服务、无形资产、不动产适用的税率计算应扣减的进项税额。

实际成本＝进价＋运费＋保险费＋其他有关费用

上述实际成本的计算公式，如果属于进口货物是完全适用的；如果是国内购进的货物、劳务、服务、无形资产、不动产，主要包括进价和运费两大部分。

（3）按净值的进项税额转出。

已抵扣进项税额的固定资产、无形资产或者不动产，发生除简易计税方法计税项目、免征增值税项目以外的税法规定不得抵扣情形的，按下列公式计算不得抵扣的进项税额：

不得抵扣的进项税额＝固定资产、无形资产或者不动产净值×适用税率

（4）分解计算不得抵扣增值税进项税额。

一般纳税人兼营简易方法计税项目、免征增值税项目而无法划分不得抵扣的进项税额时，按下列公式计算不得抵扣的进项税额：

不得抵扣的进项税额＝当期无法划分的全部进项税额×（当期简易计税方法计税项目销售额＋免征增值税项目销售额）÷当期全部销售额

【例2－20】（单选题）某食品加工厂为增值税一般纳税人，2023年8月从农民手中购入粮食生产饼干，农产品收购发票上注明收购金额为200 000元。该企业将60%用于本企业生产食品饼干并全部销售，取得不含税销售额850 000元；将其余部分用

于职工食堂。另将部分自产饼干奖励给优秀职工，同类不含税售价为 30 000 元。则该企业当月应纳增值税（　　）元。

A. 102 400　　B. 103 600　　C. 96 400　　D. 94 400

【答案】A

【解析】外购货物用于集体福利，进项税额不得抵扣；自产货物用于个人消费，属于视同销售，要计算销项税额。纳税人购进用于生产销售或委托受托加工 13% 税率货物的农产品按照 10% 计算抵扣进项税额。

应纳增值税 = 850 000 × 13% + 300 000 × 13% − 200 000 × 10% × 60% = 102 400（元）。

2.5.3.4　异常增值税扣税凭证的管理

（1）符合下列情形之一的增值税专用发票，列入异常凭证范围：

①纳税人丢失、被盗税控专用设备中未开具或已开具未上传的增值税专用发票。

②非正常户纳税人未向税务机关申报或未按规定缴纳税款的增值税专用发票。

③增值税发票管理系统稽核比对发现“比对不符”“缺联”“作废”的增值税专用发票。

④经国家税务总局、省税务局大数据分析发现，纳税人开具的增值税专用发票存在涉嫌虚开、未按规定缴纳消费税等情形的。

⑤属于《国家税务总局关于走逃（失联）企业开具增值税专用发票认定处理有关问题的公告》（国家税务总局公告 2016 年第 76 号）第二条第（一）项规定情形的增值税专用发票。即，商贸企业购进、销售货物名称严重背离的；生产企业无实际生产加工能力且无委托加工，或生产能耗与销售情况严重不符，或购进货物并不能直接生产其销售的货物且无委托加工的；以及直接走逃失踪不纳税申报，或虽然申报但通过填列增值税纳税申报表相关栏次，规避税务机关审核比对，进行虚假申报的。

（2）增值税一般纳税人申报抵扣异常凭证，同时符合下列情形的，其对应开具的增值税专用发票列入异常凭证范围：

①异常凭证进项税额累计占同期全部增值税专用发票进项税额 70%（含）以上的。

②异常凭证进项税额累计超过 5 万元的。

纳税人尚未申报抵扣、尚未申报出口退税或已作进项税额转出的异常凭证，其涉及的进项税额不计入异常凭证进项税额的计算。

（3）增值税一般纳税人取得的增值税专用发票列入异常凭证范围的，应按照以下规定处理：

①尚未申报抵扣增值税进项税额的，暂不允许抵扣。已经申报抵扣增值税进项税额的，除另有规定外，一律作进项税额转出处理。

②尚未申报出口退税或者已申报但尚未办理出口退税的，除另有规定外，暂不允许办理出口退税。适用增值税免抵退税办法的纳税人已经办理出口退税的，应根据列入异常凭证范围的增值税专用发票上注明的增值税额作进项税额转出处理；适用增值税免退税办法的纳税人已经办理出口退税的，税务机关应按照现行规定将列入异常凭证范围的增值税专用发票对应的已退税款追回。

纳税人因骗取出口退税停止出口退（免）税期间取得的增值税专用发票列入异常凭证范围的，按照上述第①项规定执行。

③消费税纳税人以外购或委托加工收回的已税消费品为原料连续生产应税消费品，尚未申报扣除原料已纳消费税税款的，暂不允许抵扣；已经申报抵扣的，冲减当期允许抵扣的消费税税款，当期不足冲减的应当补缴税款。

④纳税信用A级纳税人取得异常凭证且已经申报抵扣增值税、办理出口退税或抵扣消费税的，可以自接到税务机关通知之日起10个工作日内，向主管税务机关提出核实申请。经税务机关核实，符合现行增值税进项税额抵扣、出口退税或消费税抵扣相关规定的，可不作进项税额转出、追回已退税款、冲减当期允许抵扣的消费税税款等处理。

纳税人逾期未提出核实申请的，应于期满后按照上述第①、②、③项规定作相关处理。

⑤纳税人对税务机关认定的异常凭证存有异议，可以向主管税务机关提出核实申请。经税务机关核实，符合现行增值税进项税额抵扣或出口退税相关规定的，纳税人可继续申报抵扣或者重新申报出口退税；符合消费税抵扣规定且已缴纳消费税税款的，纳税人可继续申报抵扣消费税税款。

（4）经国家税务总局、省税务局大数据分析发现存在涉税风险的纳税人，不得离线开具发票，其开票人员在使用开票软件时，应当按照税务机关指定的方式进行人员身份信息实名验证。

（5）新办理增值税一般纳税人登记的纳税人，自首次开票之日起3个月内不得离线开具发票，按照有关规定不使用网络办税或不具备风险条件的特定纳税人除外。

【例2-21】 某公司是一家生产型企业的一般纳税人，2023年8月采购情况如下：

（1）从一般纳税人购进原材料，取得了专用发票，列明金额20 000元，税率13%，税额2 600元；另支付运费，取得普通发票，列明金额500元，税率3%，税额15元。材料已入库，货款已经转账支付。

（2）从小规模纳税人购进原材料，取得了税务局代开的专用发票，列明金额10 000元，税率3%，税额300元；另支付运费，取得专用发票，列明金额400元，税率9%，税额36元。材料已入库，货款已经支付。

（3）以物易物销售，用产品换入设备，双方分别开出专用发票，金额200 000元，税率 13%，税额 26 000 元。

（4）购进改扩建办公楼需用的钢材，取得了专用发票，列明金额 100 000 元，税率 13%，税额 13 000 元，钢材已入库。

（5）接受投资人投入设备一批，取得了专用发票，列明金额 500 000 元，税率 13%，税额 65 000 元，该批设备已投入使用。

（6）接受捐赠材料一批，取得了专用发票，列明金额 200 000 元，税率 13%，税额 26 000 元，该批材料已入库。

（7）外购一套新的生产线，取得了专用发票，列明金额 300 000 元，税率 13%，税额 39 000 元，该生产线尚未投产。

（8）购入大米一批，取得了普通发票，列明金额 30 000 元，税率 3%，税额 900 元；另支付运费，取得专用发票，列明金额 1 000 元，税率 9%，税额 90 元。购进的大米用于发放职工福利。

（9）因管理不善丢失上年 12 月购进的原材料一批，进项税当期已抵扣，购进时取得的增值税专用发票注明价款为 5 000 元，税款 650 元。

上述专用发票均已通过认证。请分析该公司 8 月可抵扣的进项税额。

【解析】 根据我国增值税的相关规定，有关计算分析如下：

（1）专用发票上的进项税额 2 600 元允许抵扣，运费取得普通发票不可以抵扣。

（2）取得税务局代开的专用发票，货物的进项税额 300 元允许抵扣。运费取得专用发票，可以抵扣 36 元。

（3）以物易物换入的设备，因取得了专用发票，可以抵扣进项税额 26 000 元。

（4）2019 年 4 月 1 日起，购进不动产的进项税额允许全额抵扣。故改扩建办公楼购进的货物，取得了专用发票，允许抵扣 13 000 元。

（5）接受投资人投入设备，取得了专用发票，可以抵扣进项税额 65 000 元。

（6）接受捐赠材料，取得了专用发票，可以抵扣进项税额 26 000 元。

（7）外购生产线，取得了专用发票，可以抵扣进项税额 39 000 元。

（8）购入的大米虽然是农产品，但因用于职工福利，所以其进项税额不得抵扣。其应付的运费也不得抵扣。如果是食品厂购入大米用于生产产品，则可按普通发票列明金额的 9% 或 10% 抵扣（食品厂销售食品适用税率 9% 时，抵扣 9%；食品厂销售食品适用税率 13%，抵扣 10%），其运费对应的增值税 90 元也可抵扣。

（9）购进的已抵扣过进项税的原材料出现非正常损失，已经抵扣的进项税应该做进项税转出，转出金额为 650 元。

该公司 8 月应申报的进项税额为：

$$2\,600 + 300 + 36 + 26\,000 + 13\,000 + 65\,000 + 26\,000 + 39\,000 - 650 = 171\,286\text{（元）}$$

2.5.4　应纳税额的计算

一般纳税人在计算出销项税额和进项税额后就可以得出实际应纳税额。为了正确计算增值税的应纳税额，在实际操作中还需要掌握以下几个重要规定。

2.5.4.1　计算应纳税额的时间限定

纳税人必须严格把握当期进项税额从当期销项税额中抵扣这个要点。“当期”是指税务机关依照税法规定对纳税人确定的纳税期限。只有在纳税期限内实际发生的销项税额、进项税额，才是法定的当期销项税额或当期进项税额。有些纳税人为了逃避缴纳税款，一方面隐瞒或滞后记录当期实现的销售额，另一方面虚报或提前记录当期发生的进项税额。为了避免这种违法行为的发生，税法对销售的货物或提供的应税劳务应计入当期销项税额以及抵扣的进项税额的时间做了限定。

1. 对计算销项税额的时间限定

关于销项税额的“当期”就是增值税纳税义务发生时间。销售货物或应税劳务，为收讫销售款或取得索取销售款凭据的当天；先开具发票的，为开具发票的当天。

（1）采取直接收款方式销售货物，不论货物是否发出，均为收到销售款或取得索取销售款凭据的当天。纳税人生产经营活动中采取直接收款方式销售货物，已将货物移送对方并暂估销售收入入账，但既未取得销售款或取得索取销售款凭据也未开具销售发票的，其增值税纳税义务发生时间为取得销售款或取得索取销售款凭据的当天；先开具发票的，为开具发票的当天。

（2）采取托收承付和委托银行收款方式销售货物，为发出货物并办妥托收手续的当天。

（3）采取赊销和分期收款方式销售货物，为书面合同约定的收款日期的当天；无书面合同或合同没有收款日期的，为发出货物的当天。

（4）采取预收货款方式销售货物，为货物发出的当天。但生产工期超过 12 个月的大型机械设备、船舶、飞机等货物，为收到预收款或者书面合同约定的收款日期的当天。

（5）委托其他纳税人代销货物，为收到代销单位销售的代销清单或收到全部或部分货款的当天；未收到代销清单及货款的，其纳税义务发生时间为发出代销商品满 180 天当天。

（6）销售应税劳务，为提供劳务同时收讫销售款或者取得索取销售款凭据的当天。

（7）纳税人发生除将货物交付其他单位或者个人代销和销售代销货物以外视同销售货物行为，为货物移送的当天。

(8) 对于纳税人提供租赁服务采取预收款方式的，为收到预收款的当天。

(9) 纳税人从事金融商品转让的，为金融商品所有权转移的当天。

(10) 纳税人发生视同销售服务、无形资产或者不动产情形的，为服务、无形资产转让完成的当天或者不动产权属变更的当天。

2. 对进项税额抵扣的时间限定

自2020年3月1日起，增值税一般纳税人取得2017年1月1日及以后开具的增值税专用发票、海关进口增值税专用缴款书、机动车销售统一发票、收费公路通行费增值税电子普通发票，取消认证确认、稽核比对、申报抵扣的期限。纳税人在进行增值税纳税申报时，应当通过本省（自治区、直辖市和计划单列市）增值税发票综合服务平台对上述扣税凭证信息进行用途确认。

增值税一般纳税人取得2016年12月31日及以前开具的增值税专用发票、海关进口增值税专用缴款书、机动车销售统一发票，超过认证确认、稽核比对、申报抵扣期限，但符合规定条件的，仍可按照规定，继续抵扣进项税额。

【例2-22】（多选题）下列关于纳税义务发生时间的表述中正确的有（　　）。

A. 企业采取预收货款方式销售货物的，其纳税义务的发生时间为收到货款的当天

B. 生产销售生产工期超过12个月的大型机械设备，其纳税义务发生时间为发货的当天

C. 纳税人提供租赁服务采取预收款方式的，其纳税义务发生时间为收到预收款的当天

D. 先开具发票的，其纳税义务的发生时间为开具发票的当天

【答案】 CD

【解析】 选项A，企业采取预收货款方式销售货物的，其纳税义务的发生时间为发出货物的当天；选项B，生产销售生产工期超过12个月的大型机械设备、船舶、飞机等货物，其纳税义务发生时间为收到预收款或者书面合同约定的收款日期的当天。

2.5.4.2 销售折让、中止或者退回涉及销项税额和进项税额的税务处理

纳税人适用一般计税方法计税的，因销售折让、中止或者退回而退还给购买方的增值税额，应当从当期的销项税额中扣减；因销售折让、中止或者退回而收回的增值税额，应当从当期的进项税额中扣减。一般纳税人发生应税销售行为，开具增值税专用发票后，应税销售行为发生退回或者折让、开票有误等情形，应按国家税务总局的规定开具红字增值税专用发票。未按规定开具红字增值税专用发票的不得扣减销项税

额或者销售额。

增值税一般纳税人因发生应税销售行为退回或者折让而退还给购买方的增值税税额，应从发生应税销售行为中退回或者折让当期的销项税额中扣减；因购进货物、劳务、服务、无形资产、不动产退回或者折让而收回的增值税额，应从发生应税销售行为退回或者折让当期的进项税额中扣减。

对于一些企业在发生购进货物、劳务、服务、无形资产、不动产退回或折让并收回价款和增值税额时，没有相应减少当期进项税额，造成进项税额虚增，减少纳税的现象，这是税法所不能允许的，都将被认定为是逃避缴纳税款行为，并按逃避缴纳税款予以处罚。

2.5.4.3　向供货方取得返还收入的增值税处理

对商业企业向供货方收取的与商品销售量、销售额挂钩（如以一定比例、金额、数量计算）的各种返还收入，均应按照平销返利行为的有关规定冲减当期增值税进项税金。应冲减进项税金的计算公式调整为：

当期应冲减进项税金 = 当期取得的返还资金 ÷ (1 + 所购货物适用增值税税率) × 所购货物适用增值税税率

商业企业向供货方收取的各种返还收入，一律不得开具增值税专用发票。

2.5.4.4　一般纳税人一般计税方法增值税应纳税额计算案例分析

一般纳税人增值税应纳税额的计算步骤如下：

第一步，计算当期销项税额。

第二步，分析确定或计算确定当期允许抵扣的进项税额（包括进项税额转出）。

第三步，根据公式“当期应纳税额 = 当期销项税额 - 当期进项税额”，计算当期实际应纳税额。

【例 2－23】 某生产企业为增值税一般纳税人，适用增值税税率 13%，2023 年 7 月有关生产经营业务如下：

(1) 销售甲产品给某商场，开具增值税专用发票，取得不含税销售额 80 万元；另外取得销售甲产品的零售收入 6.78 万元。

(2) 销售乙产品，开具普通发票，取得含税销售额 33.9 万元。

(3) 将试制一批新产品赠送给客户，成本价为 30 万元，成本利润率为 10%，该新产品无同类产品市场销售价格。

(4) 销售丙产品 50 台，不含税单价 8 000 元，货款收到后，向购买方开具了增值税专用发票，并将提货单交给了购买方。截至月底，购买方尚未提货。

（5）购进原材料A取得增值税专用发票，发票上注明的货款70万元；购进原材料B，取得增值税普通发票，共支付货款58万元。

（6）向农业生产者购进免税农产品一批，支付收购价40万元，并取得运输单位开具的增值税发票，发票上注明的运费4万元（不含税），本月下旬将购进农产品的10%用于职工福利（以上相关票据均符合税法的规定）。

（7）企业6月购进一批原材料，取得增值税专用发票上注明税款3.25万元，已在当月抵扣。本月，由于管理不善发生一场火灾将6月购进的原材料全部烧毁。

计算该企业2023年7月应缴纳的增值税。

【解析】 第一，计算进项税额。

业务（5）购进原材料A取得了专用发票，可以抵扣进项税，进项税额 = 70 × 13% = 9.1万元。购进的原材料B未取得专用发票，不得抵扣进项税。

业务（6）向农业生产者购进免税农产品，并用于连续生产活动的部分可以计算抵扣进项税，同时支付的运费取得了专用发票，可以抵扣进项税。该笔业务可抵扣的进项税额 = 40 × 9% × (1 − 10%) + 4 × 9% × (1 − 10%) = 3.564万元。

业务（7）中损毁的原材料属于非正常损失，其进项税额不准予从销售税额中扣除，已经抵扣的需要进行进项税转出。转出的进项税3.25万元。

7月可抵扣的进项税 = 9.1 + 3.564 − 3.25 = 9.414（万元）。

第二，计算销项税额。

业务（1）、业务（2）均为正常的销售行为，都是增值税的应税行为，销项税额 = 80 × 13% + 6.78 ÷ (1 + 13%) × 13% + 33.9 ÷ (1 + 13%) × 13% = 15.08万元。

业务（3）属于视同销售行为，该新产品无同类产品市场销售价格，采用成本利润率计算计税价格，销项税额 = 30 × (1 + 10%) × 13% = 4.29万元。

业务（4）已收到货款并且开具了发票，纳税义务已发生。销项税额 = 50 × 8 000 × 13% ÷ 10 000 = 5.2万元。

7月销项税额 = 15.08 + 4.29 + 5.2 = 24.57（万元）。

第三，计算应缴纳的增值税。

7月应缴纳的增值税 = 24.57 − 9.414 = 15.156（万元）。

理由：非正常损失的不动产在建工程所耗用的购进货物、设计服务和建筑服务，其进项税额不准予从销售税额中扣除。

本题中，“因未取得施工许可证被执法部门强行拆除”属于非正常损失（指因管理不善造成货物被盗、丢失、霉烂变质，以及因违反法律法规造成货物或者不动产被依法没收、销毁、拆除的情形）。由于纳税人自身原因造成导致征税对象实体的灭失，为保证税负公平，其损失不应由国家承担，以前抵扣过进项税的情形需要作进项税额转出。

【例2-24】 某生产企业为增值税一般纳税人，适用增值税税率为13%，2023年10月发生以下经济业务：

（1）购进生产用原材料一批，已验收入库，取得增值税专用发票，注明价款500 000元，税额为65 000元。另支付购货运输费50 000元，取得增值税专用发票，注明税额4 500元。

（2）购进生产用设备一台，取得增值税专用发票，注明价款200 000元，税额26 000元。

（3）向农业生产者个人购入免税农产品一批（当月全部用于非农产品生产），取得经税务机关批准的收购凭证300 000元。

（4）购入自用小轿车一辆，取得增值税专用发票，注明货款700 000元，税额91 000元。

（5）将本企业生产的一批产品用于企业办公楼建造，该产品成本价100 000元，市场不含税销售价为180 000元。

（6）销售甲商品给某商场，开具增值税专用发票，注明货款700 000元，税额91 000元。

（7）销售乙商品给某公司，开具货物零售普通发票，注明价款226 000元。

（8）接受某单位委托加工应税产品一批，收取委托方提供的原材料587 000元，收到加工费19 775元。

要求：计算该企业10月应缴纳的增值税税额。

【解析】

第一步，计算进项税额。

购进材料取得增值税专用发票，其支付的增值税允许抵扣。

购进生产经营用固定资产取得增值税专用发票，支付的增值税允许抵扣。

向农业生产者购进农产品，取得经税务机关批准的收购凭证，并在当月全部领用，按农产品买价的9%加计1%扣除率计算增值税允许抵扣。

允许抵扣进项税额合计 $= 65\ 000 + 4\ 500 + 26\ 000 + 300\ 000 \times 10\% + 91\ 000$

$= 216\ 500$（元）

第二步，计算销项税额。

将自产产品用于企业办公楼建造属于视同销售，应计征增值税，有同类产品市场价的按市场价计税。

销售甲商品给某商场应计征增值税。

销售乙商品给某公司应计征增值税，开具普通发票的含税价应换算为不含税价计税。接受外单位委托加工收取的加工费应按不含税价计征增值税。

销项税额合计 $=180\ 000\times13\%+91\ 000+226\ 000\div(1+13\%)\times13\%+19\ 775\div(1+13\%)\times13\%=142\ 675$ 元

第三步，计算10月应纳税额。

当期应纳税额 $=142\ 675-216\ 500=-73\ 825$（元）

当期应纳税额为0。

2.6 简易征税方法应纳税额的计算

2.6.1 简易计税方法计税原理

简易计税方法下，应该按照销售额和征收率计算应纳增值税税额，并且不得抵扣进项税额。公式表示为：

应纳税额 = 销售额 × 征收率

小规模纳税人应纳税额适用简易计税方法，一般纳税人在特殊情况下也可选择简易计税方法计征增值税。

在简易计征计算增值税时，销售额均为不含增值税销售额，无论是一般纳税人还是小规模纳税人。纳税人如果采用销售额和应纳税额合计定价方法的，应按照下列公式进行换算：

销售额 = 含税销售额 ÷（1 + 税率或征收率）

2.6.2 小规模纳税人应纳税额计算

2.6.2.1 销售货物、劳务和服务，增值税应纳税额计算

小规模纳税人销售货物、劳务和服务，增值税适用简易计税方法计征，不得抵扣进项税额。其计算公式为：

应纳税额 = 销售额 × 征收率

公式中销售额与增值税一般纳税人计算应纳增值税的销售额规定内容一致，不包括按征收率收取的增值税额。

【例2-25】（单选题）某餐馆为增值税小规模纳税人，2023年8月取得含增值税餐饮收入总额为150 000元，购进食材取得农产品收购凭证注明价款30 000元；出租临街的店面房屋，取得含增值税租金收入20 000元，该餐馆8月应纳增值税（　　）元。

A. 2 021.31　　B. 4 951.45　　C. 5 321.31　　D. 5 500

【答案】C

【解析】小规模纳税人的增值税实行简易计税办法，无税额抵扣。应纳税额 $=150\,000\div(1+3\%)\times3\%+20\,000\div(1+5\%)\times5\%=4\,368.93+952.38=5\,321.31$（元）

2.6.2.2　销售自己使用过的固定资产、物品及旧货的增值税应纳税额

小规模纳税人（除其他个人外）销售自己使用过的固定资产和旧货，可以按3%征收率减按2%征收增值税。其计算公式为：

应纳增值税 = 含税销售额 $\div(1+3\%)\times2\%$

【例2-26】某生产企业为小规模纳税人，2023年4月销售一台使用过4年的机器设备，取得销售收入103万元，该设备原值为100万元。该企业2023年4月销售旧机器设备应纳增值税税额为多少？

【解析】应纳增值税 $=103\div(1+3\%)\times2\%=2$（万元）

2.6.3　一般纳税人按简易计税方法计税的规定

一般纳税人发生财政部和国家税务总局规定的特定应税销售行为，也可以选择适用简易计税方法计税，但是不得抵扣进项税额。具体适用范围和适用税率参见税率与征收率中的内容。

【例2-27】（多选题）增值税一般纳税人销售自产的下列货物中，可选择按照简易办法计算缴纳增值税的有（　　）。

A. 生产建筑材料所用的砂土

B. 以水泥为原材料生产的水泥混凝土

C. 用微生物制成的生物制品

D. 县级以下小型火力发电单位生产的电力

【答案】ABC

【解析】选项D，县级及县级以下小型水力发电单位生产的电力，可选择按照简易办法依照3%征收率计算缴纳增值税。

2.6.4　简易计税方式中可按销售差额计税的情形

（1）物业管理服务的纳税人，向服务接受方收取的自来水水费，以扣除其对外支付的自来水水费后的余额为销售额，按照简易计税方法依照3%的征收率计算缴纳增值税。

（2）小规模纳税人提供劳务派遣服务，可以以取得的全部价款和价外费用为销售

额，按照简易计税方法依照3%的征收率计算缴纳增值税；也可以选择差额纳税，以取得的全部价款和价外费用，扣除代用工单位支付给劳务派遣员工的工资、福利和为其办理社会保险及住房公积金后的余额为销售额，按照简易计税方法依照5%的征收率计算缴纳增值税。

选择差额纳税的纳税人，向用工单位收取用于支付给劳务派遣员工工资、福利和为其办理社会保险及住房公积金的费用，不得开具增值税专用发票，可以开具普通发票。

（3）一般纳税人提供劳务派遣服务，可以选择差额纳税，以取得的全部价款和价外费用，扣除代用工单位支付劳务派遣员工的工资、福利和为其办理社会保险及住房公积金后的余额为销售额，按照简易计税方法依照5%的征收率计算缴纳增值税。

【例2-28】（单选题）A劳务派遣公司（以下简称A公司）为增值税一般纳税人，与B公司签订劳务派遣协议，为B公司提供劳务派遣服务。2023年2月，A公司共取得含税劳务派遣收入55万元，其中代B公司支付给劳务派遣员工工资23万元，为其办理社会保险18万元及缴纳住房公积金10万元，发放企业其他员工工资1.5万元。A公司选择按差额纳税，应缴纳增值税（　　）万元。

A. 0.12　　B. 0.19　　C. 1.60　　D. 2.62

【答案】 B

【解析】 一般纳税人提供劳务派遣服务，可以以取得的全部价款和价外费用为销售额，按照一般计税方法计算缴纳增值税；也可以选择差额纳税，以取得的全部价款和价外费用，扣除代用工单位支付给劳务派遣员工的工资、福利和为其办理社会保险及住房公积金后的余额为销售额，按照简易计税方法依5%的征收率计算缴纳增值税，扣除时不得扣除发放的其他员工的工资。

A公司选择差额纳税，按照简易计税方法依5%的征收率计算缴纳增值税。应纳增值税 = (55 − 23 − 18 − 10) ÷ (1 + 5%) × 5% = 0.19（万元）。

2.7 进口环节增值税的征收

2.7.1 进口货物的征税范围及纳税人

1. 进口货物的征税范围

（1）根据《增值税暂行条例》的规定，申报进入中华人民共和国境内的货物，均应缴纳增值税。个人携带或者邮寄进境自用物品的增值税，连同关税一并计征。

确定一项货物是否属于进口，必须首先看其是否有报关进口手续。一般来说，境外产品要进入境内，都必须向我国海关申报进口，并办理有关报关手续。只要是报关进口的应税货物，不论其是国外产品还是我国已出口而转销国内的货物，是进口者自行采购还是国外捐赠的货物，是进口者自用还是作为贸易或其他用途等，除另有规定外，均应按照规定缴纳进口环节的增值税。

（2）从其他国家或地区进口《跨境电子商务零售进口商品清单》范围内的以下商品，适用于跨境电子商务零售进口增值税税收政策。

①所有通过与海关联网的电子商务交易平台交易，能够实现交易、支付、物流电子信息“三单”比对的跨境电子商务零售进口商品。

②未通过与海关联网的电子商务交易平台交易，但快递、邮政企业能够统一提供交易、支付、物流等电子信息，并承诺承担相应法律责任进境的跨境电子商务零售进口商品。

不属于跨境电子商务零售进口的个人物品，以及无法提供交易、支付、物流等电子信息的跨境电子商务零售进口商品，按现行规定执行。

2. 进口货物的纳税人

进口货物的收货人（承受人）或办理报关手续的单位和个人，为进口货物增值税的纳税义务人。也就是说，进口货物增值税纳税人的范围较宽，包括国内所有从事进口业务的企业事业单位、机关团体和个人。

对于企业、单位和个人委托代理进口应征增值税的货物，鉴于代理进口货物的海关完税凭证，有的开具给委托方，有的开具给受托方的特殊性，对代理进口货物以海关开具的完税凭证上的纳税人为增值税纳税人在实际工作中一般由进口代理者代缴进口环节增值税。纳税后，由代理者将已纳税款和进口货物价款费用等与委托方结算，由委托者承担已纳税款。

跨境电子商务零售进口商品按照货物征收关税和进口环节增值税、消费税，购买跨境电子商务零售进口商品的个人作为纳税义务人。电子商务企业、电子商务交易平台企业或物流企业可作为代收代缴义务人。

2.7.2 进口货物的适用税率

进口环节的增值税税率与本章前面的内容相同。

但是对进口抗癌药品，自2018年5月1日起，减按3%征收进口环节增值税。对进口罕见病药品，自2019年3月1日起，减按3%征收进口环节增值税。对跨境电子商务零售进口商品的单次交易限值为人民币5 000元，个人年度交易限值为人民币26 000元以内进口的跨境电子商务零售进口商品，关税税率暂设为0。

2.7.3 进口环节增值税应纳税额的计算

进口货物应纳增值税税额的计算公式为：

应纳增值税税额 = 组成计税价格 × 税率

组成计税价格是指在没有实际销售价格时，按照税法规定计算出作为计税依据的价格。组成计税价格构成分两种情况。

①如果进口货物不征收消费税，则上述公式中组成计税价格为：

组成计税价格 = 关税完税价格 + 关税 = 关税完税价格 ×（1 + 关税税率）

②如果进口货物征收消费税，则组成计税价格为：

组成计税价格 = 关税完税价格 + 关税 + 消费税

或：

组成计税价格 =（关税完税价格 + 关税）÷（1 − 消费税税率）

按照《海关法》和《进出口关税条例》的规定，一般贸易下进口货物的关税完税价格是以海关审定的成交价格为基础的到岸价格。到岸价格，包括货价以及货物运抵我国关境内输入地点起卸前的包装费、运费、保险费和其他劳务费等费用。

之所以对进口货物征收关税、增值税、消费税，是因为出口这些货物的出口国在出口时并没有征出口关税、增值税、消费税，到我国口岸时这些货物的价格与国内同等商品的税负差异很大。

纳税人在计算进口货物的增值税时应该注意以下问题：

①进口货物增值税的组成计税价格中包括已纳关税税额，如果进口货物属于消费税应税消费品，其组成计税价格中还要包括进口环节已纳消费税税额。

②在计算进口环节的应纳增值税税额时不得抵扣任何税额，即在计算进口环节的应纳增值税税额时，不得抵扣发生在我国境外的各种税金。

③按照《海关法》和《进出口关税条例》的规定，一般贸易下进口货物的关税完税价格是以海关审定的成交价格为基础的到岸价格。到岸价格，包括货价以及货物运抵我国关境内输入地点起卸前的包装费、运费、保险费和其他劳务费等费用。特殊贸易下进口的货物，由于进口时没有“成交价格”可作依据，因此《进出口关税条例》对这些进口货物制定了确定其完税价格的具体办法。

④纳税人进口货物取得的合法海关完税凭证，是计算增值税进项税额的唯一依据，其价格差额部分以及从境外供应商取得的退还或返还的资金，不做进项税额转出处理。

⑤跨境电子商务零售进口商品按照货物征收关税和进口环节增值税、消费税，以实际交易价格（包括货物零售价格、运费和保险费）作为完税价格。

⑥跨境电子商务零售进口商品的进口环节增值税、消费税取消免征税额，暂按法定应纳税额的 70% 征收，超过单次限值、累加后超过个人年度限值的单次交易，以及完税价格超过 5 000 元限值的单个不可分割商品，均按照一般贸易发生全额征税。

⑦国家在规定对进口货物征税的同时，对某些进口货物制定了减免税的特殊规定，如属于“来料加工、进料加工”贸易方式进口国外的原材料、零部件等在国内加工后复出口的，对进口的料、件按规定给予免税或减税，但这些进口免、减税的料件若不能加工复出口，而是销往国内的，就要予以补税。对进口货物是否减免税由国务院统一规定，任何地点、部门都无权规定减免税项目。

2.7.4　进口环节增值税的管理

进口环节的增值税由海关代征。个人携带或者邮寄进境自用物品的增值税，连同关税一并计征。具体办法由国务院关税税则委员会会同有关部门制定。

进口货物增值税纳税义务发生时间为报关进口的当天，应当由进口人或其代理人向报关地海关申报纳税，自海关填发海关进口增值税专用缴款书之日起 15 日内缴纳税款。

跨境电子商务零售进口商品自海关放行之日起 30 日内退货的，可申请退税，并相应调整个人年度交易总额。

跨境电子商务零售进口商品购买人（订购人）的身份信息应进行认证；未进行认证的，购买人（订购人）身份信息应与付款人一致。

进口货物增值税的征收管理，依据《税收征收管理法》《海关法》《进出口关税条例》和《中华人民共和国海关进出口税则》（以下简称《海关进出口税则》）的有关规定执行。

【例 2 – 29】 某企业 2024 年 5 月进口一批货物，该批货物的成交价格为 100 万元，另该批货物运抵我国海关前发生的运输费、保险费等共计 10 万元。货物报关后，商场按规定缴纳了进口环节的增值税并取得了海关开具的完税凭证。假定该批进口货物在国内全部销售，取得不含税销售额 200 万元。货物进口关税税率为 10%，增值税税率为 13%。

要求：

（1）计算关税的完税价格。

（2）计算进口环节应缴纳的进口关税。

（3）计算进口环节应缴纳增值税的组成计税价格。

（4）计算进口环节应缴纳增值税税额。

（5）计算国内销售环节的销项税额。

（6）计算国内销售环节应缴纳增值税税额。

【解析】

（1）关税的完税价格 = 100 + 10 = 110（万元）

（2）应缴纳进口关税 = 110 × 10% = 11（万元）

（3）进口环节应缴纳增值税的组成计税价格 = 110 + 11 = 121（万元）

（4）进口环节应缴纳增值税税额 = 110 × 13% = 15.73（万元）

（5）国内销售环节的销项税额 = 200 = 200 × 13% = 26（万元）

（6）国内销售环节应缴纳增值税税额 = 26 − 15.73 = 10.27（万元）

2.7.5 扣缴义务人应扣税额计算

境外单位或个人在中国境内发生应税行为，但在境内未设立经营机构的，扣缴义务人应按扣缴计税方法扣缴增值税税额。计算公式为：

应扣缴税额 = 接受方支付的价款 ÷ (1 + 税率) × 税率

【例 2 − 30】 境外公司为某纳税人提供咨询服务，合同价款为 212 万元，该境外公司没在境内设立经营机构，应以服务购买方为增值税扣缴义务人。

要求：计算购买方应当扣缴的税额。

【解析】 应扣缴增值税税额 = 206 ÷ (1 + 6%) × 6% = 12（万元）

2.8 出口环节增值税的退（免）税和征税

一国对出口货物、劳务和跨境应税行为实行退（免）税是国际贸易中通常采用并为世界各国普遍接受的，目的在于鼓励各国出口货物公平竞争的一种退还或免征间接税（目前我国主要包括增值税、消费税）的税收措施，即对出口货物、劳务和跨境应税行为已承担或应承担的增值税和消费税等间接税实行退还或者免征。由于这项制度比较公平合理，因此它已成为国际社会通行的惯例。

我国对出口货物、劳务和跨境应税行为实行退（免）增值税是指在国际贸易业务中，对我国报关出口的货物、劳务和跨境应税行为退还或免征其在国内各生产和流转环节按税法规定缴纳的增值税，即对应征收增值税的出口货物、劳务和跨境应税行为实行本税率（国务院另有规定除外）。

对增值税出口货物、劳务和跨境应税行为实行零税率，从税法上理解有两层含义：

一是对本环节生产或销售货物、劳务和跨境应税行为的增值部分免征增值税；二是对出口货物、劳务和跨境应税行为前道环节所含的进项税额进行退付。当然，由于各种货物、劳务和跨境应税行为出口政策不同，出口前涉及征免增值税的情况也有所不同，且由于出口政策是国家调控经济的手段，因此，针对货物、劳务和跨境应税行为出口的不同情况，国家在遵循“征多少、退多少”“未征不退和彻底退税”基本原则的基础上，制定了不同的增值税退（免）税处理办法。

2.8.1　出口货物、劳务和跨境应税行为退（免）增值税基本政策

世界各国为了鼓励本国货物出口，在遵循世界贸易组织（WTO）基本规则的前提下，一般都采取优惠的税收政策。有的国家采取对该货物出口前所包含的税金在出口后予以退还的政策（即出口退税）；有的国家采取对出口的货物在出口前即予以免税的政策。我国则根据国情，采取了出口退税与免税相结合的政策。目前，我国的出口货物、劳务和跨境应税行为的增值税税收政策分为以下三种形式。

1. 出口免税并退税

《关于出口货物劳务增值税和消费税政策的通知》（财税〔2012〕39号，以下简称《通知》）中所说的“适用增值税退（免）税政策的范围”。出口免税是指对货物、劳务和跨境应税行为在出口销售环节免征增值税，这是把货物、劳务和跨境应税行为出口环节与出口前的销售环节都同样视为一个征税环节；出口退税是指对货物、劳务和跨境应税行为在出口前实际承担的税收负担，按规定的退税率计算后予以退还。

2. 出口免税不退税

《通知》中所说的“适用增值税免税政策的范围”。出口免税与上述第1项含义相同。出口不退税是指适用这个政策的出口货物、劳务和跨境应税行为因在前一道生产、销售环节或进口环节是免税的，因此，出口时该货物、劳务和跨境应税行为的价格中本身就不含税，也无须退税。

3. 出口不免税也不退税

《通知》中所说的“适用增值税征税政策的范围”。出口不免税是指对国家限制或禁止出口的某些货物、劳务和跨境应税行为的出口环节视同内销环节，照常征税；出口不退税是指对这些货物、劳务和跨境应税行为出口不退还出口前其所负担的税款。

2.8.2　适用增值税退（免）税政策的范围

对下列出口货物、劳务和跨境应税行为，除适用《通知》第六条（适用增值税免

税政策的出口货物和劳务）和第七条（适用增值税征税政策的出口货物和劳务）规定的外，实行免征和退还增值税［以下简称增值税退（免）税］政策。

1. 出口企业出口货物

依法办理工商登记、税务登记、对外贸易经营者备案登记，自营或委托出口货物的单位或个体工商户，以及依法办理工商登记、税务登记但未办理对外贸易经营者备案登记，委托出口货物的生产企业。

出口货物，是指向海关报关后实际离境并销售给境外单位或个人的货物，分为自营出口货物和委托出口货物两类。

2. 出口企业或其他单位视同出口的货物

出口企业或其他单位视同出口的货物具体是指：

（1）出口企业对外援助、对外承包、境外投资的出口货物。

（2）出口企业经海关报关进入国家批准的出口加工区、保税物流园区、保税港区、综合保税区、珠澳跨境工业区（珠海园区）、中哈霍尔果斯国际边境合作中心（中方配套区域）、保税物流中心（B 型）（以下统称特殊区域）并销售给特殊区域内单位或境外单位、个人的货物。

（3）免税品经营企业销售的货物（国家规定不允许经营和限制出口的货物、卷烟和超出免税品经营企业的《企业法人营业执照》中规定经营范围的货物除外）。

（4）出口企业或其他单位销售给用于国际金融组织或外国政府贷款国际招标建设项目的中标机电产品（以下称中标机电产品）。上述中标机电产品，包括外国企业中标再分包给出口企业或其他单位的机电产品。

（5）出口企业或其他单位销售给国际运输企业用于国际运输工具上的货物。上述规定暂仅适用于外轮供应公司，远洋运输供应公司销售给外轮、远洋国轮的货物，国内航空供应公司生产销售给国内和国外航空公司国际航班的航空食品。

（6）出口企业或其他单位销售给特殊区域内生产企业生产耗用且不向海关报关而输入特殊区域的水（包括蒸汽）、电力、燃气（以下称输入特殊区域的水电气）。

2.8.3 增值税出口退税率

1. 一般规定

除财政部和国家税务总局根据国务院决定而明确的增值税出口退税率（以下称退税率）外，出口货物、服务和无形资产的退税率为其适用税率。目前我国增值税出口退税率分为五档，即 13%、10%、9%、6% 和零税率。

2. 退税率的特殊规定

（1）外贸企业购进按简易办法征税的出口货物、从小规模纳税人购进的出口货物，其退税率分别为简易办法实际执行的征收率、小规模纳税人征收率。上述出口货物取得增值税专用发票的，退税率按照增值税专用发票上的税率和出口货物退税率孰低的原则确定。

（2）出口企业委托加工修理修配货物，其加工修理修配费用的退税率，为出口货物的退税率。

（3）中标机电产品、出口企业向海关报关进入特殊区域销售给特殊区域内生产企业生产耗用的列名原材料、输入特殊区域的水电气，其退税率为适用税率。如果国家调整列名原材料的退税率，则列名原材料应当自调整之日起按调整后的退税率执行。

2.8.4 “免、抵、退”税的计算

免抵退税是指生产企业出口自产货物（含视同自产货物）、对外提供加工修理修配劳务，免征出口环节增值税，对相应的进项税额抵减应纳税额，未抵减完的部分予以退还。

1. 免抵退办法适用范围

（1）生产企业出口自产货物。

（2）视同自产货物，具体范围如下。

生产企业出口视同自产货物，免征增值税，相应的进项税额抵减应纳增值税额（不包括适用增值税即征即退、先征后退政策的应纳增值税额），未抵减完的部分予以退还。视同自产货物的具体范围包括：

①持续经营以来从未发生骗取出口退税、虚开增值税专用发票或农产品收购发票、接受虚开增值税专用发票（善意取得虚开增值税专用发票除外）行为且同时符合下列条件的生产企业出口的外购货物，可视同自产货物适用增值税退（免）税政策：已取得增值税一般纳税人资格；已持续经营 2 年及 2 年以上；纳税信用等级 A 级；上一年度销售额 5 亿元以上；外购出口的货物与本企业自产货物同类型或具有相关性。

②持续经营以来从未发生骗取出口退税、虚开增值税专用发票或农产品收购发票、接受虚开增值税专用发票（善意取得虚开增值税专用发票除外）行为但不能同时符合上述规定条件的生产企业，出口的外购货物符合下列条件之一的，可视同自产货物申报适用增值税退（免）税政策：

同时符合下列条件的外购货物：与本企业生产的货物名称、性能相同；使用本企业注册商标或境外单位或个人提供给本企业使用的商标；出口给进口本企业自产货物

的境外单位或个人。

与本企业所生产的货物属于配套出口，且出口给进口本企业自产货物的境外单位或个人的外购货物，符合下列条件之一的：用于维修本企业出口的自产货物的工具、零部件、配件，或者不经过本企业加工或组装，出口后能直接与本企业自产货物组合成成套设备的货物。

经集团公司总部所在地的地级以上国家税务部门认定的集团公司，其控股的生产企业之间收购的自产货物以及集团公司与其控股的生产企业之间收购的自产货物。

③同时符合下列条件的委托加工货物：与本企业生产的货物名称、性能相同，或者是用本企业生产的货物再委托深加工的货物；出口给进口本企业自产货物的境外单位或个人；委托方与受托方必须签订委托加工协议，且主要原材料必须由委托方提供，受托方不垫付资金，只收取加工费，开具加工费（含代垫的辅助材料）的增值税专用发票。

2. “免抵退”税的计算方法

（1）当期应纳税额的计算。

①当期应纳税额＝当期内销货物的销项税额－（当期进项税额－当期免抵退税不得免征和抵扣税额）－上期留抵税额

②当期免抵退税不得免征和抵扣税额＝出口货物离岸价×汇率×（出口货物适用税率－出口货物退税率）－当期免抵退税不得免征的抵扣税额抵减额

③当期免抵退税不得免征和抵扣税额＝当期免税购进原材料价格×（出口货物适用税率－出口货物退税率）

如果当期没有免税购进原材料，前述公式中的③不用计算。

若上述计算结果为正数，说明从内销货物销项税额中抵扣后仍有余额，该余额则为企业当期应纳的增值税税额，无退税额；若计算结果为负数，则当期期末留抵税额＝当期应纳税额绝对值，即有应退税额。应退税额的大小在下面的步骤中确定。

（2）当期免抵退税额的计算。

①当期免抵退税额＝当期出口货物离岸价×汇率×出口货物退税率－当期免抵退税额抵减额

②当期免抵退税额抵减额＝当期免税购进原材料价格×出口货物退税率

如果当期没有免税购进原材料，上述公式中的②不用计算。

（3）当期应退税额和免抵税额的计算。

①当期应纳税额≥0，则：

当期应退税额＝0

②当期应纳税额<0，且当期期末留抵税额≤当期免抵退税额，则：

当期应退税额=当期期末留抵税额

当期免抵税额=当期免抵退税额-当期应退税额

当期应纳税额<0，且当期期末留抵税额>当期免抵退税额，则：

当期应退税额=当期免抵退税额

当期免抵税额=0

当期期末留抵税额为当期增值税纳税申报表中的“期末留抵税额”。

【例2-31】 甲公司为自营出口的生产企业、增值税一般纳税人，出口货物的征税税率为13%，退税税率为11%。2024年5月的有关经营业务为：购进原材料一批，取得的增值税专用发票注明增值税税额为60万元，其外购货物进项税额准予抵扣且通过认证；上月末留抵税款5万元；本月内销货物增值税销项税额为100万元，本月出口货物的离岸价格折合人民币300万元。

要求：计算该企业当期的免抵退税额。

【解析】 当期免抵退税不得免征和抵扣税额=300×(13%-11%)=6（万元）

当期应纳税额=100-(60-6)=100-(60-6)-5=100-54-5=41（万元）

出口货物免抵退税额=300×11%=33（万元）

因为当期应纳税额>0，所以当期不退税，应该缴税，税额为41万元。

即当期实际退税额=0。

当期免抵税额=当期免抵退税额-当期实际退税额=33-0=33（万元）

【例2-32】 丙公司为自营出口的生产企业、增值税一般纳税人，其出口货物的征税税率为13%，退税税率为11%。2024年4月其相关经营业务活动为：购入原材料一批，取得的增值税专用发票注明的价款为500万元，其增值税准予抵扣且通过认证；上期期末留抵税款5万元；本月内销货物不含税销售额为300万元，本月出口货物的离岸价格折合人民币500万元。

要求：计算该企业当期的免抵退税额。

【解析】 当期免抵退税不得免征和抵扣税额=500×(13%-11%)=10（万元）

当期应纳税额=300×13%-(500×13%-10)-5=39-55-5=-21（万元）

出口货物免抵退税额=500×11%=55（万元）

因为当期应纳税额<0，所以当期应该退税。且由于|当期应纳税额|<免抵退税额，所以当期实际退税额为当期应纳税额1万元。

当期免抵税额=当期免抵退税额-当期实际纳税额=55-21=34（万元）

期末留抵结转下期继续抵扣税额为0。

【例2-33】 丁公司为自营出口的生产企业、增值税一般纳税人，其出口货物的征税税率为13%，退税税率为11%。2024年6月的有关经营业务为：购进原材料一批，取得的增值税专用发票注明增值税税额为60万元，外购货物进项税额准予抵扣且通过认证；上月末留抵税款5万元；本月内销货物增值税销项税额为10万元，本月出口货物的离岸价格折合人民币300万元。

要求：计算该企业当期的免抵退税额。

【解析】 当期免抵退税不得免征和抵扣税额＝300×（13%－11%）＝6（万元）

当期应纳税额＝10－（60－6）＝10－（60－6）－5＝10－54－5＝－49（万元）

出口货物免抵退税额＝300×11%＝33（万元）

因为当期应纳税额＜0，所以当期应该退税。且由于|当期应纳税额|＞免抵退税额，所以，当期实际退税额＝免抵退税额＝33（万元）。

当期免抵税额＝当期免抵退税额－当期实际退税额＝33－33＝0

6月期末留抵结转下期继续抵扣税额为16（49－33）万元。

2.8.5 免退税的计算

免退税办法，也称为先征后退法，是指对不具有生产能力的出口企业或其他单位出口货物劳务，免征增值税，相应的进项税额予以退还。

免退税办法适用于有进口经营权的外贸企业直接出口或委托其他外贸企业代理出口的货物，以及其他特准退税的企业出口的货物。

不具有生产能力的出口企业（简称外贸企业）或者其他单位出口货物劳务，免征增值税，相应进项税额予以退还。

1. 外贸企业出口委托加工修理修配货物以外的货物

外贸企业收购货物直接出口或委托其他外贸企业代理出口货物，按照增值税退（免）税计税依据和该货物适用的退税率计算退税。公式如下：

应退税额＝增值税退（免）税计税依据×出口货物退税率

外贸企业出口货物（委托加工修理修配货物除外）增值税退（免）税的计税依据，为购进出口货物的增值税专用发票注明的金额或海关进口增值税专用缴款书注明的完税价格。

【例2－34】 某企业为自营出口的外贸企业、增值税一般纳税人，其出口货物的征税税率为13%，退税税率为11%。2023年7月的有关经营业务为：购进商品一批，取得的增值税专用发票注明价款为1 000万元；本月出口货物的离岸价格折合人民币1 500万元。

要求：计算该企业当期的应退税额。

【解析】应退税额 = 1 000 × 11% = 1 000 × 11% = 110（万元）

2. 外贸企业出口委托加工修理修配货物

外贸企业委托生产企业加工修理修配收回后报关出口的货物：

应退税额 = 委托加工修理修配的增值税退（免）税计税依据 × 出口货物退税率

外贸企业出口委托加工修理修配货物增值税退（免）税的计税依据，为加工修理修配费用增值税专用发票注明的金额。外贸企业应将加工修理修配使用的原材料（进料加工海关保税进口料件除外）作价销售给受托加工修理修配的生产企业，受托加工修理修配的生产企业应将原材料成本并入加工修理修配费用开具发票。

【例2-35】 某外贸企业从国内采购原材料，不含税价格100万元，进项税额13万元；企业作价110万元将原材料销售给某加工厂委托其加工产品，价税合计收取124.3万元；加工厂收取加工费不含税20万元，合计开具增值税专用发票不含税金额130万元，销售税额16.9万元；外贸企业从加工厂收回加工产品后报关出口。假设退税率为11%。

要求：计算其应退税额。

【解析】应退税额 = 130 × 11% = 14.3（万元）

3. 与增值税退（免）税相关的其他规定

（1）退税率低于适用税率的，相应计算出的差额部分的税款计入进口货物劳务成本。

（2）出口企业既有适用增值税免抵退项目，也有增值税即征即退、先征后退项目的，增值税即征即退和先征后退项目不参与出口项目免抵退税计算。出口企业应分别核算增值税免抵退项目和增值税即征即退、先征后退项目，并分别申请享受增值税即征即退、先征后退和免抵退税政策。

2.9　税收优惠

增值税税收优惠内容繁多，本节只介绍主要的增值税优惠政策。

2.9.1　《增值税暂行条例》规定的免税项目

（1）农业生产者销售的自产农产品。

农业生产者，包括从事农业生产的单位和个人。农产品是指种植业、养殖业、林业、牧业、水产业生产的各类植物、动物的初级产品。对上述单位和个人销售的外购农产品，以及单位和个人外购农产品生产、加工后销售的仍然属于规定范围的农产品，不属于免税的范围，应当按照规定的税率征收增值税。

纳税人采取“公司 + 农户”经营模式从事畜禽饲养，纳税人回收再销售畜禽，属于农业生产者销售自产农产品，应根据《增值税暂行条例》的有关规定免征增值税。

（2）避孕药品和用具。

（3）古旧图书，是指向社会收购的古书和旧书。

（4）直接用于科学研究、科学试验和教学的进口仪器、设备。

（5）外国政府、国际组织无偿援助的进口物资和设备。

（6）由残疾人的组织直接进口供残疾人专用的物品。

（7）销售的自己使用过的物品。自己使用过的物品，是指其他个人自己使用过的物品。

2.9.2 财政部、国家税务总局规定的其他部分征免税项目

1. 与农业相关的税收优惠

（1）免征蔬菜流通环节增值税。

①对从事蔬菜批发、零售的纳税人销售的蔬菜免征增值税。经挑选、清洗、切分、晾晒、包装、脱水、冷藏、冷冻等工序加工的蔬菜，属于蔬菜的范围。各种蔬菜罐头不属于蔬菜的范围。

②纳税人既销售蔬菜又销售其他增值税应税货物的，应分别核算蔬菜和其他增值税应税货物的销售额；未分别核算的，不得享受蔬菜增值税免税政策。

（2）粕类产品征免增值税处理。豆粕属于征收增值税的饲料产品，除豆粕以外的其他粕类饲料产品，均免征增值税。

（3）制种行业免征增值税。制种企业在符合条件的生产经营模式下生产销售种子，属于农业生产者销售自产农业产品，按规定免征增值税。

（4）有机肥产品免征增值税。纳税人生产销售和批发、零售符合标准的有机肥产品免征增值税。

（5）纳税人将承包地流转给农业生产者的免征增值税处理。纳税人采取转包、出租、互换、转让、入股等方式将承包地流转给农业生产者用于农业生产，免征增值税。

2. 资源、环境保护、居民生活相关的税收优惠

（1）资源综合利用产品和劳务增值税优惠政策。

纳税人销售自产综合利用产品和资源综合利用劳务，可享受增值税即征即退政策。

退税比例包括 30%、50%、70% 和 100% 四个档次。

综合利用的资源名称、产品和劳务名称、技术标准和相关条件、退税比例等按照《资源综合利用产品和劳务增值税优惠目录》的相关规定执行。

（2）水资源费改税试点期间政策。

在水资源费改税试点期间，城镇公共供水企业缴纳的水资源税所对应的水费收入，不计征增值税，按“不征税自来水”项目开具普通发票。

（3）社区养老托育家政服务收入免征增值税。

自 2019 年 6 月 1 日至 2025 年 12 月 31 日为社区提供养老、托育、家政等服务的机构，提供社区养老、托育、家政服务取得的收入免征增值税。

（4）社会团体收取的会费。

自 2016 年 5 月 1 日起，社会团体收取的会费，免征增值税。

（5）扶贫货物捐赠免征增值税。

自 2019 年 1 月 1 日至 2025 年 12 月 31 日，对单位或者个体工商户将自产、委托加工或购买的货物通过公益性社会组织、县级及以上人民政府及其组成部门和直属机构，或直接无偿捐赠给目标脱贫地区的单位和个人，免征增值税。在政策执行期限内，目标脱贫地区实现脱贫的，可继续适用上述政策。

3. 企业研发、创新创业、期货交割与文化产业相关税收优惠

（1）研发机构采购设备增值税政策。

在符合条件的前提下，继续对内资研发机构和外资研发中心采购国产设备全额退还增值税。

（2）创新企业境内发行存托凭证的免征增值税处理。

①对个人投资者转让创新企业 CDR 取得的差价收入，暂免征收增值税。

②对单位投资者转让创新企业 CDR 取得的差价收入，按金融商品转让政策规定征免增值税。

③自试点开始之日起，对公募证券投资基金（封闭式证券投资基金、开放式证券投资基金）管理人运营基金过程中转让创新企业 CDR 取得的差价收入，三年内暂免征收增值税。

④对合格境外机构投资者（QFII）、人民币合格境外机构投资者（RQFII）委托境内公司转让创新企业 CDR 取得的差价收入，暂免征收增值税。

（3）货物期货品种保税交割业务。

自 2018 年 11 月 30 日至 2027 年 12 月 31 日，对经国务院批准对外开放的货物期货品种保税交割业务，暂免征收增值税。

（4）广播影视的免征增值税处理。

自2019年1月1日至2027年12月31日，对电影主管部门（包括中央、省、地市及县级）按照各自职能权限批准从事电影制片、发行、放映的电影集团公司（含成员企业）、电影制片厂及其他电影企业取得的电影拷贝（含数字拷贝）收入、转让电影版权（包括转让和许可使用）收入、电影发行收入以及在农村取得的电影放映收入，免征增值税。对广播电视运营服务企业收取的有线数字电视基本收视维护费和农村有线电视基本收视费，免征增值税。

4. 其他优惠

（1）外购化工产品生产石脑油、燃料油的增值税处理。

对外购用于生产乙烯、芳烃类化工产品（以下称特定化工产品）的石脑油、燃料油（以下称2类油品），且使用2类油品生产特定化工产品的产量占本企业用石脑油、燃料油生产各类产品总量50%（含）以上的企业，其外购2类油品的价格中消费税部分对应的增值税额，予以退还。

（2）海南离岛免税店销售离岛免税商品免征增值税和消费税的处理主要规定如下：

①离岛免税店销售离岛免税商品，按规定免征增值税和消费税；

②离岛免税店应按月进行增值税、消费税纳税申报；

③离岛免税店销售非离岛免税商品，按规定向主管税务机关申报缴纳增值税和消费税；

④离岛免税店兼营应征增值税、消费税项目的，应分别核算，未分别核算的，不得免税；

⑤离岛免税店销售离岛免税商品应开具普通发票，不得开具增值税专用发票。

5. 小规模纳税人相关税收优惠

小规模纳税人此处的税收优惠政策繁多，并且具有很强的时效性，此处将小规模纳税人此处涉及的税收优惠整理如表2－5所示。

表2－5　小规模纳税人的税收优惠

类型	具体政策
免征增值税优惠	2023.1.1～2027.12.31，小规模纳税人适用3%征收率的应税销售收入，减按1%征收率征收；适用3%预征率的，减按1%预缴。 （1）适用5%征收率的项目，不享受减征增值税优惠。 （2）纳税人选择放弃免税并开具增值税专用发票的，可以开具征收率为1%或者3%的增值税专用发票

续表

类型	具体政策
起征点和免税销售额的规定	(1) 2023. 1. 1 ~ 2027. 12. 31，小规模纳税人发生增值税应税销售行为，合计月销售额未超过10万元（以1个季度为1个纳税期的，季度销售额未超过30万元，下同）的，免征增值税。 (2) 小规模纳税人月销售额超过10万元，但扣除本期发生的销售不动产的销售额后未超过10万元的，其销售货物、劳务、服务、无形资产取得的销售额免征增值税。 (3) 适用增值税差额征税政策的小规模纳税人，以差额后的销售额确定是否可以享受上述免征增值税政策。 (4) 其他个人（即自然人个人），采取一次性收取租金形式出租不动产取得的租金收入，可在对应的租赁期内平均分摊，分摊后的月租金收入未超过10万元的，免征增值税。 (5) 小规模纳税人月销售额未超过10万元的，当期因开具增值税专用发票已缴纳的税款，在增值税专用发票全部联次追回或按规定开具红字增值税专用发票后，可向主管税务机关申请退还
两项政策叠加的结果	(1) 小规模纳税人月销售额未达到10万元（季度销售额30万元）的：免征增值税。 (2) 超过10万元（季度销售额30万元）的： a. 适用3%征收率的：减按1%征收率征收增值税。 b. 适用5%征收率的：全额征收增值税。 (3) 能否开具增值税专用发票： a. 享受免税部分，不得开具增值税专用发票。 b. 纳税部分，可以开1%或者3%征收率的增值税专用发票
纳税期限	按照固定期限纳税的小规模纳税人可以根据自己的实际经营情况选择实行按月纳税或按季纳税。纳税期限一经选定，一个会计年度内不得变更

2.9.3 "营改增"通知及有关部门规定的税收优惠政策

1. 下列项目免征增值税

(1) 托儿所、幼儿园提供的保育和教育服务。

(2) 养老机构提供的养老服务。

(3) 残疾人福利机构提供的育养服务。

(4) 婚姻介绍服务。

(5) 殡葬服务。

(6) 残疾人员本人为社会提供的服务。

(7) 医疗机构提供的医疗服务。

(8) 从事学历教育的学校提供的教育服务。

(9) 学生勤工俭学提供的服务。

(10) 农业机耕、排灌、病虫害防治、植物保护、农牧保险以及相关技术培训业务，家禽、牲畜、水生动物的配种和疾病防治。

（11）纪念馆、博物馆、文化馆、文物保护单位管理机构、美术馆、展览馆、书画院、图书馆在自己的场所提供文化体育服务取得的第一道门票收入。

（12）寺院、宫观、清真寺和教堂举办文化、宗教活动的门票收入。

（13）行政单位之外的其他单位收取的符合规定条件的政府性基金和行政事业性收费。

（14）个人转让著作权。

（15）个人销售自建自用住房。

（16）台湾航运公司、航空公司从事海峡两岸海上直航、空中直航业务在大陆取得的运输收入。

（17）纳税人提供的直接或间接国际货物运输代理服务。

（18）以下利息收入：①国家助学贷款；②国债、地方政府债；③人民银行对金融机构的贷款；④住房公积金管理中心用住房公积金在指定的委托银行发放的个人住房贷款；⑤外汇管理部门在从事国家外汇储备经营过程中，委托金融机构发放的外汇贷款；⑥统借统还业务中，企业集团或企业集团中的核心企业以及集团所属财务公司按不高于支付给金融机构的借款利率水平或者支付的债券票面利率水平，向企业集团或者集团内下属单位收取的利息；⑦自 2021 年 11 月 7 日起至 2025 年 12 月 31 日止，对境外机构投资境内债券市场取得的债券利息收入暂免征收增值税；⑧金融同业往来利息收入，金融机构开展贴现、转贴现业务，以其实际持有票据期间取得的利息收入作为贷款服务销售额计算缴纳增值税，此前贴现机构已就贴现利息收入全额缴纳增值税的票据，转贴现机构转贴现利息收入继续免征增值税；⑨对社保基金会、社保基金投资管理人在运用社保基金投资过程中，提供贷款服务取得的全部利息及利息性质的收入和金融商品转让收入，免征增值税。

（19）下列金融商品转让收入：①合格境外投资者（QFII）委托境内公司在我国从事证券买卖业务；②香港市场投资者（包括单位和个人）通过沪港通、深港通买卖上海、深圳证券交易所上市 A 股；③对香港市场投资者（包括单位和个人）通过基金互认买卖内地基金份额；④证券投资基金（封闭式证券投资基金，开放式证券投资基金）管理人运用基金买卖股票、债券；⑤个人从事金融商品转让业务。

（20）保险公司开办的一年期以上人身保险产品取得的保费收入。

（21）再保险服务。

（22）纳税人提供技术转让、技术开发和与之相关的技术咨询、技术服务。

（23）家政服务企业由员工制家政服务员提供家政服务取得的收入。

（24）符合条件的合同能源管理服务。

（25）福利彩票、体育彩票的发行收入。

（26）军队空余房产租赁收入。

（27）企业、行政事业单位按房改成本价、标准价出售住房取得的收入。

（28）将土地使用权转让给农业生产者用于农业生产。

（29）涉及家庭财产分割的个人无偿转让不动产、土地使用权。

（30）土地所有者出让土地使用权和土地使用者将土地使用权归还给土地所有者。

（31）县级以上地方人民政府或自然资源行政主管部门出让、转让或收回自然资源使用权（不含土地使用权）。

【例 2－36】（多选题）下列金融业务中，免征增值税的有（　　）。

A. 金融机构间的转贴现业务

B. 人民银行对金融机构提供贷款业务

C. 融资租赁公司从事融资性售后回租业务

D. 商业银行提供国家助学贷款业务

【答案】 BD

【解析】 选项 A，从 2018 年 1 月 1 日起，金融机构开展的转贴现业务以其实际持有票据期间取得的利息收入作为贷款服务销售额计算缴纳增值税；选项 B，人民银行对金融机构的贷款利息收入免征增值税；选项 C，融资性售后回租按贷款服务计算增值税；选项 D，国家助学贷款利息收入免征增值税。

2. 增值税即征即退

（1）软件产品的税务处理。

①增值税一般纳税人销售其自行开发生产的软件产品，按适用税率征收增值税后，对实际税负超过 3% 的部分实行即征即退。

②增值税一般纳税人将进口软件产品进行本地化改造后对外销售，享受增值税即征即退政策；本地化改造：对进口软件产品进行重新设计、改进、转换等，单纯对进口软件产品进行汉字化处理不包括在内。

（2）一般纳税人提供管道运输服务，对其增值税实际税负超过 3% 的部分实行增值税即征即退政策。

（3）经人民银行、银保监会或商务部批准从事融资租赁业务的纳税人中的一般纳税人，提供有形动产融资租赁服务和有形动产融资性售后回租服务，对其增值税实际税负超过 3% 的部分实行增值税即征即退政策。

（4）纳税人享受安置残疾人增值税即征即退优惠政策。

①纳税人：安置残疾人的单位和个体工商户。

②纳税人本期应退增值税额 = 本期所含月份每月应退增值税额之和

月应退增值税额 = 纳税人本月安置残疾人员人数 × 本月最低工资标准的 4 倍

3. 扣减增值税规定

（1）退役士兵创业就业。对自主就业退役士兵从事个体经营的，自办理个体工商户登记当月起，在 3 年（36 个月）内按每户每年 12 000 元为限额依次扣减其当年实际应缴纳的增值税、城市维护建设税、教育费附加、地方教育附加和个人所得税。

（2）重点群体创业就业。建档立卡贫困人口、持《就业创业证》（注明“自主创业税收政策”或“毕业年度内自主创业税收政策”）或《就业失业登记证》（注明“自主创业税收政策”）的人员从事个体经营的，自办理个体工商户登记当月起，在 3 年（36 个月）内按每户每年 12 000 元为限额依次扣减其当年实际应缴纳的增值税、城市维护建设税、教育费附加、地方教育附加和个人所得税。

2.9.4 增值税起征点的规定

纳税人销售额未达到国务院财政、税务主管部门规定的增值税起征点的，免征增值税；达到起征点的，依照规定全额计算缴纳增值税。

增值税起征点仅适用于个人，包括：个体工商户和其他个人，但不适用于登记认定为一般纳税人的个体工商户。即：增值税起征点仅适用于按照小规模纳税人纳税的个体工商户和其他个人。

（1）按期纳税的，为月销售额 5 000 元至 20 000 元（含本数）。

（2）按次纳税的，为每次（日）销售额 300 元至 500 元（含本数）。

2.9.5 其他减免税政策

（1）纳税人兼营免税、减税项目的，应当分别核算免税、减税项目的销售额；未分别核算销售额的，不得免税、减税。

（2）纳税人销售货物、劳务和应税行为适用免税规定的，可以放弃免税，按照规定缴纳增值税。放弃免税后，36 个月内不得再申请免税。

①增值税纳税人放弃免税权的原因：销售方放弃免税权，购买方可以抵扣进项税额；

②放弃免税权应以书面形式提交放弃免税权声明，报主管税务机关备案；

③放弃免税权的纳税人符合一般纳税人认定条件尚未认定为增值税一般纳税人的，应当按现行规定认定为增值税一般纳税人，其发生的应税销售行为可开具增值税专用发票；

④如放弃，需要全部放弃，不得部分放弃；

⑤纳税人在免税期内购进用于免税项目的货物、劳务、服务、无形资产、不动产等所取得的增值税扣税凭证，一律不得抵扣。

2.10　增值税的征收管理

2.10.1　增值税纳税义务发生时间

纳税义务发生时间，是纳税人发生应税行为应当承担纳税义务的起始时间。具体参见本章 2.5 节中应纳税额的计算的相关内容，此处不再重复。

2.10.2　纳税期限

增值税的纳税期限分别为 1 日、3 日、5 日、10 日、15 日、1 个月或者 1 个季度。纳税人的具体纳税期限，由主管税务机关根据纳税人应纳税额的大小分别核定。以 1 个季度为纳税期限的规定适用于小规模纳税人、银行、财务公司、信托投资公司、信用社，以及财政部和国家税务总局规定的其他纳税人。不能按照固定期限纳税的，可以按次纳税。

纳税人以 1 个月或者 1 个季度为 1 个纳税期的，自期满之日起 15 日内申报纳税；以 1 日、3 日、5 日、10 日或者 15 日为 1 个纳税期的，自期满之日起 5 日内预缴税款，于次月 1 日起 15 日内申报纳税并结清上月应纳税款。

纳税人进口货物的，应当自海关填发海关进口增值税专用缴款书之日起 15 日内缴纳税款。

扣缴义务人解缴税款的期限，按照前两款规定执行。

2.10.3　纳税地点

（1）固定业户向其机构所在地的主管税务机关申报纳税。

固定业户到外县（市）销售货物或者提供应税劳务，应当向其机构所在地的主管税务机关申请开具外出经营活动税收管理证明，并向其机构所在地的主管税务机关申报纳税；未开具证明的，应当向销售地或者劳务发生地的主管税务机关申报纳税；未向销售地或者劳务发生地的主管税务机关申报纳税的，由其机构所在地的主管税务机关补征税款。

总机构和分支机构不在同一县（市）的，应当分别向各自所在地的主管税务机关申报纳税；经国务院财政部和国家税务总局或者其授权的财政和税务机关批准，可以由总机构汇总向总机构所在地的主管税务机关申报纳税；跨县（市）提供建筑服务或者销售取得的不动产，应按规定在建筑服务发生或不动产所在地预缴税款后，向机构所在地主管税务机关进行纳税申报。

（2）非固定业户销售货物或者应税劳务，应当向销售地或者劳务发生地的主管税务机关申报纳税；未向销售地或者劳务发生地的主管税务机关申报纳税的，由其机构所在地或者居住地的主管税务机关补征税款。

（3）其他个人提供建筑服务，销售或者租赁不动产，转让自然资源使用权，应向建筑服务发生地、不动产所在地、自然资源所在地主管税务机关申报纳税。

（4）纳税人跨县（市）提供建筑服务，在建筑服务发生地预缴税款后，向机构所在地主管税务机关进行纳税申报。

（5）纳税人销售不动产，在不动产所在地预缴税款后，向机构所在地主管税务机关进行纳税申报。

（6）纳税人租赁不动产，在不动产所在地预缴税款后，向机构所在地主管税务机关进行纳税申报。

（7）进口货物，应当向报关地海关申报纳税。

（8）扣缴义务人应当向其机构所在地或者居住地的主管税务机关申报缴纳其扣缴的税款。

2.11 增值税发票的使用及管理

增值税纳税人发生应税销售行为，应使用增值税发票管理系统分别开具增值税专用发票、增值税普通发票、增值税电子普通发票、机动车销售统一发票。

2.11.1 增值税专用发票

1. 增值税专用发票的联次

增值税专用发票由基本联次或者基本联次附加其他联次构成，基本联次分为三联：发票联、抵扣联和记账联。发票联，作为购买方核算采购成本和增值税进项税额的记账凭证；抵扣联，作为购买方报送主管税务机关认证和留存备查的凭证；记账联，作为销售方核算销售收入和增值税销项税额的记账凭证。其他联次用途，由一般纳税人自行确定。

2. 增值税专用发票的领用

一般纳税人凭《发票领购簿》、IC 卡和经办人身份证明领购增值税专用发票。一般纳税人有下列情形之一的，不得领购开具增值税专用发票：

（1）会计核算不健全，不能向税务机关准确提供增值税销项税额、进项税额、应纳税额数据及其他有关增值税税务资料的。其他有关增值税税务资料的内容，由省、自治区、直辖市和计划单列市主管税务机关确定。

（2）有《税收征管法》规定的税收违法行为，拒不接受税务机关处理的。

（3）有下列行为之一，经税务机关责令限期改正而仍未改正的：

①虚开增值税专用发票。

②私自印制专用发票。

③向税务机关以外的单位和个人买取专用发票。

④借用他人专用发票。

⑤未按规定开具专用发票。

⑥未按规定保管专用发票和专用设备。

⑦未按规定申请办理防伪税控系统变更发行。

⑧未按规定接受税务机关检查。

有上列情形的，如已领购增值税专用发票，主管税务机关应暂扣其结存的增值税专用发票和 IC 卡。

3. 增值税专用发票的开具范围

（1）一般纳税人发生应税销售行为，应向购买方开具增值税专用发票。应税销售行为的购买方为消费者个人的或发生应税销售行为适用免税规定的除外。

（2）商业企业一般纳税人零售的烟、酒、食品、服装、鞋帽（不包括劳保专用部分）、化妆品等消费品不得开具增值税专用发票。

（3）增值税小规模纳税人需要开具增值税专用发票的，可向主管税务机关申请代开。

（4）销售免税货物不得开具增值税专用发票，法律、法规及国家税务总局另有规定的除外。

（5）增值税小规模纳税人（其他个人除外）发生增值税应税行为，需要开具增值税专用发票的，可以自愿使用增值税发票管理系统自行开具。

（6）小规模纳税人月销售额超过 10 万元的，使用增值税发票管理系统开具增值税普通发票、机动车销售统一发票、增值税电子普通发票。

已经使用增值税发票管理系统的小规模纳税人，月销售额未超过 10 万元的，可以继续使用现有税控设备开具发票；已经自行开具增值税专用发票的，可以继续自行开具增值税专用发票，并就开具增值税专用发票的销售额计算缴纳增值税。

4. 增值税专用发票的开具

（1）一般纳税人发生应税销售行为可汇总开具增值税专用发票。汇总开具增值税专用发票的，同时使用防伪税控系统开具《销售货物或者提供应税劳务清单》，并加盖财务专用章或者发票专用章。

（2）保险机构作为车船税扣缴义务人，在代收车船税并开具增值税发票时，应在增值税发票备注栏中注明代收车船税税款信息。该增值税发票可作为纳税人缴纳车船税及滞纳金的会计核算原始凭证。

（3）商品和服务的税收分类与编码。为了加快税收现代化建设，方便纳税人便捷、规范地开具增值税发票，同时有利于税务机关加强增值税征收管理，国家税务总局编写了《商品和服务税收分类与编码（试行）》，并在增值税发票管理新系统中增加了编码相关功能。在纳税人通过增值税发票管理新系统开具增值税发票（包括增值税专用发票、增值税普通发票、增值税电子普通发票）时，商品和服务税收分类编码对应的简称税收分类编码会自动显示并打印在发票票面“货物或应税劳务、服务名称”或“项目”栏次中。

（4）差额开票。按照现行政策规定适用差额征税办法缴纳增值税，且不得全额开具增值税发票的（财政部、国家税务总局另有规定的除外），纳税人自行开具或者税务机关代开增值税发票时，通过新系统中差额征税开票功能，录入含税销售额（或含税评估额）和扣除额，系统自动计算税额和不含税金额，备注栏自动打印“差额征税”字样，发票开具不应与其他应税行为混开。

（5）提供建筑服务，纳税人自行开具或者税务机关代开增值税发票时，应在发票的备注栏注明建筑服务发生地县（市、区）名称及项目名称。

（6）销售不动产，纳税人自行开具或者税务机关代开增值税发票时，应在发票“货物或应税劳务、服务名称”栏填写不动产名称及房屋产权证书号码（无房屋产权证书的可不填写），“单位”栏填写面积单位，备注栏注明不动产的详细地址。

（7）出租不动产，纳税人自行开具或者税务机关代开增值税发票时，应在备注栏注明不动产的详细地址。

（8）个人出租住房适用优惠政策减按1.5%征收，纳税人自行开具或者税务机关代开增值税发票时，通过新系统中征收率减按1.5%征收开票功能，录入含税销售额，系统自动计算税额和不含税金额，发票开具不应与其他应税行为混开。

（9）税务机关代开增值税发票时，“销售方开户行及账号”栏填写税收完税凭证字轨号码或系统税票号码（免税代开增值税普通发票可不填写）。

（10）税务机关为跨县（市、区）提供不动产经营租赁服务、建筑服务的小规模纳税人（不包括其他个人），代开增值税发票时，在发票备注栏中自动打印“YD”字样。

（11）根据《国家税务总局关于在新办纳税人中实行增值税专用发票电子化有关事项的公告》（国家税务总局公告2020年第22号），在全国新设立登记的纳税人（以下简称“新办纳税人”）中实行增值税专用发票电子化（以下简称“专票电子化”）。实行专票电子化的新办纳税人具体范围由国家税务总局各省、自治区、直辖市和计划单列市税务局（以下简称“各省税务局”）确定。电子专票由各省税务局监制，采用电子签名代替发票专用章，属于增值税专用发票，其法律效力、基本用途、基本使用规定等与增值税纸质专用发票（以下简称“纸质专票”）相同。

电子专票和纸质专票的增值税专用发票（增值税税控系统）最高开票限额应当相同。

纳税人开具增值税专用发票时，既可以开具电子专票，也可以开具纸质专票。受票方索取纸质专票的，开票方应当开具纸质专票。

5. 发生退货或开票有误的处理基本规定

（1）一般计税方法纳税人开具增值税专用发票（以下简称“专用发票”）后，发生销货退回、开票有误、应税服务中止等情形但不符合发票作废的条件，或者因销货部分退回及发生销售折让，需要开具红字专用发票的，按以下方法处理：

专用发票已交付购买方，购买方可在增值税专用发票新系统中填开并上传《开具红字增值税专用发票信息表》（以下简称《信息表》）。《信息表》所对应的蓝字专用发票应经税务机关认证（所购货物或服务等不属于增值税扣税项目范围的除外）。经认证，结果为“认证相符”并且已经抵扣增值税进项税额的，购买方在填开《信息表》时不填写相对应的蓝字专用发票信息，应暂依《信息表》所列增值税税额从当期进项税额中转出。未抵扣增值税进项税额的可列入当期进项税额，待取得销售方开具的红字专用发票后，与《信息表》一并作为记账凭证；经认证，结果为“无法认证”“纳税人识别号认证不符”“专用发票代码、号码认证不符”以及所购货物或服务不属于增值税扣税项目范围的，购买方不列入进项税额，不做进项税额转出，在填开《信息表》时应填写相对应的蓝字专用发票信息。

专用发票尚未交付购买方或者购买方拒收的，销售方应于专用发票认证期限内在增值税发票新系统中填开并上传《信息表》。

主管税务机关通过网络接收纳税人上传的《信息表》，在系统自动校验通过后，生成带有“红字发票信息表编号”的《信息表》，并将信息同步至纳税人端系统中。

销售方凭税务机关校验通过的《信息表》开具红字专用发票，在增值税发票系统升级版中以销项负数开具。红字专用发票应与《信息表》一一对应。

纳税人也可凭《信息表》的电子信息或纸质资料到税务机关对《信息表》的内容进行系统校验。

（2）纳税人开具电子专票后，发生销货退回、开票有误、应税服务中止、销售折让等情形，需要开具红字电子专票的，按照以下规定执行：

购买方已将电子专票用于申报抵扣的，由购买方在增值税发票管理系统（以下简称“发票管理系统”）中填开并上传《开具红字增值税专用发票信息表》（以下简称《信息表》），填开《信息表》时不填写相对应的蓝字电子专票信息。

购买方未将电子专票用于申报抵扣的，由销售方在发票管理系统中填开并上传《信息表》，填开《信息表》时应填写相对应的蓝字电子专票信息。

税务机关通过网络接收纳税人上传的《信息表》，系统自动校验通过后，生成带有“红字发票信息表编号”的《信息表》，并将信息同步至纳税人端系统中。

销售方凭税务机关系统校验通过的《信息表》开具红字电子专票，在发票管理系统中以销项负数开具。红字电子专票应与《信息表》一一对应。

购买方已将电子专票用于申报抵扣的，应当暂依《信息表》所列增值税税额从当期进项税额中转出，待取得销售方开具的红字电子专票后，与《信息表》一并作为记账凭证。

（3）对于简易计税方法纳税人销售服务、无形资产或者不动产并收取价款后，发生服务中止、折让或者退回而退还销售额给购买方，依照规定将所退还的款项扣减当期销售额的，如果简易计税方法纳税人已就该项业务委托税务机关为其代开了增值税专用发票，应按规定申请开具红字专用发票。

（4）纳税人需要开具红字增值税普通发票的，可以在所对应的蓝字发票金额范围内开具多份红字发票。红字机动车销售统一发票需要与原蓝字机动车销售统一发票一一对应。

2.11.2 增值税相关的其他发票

1. 增值税普通发票

增值税普通发票，是将除商业零售以外的增值税一般纳税人纳入增值税防伪税控系统开具和管理，也就是说，一般纳税人可以使用同一套增值税防伪税控系统开具增值税专用发票、增值税普通发票等，俗称“一机多票”。

（1）增值税普通发票的格式、字体、栏次、内容与增值税专用发票完全一致，按发票联次分为两联票和五联票两种，基本联次为两联：第一联为记账联，销货方用作记账凭证；第二联为发票联，购货方用作记账凭证。此外为满足部分纳税人的需要，在基本联次后添加了三联的附加联次，即五联票，供企业选择使用。

（2）增值税普通发票（折叠票）发票代码调整为 12 位。

（3）增值税普通发票第二联（发票联）采用防伪纸张印制。

2. 增值税电子普通发票

（1）增值税电子普通发票的开票方和受票方需要纸质发票的，可以自行打印增值税电子普通发票的版式文件，其法律效力、基本用途、基本使用规定等与税务机关监制的增值税普通发票相同。

（2）增值税电子普通发票的发票代码为 12 位，编码规则：第 1 位为 0，第 2 ~ 5 位代表省、自治区、直辖市和计划单列市，第 6 ~ 7 位代表年度，第 8 ~ 10 位代表批次，第 11 ~ 12 位代表票种（11 代表增值税电子普通发票）。发票号码为 8 位，按年度、分批次编制。

3. 机动车销售统一发票

（1）机动车销售统一发票联次。

《机动车销售统一发票》为电脑六联式发票。即第一联发票联（购货单位付款凭证），第二联抵扣联（购货单位扣税凭证），第三联报税联（车购税征收单位留存），第四联注册登记联（车辆登记单位留存），第五联记账联（销货单位记账凭证），第六联存根联（销货单位留存）。第一联印色为棕色，第二联印色为绿色，第三联印色为紫色，第四联印色为蓝色，第五联印色为红色，第六联印色为黑色。发票代码、发票号码印色为黑色，当购货单位不是增值税一般纳税人时，第二联抵扣联由销货单位留存。

（2）机动车销售统一发票适用范围。

凡从事机动车零售业务的单位和个人，从 2006 年 8 月 1 日起，在销售机动车（不包括销售旧机动车）收取款项时，必须开具税务机关统一印制的新版《机动车销售统一发票》，并在发票联加盖财务专用章或发票专用章，抵扣联和报税联不得加盖印章。

案例解析

1. 增值税的征税范围包括：销售或进口货物，提供加工、修理修配劳务，销售服务，销售无形资产，销售不动产。

2. 目前我国增值税的计算方法采用间接法计算，当期应纳税额 = 当期销项税额 − 当期进项税额。案例中犯罪团伙无视法律规定通过成立多家空壳公司，利用企业虚增业务，虚开发票，通过进项可抵扣方式，偷逃税款；或者虚开发票收取手续费互相偷逃税款，获取违法所得。最终受到法律的制裁。

3. 作为增值税一般纳税人，纳税义务人应当凭《发票领购簿》、IC 卡和经办人身份证明领购增值税专用发票。一般纳税人有下列情形之一的，不得领购开具增值税专用发票：

（1）会计核算不健全，不能向税务机关准确提供增值税销项税额、进项税额、应纳税额数据及其他有关增值税税务资料的。

（2）有《税收征管法》规定的税收违法行为，拒不接受税务机关处理的。

（3）有下列行为之一，经税务机关责令限期改正而仍未改正的：

①虚开增值税专用发票；②私自印制专用发票；③向税务机关以外的单位和个人买取专用发票；④借用他人专用发票；⑤未按规定开具专用发票；⑥未按规定保管专用发票和专用设备；⑦未按规定申请办理防伪税控系统变更发行；⑧未按规定接受税务机关检查。

此案例告诫所有增值税纳税义务人必须合规合法领取和开具增值税专用发票。

能力训练

一、单选题

1. 一般纳税人发生的下列项目中，不得用于进项税额抵扣的是（　　）。

A. 将购进货物对外投资　　B. 将购进货物用于个人消费

C. 将购进货物无偿赠送他人　　D. 将购进货物分配给投资者

2. 以一个月为一期的增值税纳税人，应自期限满之日起（　　）天内申报纳税。

A. 3　　B. 5　　C. 10　　D. 15

3. 征收增值税同时又征收消费税的货物，其增值税的组成计税价格计算为（　　）。

A. 组成计税价格 = 成本 + 利润

B. 组成计税价格 = 成本 + 利润 + 消费税

C. 组成计税价格 = 成本 + 利润 + 增值税

D. 组成计税价格 = 成本 + 利润 + 消费税 + 增值税

4. 纳税人采取分期收款方式销售货物，其应纳销项税额的发生时间为（　　）。

A. 发出货物的当天　　B. 收到全部货款的当天

C. 收到第一笔货款的当天　　D. 合同约定的收款日期

5. 如果以当期取得的销售收入减去购入的除固定资产以外的存货以后的余额作为增值额，并以此来计算增值税属于（　　）。

A. 生产型　　B. 收入型　　C. 消费型　　D. 分配型

6. 某日用化妆品公司将自产的日用品发给职工作为福利，该批产品制造成本 80 万元，成本利润率为 20%，当月同类产品的平均售价为 100 万元。该批产品的计税销售额为（　　）万元。

A. 80　　B. 96　　C. 88　　D. 100

7. 根据《增值税暂行条例》及其实施细则的规定，采取预收货款方式销售货物的，增值税纳税义务的发生时间是（　　）。

A. 销售方收到第一笔货款的当天　　B. 销售方收到剩余货款的当天

C. 销售方发出货物的当天　　D. 购买方收到货物的当天

8. 某金店是增值税的一般纳税人，适用增值税税率为 13%。2023 年 6 月采取以旧换新方式销售纯金项链 10 条，每条新项链的不含税销售额为 4 000 元，收购旧项链的不含税金额为每条 1 800 元，该笔业务的增值税销项税额为（　　）元。

A. 7 540　　B. 5 200　　C. 2 860　　D. 2 340

9. 下列行为，不属于增值税视同销售的有（　　）。

A. 在同一个县（市）范围内设有两个机构并实行统一核算的纳税人，将货物从一个机构移送另一机构用于销售

B. 将外购的货物赠送给大客户

C. 将自产货物作为股利分配给股东

D. 将委托加工收回的货物用于个人消费

10. 一般纳税人发生的下列项目中，应视同销售计算销项税额的是（　　）。

A. 将购进货物用于非应税项目

B. 将购进货物对外投资

C. 将购进货物用于生产应税产品

D. 将购进货物用于职工福利或个人消费

二、多选题

1. 根据增值税法制度的有关规定，下列关于增值税起征点的说法正确的是（　　）。

A. 增值税起征点的适用范围限于个人

B. 纳税人销售额未达到起征点的免征增值税

C. 纳税人销售额达到起征点的，就超出部分计征增值税

D. 增值税起征点的使用范围限于企业和个人

2. 根据增值税法制度的有关规定，下列各项中，符合有关增值税规定的有（　　）。

A. 直销企业通过直销员向消费者销售货物，直接向消费者收取货款，直销企业的销售额为向销售者收取的全部价款和价外费用

B. 纳税人采取还本销售方式销售货物的，可以按扣除还本支出以后的金额为销售额

C. 纳税人采取折扣方式销售货物的，将折扣额另外开票的，可以按扣除折扣额后的金额作销售额

D. 一般纳税人因销售货物退回而返还给购买方的增值税额，应从发生销售货物退回的当期从销项税中扣减

3. 根据增值税法律制度的有关规定，下列各项中属于增值税纳税人的有（　　）。

A. 提供缝纫业务的裁缝店

B. 提供货物运输劳务的运输企业

C. 提供建筑劳务的建筑公司

D. 提供保险业务的保险公司

4. 下列关于增值税纳税义务发生时间的认定中（　　）是正确的。

A. 采取直接收款方式销售货物的，为货物发出的当天

B. 委托卖场销售货物，为卖场售出货物的当天

C. 进口货物，为货物报关的当天

D. 将委托加工货物无偿赠与他人的，为货物移送的当天

5. 根据增值税法律制度的有关规定，一般纳税人发生的下列行为中，经税务机关责任期限改正而仍未改正的，不得领购开具增值税专用发票的有（　　）。

A. 虚开增值税发票

B. 向税务机关以外的单位和个人买取专用发票

C. 未按规定保管专用发票和专用设备

D. 未按规定接受税务机关检查

6. 下列关于增值税纳税地点的说法正确的有（　　）。

A. 固定业户应当向其机构所在地主管税务机关申报纳税

B. 固定业户到外县市销售货物的，未开具外出经营活动税收管理证明单的，应当向其机构所在地主管税务机关纳税

C. 非固定业户销售货物或者应税劳务，应当向销售地主管税务机关申报纳税

D. 进口货物，应当由进口人或其代理人向报关地海关申报纳税

7. 某公司为增值税一般纳税人，在生产经营过程中发生的如下进项税额，其中（　　）可以按规定从销项税额中进行抵扣。

A. 从农户直接购买其自产农产品计算的进项税额

B. 从一般纳税人处购进原材，取得增值税专用发票

C. 从小规模纳税人处购进原材料，取得增值税普通发票

D. 购进原材料，但未按规定取得增值税扣税凭证

8. 增值税一般纳税人发生的下列业务中，应当开具增值税专用发票的是（　　）。

A. 向消费者销售应税货物

B. 向某企业（一般纳税人）销售应税货物

C. 将委托加工的货物用于集体福利

D. 转让无形资产

9. 下列属于增值税的特点的有（　　）。

A. 保持税收中性　　B. 避免重复征税

C. 税收负担由企业承担　　D. 实行税款抵扣制度

10. 下列哪些项目免征增值税（　　）。

A. 农业生产者销售的自产农产品

B. 直接用于科学研究、科学试验和教学的进口仪器、设备

C. 古旧图书

D. 由残疾人直接进口供残疾人专用的物品

三、判断题

1. 对增值税一般纳税人向购买方收取的价外费用和包装物押金，在征税时直接并入销售额征税。（　　）

2. 纳税人销售货物或应税劳务，应当向购买方，包括消费者开具增值税专用发票。（　　）

3. 采用赊销、分期付款结算方式，增值税专用发票开出的时间为货物已发出的当天。（　　）

4. 已抵扣进项税额的购进货物，如果作为集体福利发放给职工个人的，发放时不应视同销售计算增值税的销项税额。（　　）

5. 纳税人采取以旧换方式销售货物的，可以从新货物销售额中减除收购旧货物所支付的金额。（　　）

6. 采取直接收款方式销售货物，只有在货物已经发出后，以收到销售款或者取得索取销售票据的当天，作为增值税纳税义务发生时间。（　　）

7. 不在同一县（市）的关联企业之间的货物移送，应于货物移送时，按视同销售行为计算缴纳增值税。（　　）

8. 商场将购进食品作为福利发给职工，应视同销售计征增值税。（　　）

9. 用于集体福利或者个人消费的购进货物或者应税劳务所支付的进项税额不得从销项税额中抵扣。（　　）

10. 进口货物增值税纳税义务发生的时间为报关进口的当日。（　　）

四、不定项选择题

H 企业为增值税一般纳税人，主要从事食品生产和销售业务。2024 年 5 月有关经营情况如下：

（1）购入原材料取得增值税专用发票注明税额 50 万元；进口检测仪器取得海关进口增值税专用缴款书注明税额 35 万元。

（2）报销销售人员国内差旅费，取得网约车费增值税电子普通发票注明税额 0.15 万元；取得住宿费增值税普通发票注明税额 0.65 万元；取得注明销售人员身份信息的飞机票，票面金额合计 12.08 万元，燃油费 1 万元；取得注明销售人员身份信息的公路客票，票面金额合计 6.18 万元。

（3）采取折扣方式向 Y 公司销售自产罐头食品一批。该批食品不含增值税销售额 60 万元，因 Y 公司购货数量较大，给予 Y 公司 4.8 万元的价格优惠，销售额和折扣额在同一张发票的金额栏内分别注明。

（4）支付境外 L 公司专利技术使用费，合同约定含增值税价款 84.8 万元，L 公司在境内未设有经营机构且无代理人。

（5）采取预收货款方式向 M 公司销售膨化食品一批，公司 5 月 9 日收到货款 30 万元，5 月 16 日发出货物，5 月 23 日开具增值税专用发票，M 公司 5 月 25 日收到该批膨化食品。

已知：销售货物增值税税率为 13%；销售无形资产增值税税率为 6%；飞机旅客运输服务按照 9% 计算进项税额；公路旅客运输服务按照 3% 计算进项税额；取得的扣税凭证均符合抵扣规定。要求：根据上述资料，不考虑其他因素，分析回答下列小题。

1. H 企业当月下列进项税额中，准予从销项税额中抵扣的是（　　）。

A. 原材料的进项税额 60 万元

B. 检测仪器的进项税额 35 万元

C. 网约车费的进项税额 0.15 万元

D. 住宿费的进项税额 0.65 万元

2. 计算 H 企业当月飞机票和公路客票准予抵扣进项税额的下列算式中，正确的是（　　）。

A. $(12.08+1)\div(1+9\%)\times9\%+6.18\times3\%$

B. $(12.08+1)\div(1+9\%)\times9\%+6.18\div(1+3\%)\times3\%$

C. $(12.08+1)\times9\%+6.18\times3\%$

D. $(12.08+1)\times9\%+6.18\div(1+3\%)\times3\%$

3. 计算 H 公司当月采取折扣方式向丙公司销售自产罐头食品增值税销项税额的下列算式中，正确的是（　　）。

A. $60\times13\%$　　B. $(60-4.8)\times13\%$

C. $60\div(1+13\%)\times13\%$　　D. $(60-4.8)\div(1+13\%)\times13\%$

4. 计算 H 企业支付专利技术使用费应代扣代缴增值税税额的下列算式中，正确的是（　　）。

A. $84.8\times6\%$

B. $84.8\div(1+6\%)\times6\%$

C. $84.8\div(1-6\%)\times(1+6\%)\times6\%$

D. $84.8\div(1-6\%)\times6\%$

5. H 公司采取预收货款方式向乙公司销售果蔬食品，其增值税纳税义务发生时间是（　　）。

A. 5 月 25 日　　B. 5 月 23 日　　C. 5 月 16 日　　D. 5 月 9 日

参考答案

一、单选题

1～10　BDBDA　DCCAB

二、多选题

1. AB　2. AD　3. ABCD　4. CD　5. ABCD

6. ACD　7. AB　8. BD　9. ABD　10. ABC

三、判断题

1～10　×××√×　×√×√√

四、不定项选择题

1. AB　2. B　3. B　4. B　5. C

第3章 消费税

知识目标

1. 了解消费税税法的概念。
2. 掌握消费税纳税义务人、征税范围、税率。
3. 掌握从量、从价、复合计征方法计算消费税税额。
4. 掌握自产自销、委托加工等消费税税额计算。
5. 了解进出口环节消费税税额的计算。
6. 了解消费税征收管理。

能力目标

1. 能够区别不同的消费税税目。
2. 能够准确计算消费税税额。
3. 能运用税收优惠政策筹划企业消费税的缴纳。

思政目标

1. 遵纪守法：遵守消费税相关法律条例，培养合法纳税的意识。
2. 耐挫抗压：按照消费税征税范围、消费税纳税环节规定，合规合法纳税。
3. 守信守责：具有社会责任感，培养爱国主义情怀，深刻理解税收的“取之于民用之于民”。

案例引入

2024年上海市税务局某稽查局根据精准分析线索，依法查处了上海某汽车销售有限公司偷税案件。经查，该公司购进超豪华小汽车后，通过低价开具机动车销售统一发票等手段，少缴超豪华小汽车零售环节消费税、增值税等税费5 332.79万元，税务稽查部门依据《中华人民共和国行政处罚法》《中华人民共和国税收征收管理法》等相关规定，对该公司依法追缴少缴税费、加收滞纳金并处罚款，共计1.06亿元。

案例问题

1. 上海某汽车销售有限公司为什么是消费税纳税义务人?
2. 上海某汽车销售有限公司应纳消费税税额如何计算?
3. 上海某汽车销售有限公司在消费税征收管理上需要注意什么?

3.1 消费税概述

消费税是指对消费品和特定的消费行为按流转额征收的一种商品税。广义上，消费税应对所有消费品包括生活必需品和日用品普遍课税。但从征收实践上看，消费税主要指对特定消费品或特定消费行为等课税。消费税主要以消费品为课税对象，属于间接税，税收随价格转嫁给消费者负担，消费者是税款的实际负担者。消费税的征收具有较强的选择性，是国家贯彻消费政策、引导消费结构从而引导产业结构的重要手段，因而在保证国家财政收入、体现国家经济政策等方面具有十分重要的意义。

我国现行消费税的特点包括：

第一，征收范围具有选择性。我国消费税在征收范围上根据产业政策与消费政策仅选择部分消费品征税，而不是对所有消费品都征收消费税。

第二，征税环节具有单一性。一般情况下，消费税主要在生产（进口）、销售或消费某一环节一次性征收，这与增值税所采取的多环节征收不同。

第三，平均税率水平比较高且税负差异大。消费税的平均税率水平比较高，并且不同征税项目的税负差异较大。例如，小汽车按排气量大小划分，最低税率为1%，而最高税率则为40%。

第四，计税方法具有灵活性。既采用对消费品规定单位税额，以消费品的数量实行从量定额的计税方法，也采用对消费品制定比例税率，以消费品的价格实行从价定率的计税方法。例如，对卷烟、白酒采用了从量征收与从价征收相结合的复合计税方式。

3.2 纳税义务人与税目、税率

3.2.1 纳税义务人

在中华人民共和国境内生产、委托加工和进口应税消费税的单位和个人，为消费税的纳税人，应当依照《消费税暂行条例》缴纳消费税。

在中华人民共和国境内，是指生产、委托加工和进口属于应当缴纳消费税的消费品的起运地或者所在地在境内。

单位，是指企业、行政单位、事业单位、军事单位、社会团体及其他单位。

个人，是指个体工商户及其他个人。

3.2.2 税目

目前消费税税目包括烟、酒、化妆品等15种商品，部分税目还进一步划分了若干子目。

1. 烟

凡是以烟叶为原料加工生产的产品，不论使用何种辅料，均属于本税目的征收范围，包括卷烟、雪茄烟、烟丝和电子烟。

在“烟”税目下分卷烟、雪茄烟、烟丝和电子烟等子目，卷烟又分甲类卷烟和乙类卷烟。其中，甲类卷烟是指每标准条（200支，下同）调拨价格在70元（不含增值税）以上（含70元）的卷烟；乙类卷烟是指每标准条调拨价格在70元（不含增值税）以下的卷烟。

2. 酒

酒是指酒精度在1度以上的各种酒类饮料，包括白酒、黄酒、啤酒和其他酒。

其中，啤酒分为甲类啤酒和乙类啤酒。每吨出厂价（含包装物及包装物押金）在3 000元（含3 000元，不含增值税）以上的是甲类啤酒，每吨出厂价在3 000元以下的是乙类啤酒。包装物押金不包括重复使用的塑料周转箱的押金。对饮食业、商业、娱乐业举办的啤酒屋（啤酒坊）利用啤酒生产设备生产的啤酒，应当征收消费税。果啤属于啤酒，按啤酒征收消费税。

配制酒（露酒）是指以发酵酒、蒸馏酒或食用酒精为酒基，加入可食用或药食两用的辅料或食品添加剂，进行调配、混合或再加工制成的并改变了其原酒基风格的饮料酒，具体规定为：①以蒸馏酒或食用酒精为酒基，并且酒精度低于38度（含）的配制酒，按其他酒10%的适用税率征收消费税；②以发酵酒为酒基，酒精度低于20度（含）的配制酒，按“其他酒”10%的适用税率征收消费税；③其他配制酒，按“白酒”的适用税率征收消费税。

葡萄酒消费税适用酒税目下设的其他酒子目。

3. 高档化妆品

高档化妆品包括高档美容、修饰类化妆品、高档护肤类化妆品和成套化妆品。

高档美容、修饰类化妆品和高档护肤类化妆品，是指生产（进口）环节销售（完税）价格（不含增值税）在10元/毫升（克）或15元/片（张）及以上的美容、修饰类化妆品和护肤类化妆品。舞台、戏剧、影视演员化妆用的上妆油、卸妆油、油彩，不属于本税目的征收范围。

4. 贵重首饰及珠宝玉石

贵重首饰及珠宝玉石包括以金、银、白金、宝石、珍珠、钻石、翡翠、珊瑚、玛瑙等高贵稀有物质以及其他金属、人造宝石等制作的各种纯金银首饰及镶嵌首饰和经采掘、打磨、加工的各种珠宝玉石。对出国人员免税商店销售的金银首饰征收消费税。

5. 鞭炮、焰火

鞭炮、焰火包括各种鞭炮、焰火。体育上用的发令纸、鞭炮药引线，不按本税目征收。

6. 成品油

成品油包括汽油、柴油、石脑油、溶剂油、航空煤油、润滑油、燃料油7个子目。航空煤油暂缓征收。

7. 小汽车

小汽车是指由动力驱动，具有4个或4个以上车轮的非轨道承载的车辆。征收范围包括：

（1）乘用车：含驾驶员座位在内最多不超过9个座位（含）的，在设计和技术特性上用于载运乘客和货物的各类乘用车。

（2）中轻型商用客车：含驾驶员座位在内的座位数在10～23座（含23座）的，在设计和技术特性上用于载运乘客和货物的各类中轻型商用客车。

（3）超豪华小汽车：每辆零售价格130万元（不含增值税）及以上的乘用车和中轻型商用客车。用排气量小于1.5升（含）的乘用车底盘（车架）改装、改制的车辆属于乘用车征收范围。用排气量大于1.5升的乘用车底盘（车架）或用中轻型商用客车底盘（车架）改装、改制的车辆属于中轻型商用客车征收范围。

本税目不包括：①电动汽车；②车身长度大于 7 米（含），并且座位在 10 ~ 23 座（含）以下的商用客车；③沙滩车、雪地车、卡丁车、高尔夫车。

8. 摩托车

摩托车包括轻便摩托车和摩托车两种。气缸容量 250 毫升（不含）以下的小排量摩托车不征收消费税。

9. 高尔夫球及球具

高尔夫球及球具是指从事高尔夫球运动所需的各种专用装备，包括高尔夫球、高尔夫球杆及高尔夫球包（袋）等。高尔夫球杆的杆头、杆身和握把也属于本税目的征收范围。

10. 高档手表

高档手表是指销售价格（不含增值税）每只在 10 000 元（含）以上的各类手表。

11. 游艇

游艇是指长度大于 8 米小于 90 米，船体由玻璃钢、钢、铝合金、塑料等多种材料制作，可以在水上移动的水上浮载体。按照动力划分，游艇分为无动力艇、帆艇和机动艇。

12. 木制一次性筷子

木制一次性筷子包括各种规格的木制一次性筷子。未经打磨、倒角的木制一次性筷子属于本税目征税范围。

13. 实木地板

实木地板是指以木材为原料，经锯割、干燥、刨光、截断、开榫、涂漆等工序加工而成的块状或条状的地面装饰材料，包括各类规格的实木地板、实木拼接地板、实木复合地板及用于装饰墙壁、天棚的侧端面为榫、槽的实木装饰板。未经涂饰的素板也属于本税目征税范围。

14. 电池

电池包括原电池、蓄电池、燃料电池、太阳能电池和其他电池。自 2015 年 2 月 1 日起对电池（铅蓄电池除外）征收消费税；对无汞原电池、金属氢化物镍蓄电池（又称氢镍蓄电池或镍氢蓄电池）、锂原电池、锂离子蓄电池、太阳能电池、燃料电池、全钒液流电池免征消费税。2015 年 12 月 31 日前对铅蓄电池缓征消费税；自 2016 年 1 月 1 日起，对铅蓄电池按 4% 的税率征收消费税。

15. 涂料

自2015年2月1日起对涂料征收消费税，施工状态下挥发性有机物（volatile organic compounds，VOC）含量低于420克/升（含）的涂料免征消费税。

【例3-1】（单选题）下列成品油中，暂缓征收消费税的是（　　）。

A. 石脑油　　B. 溶剂油　　C. 航空煤油　　D. 润滑油

【答案】 C

【例3-2】 下列商品属于消费税征收范围的是（　　）。

A. 酒精　　B. 调味料酒　　C. 高尔夫球袋　　D. 变压器油

【答案】 C

【解析】 本题考查消费税税目的辨析。

选项A，自2014年12月1日起取消酒精消费税后，“酒及酒精”的税目相应改为“酒”，所以酒精不属于消费税的征税范围，选项A错误。

选项B，调味料酒是常用的生活品，国家对于生活必需品和日用品一般都不征收消费税，选项B错误。

选项C，高尔夫球袋按“高尔夫球及球具”缴纳消费税，选项C正确。

选项D，变压器油、导热类油等绝缘油类产品不属于润滑油，不征收消费税，选项D错误。

3.2.3　税率

消费税采用比例税率、定额税率、比例税率和定额税率结合三种形式，以适应不同应税消费品的实际情况。消费税税目、税率（额）如表3-1所示。

表3-1　　消费税税目、税率（额）表

税目	税率（额）
一、烟	
1. 卷烟	
（1）甲类卷烟（生产、进口或委托加工环节）	56%加0.003元/支
（2）乙类卷烟（生产、进口或委托加工环节）	36%加0.003元/支
（3）批发环节	11%加0.005元/支
2. 雪茄烟	36%
3. 烟丝	30%
4. 电子烟	
生产、进口或委托加工环节	36%
批发环节	11%

续表

税目	税率（额）
二、酒	
1. 白酒	20%加0.5元/500克（或者500毫升）
2. 黄酒	240元/吨
3. 啤酒	
（1）甲类啤酒	250元/吨
（2）乙类啤酒	220元/吨
4. 其他酒	10%
三、高档化妆品	15%
四、贵重首饰及珠宝玉石	
1. 金银首饰、铂金首饰和钻石及钻石饰品	5%
2. 其他贵重首饰和珠宝玉石	10%
五、鞭炮、焰火	15%
六、成品油	
1. 汽油	1.52元/升
2. 柴油	1.2元/升
3. 航空煤油	1.2元/升
4. 石脑油	1.52元/升
5. 溶剂油	1.52元/升
6. 润滑油	1.52元/升
7. 燃料油	1.2元/升
七、小汽车	
1. 乘用车	
（1）气缸容量（排气量，下同）在1.0升（含1.0升）以下的	1%
（2）气缸容量在1.0升以上至1.5升（含1.5升）的	3%
（3）气缸容量在1.5升以上至2.0升（含2.0升）的	5%
（4）气缸容量在2.0升以上至2.5升（含2.5升）的	9%
（5）气缸容量在2.5升以上至3.0升（含3.0升）的	12%
（6）气缸容量在3.0升以上至4.0升（含4.0升）的	25%
（7）气缸容量在4.0升以上的	40%
2. 中轻型商用客车	5%
3. 超豪华小汽车（零售环节）	10%
八、摩托车	
1. 气缸容量为250毫升的	3%
2. 气缸容量为250毫升以上的	10%
九、高尔夫球及球具	10%
十、高档手表	20%
十一、游艇	10%

续表

税目	税率（额）
十二、木制一次性筷子	5%
十三、实木地板	5%
十四、电池	4%
十五、涂料	4%

注：计量单位的换算标准：黄酒1吨=962升；啤酒1吨=988升；汽油1吨=1 388升；柴油1吨=1 176升；航空煤油1吨=1 246升；石脑油1吨=1 385升；溶剂油1吨=1 282升；润滑油1吨=1 126升；燃料油1吨=1 015升。

纳税人兼营不同税率的应税消费品，应当分别核算不同税率应税消费品的销售额、销售数量。未分别核算销售额、销售数量，或者将不同税率的应税消费品组成成套消费品销售的，从高适用税率。

3.3 消费税计税依据

消费税应纳税额的计算分为从价计征、从量计征和从价从量复合计征三种方法。

3.3.1 从价计征

在从价定率计算方法下，应纳税额等于应税消费品的销售额乘以适用税率，应纳税额的多少取决于应税消费品的销售额和适用税率两个因素。

1. 销售额的确定

销售额为纳税人销售应税消费品向购买方收取的全部价款和价外费用。价外费用，是指价外向购买方收取的手续费、补贴、基金、集资费、返还利润、奖励费、违约金、滞纳金、延期付款利息、赔偿金、代收款项、代垫款项、包装费、包装物租金、储备费、优质费、运输装卸费以及其他各种性质的价外收费。但下列项目不包括在内：

（1）同时符合以下条件的代垫运输费用：承运部门的运输费用发票开具给购买方的；纳税人将该项发票转交给购买方的。

（2）同时符合以下条件代为收取的政府性基金或者行政事业性收费：由国务院或者财政部批准设立的政府性基金，由国务院或者省级人民政府及其财政、价格主管部门批准设立的行政事业性收费；收取时开具省级以上财政部门印制的财政票据；所收款项全额上缴财政。

实行从价定率办法计算应纳税额的应税消费品连同包装销售的，不论包装是否单独计价，也不论在会计上如何核算，均应并入应税消费品的销售额中征收消费税。如果包装物不作价随同产品销售，而是收取押金，此项押金则不应并入应税消费品的销售额中征税。但对因逾期未收回的包装物不再退还的或者已收取的时间超过 12 个月的押金，应并入应税消费品的销售额，按照应税消费品的适用税率缴纳消费税。

对既作价随同应税消费品销售，又另外收取押金的包装物的押金，凡纳税人在规定的期限内没有退还的，均应并入应税消费品的销售额，按照应税消费品的适用税率缴纳消费税。

对销售啤酒、黄酒外的其他酒类产品而收取的包装物押金，无论是否返还以及会计上如何核算，均应并入当期销售额征税。

白酒生产企业向商业销售单位收取的“品牌使用费”是随着应税白酒的销售而向购货方收取的，属于应税白酒销售价款的组成部分，因此，不论企业采取何种方式或以何种名义收取价款，均应并入白酒的销售额中缴纳消费税。

2. 含增值税销售额的换算

应税消费品在缴纳消费税的同时，与一般货物一样，还应缴纳增值税。应税消费品的销售额，不包括应向购货方收取的增值税税款。如果纳税人应税消费品的销售额中未扣除增值税税款或者因不得开具增值税专用发票而发生价款和增值税税款合并收取的，在计算消费税时，应将含增值税的销售额换算为不含增值税税款的销售额。其换算公式为：

应税消费品的销售额 = 含增值税的销售额 ÷（1 + 增值税税率或征收率）

在使用换算公式时，应根据纳税人的具体情况分别使用增值税税率或征收率。如果消费税的纳税人同时又是增值税一般纳税人的，应适用 13% 的增值税税率；如果消费税的纳税人是增值税小规模纳税人的，应适用 3% 的征收率。

【例 3－3】 某小轿车生产企业（增值税一般纳税人），适用税率 13%。2023 年 6 月发生以下业务：

（1）生产某型号小轿车 2 000 辆，每辆市场不含税售价 20 万元。

（2）本月销售小轿车 1 800 辆，取得不含税销售收入 36 000 万元。由于部分轿车属于新研制的产品，因此，收取优质费 468 万元并开具普通发票。

（3）本月销售电动轿车 200 辆，取得不含税销售收入 5 000 万元。

（4）本月购进材料取得的增值税专用发票上注明增值税税额 3 735 万元，取得运输企业（一般纳税人）开具的货运增值税专用发票，注明运费 60 万元（运费增值税税率9%）。

已知该企业生产的小轿车适用的消费税税率为9%，假设上述相关票据已通过认证并在当月抵扣。

要求：（1）计算该小轿车生产企业2023年6月应缴纳的增值税。

（2）计算该小轿车生产企业2023年6月应缴纳的消费税。

【解析】

（1）增值税计税销售额 = 36 000 + 5 000 + 468/(1 + 13%) = 41 414.16（万元）

销项税额 = 41 414.16 × 13% = 5 383.84（万元）

进项税额 = 3 735 + 60 × 9% = 3 740.4（万元）

应纳增值税 = 5 383.84 − 3 740.4 = 1 643.44（万元）

（2）消费税计税销售额 = 36 000 + 468/(1 + 13%) = 36 414.16（万元）

应纳消费税 = 36 414.16 × 9% = 3 277.27（万元）

销售小轿车的同时负责运输收取的优质费应作为价外费用，价税分离后并入增值税和消费税的计税销售额。电动汽车不属于消费税征税范围，销售电动轿车只缴纳增值税不缴纳消费税。支付的购货运费，取得合法有效凭证的可以计算抵扣进项税额。

3.3.2　从量计征

在从量定额计算方法下，应纳税额等于应税消费品的销售数量乘以单位税额，应纳税额的多少取决于应税消费品的销售数量和单位税额两个因素。

销售数量是指纳税人生产、加工和进口应税消费品的数量。具体规定为：

（1）销售应税消费品的，为应税消费品的销售数量。

（2）自产自用应税消费品的，为应税消费品的移送使用数量。

（3）委托加工应税消费品的，为纳税人收回的应税消费品数量。

（4）进口的应税消费品，为海关核定的应税消费品进口征税数量。

【例3-4】（多选题）从量定额计征消费税时，下列关于确定应税消费品销售数量的表述中，符合税法规定的有（　　）。

A. 销售应税消费品的，为应税消费品的销售数量

B. 自产自用应税消费品的，为应税消费品的移送使用数量

C. 委托加工应税消费品的，为纳税人收回的应税消费品数量

D. 进口应税消费品的，为海关核定的应税消费品进口征税数量

【答案】 ABCD

【解析】本题考查消费税从量计征方法下销售数量的确定。

销售数量是指纳税人生产、加工和进口应税消费品的数量，选项 ABCD 正确。

【例 3-5】啤酒厂（增值税一般纳税人，适用税率 13%）2023 年 7 月生产销售啤酒 400 吨，每吨出厂价格 2 800 元（不含税），每吨收取的包装物押金为 300 元。

要求：计算 7 月该厂应纳消费税税额。

【解析】$2\,800+300/(1+13\%)=3\,065.49$ 元 $>3\,000$ 元

应纳消费税税额 $=400\times250=100\,000$（元）

每吨出厂价（含包装物及包装物押金）在 3 000 元（含 3 000 元，不含增值税）以上的是甲类啤酒，消费税税率为 250 元/吨。

3.3.3 从价从量复合计征

在现行消费税的征税范围中，只有卷烟、白酒采用复合计征方法。应纳税额等于应税销售数量乘以定额税率再加上应税销售额乘以比例税率。

生产销售卷烟、白酒从量定额计税依据为实际销售数量。进口、委托加工、自产自用卷烟、白酒从量定额计税依据分别为海关核定的进口征税数量、委托方收回数量、移送使用数量。

【例 3-6】某卷烟厂（增值税一般纳税人，适用税率 13%）2023 年 10 月生产卷烟 50 000 标准条，每标准条调拨价 50 元，假定不存在其他涉税情况。

要求：计算当月该卷烟厂应纳消费税税额。

【解析】

（1）从价定率：每标条的调拨价为 50 元小于 70 元，所以适用的消费税率为 36%。

$50\,000\times50\times36\%=900\,000$（元）

（2）从量定额：0.003 元/支的生产、进口、委托加工环节税，而香烟每标准箱 = 250 标准条，每标准条 = 10 包，每标准包 = 20 支。

$50\,000\times10\times20\times0.003=30\,000$（元）

（3）所以总税额：$900\,000+30\,000=930\,000$（元）

3.3.4 特殊规定

1. 自设非独立核算门市部销售应税消费品的计税规定

纳税人通过自设非独立核算门市部销售的自产应税消费品，应当按照门市部对外销售额或者销售数量征收消费税。

2. 应税消费品用于换取生产资料和消费资料、投资入股和抵偿债务的计税规定

纳税人用于换取生产资料和消费资料、投资入股和抵偿债务等方面的应税消费品，应当以纳税人同类应税消费品的最高销售价格作为计税依据计算消费税。

3. 卷烟计税价格的核定

自 2012 年 1 月 1 日起，卷烟消费税最低计税价格（以下简称计税价格）核定范围为卷烟生产企业在生产环节销售的所有牌号、规格的卷烟。

计税价格由国家税务总局按照卷烟批发环节销售价格扣除卷烟批发环节批发毛利核定并发布。计税价格的核定公式为：

某牌号、规格卷烟计税价格 = 批发环节销售价格 ×（1 − 适用批发毛利率）

卷烟批发环节销售价格，按照税务机关采集的所有卷烟批发企业在价格采集期内销售的该牌号、规格卷烟的数量、销售额进行加权平均计算。计算公式为：

$$\text{批发环节销售价格} = \frac{\sum \text{该牌号、规格卷烟各采集点的销售额}}{\sum \text{该牌号、规格卷烟各采集点的销售数量}}$$

生产企业实际销售价格高于计税价格的，按实际销售价格确定适用税率，计算应纳税款并申报纳税；实际销售价格低于计税价格的，按计税价格确定适用税率，计算应纳税款并申报纳税。

4. 白酒最低计税价格的核定

白酒生产企业销售给销售单位的白酒，生产企业消费税计税价格低于销售单位对外销售价格（不含增值税，下同）70% 以下的，税务机关应核定消费税最低计税价格。自 2015 年 6 月 1 日起，纳税人将委托加工收回的白酒销售给销售单位，消费税计税价格低于销售单位对外销售价格（不含增值税）70% 以下的，也应核定消费税最低计税价格。

白酒消费税最低计税价格由白酒生产企业自行申报，税务机关核定。已核定最低计税价格的白酒，生产企业实际销售价格高于消费税最低计税价格的，按实际销售价格申报纳税；实际销售价格低于消费税最低计税价格的，按最低计税价格申报纳税。

5. 金银首饰销售额的确定

对既销售金银首饰，又销售非金银首饰的生产、经营单位，应将两类商品划分清楚，分别核算销售额。凡划分不清楚或不能分别核算的，在生产环节销售的，一律从高适用税率征收消费税；在零售环节销售的，一律按金银首饰征收消费税。金银首饰与其他产品组成成套消费品销售的，应按销售额全额征收消费税。

金银首饰连同包装物销售的，无论包装是否单独计价，也无论会计上如何核算，均应并入金银首饰的销售额，计征消费税。带料加工的金银首饰，应按受托方销售同类金银首饰的销售价格确定计税依据征收消费税。没有同类金银首饰销售价格的，按照组成计税价格计算纳税。

纳税人采用以旧换新（含翻新改制）方式销售的金银首饰，应按实际收取的不含增值税的全部价款确定计税依据征收消费税。

【例3－7】（多选题）下列关于金银首饰消费税计税依据的表述中，符合税法规定的有（　　）。

A. 带料加工的金银首饰，按受托方销售同类金银首饰的销售额确定计税依据

B. 带料加工的金银首饰，受托方无同类金银首饰售价的，按材料成本与加工费的合计数确定计税依据

C. 采用以旧换新销售金银首饰的，按实际收取的不含增值税价款确定计税依据

D. 金银首饰连同包装物销售的，包装物价款应并入销售额确定计税依据

【答案】 ACD

【解析】 本题考查消费税中有关金银首饰的计税依据。

选项A、B，带料加工的金银首饰，应按受托方销售同类金银首饰的销售价格确定计税依据征收消费税。没有同类金银首饰销售价格的，按照组成计税价格［(材料成本＋加工费)/(1－消费税税率)］计算纳税；选项A正确，选项B错误。

选项C，采用以旧换新（含翻新改制）方式销售的金银首饰，应按实际收取的不含增值税的全部价款确定计税依据征收消费税；选项C正确。

选项D，金银首饰连同包装物销售的，无论包装是否单独计价，也无论会计上如何核算，均应并入金银首饰的销售额，计征消费税；选项D正确。

3.4　应纳税额的计算

3.4.1　生产销售环节应纳消费税的计算

纳税人在生产销售环节应缴纳的消费税，包括直接对外销售应税消费品应缴纳的消费税和自产自用应税消费品应缴纳的消费税。

1. 直接对外销售应纳消费税的计算

直接对外销售应税消费品涉及三种计算方法：

（1）从价定率计算。应纳消费税额等于销售额乘以适用税率。基本计算公式为：

应纳税额 = 应税消费品的销售额 × 比例税率

（2）从量定额计算。应纳税额等于应税消费品的销售数量乘以单位税额。基本计算公式为：

应纳税额 = 应税消费品的销售数量 × 定额税率

（3）从价定率和从量定额复合计算。在现行消费税的征税范围中，只有卷烟、白酒采用复合计算方法。基本计算公式为：

应纳税额 = 应税消费品的销售数量 × 定额税率 + 应税销售额 × 比例税率

2. 自产自用应纳消费税的计算

所谓自产自用，就是纳税人生产应税消费品后，不是用于直接对外销售，而是用于自己连续生产应税消费品或用于其他方面。例如，有的企业把自己生产的应税消费品，以福利或奖励等形式发给本企业职工，以为不是对外销售，不必计入销售额，无须纳税，这样就出现了漏缴税款的现象。因此，很有必要认真理解税法对自产自用应税消费品的有关规定。

（1）用于连续生产应税消费品。

纳税人自产自用的应税消费品，用于连续生产应税消费品的，不纳税。所谓“纳税人自产自用的应税消费品，用于连续生产应税消费品的”，是指作为生产最终应税消费品的直接材料并构成最终产品实体的应税消费品。例如，卷烟厂生产出烟丝，再用生产出的烟丝连续生产卷烟，虽然烟丝是应税消费品，但用于连续生产卷烟的烟丝就不用缴纳消费税，只对生产销售的卷烟征收消费税。如果生产的烟丝直接用于销售，则烟丝需要缴纳消费税。

（2）用于其他方面的应税消费品。

纳税人自产自用的应税消费品，除用于连续生产应税消费品外，凡用于其他方面的，于移送使用时纳税。用于其他方面是指纳税人用于生产非应税消费品、在建工程、管理部门、非生产机构、提供劳务，以及用于馈赠、赞助、集资、广告、样品、职工福利、奖励等方面。总之，企业自产的应税消费品虽然没有用于销售或连续生产应税消费品，但只要是用于税法所规定范围的都要视同销售，依法缴纳消费税。

【例3-8】纳税人发生的下列行为中，应征收消费税的有（　　）。

A. 酒厂将自产的白酒赠送给客户

B. 烟厂将自产的烟丝用于连续生产卷烟

C. 汽车制造厂将自产的小汽车用于工厂内部的行政部

D. 原油加工厂将自产的柴油用于调和生产生物柴油

【答案】 AC

（3）组成计税价格及税额的计算。

纳税人自产自用的应税消费品，凡用于其他方面，应当纳税的，按照纳税人生产的同类消费品的销售价格计算纳税。同类消费品的销售价格是指纳税人当月销售的同类消费品的销售价格，如果当月同类消费品各期销售价格高低不同，应按销售数量加权平均计算。但销售的应税消费品有下列情况之一的，不得列入加权平均计算：

①销售价格明显偏低又无正当理由的。

②无销售价格的。

没有同类消费品销售价格的，按照组成计税价格计算纳税。

实行从价定率办法计算纳税的组成计税价格，其计算公式为：

组成计税价格 =（成本 + 利润）÷（1 − 比例税率）

应纳税额 = 组成计税价格 × 比例税率

实行复合计税办法计算纳税的组成计税价格，其计算公式为：

组成计税价格 =（成本 + 利润 + 自产自用数量 × 定额税率）÷（1 − 比例税率）

应纳税额 = 组成计税价格 × 比例税率 + 自产自用数量 × 定额税率

其中，“成本”指应税消费品的产品生产成本；“利润”是指根据应税消费品的全国平均成本利润率计算的利润。应税消费品全国平均成本利润率由国家税务总局确定（见表3－2）。

表3－2　平均成本利润表　　单位：%

货物名称	利润率	货物名称	利润率
1. 甲类卷烟	10	10. 贵重首饰及珠宝玉石	6
2. 乙类卷烟	5	11. 摩托车	6
3. 雪茄烟	5	12. 高尔夫球及球具	10
4. 烟丝	5	13. 高档手表	20
5. 粮食白酒	10	14. 游艇	10
6. 薯类白酒	5	15. 木制一次性筷子	5
7. 其他酒	5	16. 实木地板	5
8. 高档化妆品	5	17. 乘用车	8
9. 鞭炮、焰火	5	18. 中轻型商用客车	5

【例3－9】 某化妆品生产公司（增值税一般纳税人，适用税率13%）将一批自产的高档化妆品用作职工福利，该批高档化妆品的成本80 000元，该高档化妆品目前无同类

产品市场销售价格，但已知其成本利润率为5%。该化妆品适用消费税税率为15%。

要求：计算该企业该批化妆品应纳消费税额。

【解析】 组成计税价格 =80 000×(1+5%)÷(1-15%)=98 823.53（元）

应纳消费税税额 =98 823.53×15% =14 823.53（元）

3.4.2　委托加工环节应税消费品应纳税额的计算

企业、单位或个人由于设备、技术、人力等方面的局限或其他方面的原因，常常要委托其他单位代为加工应税消费品，然后，将加工好的应税消费品收回，直接销售或自己使用。这是生产应税消费品的另一种形式，也需要纳入征收消费税的范围。

1. 委托加工应税消费品的确定

委托加工的应税消费品是指由委托方提供原料和主要材料，受托方只收取加工费和代垫部分辅助材料加工的应税消费品。以下情况不属于委托加工应税消费品，应当按照销售自制应税消费品缴纳消费税：①由受托方提供原材料生产的应税消费品；②受托方先将原材料卖给委托方，然后再接受加工的应税消费品；③由受托方以委托方名义购进原材料生产的应税消费品。

2. 代收代缴税款的规定

对于确实属于委托方提供原料和主要材料，受托方只收取加工费和代垫部分辅助材料加工的应税消费品，税法规定，由受托方在向委托方交货时代收代缴消费税。即受托方就是法定的代收代缴义务人。为了加强对受托方代收代缴税款的管理，委托个人（含个体工商户）加工的应税消费品，由委托方收回后缴纳消费税。

委托方将收回的应税消费品，以不高于受托方的计税价格出售的，为直接出售，不再缴纳消费税；委托方以高于受托方的计税价格出售的，不属于直接出售，需要按照规定申报缴纳消费税，在计税时准予扣除受托方已代收代缴的消费税。

对于受托方没有按规定代收代缴税款的，不能因此免除委托方补缴税款的责任。应按照《税收征收管理法》的规定，对受托方处以应代收代缴税款50%以上3倍以下的罚款；委托方要补缴税款，对委托方补征税款的计税依据是：如果在检查时收回的应税消费品已经直接销售的，按销售额计税；收回的应税消费品尚未销售或不能直接销售的（如收回后用于连续生产等），按组成计税价格计税。

3. 组成计税价格及应纳税额的计算

委托加工的应税消费品，按照受托方的同类消费品的销售价格计算纳税，如果当月同类消费品各期销售价格高低不同，则应按销售数量加权平均计算。

如果当月无销售或者当月未完结，则应按照同类消费品上月或最近月份的销售价格计算纳税。没有同类消费品销售价格的，按照组成计税价格计算纳税。

实行从价定率办法计算纳税的组成计税价格，其计算公式为：

组成计税价格 =（材料成本 + 加工费）÷（1 – 比例税率）

实行复合计税办法计算纳税的组成计税价格，其计算公式为：

组成计税价格 =（材料成本 + 加工费 + 委托加工数量 × 定额税率）÷（1 – 比例税率）

其中，材料成本是指委托方所提供加工材料的实际成本；加工费是指受托方加工应税消费品向委托方所收取的全部费用（包括代垫辅助材料的实际成本，不包括增值税税金），受托方必须如实提供向委托方收取的全部费用。

【例 3 – 10】 某鞭炮企业（一般纳税人）2024 年 5 月受托为某单位（一般纳税人）加工一批鞭炮，委托单位提供的原材料金额为 30 万元，收取委托单位不含增值税的加工费 4 万元，该鞭炮企业无同类鞭炮产品，且当地无加工鞭炮的同类产品市场价格。该鞭炮适用的消费税税率为 15%。

要求：计算鞭炮企业应代收代缴的消费税。

【解析】 组成计税价格 =（30 + 4）÷（1 – 15%）= 40（万元）

应纳消费税 = 40 × 15% = 6（万元）

3.4.3 进口环节应纳消费税的计算

进口的应税消费品，于报关进口时缴纳消费税；进口应税消费品的收货人或办理报关手续的单位和个人，为进口应税消费品消费税的纳税义务人；进口的应税消费品的消费税由海关代征；进口的应税消费品，由进口人或者其代理人向报关地海关申报纳税；纳税人进口应税消费品，应当自海关填发海关进口消费税专用缴款书之日起 15 日内缴纳税款。

纳税人进口应税消费品，按照组成计税价格和规定的税率计算应纳税额。计算方法如下。

1. 从价定率计征应纳税额的计算

实行从价定率办法计算纳税的组成计税价格，其计算公式为：

组成计税价格 =（关税完税价格 + 关税）÷（1 – 消费税比例税率）

应纳税额 = 组成计税价格 × 消费税比例税率

其中，“关税完税价格”指海关核定的关税计税价格。

2. 实行从量定额计征应纳税额的计算

应纳税额的计算公式为：

应纳税额 = 应税消费品数量 × 消费税定额税率

3. 实行从价定率和从量定额复合计税办法应纳税额的计算

应纳税额的计算公式为：

组成计税价格 =（关税完税价格 + 关税 + 进口数量 × 消费税定额税率）÷（1 − 消费税比例税率）

应纳税额 = 组成计税价格 × 消费税税率 + 应税消费品进口数量 × 消费税定额税率

【例 3－11】（多选题）甲企业从境外进口一批化妆品，下列关于该业务征缴消费税的表述中正确的有（　　）。

A. 甲企业应向报关地海关申报缴纳消费税

B. 甲企业应当自海关发进口消费税专用缴款书之日起 15 日内缴纳税款

C. 海关代征的消费税应分别入中央库和地方库

D. 甲企业使用该进口已税化妆品生产化妆品准许扣除进口环节缴纳的消费税

【答案】 ABD

【解析】 本题考查进口环节消费税的申报和扣除范围，选项 C，海关代征的消费税属于中央政府固定收入。

3.4.4　已纳消费税扣除的计算

为了避免重复征税，将外购应税消费品和委托加工收回的应税消费品继续生产应税消费品销售的，可以将外购应税消费品和委托加工收回应税消费品已缴纳的消费税给予扣除。

1. 外购应税消费品已纳税款的扣除

（1）外购应税消费品连续生产应税消费品。

由于用外购已缴纳消费税的应税消费品连续生产应税消费品，在计算征税时，税法规定应按当期生产领用数量计算准予扣除外购的应税消费品已纳的消费税税款。扣除范围包括：

①外购已税烟丝生产的卷烟。

②外购已税高档化妆品为原料生产的高档化妆品。

③外购已税珠宝、玉石为原料生产的贵重首饰及珠宝、玉石。

④外购已税鞭炮、焰火为原料生产的鞭炮、焰火。

⑤外购已税杆头、杆身和握把为原料生产的高尔夫球杆。

⑥外购已税木制一次性筷子为原料生产的木制一次性筷子。

⑦外购已税实木地板为原料生产的实木地板。

⑧外购已税汽油、柴油、石脑油、燃料油、润滑油为原料连续生产的应税成品油。

⑨以外购已税葡萄酒连续生产应税葡萄酒。

⑩啤酒生产集团内部企业间用啤酒液连续灌装生产的啤酒。

上述当期准予扣除外购应税消费品已纳消费税税款的计算公式为：

当期准予扣除的外购应税消费品已纳税款 = 当期准予扣除的外购应税消费品买价 × 外购应税消费品适用税率

当期准予扣除的外购应税消费品买价 = 期初库存的外购应税消费品的买价 + 当期购进的应税消费品的买价 − 期末库存的外购应税消费品的买价

外购已税消费品的买价是指购货发票上注明的销售额（不包括增值税税款）。

需要说明的是，纳税人用外购的已税珠宝、玉石生产的改在零售环节征收消费税的金银首饰（镶嵌首饰），在计税时一律不得扣除外购珠宝、玉石的已纳税款。

（2）外购应税消费品后销售。

对自己不生产应税消费品，而只是购进后再销售应税消费品的工业企业，其销售的化妆品，护肤护发品，鞭炮、焰火和珠宝、玉石，凡不能构成最终消费品直接进入消费品市场，而需要进一步生产加工、包装、贴标的或者组合的珠宝、玉石，化妆品，酒，鞭炮、焰火等，应当征收消费税，同时允许扣除上述外购应税消费品的已纳税款。

【例 3－12】（单选题）下列产品中，在计算缴纳消费税时准许扣除外购应税消费品已纳消费税的是（　　）。

A. 外购已税烟丝连续生产的卷烟　　B. 外购已税摩托车生产的应税摩托车

C. 外购已税溶剂油生产的应税涂料　　D. 外购已税游艇生产的应税游艇

【答案】 A

【解析】 本题考查准予扣除已纳消费税的项目。

选项 A，外购已税烟丝连续生产的卷烟，计算缴纳消费税时准许扣除外购应税消费品已纳消费税，选项 A 正确。

选项 B，外购已税摩托车生产的应税摩托车，不得扣除外购应税消费品的已纳消费税，选项 B 错误。

选项 C，外购已税溶剂油生产的应税涂料，不得扣除外购应税消费品的已纳消费税，选项 C 错误。

选项 D，外购已税游艇生产的应税游艇，不得扣除外购应税消费品的已纳消费税，选项 D 错误。

2. 委托加工收回的应税消费品已纳税款的扣除

委托加工的应税消费品因为已由受托方代收代缴消费税，因此，委托方收回货物后用于连续生产应税消费品的，其已纳税款准予按照规定从连续生产的应税消费品应纳消费税税额中抵扣。按照国家税务总局的规定，下列连续生产的应税消费品准予从应纳消费税税额中按当期生产领用数量计算扣除委托加工收回的应税消费品已纳消费税税款：

（1）以委托加工收回的已税烟丝为原料生产的卷烟。

（2）以委托加工收回的已税高档化妆品为原料生产的高档化妆品。

（3）以委托加工收回的已税珠宝、玉石为原料生产的贵重首饰及珠宝、玉石。

（4）以委托加工收回的已税鞭炮、焰火为原料生产的鞭炮、焰火。

（5）以委托加工收回的已税杆头、杆身和握把为原料生产的高尔夫球杆。

（6）以委托加工收回的已税木制一次性筷子为原料生产的木制一次性筷子。

（7）以委托加工收回的已税实木地板为原料生产的实木地板。

（8）以委托加工收回的已税汽油、柴油、石脑油、燃料油、润滑油为原料用于连续生产的应税成品油。

上述当期准予扣除委托加工收回的应税消费品已纳消费税税款的计算公式为：

当期准予扣除的委托加工应税消费品已纳税款 = 期初库存的委托加工应税消费品已纳税款 + 当期收回的委托加工应税消费品已纳税款 − 期末库存的委托加工应税消费品已纳税款

需要说明的是，纳税人用委托加工收回的已税珠宝、玉石生产的改在零售环节征收消费税的金银首饰，在计税时一律不得扣除委托加工收回的珠宝、玉石的已纳消费税税款。

3.4.5 特殊环节应纳消费税的计算

1. 卷烟批发环节应纳消费税的计算

为了适当增加财政收入，完善烟产品消费税制度，自 2009 年 5 月 1 日起，在卷烟批发环节加征一道从价税。

（1）纳税义务人：在中华人民共和国境内从事卷烟批发业务的单位和个人。

纳税人销售给纳税人以外的单位和个人的卷烟于销售时纳税。纳税人之间销售的卷烟不缴纳消费税。

（2）征收范围：纳税人批发销售的所有牌号、规格的卷烟。

（3）适用税率：从价税税率 11%，从量税税率 0.005 元/支。

（4）计税依据：纳税人批发卷烟的销售额（不含增值税）、销售数量。

纳税人应将卷烟销售额与其他商品销售额分开核算，未分开核算的，一并征收消费税。

纳税人兼营卷烟批发和零售业务的，应当分别核算批发和零售环节的销售额、销售数量；未分别核算批发和零售环节销售额、销售数量的，按照全部销售额、销售数量计征批发环节消费税。

（5）纳税义务发生时间：纳税人收讫销售款或者取得索取销售款凭据的当天。

（6）纳税地点：卷烟批发企业的机构所在地，总机构与分支机构不在同一地区的，由总机构申报纳税。

（7）卷烟消费税在生产和批发两个环节征收后，批发企业在计算纳税时不得扣除已含的生产环节的消费税税款。

【例3－13】（单选题）下列应税消费品中，除了在生产销售环节征收消费税外，还应在批发环节征收消费税的是（　　）。

A. 高档手表　B. 高档化妆品　C. 卷烟　D. 超豪华小汽车

【答案】C

2. 超豪华小汽车零售环节应纳消费税的计算

为了引导合理消费，促进节能减排，自2016年12月1日起，在生产（进口）环节按现行税率征收消费税的基础上，超豪华小汽车在零售环节加征一道消费税。

（1）征税范围：每辆零售价格130万元（不含增值税）及以上的乘用车和中轻型商用客车，即乘用车和中轻型商用客车子税目中的超豪华小汽车。

（2）纳税人：将超豪华小汽车销售给消费者的单位和个人为超豪华小汽车零售环节纳税人。

（3）税率：税率为10%。

（4）应纳税额的计算公式为：

应纳税额＝零售环节销售额（不含增值税）×零售环节税率

国内汽车生产企业直接销售给消费者的超豪华小汽车，消费税税率按照生产环节税率和零售环节税率加总计算。其消费税应纳税额计算公式为：

应纳税额＝销售额（不含增值税）×（生产环节税率＋零售环节税率）

【例3－14】（单选题）企业发生的下列经营行为中，应当同时缴纳增值税和消费税的是（　　）。

A. 汽修厂从境外进口轮胎　B. 4S店销售大型商用客车

C. 贸易公司批发卷烟给零售商　D. 金饰加工厂生产批发金基首饰

【答案】C

【解析】本题考查增值税和消费税的征税范围。

选项A，关键词为“轮胎”，轮胎不属于消费税的征税范围；销售或进口货物属于增值税的征税范围，且多环节征收，因此汽修厂从境外进口轮胎，不需要缴纳消费税，只缴纳增值税，选项A错误。

选项B，关键词为“大型商用客车”，大型商用客车不属于消费税的征税范围，因此4S店销售大型商用客车，不需要缴纳消费税，只缴纳增值税，选项B错误。

选项C，关键词为“批发卷烟给零售商”，属于批发环节，卷烟在批发环节加征一道消费税，因此需要同时缴纳增值税和消费税，选项C正确。

选项D，关键词为“加工厂生产批发”“金基首饰”，金银首饰仅在零售环节缴纳消费税，因此金饰加工厂生产批发金基首饰不需要缴纳消费税，只缴纳增值税，选项D错误。

3.4.6　消费税出口退税的计算

对纳税人出口应税消费品，免征消费税；国务院另有规定的除外。

1. 出口免税并退税

有出口经营权的外贸企业购进应税消费品直接出口，以及外贸企业受其他外贸企业委托代理出口应税消费品。外贸企业只有受其他外贸企业委托，代理出口应税消费品才可办理退税，外贸企业受其他企业（主要是非生产性的商贸企业）委托，代理出口应税消费品是不予退（免）税的。

属于从价定率计征消费税的，为已征且未在内销应税消费品应纳税额中抵扣的购进出口货物金额；属于从量定额计征消费税的，为已征且未在内销应税消费品应纳税额中抵扣的购进出口货物数量；属于复合计征消费税的，按从价定率和从量定额的计税依据分别确定。

2. 出口免税但不退税

有出口经营权的生产性企业自营出口或生产企业委托外贸企业代理出口自产的应税消费品，依据其实际出口数量免征消费税，不予办理退还消费税。

3. 出口不免税也不退税

除生产企业、外贸企业外的其他企业，具体是指一般商贸企业，这类企业委托外贸企业代理出口应税消费品一律不予退（免）税。

【例3-15】（单选题）下列出口应税消费品的行为中，适用消费税免税不退税政策的是（　　）。

A. 有出口经营权的酒厂出口自产白酒

B. 有出口经营权的外贸企业购进高档化妆品直接出口

C. 商业批发企业委托外贸企业代理出口卷烟

D. 外贸企业受其他外贸企业委托代理出口实木地板

【答案】 A

【解析】 本题考查消费税出口免税不退税政策的适用情形。

选项 A，关键词为“酒厂”，生产企业适用出口免税但不退税政策，选项 A 正确。

选项 B、D，关键词为“外贸企业”，外贸企业适用出口免税并退税政策，选项 B、D 错误。

选项 C，关键词为“商业批发企业”，除生产企业、外贸企业外的其他企业适用不免税也不退税政策，选项 C 错误。

3.5 消费税的征收管理

3.5.1 征税环节

1. 对生产应税消费品在生产销售环节征税

生产应税消费品销售是消费税征收的主要环节，因为一般情况下，消费税具有单一环节征税的特点，对于大多数消费税应税商品而言，在生产销售环节征税以后，流通环节不再缴纳消费税。纳税人生产应税消费品，除了直接对外销售应征收消费税外，如将生产的应税消费品换取生产资料、消费资料、投资入股、偿还债务，以及用于继续生产应税消费品以外的其他方面都应缴纳消费税。

另外，工业企业以外的单位和个人的下列行为视为应税消费品的生产行为，按规定征收消费税：

（1）将外购的消费税非应税产品以消费税应税产品对外销售的。

（2）将外购的消费税低税率应税产品以高税率应税产品对外销售的。

2. 对委托加工应税消费品在委托加工环节征税

委托加工的应税消费品收回后，再继续用于生产应税消费品销售且符合现行政策规定的，其加工环节缴纳的消费税税款可以扣除。

3. 对进口应税消费品在进口环节征税

单位和个人进口属于消费税征税范围的货物，在进口环节要缴纳消费税。为了减少征税成本，进口环节缴纳的消费税由海关代征。

4. 对零售特定应税消费品在零售环节征税

经国务院批准，自1995年1月1日起，金银首饰消费税由生产销售环节征收改为零售环节征收。改在零售环节征收消费税的金银首饰仅限于金基、银基合金首饰以及金、银和金基、银基合金的镶嵌首饰，进口环节暂不征收，零售环节适用税率为5%，在纳税人销售金银首饰、钻石及钻石饰品时征收。其计税依据是不含增值税的销售额。

5. 对移送使用应税消费品在移送使用环节征税

如果企业在生产经营的过程中，将应税消费品移送用于加工非应税消费品，则应对移送部分征收消费税。

6. 对批发卷烟在卷烟的批发环节征税

与其他消费税应税商品不同的是，卷烟除了在生产销售环节征收消费税外，还在批发环节征收一次。纳税人兼营卷烟批发和零售业务的，应当分别核算批发和零售环节的销售额、销售数量；未分别核算批发和零售环节销售额、销售数量的，按照全部销售额、销售数量计征批发环节消费税。纳税人销售给纳税人以外的单位和个人的卷烟于销售时纳税。纳税人之间销售的卷烟不缴纳消费税。卷烟批发企业的机构所在地，总机构与分支机构不在同一地区的，由总机构申报纳税。卷烟消费税在生产和批发两个环节征收后，批发企业在计算纳税时不得扣除已含的生产环节的消费税税款。

【例3-16】（多选题）某商场零售的下列首饰中，应缴纳消费税的有（　　）。

A. 玉石手镯　　B. 钻石戒指　　C. 金银首饰　　D. 翡翠项链

【答案】 BC

【解析】 本题考查消费税征税环节。

选项B、C，钻石戒指、金银首饰是在零售环节征收消费税，选项B、C正确。

选项A、D，玉石手镯、翡翠项链是在生产销售、委托加工、进口环节征收消费税，选项A、D错误。

3.5.2　纳税义务发生时间

消费税纳税义务发生的时间，以货款结算方式或行为发生时间分别确定。

（1）纳税人销售的应税消费品，其纳税义务的发生时间为：

①纳税人采取赊销和分期收款结算方式的，为书面合同约定的收款日期的当天，书面合同没有约定收款日期或者无书面合同的，为发出应税消费品的当天。

②纳税人采取预收货款结算方式的，为发出应税消费品的当天。

③纳税人采取托收承付和委托银行收款方式销售的应税消费品，为发出应税消费

品并办妥托收手续的当天。

④纳税人采取其他结算方式的，为收讫销售款或者取得索取销售款凭据的当天。

(2) 纳税人自产自用的应税消费品，为移送使用的当天。

(3) 纳税人委托加工的应税消费品，为纳税人提货的当天。

(4) 纳税人进口的应税消费品，为报关进口的当天。

【例3-17】(单选题) 某化妆品生产企业发生的下列业务，其消费税纳税义务发生时间的表述中，正确的是(　　)。

A. 将自产香水用于市场推广，纳税义务发生时间为移送使用的当天

B. 进口一批香水精，纳税义务发生时间为海关审定进口价格的当天

C. 委托加工厂加工一批香粉，纳税义务发生时间为合同约定支付加工费的当天

D. 采用预收货款方式销售成套化妆品，纳税义务发生时间为收到预收款的当天

【答案】 A

【解析】 本题考查消费税的纳税义务发生时间。

选项A，将自产香水用于市场推广属于纳税人自产自用的应税消费品，用于其他方面(除用于连续生产应税消费品外)，于移送使用时缴纳消费税；其纳税义务的发生时间为移送使用的当天，选项A正确。

选项B，纳税人进口的应税消费品，其纳税义务的发生时间为报关进口的当天，而不是海关审定进口价格的当天，因此，选项B错误。

选项C，纳税人委托加工的应税消费品，其纳税义务的发生时间为纳税人提货的当天，选项C错误。

选项D，纳税人采取预收货款结算方式的，其纳税义务的发生时间为发出应税消费品的当天，选项D错误。

3.5.3 纳税期限

按照《消费税暂行条例》的规定，消费税的纳税期限分别为1日、3日、5日、10日、15日、1个月或者1个季度。纳税人的具体纳税期限，由主管税务机关根据纳税人应纳税额的大小分别核定。不能按照固定期限纳税的，可以按次纳税。

纳税人以1个月或以1个季度为1个纳税期的，自期满之日起15日内申报纳税；以1日、3日、5日、10日或者15日为1个纳税期的，自期满之日起5日内预缴税款，于次月1日起至15日内申报纳税并结清上月应纳税款。

纳税人进口应税消费品，应当自海关填发海关进口消费税专用缴款书之日起15日内缴纳税款。

3.5.4 纳税地点

（1）纳税人销售的应税消费品，以及自产自用的应税消费品，除国务院财政、税务主管部门另有规定外，应当向纳税人机构所在地或者居住地的主管税务机关申报纳税。

（2）委托加工的应税消费品，除受托方为个人外，由受托方向机构所在地或者居住地的主管税务机关解缴消费税税款。

（3）进口的应税消费品，由进口人或者其代理人向报关地海关申报纳税。

（4）纳税人到外县（市）销售或者委托外县（市）代销自产应税消费品的，于应税消费品销售后，向机构所在地或者居住地主管税务机关申报纳税。

纳税人的总机构与分支机构不在同一县（市），但在同一省（自治区、直辖市）范围内，经省（自治区、直辖市）财政厅（局）、税务局审批同意，可以由总机构汇总向总机构所在地的主管税务机关申报缴纳消费税。

（5）纳税人销售的应税消费品，因质量等原因发生退货的，其已缴纳的消费税税款可予以退还。

纳税人办理退税手续时，应将开具的红字增值税发票、退税证明等资料报主管税务机关备案。主管税务机关核对无误后办理退税。

案例解析

1. 在中华人民共和国境内生产、委托加工和进口应税消费税的单位和个人，为消费税的纳税人，应当依照《消费税暂行条例》缴纳消费税。目前消费税税目包括烟、酒、化妆品、小汽车等 15 种商品，其中小汽车中的超豪华小汽车［每辆零售价格 130 万元（不含增值税）及以上的乘用车和中轻型商用客车］，在零售环节加计征收 10% 的消费税。所以上海某汽车销售有限公司是消费税纳税义务人，需要缴纳消费税。

2. 小汽车中的超豪华小汽车［每辆零售价格 130 万元（不含增值税）及以上的乘用车和中轻型商用客车］，在零售环节加计征收 10% 的消费税。因此上海某汽车销售有限公司应纳消费税税额采用从价税计算公式 = 豪华小汽车的不含税销售额 ÷ 适用消费税税率 = 豪华小汽车的不含税销售额 ÷ 10%。

3. 上海某汽车销售有限公司在消费税征收管理上需要注意确保按时依法完成消费税纳税申报和缴纳，并确保依法确定小汽车的销售价格，在签署合同时如实反映汽车销售价格，保持良好的税务记录，以备税务检查时使用。

能力训练

一、单选题

1. 下列关于消费税纳税义务发生时间的表述中，正确的是（　　）。

A. 将自产应税消费品换取生产资料，在生产资料入库时缴纳消费税

B. 将自产应税品换取消费资料，在消费品移送当天缴纳消费税

C. 将自产应税消费品用于投资入股，在办理股权变更时缴纳消费税

D. 将自产应税消费品用于偿还债务，在办理偿债手续时缴纳消费税

2. 某市高尔夫球具生产企业 2023 年 9 月 1 日以分期收款方式销售一批球杆，价税合计为 140 万元，合同约定于 9 月 5 日、11 月 5 日各支付 50% 价款，9 月 5 日按照约定收到 50% 的价款，但并未给客户开具发票，已知高尔夫球具的消费税税率为 10%，该企业 9 月就该项业务应缴纳的消费税为（　　）万元。

A. 6　　B. 12　　C. 14.04　　D. 0

3. 下列消费品中，应在零售环节征收消费税的是（　　）。

A. 钻石　　B. 卷烟　　C. 镀金首饰　　D. 高档手表

4. 企业生产销售的下列产品中，属于消费税范围的是（　　）。

A. 电动汽车　　B. 体育用鞭炮药引线

C. 销售价格为 9 000 元的手表　　D. 铅蓄电池

5. 纳税人将应税消费品与非应税消费品以及适用税率不同的应税消费品组成成套消费品销售的，应按（　　）。

A. 应税消费品的平均税率计征

B. 应税消费品的最高税率计征

C. 应税消费品的不同税率，分别计征

D. 应税消费品的最低税率计征

6. 某卷烟厂 6 月研发生产一种甲类卷烟，当月生产 20 箱作为礼品样品用于市场推广，没有同类售价，已知成本为 50 万元，已知卷烟的成本利润率 10%，经税务机关批准，卷烟适用的税率为 56%、0.003 元/支，则该批卷烟应纳消费税金为（　　）万元（每标准箱 150 元）。

A. 70.68　　B. 46.55　　C. 47.91　　D. 45.20

7. 下列环节既征消费税又征增值税的是（　　）。

A. 粮食白酒的生产和批发环节　　B. 金银首饰的生产和零售环节

C. 金银首饰的进口环节　　D. 化妆品的生产环节

8. 3月，某酒厂将自产的一种新型粮食白酒5吨用作职工福利，粮食白酒的成本共计8 000元，该粮食白酒无同类产品市场销售价格，但已知其成本利润率为10%，计算该批粮食白酒应缴纳的消费税税额（　　）元。

A. 7 200　　B. 4 290　　C. 8 450　　D. 3 450

9. 下列各项中，可按委托加工应税消费品的规定征收消费税的有（　　）。

A. 受托方代垫原料和主要材料，委托方提供辅助材料的

B. 委托方提供原料和主要材料，受托方代垫部分辅助材料的

C. 受托方负责采购委托方所需原材料的

D. 受托方提供原材料、材料和全部辅助材料的

10. 根据税法规定，下列说法不正确的是（　　）。

A. 应税消费品征收消费税的，其税基不含有增值税

B. 凡是征收增值税的货物都征收消费税

C. 应税消费品征收增值税的，其税基含有消费税

D. 增值税属于价外税，消费税属于价内税

二、多选题

1. 下列关于消费税纳税地点的表述中，正确的有（　　）。

A. 个人进口应税消费品，应向报关地海关申报纳税

B. 个体工商户到外县销售自产应税消费品，应向销售地税务机关申报纳税

C. 企业委托个体工商户加工应税消费品，应向企业所在地主管税务机关申报纳税

D. 公司委托外县代理商代销自产应税消费品，应向公司所在地主管税务机关申报纳税

2. 下列各项中，适用消费税出口免税并退税政策的有（　　）。

A. 有出口经营权的外贸企业购进应税消费品直接出口

B. 生产企业委托外贸企业代理出口自产的应税消费品

C. 有出口经营权的生产性企业自营出口应税消费品

D. 外贸企业受其他外贸企业委托代理出口应税消费品

3. 下列商品中，目前属于消费税征税范围的有（　　）。

A. 变压器油　　B. 高尔夫车　　C. 铅蓄电池　　D. 翡翠首饰

4. 消费税纳税人销售货物一并收取的下列款项中，应计入消费税计税依据的有（　　）。

A. 增值税税款

B. 运输发票开给购货方收回的代垫运费

C. 销售白酒收取的包装物押金

D. 价外收取的返还利润

5. 下列货物销售征收消费税的有（ ）。

A. 汽车销售公司代销小汽车 B. 汽车修理厂销售汽车轮胎

C. 金店零售金银首饰 D. 手表厂生产销售高档手表

6. 甲企业委托乙企业加工一批粮食白酒和一批黄酒，甲企业提供原材料，实际成本分别为 7 000 元（不含税）和 3 000 元，支付加工费不含税分别为 2 000 元和 1 000 元，另开具普通发票收取代垫粮食白酒材料款 500 元，受托方无同类消费品价格，甲企业共收回粮食白酒 1 000 千克，黄酒 1 000 千克，则下列陈述正确的是（ ）。

A. 甲企业收回粮食白酒后直接批发的，不再缴纳消费税

B. 甲企业实际负担的消费税为 3 050 元

C. 乙企业代收代缴的消费税为 3 846.84 元

D. 乙企业代收代缴的消费税为 3 456.84 元

7. 下列各项不需缴纳消费税的有（ ）。

A. 以啤酒和饮料为原料生产的果啤

B. 自产自用的应税消费品，用于连续生产应税消费品的

C. 有出口经营权的生产性企业生产的应税消费品直接出口的

D. 饮食业销售的外购啤酒

8. 按消费品的生产，经营方式不同，应征收消费税的是（ ）。

A. 生产销售的应税消费品

B. 以自产应税消费品连续生产应税消费品

C. 以自产应税消费品用于生产非应税消费品

D. 委托加工应税消费品

9. 某化妆品公司将一批自产化妆品用作职工福利，其成本为 8 万元，消费税税率 8%，消费税成本利润率 5%，则其计税价格为（ ）。

A. 消费税组成计税价格为 9.13 万元

B. 消费税组成计税价格为 7.78 万元

C. 增值税组成计税价格为 9.13 万元

D. 增值税组成计税价格为 7.78 万元

10. 纳税人用于（ ）的应税消费品，应以其同类应税消费品的最高销售额作为依据计算消费税。

A. 投资入股 B. 抵债

C. 换取生产资料 D. 换取消费资料

三、判断题

1. 我国现行消费税的征税对象大多为最终消费品，因此选择在零售环节征收。（　　）

2. 我国现行消费税采取多环节课征制，即每流转一个环节，课征一次。（　　）

3. 如委托方只提供主要原材料，辅助材料则由受托方提供，受托方收取加工费所加工出来的应税消费品，按销售自制应税消费品处理，缴纳消费税。（　　）

4. 我国现行消费税中采用定额税率的有啤酒、黄酒、成品油。（　　）

5. 卷烟批发企业将卷烟销售给同类卷烟批发企业，不再征收消费税。（　　）

6. 委托加工的应税消费品，按照受托方的同类消费品的销售价格计算缴纳消费税；没有同类消费品销售价格的，按照组成计税价格计算消费税。（　　）

7. 将不同税率应税消费品组成成套消费品销售的，即使分别核算也从高税率。（　　）

8. 我国现行消费税采用单一比例税率的形式。（　　）

9. 卷烟、白酒在生产销售和进口环节计算消费税时，实行复合计税方法计算消费税，但在委托加工环节代收代缴消费税时，实行单一从价计税方法。（　　）

10. 应税消费品征收消费税的，其税基含有增值税；应税消费品征收增值税的，其税基不含有消费税。（　　）

四、不定项选择

甲白酒厂（增值税一般纳税人）主要从事粮食白酒的生产和销售业务。2024 年 3 月有关经营业务如下：

（1）以 200 箱自产 A 品牌白酒换入一套酿酒设备，A 品牌白酒生产成本为 1 500 元/箱，最高销售价格 2 200 元/箱，不含增值税平均销售价格 1 900 元/箱。

（2）将 400 箱自产 B 品牌白酒移送自设在本县的非独立核算门市部用于销售。B 品牌白酒生产成本 800 元/箱。该门市部对外销售 300 箱，不含增值税销售价格 950 元/箱，收取包装押金 15 000 元。

（3）将 50 箱自产新型白酒作为福利发给职工。该新型白酒生产成本 1 100 元/箱，无同类产品销售价格。

（4）向乙企业采用预售款方式销售 B 品牌白酒 20 箱，销售价格为 1 800 元/箱，收到货款 30 000 元，白酒还未发出。

已知：各种白酒每箱 12 瓶，一瓶白酒 500 克，白酒消费税税率为 20% 以及 0.5 元/500 克，成本利润率为 5%。

要求：根据上述资料，不考虑其他因素，分析回答下列小题。

1. 计算该白酒厂当月以自产 A 品牌白酒换入酿酒设备应缴纳消费税税额的下列算

式中，正确的是（　　）。

A. 200×1 500×(1+5%)×20%+200×12×0.5

B. 200×1 500×20%+200×12×0.5

C. 200×1 900×20%+200×12×0.5

D. 200×2 200×20%+200×12×0.5

2. 计算该白酒厂当月通过自设非独立核算门市部对外销售B品牌白酒应缴纳消费税税额的下列算式中，正确的是（　　）。

A. 400×800×20%+400×12×0.5+15 000÷(1+13%)×20%

B. 300×950×20%+300×12×0.5+15 000÷(1+13%)×20%

C. 400×950×20%+400×12×0.5+15 000÷(1+13%)×20%

D. 400×(800+950)÷2×20%+400×12×0.5

3. 计算该白酒厂当月将自产新型白酒作为福利发给职工应缴纳消费税税额的下列算式中，正确的是（　　）。

A. 50×1 100×(1+5%)×20%+50×12×0.5

B. [50×1 100×(1+5%)+50×12×0.5]÷(1−20%)×20%+50×12×0.5

C. 50×1 100×20%+50×12×0.5

D. [50×1 100×(1+5%)+50×12×0.5]×(1−20%)×20%+50×12×0.5

4. 该白酒厂当月下列业务中，应缴纳消费税的是（　　）。

A. 将50箱自产新型白酒作为福利发给职工

B. 通过自设非独立核算门市部对外销售B品牌白酒300箱

C. 以200箱自产A品牌白酒换入一套酿酒设备

D. 将400箱自产B品牌白酒移送自设非独立核算门市部用于销售

5. 向乙企业预售B品牌白酒业务中下列各项表述正确的是（　　）。

A. 应缴纳的增值税销项税额为3 900元

B. 应缴纳的消费税税额为6 000元

C. 不需要缴纳增值税

D. 不需要缴纳消费税

参考答案

一、单选题

1～10　BAADB　ADCBB

二、多选题

1. ACD　2. AD　3. CD　4. CD　5. CD

6. AC　7. BCD　8. ACD　9. AC　10. ABCD

三、判断题

1～10　×××√√　√√×××

四、不定项选择题

1. D　2. B　3. B　4. ABC　5. CD

第 4 章
关税和船舶吨税

知识目标

1. 了解关税、船舶吨位税税法的概念。
2. 掌握关税纳税义务人、征税范围、税率。
3. 了解船舶吨位税纳税义务人、征税范围、税率。
4. 掌握关税税额的计算内容。
5. 了解船舶吨位税税额的计算内容。
6. 了解相关税收优惠政策。

能力目标

1. 能够进行准确及时的关税税额的计算。
2. 能够合理判断关税完税价格的范围。
3. 能够利用海关总署网站进行相关信息查询。

思政目标

1. 遵纪守法：遵守关税相关法律条例，培养合法纳税的意识。
2. 守信守责：具有社会责任感，培养爱国主义情怀，理解关税在国家对外贸易中的作用。

案例引入

2024 年，长沙海关持续关注自贸协定关税减让政策，积极研究湖南省相关产品的关税减让安排、原产地规则及原产地证明使用条件，帮助外贸企业用足用好协定降税政策红利。据统计，前三季度，湖南外贸企业在进出口环节共享受原产地关税减让 11.85 亿元，比上年同期增长 45.39%。

出口方面，长沙海关共办理各类原产地证明 4.02 万份、208.36 亿元，同比分别增长 10.74%、26.06%，帮助企业在目的国享受关税减让 7.23 亿元；进口方面，长沙海关为 49.86 亿元来自优惠贸易协定成员方的进口货物办理税款减让 4.62 亿元。

案例问题

1. 为何湖南外贸企业可以依据进口关税适用的原产地原则享受减让？我国进口关税税率根据是否有优惠？

2. 我国企业在进出口过程中除税率以外还可享受哪些税收优惠政策？

关税法，是指国家制定的调整关税征收与缴纳权利义务关系的法律规范。现行关税法律规范以 2017 年 11 月全国人民代表大会修正颁布的《中华人民共和国海关法》（以下简称《海关法》）为法律依据，以 2003 年 11 月国务院发布的《中华人民共和国进出口关税条例》（以下简称《进出口关税条例》），以及由国务院关税税则委员会审定并报国务院批准，作为条例组成部分的《中华人民共和国海关进出门税则》（以下简称《海关进出口税则》）和《中华人民共和国海关入境旅客行李物品和个人邮递物品征收进口税办法》为基本法规，由负责关税政策制定和征收管理的主管部门依据基本法规拟订的管理办法和实施细则为主要内容。

4.1 征税对象与纳税义务人

4.1.1 征税对象

关税是依法对进出境货物、物品征收的一种税。所谓“境”是指关境，又称“海关境域”或“关税领域”，是国家《海关法》全面实施的领域。通常情况下，一国关境与国境是一致的，包括国家全部的领土、领海、领空。但当某一国家在国境内设立了自由港或自由贸易区时，这些区域就处在关境之外，这时，该国的关境小于其国境。例如，我国根据《中华人民共和国香港特别行政区基本法》和《中华人民共和国澳门特别行政区基本法》，香港和澳门保持自由港地位，为我国单独的关税地区，即单独关境区。单独关境区是不完全适用该国海关法律、法规或实施单独海关管理制度的区域。

关税的征税对象是准许进出境的货物和物品。货物是指贸易性商品；物品是指入境旅客随身携带的行李物品、个人邮递物品、各种运输工具上的服务人员携带进口的自用物品、馈赠物品以及其他方式进境的个人物品。

4.1.2 纳税义务人

进口货物的收货人、出口货物的发货人、进出境物品的所有人，是关税的纳税义务人。进出口货物的收、发货人是依法取得对外贸易经营权，并进口或者出口货物的法人或者其他社会团体。进出境物品的所有人包括该物品的所有人和推定为所有人的人。一般情况下，对于携带进境的物品，推定其携带人为所有人；对分离运输的行李，推定相应的进出境旅客为所有人；对以邮递方式进境的物品，推定其收件人为所有人；以邮递或其他运输方式出境的物品，推定其寄件人或托运人为所有人。

4.2 税率

4.2.1 进口关税税率

1. 税率形式

我国进口税则设有最惠国税率、协定税率、特惠税率、普通税率、暂定税率、配额税率等税率形式，对进口货物在一定期限内可以实行暂定税率。

适用最惠国税率、协定税率、特惠税率的国家或者地区名单，由国务院关税税则委员会决定，报国务院批准后执行。

（1）最惠国税率。最惠国税率适用原产于与我国共同适用最惠国待遇条款的世界贸易组织成员的进口货物，或原产于与我国签订有相互给予最惠国待遇条款的双边贸易协定的国家或地区进口的货物，以及原产于我国境内的进口货物。

（2）协定税率。协定税率适用原产于与我国签订含有关税优惠条款的区域性贸易协定的国家或地区的进口货物。

（3）特惠税率。特惠税率适用原产于与我国签订含有特殊关税优惠条款的贸易协定的国家或地区的进口货物。

（4）普通税率。普通税率适用于原产于上述国家或地区以外的其他国家或地区的进口货物，以及原产地不明的进口货物。按照普通税率征税的进口货物，经国务院关税税则委员会特别批准，可以适用最惠国税率。

（5）暂定税率。暂定税率是在海关进出口税则规定的进口优惠税率基础上，对进口的某些重要的工农业生产原材料和机电产品关键部件（但只限于从与中国签订有关税互惠协议的国家和地区进口的货物）和出口的特定货物实施的更为优惠的关税税率。

（6）配额税率。配额税率是指对实行关税配额管理的进口货物，关税配额内的，适用关税配额税率；关税配额外的，按不同情况分别适用于最惠国税率、协定税率、特惠税率或普通税率。

2. 税率的适用原则

税率形式暂定税率优先适用于优惠税率或最惠国税率，所以适用最惠国税率的进口货物有暂定税率的，适用暂定税率；当最惠国税率低于或等于协定税率时，协定有规定的，按相关协定的规定执行；协定无规定的，两者从低适用。适用协定税率、特惠税率的进口货物有暂定税率的，应当从低适用税率。

按照国家规定实行关税配额管理的进口货物，关税配额内的，适用关税配额税率；关税配额外的，按其适用税率的规定执行。

按照普通税率征税的进口货物，不适用暂定税率；经国务院关税税则委员会特别批准，可以适用最惠国税率。

4.2.2　出口关税税率

我国出口税则为一栏税率，即出口税率。国家仅对少数资源性产品及易于竞相杀价、盲目进口、需要规范出口秩序的半制成品征收出口关税。我国目前对铬铁等 106 项出口商品征收出口关税，适用出口税率或出口暂定税率。

4.2.3　税率的适用

（1）进出口货物，应当适用海关接受该货物申报进口或者出口之日实施的税率。

（2）进口货物到达前，经海关核准先行申报的，应当适用装载该货物的运输工具申报进境之日实施的税率。

（3）补征和退还进出口货物关税，应当按照前述规定确定适用的税率。

4.2.4　原产地的规定

我国进口关税税率的适用根据货物的原产地确定，对产自不同国家或地区的进口货物适用不同的关税税率。我国针对原产地的规定采用了两种国际上通用的原产地标准，即“全部产地生产标准”和“实质性加工标准”。

1. 全部产地生产标准

全部产地生产标准是指进口货物完全在一个国家内生产或制造，生产或制造国就是该货物的原产国。完全在一国内生产或制造的进口货物包括：在该国领土或领海内开采的矿产品；在该国领土上收获或采集的植物产品；在该国领土上出生，由该国饲养的活动物及其所得产品；在该国领土上狩猎或捕捞所得的产品；在该国的船只上卸下的海洋捕捞物，以及由该国船只在海上取得的其他产品；在该国加工船加工前一项所列物品所得的产品；在该国收集的只适用于做再加工制造的废碎料和废旧物品；在该国完全使用以上几项所列产品加工成的制成品。

2. 实质性加工标准

实质性加工标准是用于确定有两个或两个以上国家参与生产的产品的原产国标准，其基本含义是：经过几个国家加工、制造的进口货物，以最后一个对货物进行经济上可以视为实质性加工的国家作为有关货物的原产国。

3. 其他

对机器、仪器、器材或车辆所用零件、部件、配件、备件及工具，如与主件同时进口且数量合理的，其原产地按主件的原产地确定，分别进口的则按各自的原产地确定。

4.3 关税完税价格与应纳税额的计算

《海关法》规定，进出口货物的完税价格，由海关以该货物的成交价格为基础审查确定。当成交价格不能确定时，完税价格由海关依法估定。自我国加入世界贸易组织后，我国海关已全面实施《世界贸易组织估价协定》，遵循客观、公平、统一的估价原则，并依据2014年2月1日起实施的《中华人民共和国海关审定进出口货物完税价格办法》（以下简称《完税价格办法》），审定进出口货物的完税价格。

4.3.1 一般商品的完税价格

根据《海关法》规定，进口货物的完税价格包括货物的货价、货物运抵我国境内输入地点起卸前的运输及其相关费用、保险费。进口货物完税价格的确定方法大致可以划分为两类：一类是以进口货物的成交价格为基础进行调整，从而确定进口货物完税价格的估价方法（以下简称成交价格估价方法）；另一类则是在进口货物的成交价格不符合规定条件或者成交价格不能确定的情况下，海关用以审查确定进口货物完税价格的估价方法（以下简称进口货物海关估价方法）。

1. 以成交价格为基础的完税价格

进口货物的成交价格，是指卖方向我国境内销售该货物时买方为进口该货物向卖方实付、应付的，并且按照《完税价格办法》有关规定调整后的价款总额，包括直接支付的价款和间接支付的价款。

（1）应计入成交价格的费用或价值。

采用成交价格估价方法，以成交价格为基础审查确定进口货物的完税价格时，未包括在该货物实付、应付价格中的下列费用或者价值应当计入完税价格。

①由买方负担的除购货佣金以外的佣金和经纪费。“购货佣金”是指买方为购买进口货物向自己的采购代理人支付的劳务费用。“经纪费”是指买方为购买进口货物向代表买卖双方利益的经纪人支付的劳务费用。

②由买方负担的与该货物视为一体的容器费用。

③由买方负担的包装材料费用和包装劳务费用。

④与进口货物的生产和向中华人民共和国境内销售有关的，由买方以免费或者以低于成本的方式提供，并且可以按适当比例分摊的下列货物或者服务的价值：进口货物包含的材料、部件、零件和类似货物；在生产进口货物过程中使用的工具、模具和类似货物；在生产进口货物过程中消耗的材料；在境外进行的为生产进口货物所需的相关服务。

⑤与该货物有关并作为卖方向我国销售该货物的一项条件，应当由买方向卖方或者有关方直接或间接支付的特许权使用费。

⑥卖方直接或间接从买方对该货物进口后销售、处置或使用所得中获得的收益。

（2）不计入完税价格的调整项目。

进口货物的价款中单独列明的下列税收、费用，不计入该货物的完税价格：

①厂房、机械或者设备等货物进口后发生的建设、安装、装配、维修或者技术援助费用，但是保修费用除外。

②进口货物运抵中华人民共和国境内输入地点起卸后发生的运输及其相关费用、保险费。

③进口关税、进口环节海关代征税及其他国内税。

④为在境内复制进口货物而支付的费用。

⑤境内外技术培训及境外考察费用。

⑥同时符合下列条件的利息费用：利息费用是买方为购买进口货物而融资所产生的。有书面的融资协议的；利息费用单独列明的；纳税义务人可以证明有关利率不高于在融资当时当地此类交易通常应当具有的利率水平，且没有融资安排的相同或者类似进口货物的价格与进口货物的实付、应付价格非常接近的。

（3）进口货物完税价格中的运输及相关费用、保险费的确定。

①进口货物的运输及其相关费用，应当按照由买方实际支付或者应当支付的费用计算。如果进口货物的运输及其相关费用无法确定的，海关应当按照该货物进口同期

的正常运输成本审查确定。

运输工具作为进口货物，利用自身动力进境的，海关在审查确定完税价格时，不再另行计入运输及其相关费用。

②进口货物的保险费，应当按照实际支付的费用计算。如果进口货物的保险费无法确定或者未实际发生，则海关应当按照“货价加运费”两者总额的3‰计算保险费，其计算公式为：

保险费 =（货价 + 运费）×3‰

邮运进口的货物，应当以邮费作为运输及其相关费用、保险费。

【例4-1】 上海某进出口公司从美国进口小汽车一批，货物实际成交价折合人民币为2 560万元（包括单独计价并经海关审查属实的向境外采购代理人支付的买方佣金15万元，但不包括因使用该货物而向境外支付的软件费35万元、向卖方支付的佣金5万元），另支付货物运抵我国上海港的运费、保险费为20万元。进关后运送到企业的运费为6万元。假设该货物适用的关税税率为20%。

要求：计算该公司进口该批小汽车的关税完税价格。

【解析】 关税完税价格 =2 560 -15 +35 +5 +20 =2 605（万元）

2. 进口货物海关估价方法

进口货物的成交价格不符合规定条件或者成交价格不能确定的，海关经了解有关情况，并且与纳税义务人进行价格磋商后，依次以相同货物成交价格估价方法、类似货物成交价格估价方法、倒扣价格估价方法、计算价格估价方法及其他合理方法审查确定该货物的完税价格。纳税义务人向海关提供有关资料后，可以提出申请，颠倒倒扣价格估价方法和计算价格估价方法的适用次序。

（1）相同货物成交价格估价方法，是指海关以与进口货物同时或者大约同时向中华人民共和国境内销售的相同货物的成交价格为基础，审查确定进口货物的完税价格的估价方法。“大约同时”，是指海关接受货物申报之日的大约同时，最长不应当超过前后45日。

（2）类似货物成交价格估价方法，是指海关以与进口货物同时或者大约同时向中华人民共和国境内销售的类似货物的成交价格为基础，审查确定进口货物的完税价格的估价方法。

（3）倒扣价格估价方法，是指海关以进口货物、相同或者类似进口货物在境内的销售价格为基础，扣除境内发生的有关费用后，审查确定进口货物完税价格的估价方法。按照倒扣价格估价法审查确定进口货物的完税价格时，如果进口货物、相同或者类似货物没有在海关接受进口货物申报之日前后45日内在境内销售，可以将在境内销售的时间延长至接受货物申报之日前后90日内。

（4）计算价格估价方法，是指海关以下列各项的总和为基础，审查确定进口货物完税价格的估价方法。

①生产该货物所使用的料件成本和加工费用。

②向境内销售同等级或者同种类货物通常的利润和一般费用（包括直接费用和间接费用）。

③该货物运抵境内输入地点起卸前的运输及相关费用、保险费。

按照上述规定审查确定进口货物的完税价格时，海关在征得境外生产商同意并且提前通知有关国家或者地区政府后，可以在境外核实该企业提供的有关资料。

（5）合理估价方法，是指当海关使用上述任何一种估价方法都无法确定海关估价时，遵循客观、公平、统一的原则，以客观量化的数据资料为基础审查确定进口货物完税价格的估价方法。海关在采用合理估价方法确定进口货物的完税价格时，不得使用以下价格：

①境内生产的货物在境内的销售价格。

②可供选择的价格中较高的价格。

③货物在出口地市场的销售价格。

④以计算价格估价方法规定之外的价值或者费用计算的相同或者类似货物的价格。

⑤出口到第三国或者地区的货物的销售价格。

⑥最低限价或者武断、虚构的价格。

4.3.2　特殊进口货物的完税价格

1. 运往境外修理的货物

运往境外修理的机械器具、运输工具或其他货物，出境时已向海关报明，并在海关规定期限内复运进境的，应当以境外修理费和物料费为基础审查确定完税价格。

【例4－2】（单选题）某企业2024年5月将一台账面余值55万元的进口设备运往境外修理，当月在海关规定的期限内复运进境。经海关审定的境外修理费4万元、料件费6万元。假定该设备的进口关税税率为30%，则该企业应缴纳的关税为（　　）万元。

A. 1.8　　B. 3　　C. 16.5　　D. 19.5

【答案】 B

【解析】（4＋6）×30%＝3万元

2. 运往境外加工的货物

运往境外加工的货物，出境时已向海关报明，并在海关规定期限内复运进境的，应当以境外加工费、料件费、复运进境的运输及相关费用、保险费为基础审查确定完税价格。

3. 暂时进境的货物

经海关批准暂时进境的货物，应当按照一般进口货物完税价格确定的有关规定，审查确定完税价格。

4. 租赁方式进口的货物

租赁方式进口的货物中，以租金方式对外支付的租赁货物，在租赁期间以海关审定的租金作为完税价格，利息应当予以计入；留购的租赁货物，以海关审定的留购价格作为完税价格；承租人申请一次性缴纳税款的，可以选择按照“进口货物海关估价方法”的相关内容确定完税价格，或者按照海关审查确定的租金总额作为完税价格。

5. 留购的进口货样

对于境内留购的进口货样、展览品和广告陈列品，以海关审定的留购价格作为完税价格。

6. 予以补税的减免税货物

特定地区、特定企业或者具有特定用途的特定减免税进口货物，应当接受海关监管。其监管年限依次为：船舶、飞机 8 年；机动车辆 6 年；其他货物 3 年。监管年限自货物进口放行之日起计算。

由海关监管使用的减免税进口货物，在监管年限内转让或移作他用需要补税的，应当以海关审定的该货物原进口时的价格，扣除折旧部分价值作为完税价格。其计算公式为：

完税价格 = 海关审定的该货物原进口时的价格 ×［1 − 申请补税时实际已使用的时间（月）÷（监管年限 ×12）］

7. 不存在成交价格的进口货物

易货贸易、寄售、捐赠、赠送等不存在成交价格的进口货物，由海关与纳税人进行价格磋商后，按照“进口货物海关估价方法”的规定，估定完税价格。

8. 进口软件介质

进口载有专供数据处理设备用软件的介质，具有下列情形之一的，应当以介质本身的价值或者成本为基础审查确定完税价格：（1）介质本身的价值或者成本与所载软件的价值分列；（2）介质本身的价值或者成本与所载软件的价值虽未分列，但是纳税义务人能够提供介质本身的价值或者成本的证明文件，或者能提供所载软件价值的证明文件。

含有美术、摄影、声音、图像、影视、游戏、电子出版物的介质不适用上述规定。

4.3.3　出口货物的完税价格

1. 以成交价格为基础的完税价格

出口货物的完税价格，由海关以该货物的成交价格为基础审查确定，并且应当包括货物运至我国境内输出地点装载前的运输及其相关费用、保险费。

出口货物的成交价格，是指该货物出口销售时，卖方为出口该货物应当向买方直接收取和间接收取的价款总额。下列税收、费用不计入出口货物的完税价格：出口关税；在货物价款中单独列明的货物运至我国境内输出地点装载后的运输及其相关费用、保险费。

2. 出口货物海关估价方法

出口货物的成交价格不能确定时，海关经了解有关情况，并且与纳税义务人进行价格磋商后，依次以下列价格审查确定该货物的完税价格：

（1）同时或者大约同时向同一国家或者地区出口的相同货物的成交价格。

（2）同时或者大约同时向同一国家或者地区出口的类似货物的成交价格。

（3）根据境内生产相同或者类似货物的成本、利润和一般费用（包括直接费用和间接费用）、境内发生的运输及其相关费用、保险费计算所得的价格。

（4）按照合理方法估定的价格。

【例 4－3】（单选题）下列各项中，应计入出口货物完税价格的是（　　）。

A. 支付给境外的未单独列明的佣金

B. 单独列明的支付给境外的佣金

C. 货物在我国境内输出地点装载后的运输费用

D. 货物在我国境内输出地点装载后的保险费用

【答案】 A

【解析】 出口货物的完税价格包括货物的货价、货物运至中华人民共和国境内输出地点装载前的运输及其相关费用、保险费，但是其中包含的出口关税税额，应当予以扣除；支付给境外的佣金，单独列明的应予扣除，未单独列明的则不予扣除。

4.3.4　应纳税额的计算

1. 从价税应纳税额的计算

从价税是一种最常用的关税计税标准。它是以货物的价格或者价值为征税标准，以应征税额占货物价格或者价值的百分比为税率，价格越高，税额越高。货物进口时，以此税率和海关审定的实际进口货物完税价格相乘计算应征税额。目前，我国海关计征关税标准主要是从价税。计算公式为：

关税税额 = 应税进（出）口货物数量 × 单位完税价格 × 税率

2. 从量税应纳税额的计算

从量税是以货物的数量、重量、体积、容量等计量单位为计税标准，以每计量单位货物的应征税额为税率。我国目前对原油、啤酒和胶卷等进口商品征收从量税。计算公式为：

关税税额 = 应税进（出）口货物数量 × 单位货物税额

3. 复合税应纳税额的计算

复合税又称混合税，即订立从价、从量两种税率，随着完税价格和进口数量的变化而变化，征收时两种税率合并计征。它是对某种进口货物混合使用从价税和从量税的一种关税计征标准。我国目前仅对录像机、放像机、摄像机、数字照相机和摄录一体机等进口商品征收复合税。计算公式为：

关税税额 = 应税进（出）口货物数量 × 单位货物税额 + 应税进（出）口货物数量 × 单位完税价格 × 税率

4. 滑准税应纳税额的计算

滑准税是根据货物的不同价格适用不同税率的一类特殊的从价关税。它是一种关税税率随进口货物价格由高至低而由低至高设置计征关税的方法。简单地讲，就是进口货物的价格越高，其进口关税税率越低，进口商品的价格越低，其进口关税税率越高。滑准税的特点是可保持实行滑准税商品的国内市场价格的相对稳定，而不受国际市场价格波动的影响。计算公式为：

关税税额 = 应税进（出）口货物数量 × 单位完税价格 × 滑准税税率

现行税则《进（出）口商品从量税、复合税、滑准税税目税率表》后注明了滑准税税率的计算公式，该公式是一个与应税进（出）口货物完税价格相关的取整函数。

【例 4 - 4】 某轿车生产企业为增值税一般纳税人，2023 年 12 月的生产经营情况如下：

进口两台机械设备，支付给国外的买价 60 万元，相关税金 3 万元，支付到达我国海关以前的装卸费、运输费 6 万元，保险费 2 万元，从海关运往企业所在地支付运输费 4 万元。

其他相关资料：该企业进口原材料和机械设备的关税税率为 10%。

要求：计算企业 12 月进口机械设备应缴纳的关税。

【解析】 12 月进口机械设备的关税完税价格 = 60 + 3 + 6 + 2 = 71（万元）

12 月进口机械设备应缴纳的关税 = 71 × 10% = 7.10（万元）

4.3.5　跨境电子商务零售进口税收政策

自 2016 年 4 月 8 日起，跨境电子商务零售进口商品按照货物征收关税和进口环节增值税、消费税，购买跨境电子商务零售进口商品的个人作为纳税义务人，实际交易价格（包括货物零售价格、运费和保险费）作为完税价格，电子商务企业、电子商务交易平台企业或物流企业可作为代收代缴义务人。

1. 适用范围

跨境电子商务零售进口税收政策适用于从其他国家或地区进口的、《跨境电子商务零售进口商品清单》范围内的以下商品：

（1）所有通过与海关联网的电子商务交易平台交易，能够实现交易、支付、物流电子信息“三单”比对的跨境电子商务零售进口商品。

（2）未通过与海关联网的电子商务交易平台交易，但快递、邮政企业能够统一提供交易、支付、物流等电子信息，并承诺承担相应法律责任进境的跨境电子商务零售进口商品。不属于跨境电子商务零售进口的个人物品以及无法提供交易、支付、物流等电子信息的跨境电子商务零售进口商品，按现行规定执行。

2. 计征限额

跨境电子商务零售进口商品的单次交易限值为人民币 5 000 元，个人年度交易限值为人民币 26 000 元。在限值以内进口的跨境电子商务零售进口商品，关税税率暂设为 0；进口环节增值税、消费税取消免征税额，暂按法定应纳税额的 70% 征收。完税价格超过 5 000 元单次交易限值但低于 26 000 元年度交易限值，且订单下仅一件商品时，可以自跨境电商零售渠道进口，按照货物税率全额征收关税和进口环节增值税、消费税，交易额计入年度交易总额，但年度交易总额超过年度交易限值的，应按一般贸易管理。

3. 计征规定

跨境电子商务零售进口商品自海关放行之日起 30 日内退货的，可申请退税，并相应调整个人年度交易总额。跨境电子商务零售进口商品购买人（订购人）的身份信息应进行认证；未进行认证的，购买人（订购人）身份信息应与付款人一致。《跨境电子商务零售进口商品清单》由财政部商有关部门另行公布。

4.4　减免规定

关税减免是对某些纳税人和征税对象给予鼓励和照顾的一种特殊调节手段，是贯彻国家关税政策的一项重要措施。关税减免分为法定减免税、特定减免税、暂时免税和临时减免税。根据《海关法》规定，除法定减免税外的其他减免税均由国务院决定。我国当前的减征关税以最惠国税率或者普通税率为基准。

4.4.1 法定减免税

法定减免税是税法中明确列出的减税或免税。符合税法规定可予减免税的进出口货物，纳税义务人无须提出申请，海关可按规定直接予以减免税。海关对法定减免税货物一般不进行后续管理。

下列进出口货物、物品予以减免关税：

（1）关税税额在人民币 50 元以下的一票货物，可免征关税。

（2）无商业价值的广告品和货样，可免征关税。

（3）外国政府、国际组织无偿赠送的物资，可免征关税。

（4）进出境运输工具装载的途中必需的燃料、物料和饮食用品，可予免税。

（5）在海关放行前损失的货物，可免征关税。

（6）在海关放行前遭受损坏的货物，可以根据海关认定的受损程度减征关税。

（7）我国缔结或者参加的国际条约规定减征、免征关税的货物、物品，按照规定予以减免关税。

（8）法律规定减征、免征关税的其他货物、物品。

4.4.2 特定减免税

特定减免税也称为政策性减免税。在法定减免税之外，国家按照国际通行规则和我国实际情况，制定发布的有关进出口货物减免关税的政策，称为特定或政策性减免税。特定减免税货物一般有地区、企业和用途的限制，海关需要进行后续管理，也需要进行减免税统计。

1. 科教用品

为有利于我国科研、教育事业发展，推动科教兴国战略的实施，经国务院批准，财政部、海关总署、国家税务总局制定了《科学研究和教学用品免征进口税收规定》，对科学研究机构和学校，以科学研究和教学为目的，在合理数量范围内进口国内不能生产或者性能不能满足需要的科学研究和教学用品，免征进口关税和进口环节增值税、消费税。

2. 残疾人专用品

为支持残疾人的康复工作，经国务院批准，海关总署发布了《残疾人专用品免征进口税收新行规定》，对规定的残疾人个人专用品，免征进口关税和进口环节增值税、消费税；对康复、福利机构、假肢厂和荣誉军人康复医院进口国内不能生产的、该规定明确的残疾人专用品，免征进口关税和进口环节增值税。

3. 慈善捐赠物资

为促进慈善事业的健康发展，支持慈善事业发挥扶贫济困积极作用，对境外自然人、法人或者其他组织等境外捐赠人，无偿向国务院有关部门和各省、自治区、直辖市人民政府，和符合条件的社会团体或基金会等受赠人捐赠的直接用于慈善事业的物资，免征进口关税和进口环节增值税。

4. 重大技术装备

为继续支持我国重大技术装备制造业发展，对符合规定条件的企业及核电项目业主为生产国家支持发展的重大技术装备或产品而确有必要进口的部分关键零部件及原材料，免征关税和进口环节增值税。

4.4.3　暂时免税

暂时进境或者暂时出境的下列货物，在进境或者出境时纳税义务人向海关缴纳相当于应纳税款的保证金或者提供其他担保的，可以暂不缴纳关税，并应当自进境或者出境之日起 6 个月内复运出境或者复运进境；需要延长复运出境或者复运进境期限的，纳税义务人应当根据海关总署的规定向海关办理延期手续。

（1）在展览会、交易会、会议及类似活动中展示或者使用的货物。

（2）文化、体育交流活动中使用的表演、比赛用品。

（3）进行新闻报道或者摄制电影、电视节目使用的仪器、设备及用品。

（4）开展科研、教学、医疗活动使用的仪器、设备及用品。

（5）在上述第（1）项至第（4）项所列活动中使用的交通工具及特种车辆。

（6）货样。

（7）供安装、调试、检测设备时使用的仪器、工具。

（8）盛装货物的容器。

（9）其他用于非商业目的的货物。

4.4.4　临时减免税

临时减免税是指以上法定和特定减免税以外的其他减免税，即由国务院根据《海关法》对某个单位、某类商品、某个项目或某批进出口货物的特殊情况，给予特别照顾，一案一批，专文下达的减免税。一般有单位、品种、期限、金额或数量等限制，不能比照执行。

【例 4－5】（多选题）下列关于关税减免税的表述，正确的有（　　）。

A. 经海关核准暂时进境并在 12 个月内复运出境的展览品，在货物收货人向海关缴纳相当于税款的保证金后，可予暂时免税

B. 关税税额为人民币 40 元的一票货物，可免征关税

C. 外国政府无偿向中国政府赠送的救灾物资，可免征关税

D. 无商业价值的广告品可免征关税

【答案】 BCD

【解析】 选项 A：经海关核准暂时进境，并在 6 个月内复运出境的展览品，在货物收货人向海关缴纳相当于税款的保证金或提供担保后，可予暂时免征关税。

4.5 征收管理

4.5.1 关税缴纳

进口货物的纳税义务人应当自运输工具申报进境之日起 14 日内，出口货物的纳税义务人除海关特准的以外，应当在货物运抵海关监管区后、装货的 24 小时以前，向货物的进出境地海关申报，海关根据税则归类和完税价格计算应缴纳的关税和进口环节代征税，并填发税款缴款书。纳税义务人应当自海关填发税款缴款书之日起 15 日内，向指定银行缴纳税款。如关税缴款期限届满日遇星期六、星期日等休息日或者法定节假日，则关税缴纳期限顺延至休息日或者法定节假日之后的第 1 个工作日。为方便纳税义务人，经申请且海关同意，进（出）口货物的纳税义务人可以在设有海关的指运地（启运地）办理海关申报、纳税手续。

关税纳税义务人因不可抗力或者在国家税收政策调整的情形下，不能按期缴纳税款的，经依法提供税款担保后，可以延期缴纳税款，但最长不得超过 6 个月。

4.5.2 关税的强制执行

纳税义务人未在关税缴纳期限内缴纳税款，即构成关税滞纳。为保证海关征收关税决定的有效执行和国家财政收入的及时入库，《海关法》赋予海关对滞纳关税的纳税义务人强制执行的权利。强制措施主要有两类：

1. 征收关税滞纳金

滞纳金自关税缴纳期限届满滞纳之日起，至纳税义务人缴纳关税之日止，按滞纳税款万分之五的比例按日征收，休息日或法定节假日不予扣除。具体计算公式为：

关税滞纳金金额 = 滞纳关税税额 × 滞纳金征收比率 × 滞纳天数

2. 强制征收

如纳税义务人自缴纳税款期限届满之日起 3 个月仍未缴纳税款，经直属海关关长或者其授权的隶属海关关长批准，海关可以采取强制扣缴、变价抵缴等强制措施。强制扣缴即海关书面通知纳税义务人开户银行或者其他金融机构从其存款中扣缴税款。变价抵缴即海关将纳税义务人的应税货物依法变卖，或者扣留并依法变卖其价值相当于应纳税款的货物或者其他财产，以变卖所得抵缴税款。

4.5.3　关税退还

海关多征的税款，海关发现后应当立即退还；纳税义务人发现多缴税款的，自缴纳税款之日起 1 年内，可以以书面形式要求海关退还多缴的税款并加算银行同期活期存款利息；海关应当自受理退税申请之日起 30 日内查实并通知纳税义务人办理退还手续。

此外，有下列情形之一的，纳税义务人自缴纳税款之日起 1 年内，可以申请退还关税，并应当以书面形式向海关说明理由，提供原缴款凭证及相关资料：已征进口关税的货物，因品质或者规格原因，原状退货复运出境的；已征出口关税的货物，因品质或者规格原因，原状退货复运进境，并已重新缴纳因出口而退还的国内环节有关税收的；已征出口关税的货物，因故未装运出口，申报退关的。

4.5.4　关税补征和追征

由于纳税人违反海关规定造成短征关税的，称为追征；非因纳税人违反海关规定造成短征关税的，称为补征。进出境货物和物品放行后，海关发现少征或者漏征税款，应当自缴纳税款或者货物、物品放行之日起 1 年内，向纳税义务人补征税款；因纳税义务人违反规定而造成的少征或者漏征的税款，海关可以自纳税义务人缴纳税款或者货物、物品放行之日起 3 年以内追征，并从缴纳税款或者货物、物品放行之日起按日加收少征或者漏征税款万分之五的滞纳金。

4.6　船舶吨税法

船舶吨税是根据船舶运载量课征的一个税种，是海关对出入中国口岸的商船按船舶吨位计征税款，故称船舶吨税。现行船舶吨税的基本规范是2017年12月27日第十二届全国人民代表大会常务委员会第三十一次会议通过的《中华人民共和国船舶吨税法》（以下简称《船舶吨税法》），于2018年7月1日起施行，经2018年10月26日第十三届全国人民代表大会常务委员会第六次会议修改，于同日以中华人民共和国主席令第十六号公布。

4.6.1 征税范围和税率

1. 征税范围

自中华人民共和国境外港口进入境内港口的船舶（以下简称应税船舶），应当缴纳船舶吨税（以下简称吨税）。吨税的税目、税率依照《吨税税目、税率表》执行。

2. 税率

吨税设置优惠税率和普通税率。中华人民共和国国籍的应税船舶，船籍国（地区）与中华人民共和国签订含有相互给予船舶税费最惠国待遇条款的条约或者协定的应税船舶，适用优惠税率。其他应税船舶，适用普通税率。《吨税税目、税率表》见表4－1。

表4－1 船舶吨税税目、税率表

<table>
<tr><th rowspan="3">税目
（按船舶净吨位划分）</th><th colspan="6">税率（元/净吨）</th><th rowspan="3">备注</th></tr>
<tr><th colspan="3">普通税率
（按执照期限划分）</th><th colspan="3">优惠税率
（按执照期限划分）</th></tr>
<tr><th>1年</th><th>90日</th><th>30日</th><th>1年</th><th>90日</th><th>30日</th></tr>
<tr><td>不超过2 000净吨</td><td>12.6</td><td>4.2</td><td>2.1</td><td>9.0</td><td>3.0</td><td>1.5</td><td rowspan="4">1. 拖船按照发动机功率每千瓦折合净吨位0.67吨。
2. 无法提供净吨位证明文件的游艇，按照发动机功率每千瓦折合净吨位0.05吨。
3. 拖船和非机动驳船分别按相同净吨位船舶税率的50%计征税款</td></tr>
<tr><td>超过2 000净吨，但不超过10 000净吨</td><td>24.0</td><td>8.0</td><td>4.0</td><td>17.4</td><td>5.8</td><td>2.9</td></tr>
<tr><td>超过10 000净吨，但不超过50 000净吨</td><td>27.6</td><td>9.2</td><td>4.6</td><td>19.8</td><td>6.6</td><td>3.3</td></tr>
<tr><td>超过50 000净吨</td><td>31.8</td><td>10.6</td><td>5.3</td><td>22.8</td><td>7.6</td><td>3.8</td></tr>
</table>

4.6.2 应纳税额的计算

吨税按照船舶净吨位和吨税执照期限征收。净吨位，是指由船籍国（地区）政府签发或者授权签发的船舶吨位证明书上标明的净吨位；吨税执照期限，是指按照公历年、日计算的期间。应税船舶负责人在每次申报纳税时，可以按照《吨税税目、税率表》选择申领一种期限的吨税执照。吨税的应纳税额按照船舶净吨位乘以适用税率计算，计算公式为：

应纳税额 = 船舶净吨位 × 定额税率

吨税由海关负责征收。海关征收吨税应当制发缴款凭证。应税船舶负责人缴纳吨税或者提供担保后，海关按照其申领的执照期限填发吨税执照。

【例 4 - 6】 B 国某运输公司一艘货轮驶入我国某港口，该货轮净吨位为 30 000 吨，货轮负责人已向我国海关领取了吨税执照，在港口停留期限为 30 天，B 国已与我国签订有相互给予船舶税费最惠国待遇条款。

要求：请计算该货轮负责人应向我国海关缴纳的吨税。

【解析】

（1）根据吨税的相关规定，该货轮应享受优惠税率，每净吨位为 3.3 元。

（2）应缴纳的吨税 = 30 000 × 3.3 = 99 000（元）

4.6.3　税收优惠

1. 直接优惠

下列船舶免征吨税：

（1）应纳税额在人民币 50 元以下的船舶。

（2）自境外以购买、受赠、继承等方式取得船舶所有权的初次进口到港的空载船舶。

（3）吨税执照期满后 24 小时内不上下客货的船舶。

（4）非机动船舶（不包括非机动驳船）。

（5）捕捞、养殖渔船。

（6）避难、防疫隔离、修理、改造、终止运营或者拆解，并不上下客货的船舶。

（7）军队、武装警察部队专用或者征用的船舶。

（8）警用船舶。

（9）依照法律规定应当予以免税的外国驻华使领馆、国际组织驻华代表机构及其有关人员的船舶。

（10）国务院规定的其他船舶。本条免税规定，由国务院报全国人民代表大会常务委员会备案。

2. 延期优惠

在吨税执照期限内，应税船舶发生下列情形之一的，海关按照实际发生的天数批准延长吨税执照期限：

（1）避难、防疫隔离、修理、改造，并不上下客货。

（2）军队、武装警察部队征用。

4.6.4 征收管理

1. 纳税义务发生时间

吨税纳税义务发生时间为应税船舶进入港口的当日。应税船舶在吨税执照期满后尚未离开港口的，应当申领新的吨税执照，自上一次执照期满的次日起续缴吨税。

2. 纳税期限

应税船舶负责人应当自海关填发吨税缴款凭证之日起15日内缴清税款。未按期缴清税款的，自滞纳税款之日起至缴清税款之日止，按日加收滞纳税款万分之五的税款滞纳金。

3. 征收管理

（1）应税船舶到达港口前，经海关核准先行申报并办结出入境手续的，应税船舶负责人应当向海关提供与其依法履行吨税缴纳义务相适应的担保；应税船舶到达港口后，依照规定向海关申报纳税。

（2）应税船舶在吨税执照期限内，因修理、改造导致净吨位变化的，吨税执照继续有效。应税船舶办理出入境手续时，应当提供船舶经过修理、改造的证明文件。

（3）应税船舶在吨税执照期限内，因税目税率调整或者船籍改变而导致适用税率变化的，吨税执照继续有效。

因船籍改变而导致适用税率变化的，应税船舶在办理出入境手续时，应当提供船籍改变的证明文件。

（4）海关发现少征或者漏征税款的，应当自应税船舶应当缴纳税款之日起1年内，补征税款。但因应税船舶违反规定造成少征或者漏征税款的，海关可以自应当缴纳税款之日起3年内追征税款，并自应当缴纳税款之日起按日加征少征或者漏征税款万分之五的税款滞纳金。

海关发现多征税款的，应当在24小时内通知应税船舶办理退还手续，并加算银行同期活期存款利息。

应税船舶发现多缴税款的，可以自缴纳税款之日起3年内以书面形式要求海关退还多缴的税款并加算银行同期活期存款利息；海关应当自受理退税申请之日起30日内查实并通知应税船舶办理退还手续。

应税船舶应当自收到退税通知之日起3个月内办理有关退还手续。

（5）应税船舶有下列行为之一的，由海关责令限期改正，处2 000元以上30 000元以下的罚款；不缴或者少缴应纳税款的，处不缴或者少缴税款50%以上5倍以下的罚款，但罚款不得低于2 000元。

①未按照规定申报纳税、领取吨税执照。

②未按照规定交验吨税执照（或者申请核验吨税执照电子信息）以及提供其他证明文件。

（6）吨税税款、税款滞纳金、罚款以人民币计算。

案例解析

1. 我国进口税则设有最惠国税率、协定税率、特惠税率、普通税率、配额税率等税率形式，对进口货物在一定期限内可以实行暂定税率。适用最惠国税率、协定税率、特惠税率的国家或者地区名单，由国务院关税税则委员会决定，报国务院批准后执行。我国进口关税税率的适用根据货物的原产地确定，对产自不同国家或地区的进口货物适用不同的关税税率。

我国针对原产地的规定采用了两种国际上通用的原产地标准，即“全部产地生产标准”和“实质性加工标准”。全部产地生产标准：全部产地生产标准是指进口货物完全在一个国家内生产或制造，生产或制造国就是该货物的原产国。实质性加工标准：是用于确定有两个或两个以上国家参与生产的产品的原产国标准，其基本含义是经过几个国家加工、制造的进口货物，以最后一个对货物进行经济上可以视为实质性加工的国家作为有关货物的原产国。对机器、仪器、器材或车辆所用零件、部件、配件、备件及工具，如与主件同时进口且数量合理的，其原产地按主件的原产地确定，分别进口的则按各自的原产地确定。

根据以上规定长沙海关可以依照相关政策帮助外贸企业用足用好协定降税政策红利，促进良好的营商环境建设，促进经济的可持续发展。

2. 我国对于各类企业在出口业务中，可享受大部分的关税减免税政策，关税减免是对某些纳税人和征税对象给予鼓励和照顾的一种特殊调节手段，是贯彻国家关税政策的一项重要措施。关税减免分为法定减免税、特定减免税、暂时免税和临时减免税。根据《海关法》规定，除法定减免税外的其他减免税均由国务院决定。我国当前的减征关税以最惠国税率或者普通税率为基准。

通过案例学习，帮助同学认识我国进出口过程中的关税优惠政策，为以后服务企业依法根据相关优惠政策规定，享受合法合规的税收优惠政策。

能力训练

一、单选题

1. 关税税率随进口商品价格由高到低而由低到高设置，这种计征关税的方法称为（　　）。

A. 从量税　　B. 复合税　　C. 特惠税　　D. 滑准税

2. 某企业 2020 年进口一台设备，成交价格折合人民币 58 万元，发生境外运费和保险费 4 万元，2023 年 8 月因出现故障运往英国修理，出境时已向海关报明，2023 年 9 月，在海关规定的期限内复运进境，进境时同类设备的进口成交价格为 42 万元。经海关审定该设备的境外修理费和料件费共 8 万元，发生境外运费和保险费 2 万元。已知进口关税税率为 10%，则该设备复运进境应缴纳的关税为（　　）万元。

A. 0.8　　B. 1　　C. 4.2　　D. 6.2

3. 某公司进口一批货物，海关于 2023 年 3 月 1 日填发税款缴款书，但公司迟至 3 月 27 日才缴纳 500 万元的关税。海关应征收关税滞纳金（　　）。

A. 2.75 万元　　B. 3 万元　　C. 6.5 万元　　D. 6 万元

4. 下列各项中，符合关税法定免税规定的是（　　）。

A. 保税区进出口的基建物资和生产用车辆

B. 边境贸易进出口的基建物资和生产用车辆

C. 关税税款在人民币 100 元以下的一票货物

D. 经海关核准进口的无商业价值的广告品和货样

5. 任何国家或者地区对其进口的原产于我国的货物征收歧视性关税或者给予其他歧视性待遇的，我国对原产于该国家或者地区的进口货物征收（　　）。

A. 保障性关税　　B. 报复性关税　　C. 反倾销税　　D. 反补贴税

6. 根据我国税法规定，进口货物以海关审定的成交价格为基础的（　　）为完税价格。

A. 公允价格　　B. 到岸价格　　C. 离岸价格　　D. 货价

7. 下列能够与货物实付价格区分且未包含在进口货物价格中的项目，应计入关税完税价格的是（　　）。

A. 进口人向自己的境外采购代理人支付的购货佣金

B. 进口人为进口货物向中介机构支付的经纪费

C. 进口设备报关后的安装调试费用

D. 货物运抵境内输入地点起卸后的运输费用

8. 某企业 2023 年 5 月将一台账面余值 55 万元的进口设备运往境外修理，当月在海关规定的期限内复运进境。经海关审定的境外修理费 4 万元、料件费 6 万元。假定该设备的进口关税税率为 30%，则该企业应缴纳的关税为（　　）万元。

A. 1.8　　B. 3　　C. 16.5　　D. 19.5

9. 某公司进口一台机器设备，成交价格为 404 万元人民币，运费和保险费共为 1.5 万元，成交价格中包含有该公司向境外采购代理人支付的购货佣金 4 万元，进口关税税率为 15%，则该公司应纳进口关税（　　）万元。

A. 60　　B. 60.18　　C. 60.225　　D. 60.825

10. 下列机构中，有权决定税收特别关税的货物适用国别、税率、期限和征收办法的是（　　）。

A. 财政部　　B. 海关总署

C. 国务院关税税则委员会　　D. 商务部

二、多选题

1. 根据关税的有关规定，下列各项中，应当计入出口货物的关税完税价格中的有（　　）。

A. 货物运至我国境内输出地点装载前的保险费

B. 出口关税税额

C. 出口货物的成交价格

D. 单独列明的支付给境外的佣金

2. 下列进口货物，免征进口关税的有（　　）。

A. 无商业价值的广告品

B. 外国企业无偿赠送的设备

C. 国际组织无偿赠送的物资

D. 关税税额在人民币 500 元以下的一票货物

3. 按照关税的计征方式，可以将关税分为（　　）。

A. 从量关税　　B. 从价关税　　C. 复合关税　　D. 滑动关税

4. 下列进口货物中，经海关审查属实，可酌情减免进口关税的有（　　）。

A. 在境外运输途中损失的货物

B. 在口岸起卸时遭受损坏的货物

C. 在起卸后海关放行前因不可抗力损失的货物

D. 非因保管不慎原因在海关查验时已经损坏的货物

5. 下列各项中，属于关税法定纳税义务人的有（　　）。

A. 进口货物的收货人　　B. 进口货物的代理人

C. 出口货物的发货人　　D. 出口货物的代理人

6. 进口货物的完税价格包括（　　）。

A. 进口货物的货价　　B. 运抵我国口岸起卸前的运费

C. 运抵我国口岸起卸后的运费　　D. 买方支付卖方的佣金

7. 下列未包含在进口货物价格中的项目，应计入关税完税价格的有（　　）。

A. 由买方负担的购货佣金

B. 由买方负担的包装材料和包装劳务费

C. 由买方支付的进口货物在境内的复制权费

D. 由买方负担的与该货物视为一体的容器费用

8. 运往境外修理的机械器具、运输工具，出境时已向海关报明并在海关规定期限内复运进境的，应当以海关审查确定的正常的（　　）估定完税价格。

A. 境外修理费　　B. 境外料件费　　C. 运输费　　D. 保险费

9. 运往境外加工的货物，出境时已向海关报明，并在海关规定期限内复运进境的，应当以海关审定的（　　）估定完税价格。

A. 境外加工费　　B. 境外料件费

C. 复运进境的运输费用　　D. 进境后的保险费

10. 下列关于关税适用税率的表述中，正确的有（　　）。

A. 集中申报的进口货物，适用每次货物进口时海关接受该货物申报之日实施的税率

B. 进口货物，适用海关接受该货物申报进口之日实施的税率

C. 进口转关运输货物，适用转运地海关接受该货物申报进口之日实施的税率

D. 纳税人违反规定需追征税款的进口货物，适用违反规定行为发生之日实施的税率

参考答案

一、单选题

1～10　DBBDB　BBBCC

二、多选题

1. AC	2. AC	3. ABCD	4. ABCD	5. AC
6. ABD	7. BD	8. AB	9. ABC	10. ABD

第5章 企业所得税

知识目标

1. 了解企业所得税税法的概念。
2. 掌握企业所得税纳税义务人、征税范围、税率、计税依据。
3. 掌握企业所得税应纳税所得额的计算方法。
4. 掌握企业所得税税收优惠政策。

能力目标

1. 能区分各种税收收入，识别各种企业所得税应税所得。
2. 能计算企业所得税应纳税所得额和应纳税额。
3. 能运用税收优惠政策进行企业所得税征缴。

思政目标

1. 遵纪守法：遵守企业所得税相关法律条例，培养合法纳税的意识。
2. 耐挫抗压：按照企业所得税应纳税所得额来源，合规合法纳税。
3. 守信守责：具有社会责任感，培养爱国主义情怀，深刻理解税收的“取之于民用之于民”。

案例引入

2024年国家税务总局上海市税务局第五稽查局根据精准分析线索，依法查处上海某科技有限公司虚报研发费用加计扣除偷税案件。经查，该公司通过虚构委托外包研发项目等手段，虚报研发费用加计扣除，偷税206万元。上海市税务局第五稽查局依据《中华人民共和国企业所得税法》《中华人民共和国税收征收管理法》等相关规定，依法追缴税款、加收滞纳金并处罚款，共计376万元。

案例问题

1. 上海某科技有限公司作为企业所得税的纳税义务人，需要履行哪些税收义务?

2. 上海某科技有限公司如何享受税收优惠政策? 企业所得税应纳税额应该怎么算?

3. 上海某科技有限公司在所得税征收管理方面需要注意哪些事项?

5.1 企业所得税概述

5.1.1 企业所得税的概念

企业所得税是对我国境内的企业和其他取得收入的组织（以下统称为“企业”）的生产经营所得和其他所得征收的一个税种。

企业所得税法，是指国家制定的用以调整企业所得税征收与缴纳之间权利和义务关系的法律规范。本教材主要参照2018年新修订的《中华人民共和国企业所得税法》(以下简称《企业所得税法》) 和2019年新修订的《中华人民共和国企业所得税法实施条例》(以下简称《实施条例》)。

5.1.2 企业所得税的特点

1. 征税范围广

在中华人民共和国的领土范围内，各类企业以及取得收入的其他组织，均为企业所得税的纳税人，且必须按照税法的相关规定，缴纳企业所得税。企业所得税的征税范围广泛，涵盖了生产经营所得和其他所得。其中，生产经营所得主要是指企业从事产品生产、交通运输、商品流通、劳务服务及其他营利性活动所取得的收入；而其他所得则涵盖了提供资金或财产所取得的收益，如利息、股息、红利、租金、转让资产收益以及特许权使用费等。

2. 税基约束力强

企业所得税的税基核心在于应纳税所得额，也就是纳税人在每个纳税年度内的收入总额，再减去各项准予扣除的项目金额后的净值。其中，可扣除的项目主要是成本与费用性质的内容，涵盖了工资支出、原材料采购支出、固定资产折旧以及无形资产摊销等多个方面。所得税的计算过程与纳税人的财务会计核算的各个环节相关联，与企业日常的会计核算体系有着千丝万缕的联系。

为了有效捍卫税基的正当性与准确性，企业所得税法详细规定了收入总额的确认原则、扣除项目金额的具体标准以及各类资产的税务处理方法，从而确保应税所得额的计算在一定程度上实现独立于企业会计核算的目标，充分体现了税法的强制力和统一性原则。企业所得税的计税依据是纳税人的应税收入总额扣除各项成本、费用、税金、损失以及允许弥补的以前年度亏损后的净所得额。

3. 征税以量能负担为原则

无论企业所有制、所在地域、行业还是层级，企业所得税均统一以纳税人的生产、经营所得和其他所得作为计税依据，以比例税率方式征收所得税，并且税率通常是固定的。这一普遍征收的原则，有助于确保各类企业的税负相对均衡。企业所得税针对企业的经营净收入，即经营所得进行征收，因此企业在承担税负方面具备相应的能力。该税种的设计原则与纳税人所得多少直接挂钩，实行“多得多征，少得少征，无所得不征”的政策，从而更好地体现了公平税负和税收中性的理念，为企业营造了一个公平竞争的税收环境。

4. 实行按年计征、分期预缴的征收管理办法

企业所得税采取“按年计算，分期预缴，年终汇算清缴”的办法征收，一般要求企业分月或分季预缴，年终汇算清缴、多退少补。

以上特点体现了企业所得税作为一种税种，其征收方式、计税依据及与纳税人之间的关系等方面的独特性。

5.1.3　企业所得税的作用

企业所得税在组织财政收入、调控经济、监督管理、维护国家税收权益等方面具有重要的作用。

1. 企业所得税是国家财政收入的重要来源

企业所得税作为直接税的一种，直接对企业的利润进行征税，因此它是国家财政收入的稳定来源之一。随着经济的发展和企业利润的增加，企业所得税的收入也会相应增长，为国家提供更多的财政资源。这些资源可以用于公共服务和基础设施建设，如教育、医疗、交通等，从而提高国民的生活水平和社会的整体福祉。

2. 企业所得税具有调控经济的作用

企业所得税不仅是财政收入的来源，还是政府调控宏观经济的重要工具。通过调整企业所得税的税率、税基和相关优惠政策，政府可以影响企业的投资决策和经营行为，从而对经济增长、就业、产业结构调整和区域发展等产生影响。例如，政府可以通过降低税率或提供税收优惠来鼓励企业投资创新、扩大生产或进入新的市场。相反，政府也可以通过提高税率或取消优惠来抑制某些行业的过热发展。此外，企业所得税还可以用来实施反周期的财政政策，以稳定经济波动。

3. 监督管理，有效促进经济的纵向和横向公平

企业所得税的征收和管理有助于政府对企业经营活动的监督，确保企业遵守法律法规，公平竞争。通过税收的调节作用，可以减少收入分配的不平等，实现纵向公平，即不同收入水平的企业通过不同的税率或税收优惠政策来实现税后收入的相对公平。同时，企业所得税还可以促进横向公平，即在相同经济条件下的企业应承担相似的税收负担。此外，税收的征收和管理还可以揭示和防止逃税和避税行为，确保所有企业都能公平地贡献自己的一份力量给社会和国家。通过这种方式，企业所得税有助于建立一个更加公正和有序的市场经济环境。

5.1.4 我国企业所得税改革历程

1. 中华人民共和国成立至改革开放前的企业所得税制度

1950 年政务院发布了《全国税政实施要则》，全国设置了 14 个税种，其中在“工商业税”中包含对所得额征税的内容，主要征税对象是私营企业、集体企业和个体工商户的应税所得。国营企业实行利润上缴制度，不缴纳所得税。这种制度设计适应了当时我国高度集中的计划经济管理体制的需要。1958 年和 1973 年我国进行了两次重大的税制改革，核心是简化税制。这个阶段虽然各项税收占财政收入的比重在提高，但国营企业上缴的利润仍是国家财政收入的主要来源。

2. 改革开放后至 1991 年的企业所得税制度

改革开放初期，为吸引、利用外商投资的需要，1980 年 9 月第五届全国人民代表大会第三次会议通过了《中华人民共和国中外合资经营企业所得税法》。1981 年 12 月第五届全国人民代表大会第四次会议通过了《中华人民共和国外国企业所得税法》。

1983 年，国务院决定在全国试行国营企业“利改税”，即将中华人民共和国成立后实行了 30 多年的国营企业上缴利润的制度改为缴纳企业所得税制度。1984 年，国务院颁布了《中华人民共和国国营企业所得税条例（草案）》和《国营企业调节税征收办法》。1985 年 4 月，国务院颁布了《中华人民共和国集体企业所得税暂行条例》。1988 年 6 月，国务院颁布了《中华人民共和国私营企业所得税暂行条例》。

3. 1991 年至今的企业所得税制度

1991 年 4 月，第七届全国人民代表大会将《中华人民共和国中外合资经营企业所得税法》和《中华人民共和国外国企业所得税法》合并，制定了《中华人民共和国外商投资企业和外国企业所得税法》。

1993 年 12 月国务院将《中华人民共和国国营企业所得税条例（草案）》《国营企业调节税征收办法》《中华人民共和国私营企业所得税暂行条例》进行整合，制定了《中华人民共和国企业所得税暂行条例》。

为了平衡内资和外资企业的税收负担，2007 年 3 月 16 日第十届全国人民代表大会第五次会议通过了《中华人民共和国企业所得税法》（以下简称《企业所得税法》），同年 12 月 6 日国务院颁布了《中华人民共和国企业所得税法实施条例》（以下简称《企业所得税法实施条例》），合并了内资企业所得税、外商投资企业和外国企业所得税，创立了完全统一的企业所得税。

5.2　企业所得税的纳税义务人、征税对象和税率

5.2.1　纳税义务人

企业所得税的纳税义务人，指的是有义务按时、足额缴纳企业所得税的纳税主体。根据《中华人民共和国企业所得税法》（以下简称《企业所得税法》），在中华人民共和国境内，企业和其他取得收入的组织（以下统称为“企业”）为企业所得税的纳税义务人，依照规定缴纳企业所得税。

“企业”按照性质不同，可分为国有企业、集体企业、私营企业、联营企业、股份制企业、外商投资企业、外国企业以及有生产、经营所得和其他所得的其他社会团体组织或者事业单位。不包括个人独资企业和合伙企业。

“企业”按照纳税责任和义务的不同，可分为居民企业和非居民企业。

1. 居民企业

居民企业，是指依法在中国境内成立，或者依照外国（地区）法律成立但实际管理机构在中国境内的企业。

实际管理机构，是指企业的高级管理、财务决策管理部门等日常经营管理机构。如果这些机构的日常管理活动主要在中国境内进行，即便该企业在境外注册，也被视为中国的居民企业。

2. 非居民企业

非居民企业，是指依照外国（地区）法律成立且实际管理机构不在中国境内，但在中国境内设立机构、场所的，或者在中国境内未设立机构、场所，但有来源于中国境内所得的企业。

即便在中国境内有机构或者场所，但如果这些机构或场所不构成常设机构，或者虽然构成常设机构但其所得与该常设机构无实际关联，该企业也被视为非居民企业。

【例5－1】（单选题）关于企业所得税的纳税人中的居民企业和非居民企业的概念，以下哪项描述是正确的（　　）。

A. 居民企业指的是在中国境外注册成立的企业

B. 非居民企业仅需就其在中国境内源泉的所得缴纳企业所得税

C. 居民企业和非居民企业都只需就其在中国境内的所得缴纳企业所得税

D. 非居民企业指的是在中国境内没有设立机构、场所的外国企业

【答案】B

【解析】居民企业是指依法在中国境内（包括港、澳、台地区）注册成立的企业，或者依照外国（地区）法律成立但实际管理机构在中国境内的企业。居民企业需要就其全球范围内的所得缴纳企业所得税，因此选项A和C是错误的。非居民企业是指依照外国法律成立且实际管理机构不在中国境内的企业，它们仅需就其在中国境内源泉的所得缴纳企业所得税，因此选项B是正确的。选项D描述的是非居民企业在中国境内没有设立机构、场所的情况，这并不是定义非居民企业的全部内容，因为非居民企业可能在中国境内有设立机构、场所，但仍然被视为非居民企业，只是其税收义务可能有所不同。因此，选项D也是错误的。

5.2.2　征税对象

根据《中华人民共和国企业所得税法》及其实施条例，企业所得税的征税对象为纳税人取得的所得。其包括销售货物所得、提供劳务所得、转让财产所得、股息红利所得、利息所得、租金所得、特许权使用费所得、接受捐赠所得和其他所得，并按照居民企业和非居民企业分别管理。

1. 居民企业的征税对象

居民企业应当就其来源于中国境内、境外的所得缴纳企业所得税。

2. 非居民企业的征税对象

非居民企业在中国境内设立机构、场所的，应当就其所设机构、场所取得的来源

于中国境内的所得，以及发生在中国境外但与其所设机构、场所有实际联系的所得，缴纳企业所得税。

非居民企业在中国境内未设立机构、场所的，或者虽设立机构、场所但取得的所得与其所设机构、场所没有实际联系的，应当就其来源于中国境内的所得缴纳企业所得税。

3. 企业所得税所得来源地的确定

（1）销售货物所得来源地，按照交易活动发生地确定。

（2）提供劳务所得来源地，按照劳务发生地确定。

（3）转让财产所得来源地的确定，根据财产性质不同，分别有如下标准：

①不动产转让所得按照不动产所在地确定；

②动产转让所得按照转让动产的企业或者机构、场所所在地确定；

③权益性投资资产转让所得按照被投资企业所在地确定。

（4）股息、红利等权益性投资所得，按照分配所得的企业所在地确定。

（5）利息所得、租金所得、特许权使用费所得，按照负担、支付所得的企业或者机构、场所所在地确定，或者按照负担、支付所得的个人的住所地确定。

（6）其他所得，由国务院财政、税务主管部门确定。

【例 5－2】（多选题）下列关于所得来源地确定方法的表述中，符合企业所得税法规定的有（ ）。

A. 股权转让所得按照转出方所在地确定

B. 销售货物所得按照交易活动发生地确定

C. 特许权使用费所得按照收取特许权使用费所得的企业所在地确定

D. 不动产转让所得按照不动产所在地确定

【答案】 BD

【解析】 选项 A，关键词为“股权转让所得”，权益性投资资产（股权）转让所得按照被投资企业所在地确定，选项 A 错误。选项 B，关键词为“销售货物所得”，销售货物所得，按照交易活动发生地确认，选项 B 正确。选项 C，关键词为“特许权使用费所得”，利息所得、租金所得、特许权使用费所得，按照负担、支付所得的企业或者机构、场所所在地确定，或者按照负担、支付所得的个人的住所地确定，选项 C 错误。选项 D，关键词为“不动产转让所得”，不动产转让所得按照不动产所在地确定，选项 D 正确。

【例 5－3】（单选题）跨国公司 B 是一家注册在美国的非居民企业，它通过在中国境内的子公司 C 进行销售活动。子公司 C 销售的产品由 B 公司在德国的工厂生产，

并直接从德国运往中国。关于B公司通过子公司C在中国获得的所得来源地的确定，以下哪项描述是正确的？（　　）

A. 由于产品是在德国生产的，B公司通过子公司C在中国获得的所得应视为来源于德国

B. 由于子公司C是在中国境内销售产品，B公司通过子公司C在中国获得的所得应视为来源于中国

C. 只有当B公司直接在中国境内设立分支机构并通过该分支机构销售产品时，所得才视为来源于中国

D. B公司通过子公司C在中国获得的所得，无论销售活动在何处发生，都应视为来源于美国，因为B公司是在美国注册的

【答案】 B

【解析】 由于子公司C是在中国境内销售产品，B公司通过子公司C在中国获得的所得应视为来源于中国。根据中国税法的相关规定，企业所得的来源地是根据所得产生的实际活动发生的地点来确定的。在本例中，尽管产品是在德国生产的，但销售活动是通过中国境内的子公司C进行的。因此，与销售活动相关的所得被视为来源于中国。注册地和生产地对所得来源地的确定没有直接影响，因此选项A和D不正确。选项C也不正确，因为即使B公司没有在中国境内直接设立分支机构，其通过子公司C在中国的销售活动产生的所得仍然视为来源于中国。

5.2.3 扣缴义务人

对于非居民企业取得的征税对象中第三种情况规定的所得应缴纳的所得税，实行源泉扣缴，以支付人为扣缴义务人。税款由扣缴义务人在每次支付或者到期应支付时，从支付或者到期应支付的款项中扣缴。

对非居民企业在中国境内取得工程作业和劳务所得应缴纳的所得税，税务机关可以指定工程价款或者劳务费的支付人为扣缴义务人。

对于上述两种情况，扣缴义务人未依法扣缴或者无法履行扣缴义务的，由纳税人在所得发生地缴纳。纳税人未依法缴纳的，税务机关可以从该纳税人在中国境内其他收入项目的支付人应付的款项中，追缴该纳税人的应纳税款。

扣缴义务人每次代扣的税款，应当自代扣之日起七日内缴入国库，并向所在地的税务机关报送扣缴企业所得税报告表。

5.2.4 税率

企业所得税的税率是对企业应纳税所得额征收的比例，是体现国家与企业分配关

系的核心要素。税率设计综合考虑到国家、企业、职工个人三者的利益。不同国家和地区的企业所得税率可能有所不同，且在同一国家内，根据不同的经济活动、行业或特定政策，税率也可能有所区别。企业所得税实行比例税率。中国的企业所得税税率主要分为两种：一般税率和优惠税率。

1. 一般税率

中国的企业所得税的一般税率为 25%。这适用于大多数在中国境内注册的企业。适用于以下两类企业及所得。

（1）居民企业。

（2）在中国境内设立机构、场所，且所得与设立的机构、场所有关联的非居民企业。

2. 优惠税率

为促进特定行业、区域的发展，国家设定了多项优惠税率政策，具体包括但不限于以下几种情形：

（1）部分非居民企业（除一般税率中第二种情况的非居民企业以外），享受 20% 的优惠税率。

（2）符合条件的小型微利企业，其年应纳税所得额在一定范围内的部分，可适用 20% 的税率。

具体来说：

①小型微利企业年应纳税所得额不超过 100 万元的部分，减按 12.5% 计入应纳税所得额，按 20% 的税率缴纳企业所得税。

②对年应纳税所得额超过 100 万元但不超过 300 万元的部分，减按 50% 计入应纳税所得额，按 20% 的税率缴纳企业所得税。

（3）被认定为高新技术企业的，可享受 15% 的优惠税率。此类企业具体来说包括以下几种类型：

①国家需要重点扶持的高新技术企业。

②经认定的技术先进型服务企业所得。

③自 2021 年 1 月 1 日起至 2025 年 12 月 31 日止，设在平潭综合实验区的符合条件的企业。

④自 2020 年 1 月 1 日起至 2024 年 12 月 31 日止，注册在海南自由贸易港并实质性运营的鼓励类产业企业。本条所称鼓励类产业企业，是指以海南自由贸易港鼓励类产业目录中规定的产业项目为主营业务，且其主营业务收入占企业收入总额 60% 以上的企业。

⑤自2021年1月1日起至2030年12月31日止，设在西部地区的鼓励类产业企业。本条所称鼓励类产业企业是指以《西部地区鼓励类产业目录》中规定的产业项目为主营业务，且其主营业务收入占企业收入总额60%以上的企业。

⑥自2020年1月1日起，对中国（上海）自贸试验区临港新片区内从事集成电路、人工智能、生物医药、民用航空等关键领域核心环节相关产品（技术）业务，并开展实质性生产或研发活动的符合条件的法人企业，自设立之日起5年内减按15%的税率征收企业所得税。

⑦在某些经济特区、高新技术开发区等特定地区注册的企业，可能会根据具体政策享受更低的税率。

⑧此外，国家根据经济发展的需要，会推出一些临时性的税收优惠措施，如针对特定行业的税收减免、固定资产加速折旧、研究开发费用加计扣除等。

【例5-4】（单选题）根据中国现行的企业所得税法规定，一般情况下，居民企业的企业所得税税率是（　　）。

A. 15%　　B. 20%　　C. 25%　　D. 33%

【答案】 C

【解析】 根据中国现行的企业所得税法规定，居民企业的标准企业所得税税率为25%。因此，选项C是正确的。

【例5-5】（单选题）在中国，对于高新技术企业享受的企业所得税优惠税率是（　　）。

A. 10%　　B. 15%　　C. 20%　　D. 25%

【答案】 B

【解析】 中国对认定的高新技术企业给予企业所得税优惠，这些企业可以享受15%的优惠税率。因此，选项B是正确的。其他选项所示的税率不符合高新技术企业的优惠政策。

5.3 应纳税所得额

企业所得税应纳税所得额是企业所得税的计税依据。按照《企业所得税法》的规定，企业每一纳税年度的收入总额，减除不征税收入、免税收入、各项扣除以及允许弥补的以前年度亏损后的余额，为应纳税所得额。企业应纳税所得额的计算，以权责发生制为原则，属于当期的收入和费用，不论款项是否收付，均作为当期的收入和费用；不属于当期的收入和费用，即使款项已经在当期收付，均不作为当期的收入和费用。本条例和国务院财政、税务主管部门另有规定的除外。亏损，是指企业依法将每一纳税年度的收入总额减除不征税收入、免税收入和各项扣除后小于零的数额。企业的应纳税额取决于应纳税所得额和适用税率两个因素。

5.3.1　收入总额

1. 一般收入的确认

（1）销售商品收入。

指企业销售商品、产品、原材料、包装物、低值易耗品以及其他存货取得的收入。

①一般销售方式的确认。

企业销售收入的确认，必须遵循权责发生制原则和实质重于形式原则。企业销售商品同时满足下列条件的，应确认收入的实现：一是商品销售合同已经签订，企业已将与商品所有权相关的主要风险和报酬转移给购货方；二是企业对已售出的商品既没有保留通常与所有权相联系的继续管理权，也没有实施有效控制；三是收入的金额能够可靠地计量；四是已发生或将发生的销售方的成本能够可靠地核算。

符合前述收入确认条件，应按以下规定确认收入实现时间和金额：

a. 销售商品采用托收承付方式的，在办妥托收手续时确认收入。

b. 销售商品采取预收款方式的，在发出商品时确认收入。

c. 以分期收款方式销售货物的，按照合同约定的收款日期确认收入的实现。

d. 销售商品需要安装和检验的，在购买方接受商品以及安装和检验完毕时确认收入；如果安装程序比较简单，则可在发出商品时确认收入。

e. 销售商品采用支付手续费方式委托代销的，在收到代销清单时确认收入。

②特殊销售方式收入的确认。

a. 销售商品以旧换新的，销售的商品应当按照销售商品收入确认条件确认收入，回收的商品作为购进商品处理。

b. 企业为促进商品销售而在商品价格上给予的价格扣除属于商业折扣，商品销售涉及商业折扣的，应当按照扣除商业折扣后的金额确定销售商品收入金额。

c. 债权人为鼓励债务人在规定的期限内付款而向债务人提供的债务扣除属于现金折扣，销售商品涉及现金折扣的，应当按扣除现金折扣前的金额确定销售商品收入金额，现金折扣在实际发生时作为财务费用扣除。

d. 企业因售出商品的质量不合格等原因而在售价上给予的减让属于销售折让；企业因售出商品质量、品种不符合要求等原因而发生的退货属于销售退回。企业已经确认销售收入的售出商品发生销售折让和销售退回，应当在发生当期冲减当期销售商品收入。

e. 企业以买一赠一等方式组合销售本企业商品的，不属于捐赠，应将总的销售金额按各项商品的公允价值的比例来分摊确认各项的销售收入。

f. 采用售后回购方式销售商品的，销售的商品按售价确认收入，回购的商品作为购进商品处理；有证据表明不符合销售收入确认条件的，如以销售商品方式进行融资，收到的款项应确认为负债，回购价格大于原售价的，差额应在回购期间确认为利息费用。

【例5－6】（单选题）企业在境内发生处置资产的下列情形中，应视同销售确认企业所得税应税收入的是（　　）。

A. 将资产用于职工奖励或福利　　B. 将资产用于加工另一种产品

C. 将资产用于在总分支机构之间转移　　D. 将资产用于结构或性能改变

【答案】 A

【解析】 本题考查的知识点是企业所得税收入的确认条件。企业所得税收入的确认条件是所有权发生转移，只有选项 A 的所有权发生了转移。

【例5－7】（单选题）下列关于企业商品销售收入确认的税务处理中，符合企业所得税法规定的是（　　）。

A. 为促进商品销售提供商业折扣的，按扣除商业折扣前的金额确认销售收入

B. 为鼓励债务人在规定期限内付款提供现金折扣的，按扣除现金折扣后的金额确认销售收入

C. 因售出商品品种不符合要求发生销售退回的，在发生销售退回的下一期冲减当期销售商品收入

D. 因售出商品质量原因提供销售折让并已确认销售收入的，在发生销售折让当期冲减当期销售商品收入

【答案】 D

【解析】 本题考查企业所得税相关收入实现的确认。

选项 A，企业为促进商品销售而在商品价格上给予的价格扣除属于商业折扣，涉及商业折扣的，折扣金额准予从销售额中减除，所以应当按照扣除商业折扣后的金额确定销售商品收入金额，选项 A 错误。

选项 B，为鼓励债务人在规定期限内付款提供现金折扣的，本质是一种发生在销售之后的融资性质的理财费用，折扣金额计入财务费用，不得从销售额中减除，选项 B 错误。

选项 C、D，企业已经确认销售收入的售出商品发生销售折让和销售退回，应当在发生当期冲减当期销售商品收入，而不是在发生的下一期冲减，因此，选项 C 错误，选项 D 正确。

（2）提供劳务收入。

提供劳务收入，是指企业从事建筑安装、修理修配、交通运输、仓储租赁、金融保险、邮电通信、咨询经纪、文化体育、科学研究、技术服务、教育培训、餐饮住宿、中介代理、卫生保健、社区服务、旅游、娱乐、加工以及其他劳务服务活动取得的收入。

①劳务收入的确认条件。

提供劳务收入，是指企业从事建筑安装、修理修配、交通运输、仓储租赁、金融保险、邮电通信、咨询经纪、文化体育、科学研究、技术服务、教育培训、餐饮住宿、中介代理、卫生保健、社区服务、旅游、娱乐、加工以及其他劳务服务活动取得的收入。

企业在各个纳税期末，提供劳务交易的结果能够可靠估计的，应采用完工进度法（也称完工百分比法）确认提供劳务收入。

提供劳务交易的结果能够可靠估计，是指同时满足下列条件：收入的金额能够可靠地计量；交易的完工进度能够可靠地确定；交易中已发生和将发生的成本能够可靠地核算。

企业提供劳务完工进度的确定，可选用下列其中一种方法：已完工作的测量；已提供劳务占劳务总量的比例；发生成本占总成本的比例。

企业应按照从接受劳务方已收或应收的合同或协议价款确定劳务收入总额，根据纳税期末提供劳务收入总额乘以完工进度扣除以前纳税年度累计已确认提供劳务收入后的金额，确认为当期劳务收入；同时，按照提供劳务估计总成本乘以完工进度扣除以前纳税期间累计已确认劳务成本后的金额，结转为当期劳务成本。

②劳务收入的确认时间。

提供劳务满足收入确认条件的，应按以下规定确认收入实现时间：

a. 安装费应根据安装完工进度确认收入；如果安装工作是商品销售附带条件的，安装费在确认商品销售实现时确认收入。

b. 宣传媒介的收费，应在相关的广告或商业行为出现于公众面前时确认收入。

c. 广告的制作费，应根据制作广告的完工进度确认收入。

d. 为特定客户开发软件的软件收费，应根据开发的完工进度确认收入。

e. 包含在商品售价内可区分的服务费，在提供服务的期间分期确认收入。

f. 艺术表演、招待宴会和其他特殊活动的收费，在相关活动发生时确认收入。

g. 收费涉及几项活动的，预收的款项应合理分配给每项活动，分别确认收入。

h. 申请入会或加入会员，只允许取得会籍，所有其他服务或商品都要另行收费的，在取得该会员费时确认收入。申请入会或加入会员后，会员在会员期内不再付费就可得到各种服务或商品，或者以低于非会员的价格销售商品或提供服务的，该会员费应在整个受益期内分期确认收入。

i. 长期为客户提供重复的劳务收取的劳务费，在相关劳务活动发生时确认收入。

【例5－8】（单选题）下列满足收入确认条件的劳务中，确认收入的表述正确的有（　　）。

A. 宣传媒介的收费，应在相关的广告或商业行为出现于公众面前时确认收入

B. 包含在商品售价内可区分的服务费，在提供服务的期间分期确认收入

C. 申请入会或加入会员，只允许取得会籍，所有其他服务或商品都要另行收费的，该会员费应一次性确认

D. 属于提供设备和其他有形资产的特许权费，在交付资产或转让资产所有权时确认收入

【答案】 A

【解析】 选项A，宣传媒介的收费，应在广告或商业行为实际发生并对外公布时确认收入，因为这是服务提供的实际时间点。

选项B，包含在商品售价内的可区分服务费，应根据服务提供的实际进度分期确认收入，而不是一次性确认。

选项C，会员费用，如果仅允许取得会籍而其他服务或商品需要另行收费，则应在整个受益期内分期确认收入，而不是一次性确认。

选项D，特许权费用，如果涉及提供设备和其他有形资产，则应在资产交付或所有权转让时确认收入，这是因为服务的实质是资产的转移。

（3）转让财产收入。

转让财产收入，是指企业转让固定资产、生物资产、无形资产、股权、债权等财产取得的收入。企业转让股权收入，应于转让协议生效且完成股权变更手续时，确认收入的实现。转让股权收入扣除为取得该股权所发生的成本后，为股权转让所得。企业在计算股权转让所得时，不得扣除被投资企业未分配利润等股东留存收益中按该项股权所可能分配的金额。

【例5－9】（单选题）甲公司2020年8月以800万元直接投资于乙公司，占有乙公司30%的股权。2023年12月将全部股权转让取得收入1 200万元，并完成股权变更手续。转让时乙公司账面累计未分配利润200万元，甲公司应确认股权转让的应纳税所得额是（　　）。

A. 200万元　　B. 340万元　　C. 400万元　　D. 900万元

【答案】 C

【解析】 股权转让是股东将自己的股东权益有偿转让给他人，导致股东构成发生

变化，因此股权转让所得中不得扣除被投资企业未分配利润等留存收益中按该项股权可能分配的金额，股权转让所得＝转让股权收入－投资初始成本，因此甲公司应确认股权转让的应纳税所得额＝1 200－200－800＝400（万元），选项C正确。

（4）股息、红利等权益性投资收益。

股息、红利等权益性投资收益，是指企业因权益性投资从被投资方取得的收入。

股息、红利等权益性投资收益，除国务院财政、税务主管部门另有规定外，按照被投资方作出利润分配决定的日期确认收入的实现，不论企业是否实际收到股息、红利等收益款项。

（5）利息收入。

利息收入，是指企业将资金提供他人使用但不构成权益性投资，或者因他人占用本企业资金取得的收入，包括存款利息、贷款利息、债券利息、欠款利息等收入。

利息收入，按照合同约定的债务人应付利息的日期确认收入的实现。

（6）租金收入。

租金收入，是指企业提供固定资产、包装物或者其他有形资产的使用权取得的收入。

租金收入应按照合同约定的承租人应付租金的日期确认收入的实现。其中，如果交易合同或协议中规定租赁期限跨年度，且租金提前一次性支付的，根据《实施条例》第九条规定的收入与费用配比原则，出租人可对上述已确认的收入，在租赁期内，分期均匀计入相关年度收入。

（7）特许权使用费收入。

特许权使用费收入，是指企业提供专利权、非专利技术、商标权、著作权以及其他特许权的使用权取得的收入。

特许权使用费收入，按照合同约定的特许权使用人应付特许权使用费的日期确认收入的实现。属于提供设备和其他有形资产的特许权费，在交付资产或转移资产所有权时确认收入；属于提供初始及后续服务的特许权费，在提供服务时确认收入。

（8）接受捐赠收入。

接受捐赠收入，是指企业接受的来自其他企业、组织或者个人无偿给予的货币性资产、非货币性资产。

接受捐赠收入，按照实际收到捐赠资产的日期确认收入的实现。

（9）其他收入。

其他收入，是指企业取得的除以上收入外的其他收入，包括企业资产溢余收入、逾期未退包装物押金收入、确实无法偿付的应付款项、已作坏账损失处理后又收回的应收款项、债务重组收入、补贴收入、违约金收入、汇兑收益等。

企业的其他收入同时满足下列条件的，应当确认收入。一是相关的经济利益能够流入企业，二是收入的金额能够合理地计量。

企业的其他收入同时满足上述条件的，不论是以货币形式还是非货币形式体现，除另有规定外，均应一次性计入确认收入的年度计算缴纳企业所得税。

2. 特殊收入的确认

（1）企业受托加工制造大型机械设备、船舶 、飞机，以及从事建筑、安装 、装配工程业务或者提供其他劳务等，持续时间超过12个月的，按照纳税年度内完工进度或者完成的工作量确认收入的实现。

（2）采取产品分成方式取得收入的，按照企业分得产品的日期确认收入的实现，其收入额按照产品的公允价值确定。

（3）企业发生非货币性资产交换，以及将货物、财产、劳务用于捐赠 、偿债 、赞助 、集资 、广告、样品、职工福利或者利润分配等用途的，应当视同销售货物、转让财产或者提供劳务，但国务院财政、税务主管部门另有规定的除外。

3. 处置资产收入的确认

（1）作为内部处置资产的情形。

企业发生下列情形的处置资产，除将资产转移至境外以外，由于资产所有权属在形式和实质上均不发生改变，可作为内部处置资产，不视同销售确认收入，相关资产的计税基础延续计算。

①将资产用于生产、制造、加工另一产品。

②改变资产形状、结构或性能。

③改变资产用途（如自建商品房转为自用或经营）。

④将资产在总机构及其分支机构之间转移。

⑤上述两种或两种以上情形的混合。

⑥其他不改变资产所有权属的用途。

（2）视同销售的情形。

企业将资产移送他人的下列情形，因资产所有权属已发生改变而不属于内部处置资产，应按规定视同销售确定收入。属于企业自制的资产，应按企业同类资产同期对外销售价格确定销售收入；属于外购的资产，应按照被移送资产的公允价值确定销售收入。

①用于市场推广或销售。

②用于交际应酬。

③用于职工奖励或福利。

④用于股息分配。

⑤用于对外捐赠。

⑥其他改变资产所有权属的用途。

5.3.2　不征税收入

不征税收入指的是在计算企业应纳税所得额时可以予以扣除的收入，即这部分收入不纳入企业的应税收入范围，因此不用缴纳企业所得税。不征税收入通常是由于不属于企业营利性活动带来的经济利益或政策鼓励，而被税法明确排除在应税收入之外的。例如，政府为了鼓励某些行业的发展，可能会规定这些行业的某些收入不纳入征税范围。

《中华人民共和国企业所得税法》第七条规定收入总额中的下列收入为企业所得税的不征税收入。

（1）财政拨款，是指各级人民政府对纳入预算管理的事业单位、社会团体等组织拨付的财政资金，但国务院和国务院财政、税务主管部门另有规定的除外。

（2）依法收取并纳入财政管理的行政事业性收费、政府性基金，是指依照法律法规等有关规定，按照国务院规定程序批准，在实施社会公共管理，以及在向公民、法人或者其他组织提供特定公共服务过程中，向特定对象收取并纳入财政管理的费用。政府性基金，是指企业依照法律、行政法规等有关规定，代政府收取的具有专项用途的财政资金。

（3）国务院规定的其他不征税收入，是指企业取得的，由国务院财政、税务主管部门规定专项用途并经国务院批准的财政性资金。

特别注意的是，对企业依照法律、法规及国务院有关规定收取并上缴财政的行政事业性收费和政府性基金，于上缴财政的当年在计算应纳税所得额时从收入总额中减除；未上缴财政的部分，不得从收入总额中减除。

5.3.3　免税收入

与不征税收入不同，免税收入则是指虽然纳入了企业的应税收入，但根据税法规定，这部分收入可以暂时免除缴纳企业所得税。免税收入通常是出于社会政策考虑，如鼓励企业进行慈善捐赠、科研投入等。免税收入在计算企业应纳税所得额时需要先计入总收入，然后在计算应纳税所得额时作为扣除项目予以扣除。

（1）国债利息收入，是指企业持有国务院财政部门发行的国债取得的利息收入。

（2）符合条件的居民企业之间的股息、红利等权益性收益，是指居民企业直接投资于其他居民企业取得的投资收益。

(3) 在中国境内设立机构、场所的非居民企业从居民企业取得的与该机构、场所有实际联系的股息、红利等权益性投资收益。该收益不包括连续持有居民企业公开发行并上市流通的股票不足12个月取得的投资收益。

(4) 符合条件的非营利组织的收入。

非营利组织的下列收入为免税收入，不包括非营利组织从事营利性活动取得的收入，但国务院财政、税务主管部门另有规定的除外：

①接受其他单位或者个人捐赠的收入。

②除《企业所得税法》第七条规定的财政拨款以外的其他政府补助收入，但不包括因政府购买服务取得的收入。

③按照省级以上民政、财政部门规定收取的会费。

④不征税收入和免税收入孳生的银行存款利息收入。

⑤财政部、国家税务总局规定的其他收入。

【例5-10】（多选题）某民办学校计划按照非营利组织的免税收入认定条件，申请学费收入免征企业所得税。下列各项中，属于非营利组织免税收入认定条件的有（　　）。

A. 工作人员工资福利开支控制在规定的比例内

B. 投入人对投入该学校的财产不保留或者享有任何财产权利

C. 依法履行非营利组织登记手续

D. 财产及孳生利息可以在合理范围内根据确定的标准用于分配

【答案】 ABC

【解析】 选项A，非营利组织的工作人员工资福利开支需要控制在规定的比例内，这是为了确保组织的非营利性质，防止通过高额工资福利变相分配利润。

选项B，投入人对投入非营利组织的财产不应保留或享有任何财产权利，这是为了确保财产用于非营利目的，而不是为了个人利益。

选项C，非营利组织需要依法履行登记手续，这是合法运营的基本要求，也是享受税收优惠的前提条件。

选项D，非营利组织的财产及孳生利息不应用于分配，因为这与非营利组织的性质相悖。非营利组织的收入应当全部用于实现其宗旨和业务活动，不得进行分配。

【例5-11】（多选题）下列关于免税收入与不征税收入的表述，正确的有（　　）。

A. 免税收入在性质上该征税，但国家考虑某种特殊原因不征税

B. 不征税收入性质上不属于征税范围

C. 免税收入形成的相关费用与资产折旧不能税前扣除

D. 不征税收入相关的成本及资产折旧可以税前扣除

【答案】AB

【解析】选项 A，免税收入指的是本应纳入征税范围，但由于国家政策考虑，如促进某些行业发展、鼓励特定投资等原因，给予免税优惠的收入。选项 B，不征税收入则是指在税法规定的征税范围之外的收入，如赠与收入等，本质上不属于应税收入。选项 C，免税收入形成的相关费用与资产折旧是否能税前扣除，需要根据具体的税法规定来确定，不是绝对不能扣除。选项 D，不征税收入相关的成本及资产折旧同样需要根据税法规定来确定是否可以税前扣除，不是一概而论。

5.3.4　各项税前扣除项目

1. 税前扣除项目的原则

企业申报的扣除项目和金额要真实、合法。所谓真实，是指能提供有关支出确属已经实际发生的证明；合法，是指符合国家税法的规定，若其他法规与税收规定不一致，应以税收法规的规定为标准。除税收法规另有规定外，税前扣除一般应遵循以下原则：

（1）权责发生制原则，是指企业费用应在发生的所属期扣除，而不是在实际支付时确认扣除。

（2）配比原则，是指企业发生的费用应当与收入配比扣除。除特殊规定外，企业发生的费用不得提前或滞后申报扣除。

（3）相关性原则，是指企业可扣除的费用从性质和根源上必须与取得应税收入直接相关。

（4）确定性原则，是指企业可扣除的费用不论何时支付，其金额必须是确定的。

（5）合理性原则，是指符合生产经营活动常规，应当计入当期损益或者有关资产成本的必要和正常的支出。

2. 扣除项目的范围

《企业所得税法》规定，企业实际发生的与取得收入有关的、合理的支出，包括成本、费用、税金、损失和其他支出，准予在计算应纳税所得额时扣除。在实际中，计算应纳税所得额时还应注意三个方面的内容：第一，企业发生的支出应当区分收益性支出和资本性支出。收益性支出在发生当期直接扣除；资本性支出应当分期扣除或者计入有关资产成本，不得在发生当期直接扣除。第二，企业的不征税收入用于支出所形成的费用或者财产，不得扣除或者计算对应的折旧、摊销扣除。第三，除《企业所得税法》及其《实施条例》另有规定外，企业实际发生的成本、费用、税金、损失和其他支出。

（1）成本，是指企业在生产经营活动中发生的销售成本、销货成本、业务支出以及其他耗费，即企业销售商品（产品、材料、下脚料、废料、废旧物资等），提供劳务，转让固定资产、无形资产（包括技术转让）的成本。

（2）费用，是指企业每一个纳税年度为生产、经营商品和提供劳务等所发生的销售（经营）费用、管理费用和财务费用。已经计入成本的有关费用除外。

销售费用，是指应由企业负担的为销售商品而发生的费用，包括广告费、运输费、装卸费、包装费、展览费、保险费、销售佣金（能直接认定的进口佣金调整商品进价成本）、代销手续费、经营性租赁费及销售部门发生的差旅费、工资、福利费等费用。

管理费用，是指企业的行政管理部门为管理组织经营活动提供各项支援性服务而发生的费用。

财务费用，是指企业筹集经营性资金而发生的费用，包括利息净支出、汇兑净损失、金融机构手续费以及其他非资本化支出。

（3）税金，是指企业发生的除企业所得税和允许抵扣的增值税以外的各项税金及其附加，即企业按规定缴纳的消费税、城市维护建设税、关税、资源税、土地增值税、房产税、车船税、土地使用税、印花税、教育费附加等产品销售税金及附加。这些已纳税金准予在税前扣除，准许扣除的方式有两种：一是在发生当期扣除；二是在发生当期计入相关资产的成本，在以后各期分摊扣除。

（4）损失，是指企业在生产经营活动中发生的固定资产和存货的盘亏、毁损、报废损失，转让财产损失，呆账损失，坏账损失，自然灾害等不可抗力因素造成的损失以及其他损失。

企业发生的损失，减除责任人赔偿和保险赔款后的余额，依照国务院财政、税务主管部门的规定扣除。

企业已经作为损失处理的资产，在以后纳税年度又全部收回或者部分收回时，应当计入当期收入。

（5）其他支出，是指除成本、费用、税金、损失外，企业在生产经营活动中发生的与生产经营活动有关的、合理的支出。

3. 扣除项目及其标准

（1）工资、薪金及相关支出扣除标准。

工资、薪金支出是企业每一纳税年度支付给本企业任职或与其有雇佣关系的员工的所有现金或非现金形式的劳动报酬，包括基本工资、奖金、津贴、补贴、年终加薪、加班工资，以及与任职或者是受雇有关的其他支出。

企业发生的合理的工资薪金支出，准予据实扣除。属于国有性质的企业，其工资薪金不得超过政府有关部门给予的限定数额；超过部分，不得在计算企业应纳税所得额时扣除。

（2）职工福利费、工会经费、职工教育经费。

以工资、薪金总额作为计算基数的支出如职工福利费、工会经费、职工教育经费均须遵循此规定，具体如下：

①企业发生的职工福利费支出，不超过工资、薪金总额 14% 的部分，准予据实扣除。超过部分，不予扣除。

②企业拨缴的工会经费，不超过工资、薪金总额 2% 的部分，准予据实扣除。超过部分，不予扣除。

③企业发生的职工教育经费支出，不超过工资薪金总额 8% 的部分，准予据实扣除。超过部分，准予在以后纳税年度结转扣除。

软件生产企业发生的职工教育经费中的职工培训费用，可以全额在企业所得税税前扣除。软件生产企业应准确划分职工教育经费中的职工培训费支出。

核力发电企业为培养核电厂操纵员发生的培养费用，可作为企业的发电成本在税前扣除。企业应将核电厂操纵员培养费与员工的职工教育经费严格区分，单独核算，员工实际发生的职工教育经费支出不得计入核电厂操纵员培养费直接扣除。

上述计算职工福利费、工会经费、职工教育经费的工资、薪金总额，是指企业按照上述第①项规定实际发放的工资、薪金总和，不包括企业的职工福利费、职工教育经费、工会经费以及养老保险费、医疗保险费、失业保险费、工伤保险费、生育保险费等社会保险费和住房公积金。

（3）社会保险费和住房公积金扣除标准。

①企业依照国务院有关主管部门或者省级人民政府规定的范围和标准为职工缴纳的基本养老保险费、基本医疗保险费、失业保险费、工伤保险费、生育保险费等基本社会保险费和住房公积金，准予扣除。

②企业为投资者或者职工支付的补充养老保险费、补充医疗保险费，在国务院财政、税务主管部门规定的范围和标准内，准予扣除。

③除企业依照国家有关规定为特殊工种职工支付的人身安全保险费和国务院财政、税务主管部门规定可以扣除的其他商业保险费外，企业为投资者或者职工支付的商业保险费，不得扣除。

【例 5－12】（单选题）某企业 2023 年应支付职工合理的工资、薪金为 240 万元，当地规定标准的“五险一金”26 万元，企业实际发生的职工福利费、职工教育经费和拨缴的工会经费分别为 54 万元、16 万元和 8 万元。该企业 2023 年所得税前可以扣除的职工福利费、职工教育经费以及工会经费合计为（　　）万元。

A. 57.6　　B. 54.4　　C. 78　　D. 63.84

【答案】 B

【解析】 五险一金不属于工资、薪金总额，属于社会保险费。

（4）利息费用扣除标准。

①非金融企业向金融企业借款的利息支出、金融企业的各项存款利息支出和同业拆借利息支出、企业经批准发行债券的利息支出，可据实扣除。

②非金融企业向非金融企业借款的利息支出，不超过按照金融企业同期同类贷款利率计算的数额的部分可据实扣除，超过部分不许扣除。

③非金融企业向没有关联关系的人员借款的利息支出，如果同时满足企业与个人之间签订了借款合同。并且企业与个人之间的借贷是真实、合法、有效的，并且不具有非法集资目的或其他违反法律、法规的行为两个条件的，其利息支出在不超过按照金融企业同期同类贷款利率计算的数额的部分，准予据实扣除。

④企业同时从事金融业务和非金融业务，其实际支付给关联方的利息支出，应按照合理方法分开计算；没有按照合理方法分开计算的，一律按有关其他企业的比例计算准予税前扣除的利息支出。

⑤关联企业之间借款金额不超过权益性投资的 2 倍或 5 倍（金融企业为 5 倍，非金融企业为 2 倍）并且借款利率不超过金融企业同期同类贷款利率，企业实际支付给关联方的利息支出准予据实扣除，超过的部分不得扣除。企业如果能够按照税法及其实施条例的有关规定提供相关资料，并证明相关交易活动符合独立交易原则的；或者该企业的实际税负不高于境内关联方的，其实际支付给境内关联方的利息支出，在计算应纳税所得额时准予扣除。

（5）借款费用扣除标准。

①企业在生产经营过程中发生的合理的、不需要资本化的借款费用，应在发生时确认为财务费用，在计算企业所得税前据实扣除。

②企业在生产经营过程中发生的符合资本化条件的借款费用应予资本化，作为资本性支出计入有关资产的成本，不得在税前扣除。

③企业通过发行债券、取得贷款、吸收保户储金等方式融资而发生的合理的费用支出，符合资本化条件的，应计入相关资产成本；不符合资本化条件的，应作为财务费用，准予在企业所得税税前据实扣除。

（6）汇兑损失。

企业在货币交易中，以及纳税年度终了时将人民币以外的货币性资产、负债按照期末即期人民币汇率中间价折算为人民币时产生的汇兑损失，除已经计入有关资产成本以及与向所有者进行利润分配相关的部分外，准予扣除。

（7）业务招待费扣除标准。

①企业发生的与生产经营活动有关的业务招待费支出，按照发生额的 60% 扣除，但最高不得超过当年销售（营业）收入的 5‰。

②对从事股权投资业务的企业（包括集团公司总部、创业投资企业等），其从被投资企业所分配的股息、红利以及股权转让收入，可以按规定的比例计算业务招待费扣除限额。

③企业在筹建期间，发生的与筹办活动有关的业务招待费支出，可按实际发生额的 60% 计入企业筹办费，并按有关规定在税前扣除。

（8）广告费和业务宣传费扣除标准。

①企业发生的符合条件的广告费和业务宣传费支出，除国务院财政、税务主管部门另有规定外，不超过当年销售（营业）收入 15% 的部分，准予扣除准予扣除；超过部分，准予在以后纳税年度结转扣除。

②自 2021 年 1 月 1 日起至 2025 年 12 月 31 日止，对化妆品制造或销售、医药制造和饮料制造（不含酒类制造）企业发生的广告费和业务宣传费支出，不超过当年销售（营业）收入 30% 的部分，准予扣除；超过部分，准予在以后纳税年度结转扣除。

③企业在筹建期间，发生的广告费和业务宣传费，可按实际发生额计入企业筹办费，并按上述规定在税前扣除。

④烟草企业的烟草广告费和业务宣传费支出，一律不得在计算应纳税所得额时扣除。

（9）环境保护专项资金扣除标准。

企业依照法律、行政法规有关规定提取的用于环境保护、生态恢复等方面的专项资金，准予扣除。上述专项资金提取后改变用途的，不得扣除。

（10）保险费。

企业参加财产保险，按照规定缴纳的保险费，准予扣除。

（11）租赁费扣除标准。

①以经营租赁方式租入固定资产发生的租赁费支出，按照租赁期限均匀扣除。

②以融资租赁方式租入固定资产发生的租赁费支出，按照规定构成融资租入固定资产价值的部分应当提取折旧费用，分期扣除。

（12）劳动保护费。

企业发生的合理的劳动保护支出，准予扣除。自 2011 年 7 月 1 日起，企业根据其工作性质和特点，由企业统一制作并要求员工工作时统一着装所发生的工作服饰费用，可以作为企业合理的支出给予税前扣除。

（13）公益性捐赠支出扣除标准。

公益性捐赠，是指企业通过公益性社会团体或者县级（含县级）以上人民政府及其部门，用于《中华人民共和国公益事业捐赠法》规定的公益事业的捐赠。

企业发生的公益性捐赠支出，不超过年度利润总额 12% 的部分，准予扣除。超过年度利润总额 12% 的部分，准予以后 3 年内在计算应纳税所得额时结转扣除。年度利润总额，是指企业依照国家统一会计制度的规定计算的年度会计利润。

企业发生的公益性捐赠支出未在当年税前扣除的部分，自 2017 年 1 月 1 日起准予向以后年度结转扣除，但结转年限自捐赠发生年度的次年起计算最长不得超过 3 年。

（14）有关资产的费用。

企业转让各类固定资产发生的费用，允许扣除。企业按规定计算的固定资产折旧费、无形资产和长期待摊费用的摊销费，准予扣除。

（15）总机构分摊的费用。

非居民企业在中国境内设立的机构、场所，就其中国境外总机构发生的与该机构、场所生产经营有关的费用，能够提供总机构出具的费用汇集范围、定额、分配依据和方法等证明文件，并合理分摊的，准予扣除。

（16）资产损失。

企业向税务机关申报扣除资产损失，仅需填报企业所得税年度纳税申报表《资产损失税前扣除及纳税调整明细表》，不再报送资产损失相关资料，相关资料由企业留存备查。

（17）依照有关法律、行政法规和国家有关税法规定准予扣除的其他项目，如会员费、合理的会议费、差旅费、违约金、诉讼费用等。

（18）手续费和佣金支出。

①企业发生的与生产经营有关的手续费及佣金支出，不超过规定计算限额以内的部分，准予扣除；超过部分，不得扣除。计算限额的具体规定为：财产保险企业按当年全部保费收入扣除退保金等后余额的 15% 计算限额；人身保险企业按当年全部保费收入扣除退保金等后余额的 10% 计算限额；其他企业，按与具有合法经营资格中介服务机构或个人（不含交易双方及其雇员、代理人和代表人等）所签订服务协议或合同确认的收入金额的 5% 计算限额。

②企业应与具有合法经营资格的中介服务企业或个人签订代办协议或合同，并按国家有关规定支付手续费及佣金。除委托个人代理外，企业以现金等非转账方式支付的手续费及佣金不得在税前扣除。企业为发行权益性证券支付给有关证券承销机构的手续费及佣金不得在税前扣除。

③企业已计入固定资产、无形资产等相关资产的手续费及佣金支出，应当通过折旧、摊销等方式分期扣除，不得在发生当期直接扣除。

（19）其他允许扣除的支出。

【例 5 – 13】（单选题）企业发生的下列支出中，在计算企业所得税应纳税所得额时准予扣除的是（　　）。

A. 税收滞纳金

B. 被没收财物的损失

C. 因延期交货支付给购买方的违约金

D. 向投资者支付的股息

【答案】 C

【解析】 本题考查准予在企业所得税前扣除的项目。

选项 A，税收滞纳金是税务机关对纳税人违法行为的经济制裁，不得在税前扣除，选项 A 错误。选项 B，被没收财物的损失，是国家职能部门对企业进行的处罚，属于行政性罚款，不得在税前扣除，选项 B 错误。选项 C，因延期交货支付给购买方的违约金，属于经营性罚款，可以在税前扣除，选项 C 正确。选项 D，向投资者支付的股息，是用税后利润进行的分配，不得在税前扣除，选项 D 错误。

【例 5 – 14】（单选题）可以在税前扣除的项目是（　　）。

A. 普通股股利　　B. 优先股股利

C. 向投资者分配的利润　　D. 债券利息

【答案】 D

【解析】 选项 A，普通股股利是企业向股东分配的利润，属于股东的所得，不属于企业的成本或费用，因此不能在税前扣除。选项 B，优先股股利同样是企业向股东分配的利润，也不能在税前扣除。选项 C，向投资者分配的利润是企业盈余的分配，不属于企业的成本或费用，不能在税前扣除。选项 D，债券利息是企业为筹集资金而支付给债券持有人的利息支出，属于企业的财务费用，可以在计算应纳税所得额时在税前扣除。

5.3.5　不得扣除的项目

在计算应纳税所得额时，下列支出不得扣除：

（1）向投资者支付的股息、红利等权益性投资收益款项。

（2）企业所得税税款。

（3）税收滞纳金，是指纳税人违反税收法规，被税务机关处以的滞纳金。

（4）罚金、罚款和被没收财物的损失，是指纳税人违反国家有关法律、法规规定，被有关部门处以的罚款，以及被司法机关处以的罚金和被没收财物。

（5）超过规定标准的捐赠支出。

（6）赞助支出，是指企业发生的与生产经营活动无关的各种非广告性质支出。

（7）未经核定的准备金支出，是指不符合国务院财政、税务主管部门规定的各项资产减值准备、风险准备等准备金支出。

（8）企业之间支付的管理费、企业内营业机构之间支付的租金和特许权使用费，以及非银行企业内营业机构之间支付的利息。

（9）与取得收入无关的其他支出。

5.3.6 允许弥补的以前年度亏损

亏损，是指企业依照《企业所得税法》及其《实施条例》的规定，将每一纳税年度的收入总额减除不征税收入、免税收入和各项扣除后小于零的数额。税法规定，企业某一纳税年度发生的亏损可以用下一年度的所得弥补，下一年度的所得不足以弥补的，可以逐年延续弥补，但最长不得超过 5 年。而且，企业在汇总计算缴纳企业所得税时，其境外营业机构的亏损不得抵减境内营业机构的盈利。

自 2018 年 1 月 1 日起，当年具备高新技术企业或科技型中小企业资格的企业，其具备资格年度之前 5 个年度发生的尚未弥补完的亏损，准予结转以后年度弥补，最长结转年限由 5 年延长至 10 年。

企业筹办期间不计算为亏损年度，企业自开始生产经营的年度，为开始计算企业损益的年度。企业从事生产经营之前进行筹办活动期间发生的筹办费用支出，不得计算为当期的亏损，企业可以在开始经营之日的当年一次性扣除，也可以按照税法有关长期待摊费用的处理规定处理，但一经选定，不得改变。

5.4 资产的税务处理

企业的各项资产，包括固定资产、生物资产、无形资产、长期待摊费用、投资资产、存货等，以历史成本为计税基础。

历史成本，是指企业取得该项资产时实际发生的支出。企业持有各项资产期间资产增值或者减值，除国务院财政、税务主管部门规定可以确认损益外，不得调整该资产的计税基础。

在资产的税务处理过程中，必须首先确定资产账面价值和计税基础的区别。资产的账面价值是遵循会计准则规定而记录的资产价值，主要用于反映在财务报表上，向投资者和债权人展示企业的财务状况；而计税基础是遵循税法规定而记录的资产价值，主要作为企业计算应纳税所得额时对所持资产进行估值和计算的初始点。两者都基于资产的原始成本并考虑折旧或摊销，企业需要同时管理这两个概念以确保会计和税务的准确性及合规性。

5.4.1　固定资产的税务处理

固定资产，是指企业为生产产品、提供劳务、出租或者经营管理而持有的、使用时间超过 12 个月的非货币性资产，包括房屋、建筑物、机器、机械、运输工具以及其他与生产经营活动有关的设备、器具、工具等。

1. 固定资产的计税基础

固定资产的计税基础通常指的是用于计算税法意义上折旧费用的基数，即计税基础是计算应纳税所得额中可抵扣折旧费用的出发点。在税法中，固定资产的计税基础一般是指固定资产的原始购置成本，包括购买价格、运输费用、安装调试费用以及其他直接归属于固定资产购置成本的费用。

按照固定资产类型不同，分别按照以下方法确定计税基础：

（1）外购的固定资产，以购买价款和支付的相关税费以及直接归属于使该资产达到预定用途发生的其他支出为计税基础。

（2）自行建造的固定资产，以竣工结算前发生的支出为计税基础。

（3）融资租入的固定资产，以租赁合同约定的付款总额和承租人在签订租赁合同过程中发生的相关费用为计税基础。租赁合同未约定付款总额的，以该资产的公允价值和承租人在签订租赁合同过程中发生的相关费用为计税基础。

（4）盘盈的固定资产，以同类固定资产的重置完全价值为计税基础。

通过捐赠、投资、非货币性资产交换、债务重组等方式取得的固定资产，以该资产的公允价值和支付的相关税费为计税基础。

（5）改建的固定资产，除已足额提取折旧的固定资产和租入的固定资产以外的其他固定资产，以改建过程中发生的改建支出增加计税基础。

可以看出，以各种方式取得的固定资产，初始确认时按照会计准则规定确定的入账价值基本上是被税法认可的，即取得时其账面价值一般等于计税基础。

2. 固定资产折旧的处理

在计算企业应纳税所得额时，可以从企业的收入中扣除按照固定资产的计税基础以及适用的折旧方法和折旧率计算的折旧费用。按照税法规定，固定资产折旧范围、折旧方法和折旧年限规定如下：

（1）折旧范围。

税法规定，在计算应纳税所得额时，企业按照税法规定计算的固定资产折旧，准予扣除。但下列固定资产不得计算折旧扣除：

①房屋、建筑物以外未投入使用的固定资产。

②以经营租赁方式租入的固定资产。

③以融资租赁方式租出的固定资产。

④已足额提取折旧仍继续使用的固定资产。

⑤与经营活动无关的固定资产。

⑥单独估价作为固定资产入账的土地。

⑦其他不得计算折旧扣除的固定资产。

（2）折旧方法。

①企业应当自固定资产投入使用月份的次月起计算折旧；停止使用的固定资产，应当自停止使用月份的次月起停止计算折旧。

②企业应当根据固定资产的性质和使用情况，合理确定固定资产的预计净残值。固定资产的预计净残值一经确定，不得变更。

③固定资产通常采用直线法计算折旧，并允许作为税前扣除项目。

（3）折旧年限。

税法规定的固定资产计算折旧的最低年限如下：

①房屋、建筑物，为 20 年。

②飞机、火车、轮船、机器、机械和其他生产设备，为 10 年。

③与生产经营活动有关的器具、工具、家具等，为 5 年。

④飞机、火车、轮船以外的运输工具，为 4 年。

⑤电子设备，为 3 年。

⑥ 从事开采石油、天然气等矿产资源的企业，在开始进行商业性生产前发生的费用和有关固定资产的折耗、折旧方法，由国务院财政、税务主管部门另行规定。

（4）固定资产减值准备的处理。

税法规定，企业持有固定资产期间，按会计规定提取的固定资产减值准备，不得调整该固定资产的计税基础。后续仍按税法确定的计税基础计算摊销额。

固定资产的折旧计算不会因为会计上的减值准备而受到影响。企业在计算应纳税所得额时，需要按照税法规定的计税基础来计算固定资产的折旧扣除，而不是按照会计上调整后的账面价值。这样做的目的是保持税务折旧的稳定性，避免因会计减值而导致的税基波动。

以各种方式取得的固定资产，初始确认时按照会计准则规定确定的入账价值基本上是被税法认可的，即取得时其账面价值一般等于计税基础。而由于固定资产在持有期间进行后续计量时，会计与税法规定的相关折旧方法、折旧年限以及固定资产减值准备的提取等处理的不同，可能造成固定资产的账面价值与计税基础的差异。

5. 4. 2　生物资产的税务处理

生物资产，是指有生命的动物和植物。生物资产分为消耗性生物资产、生产性生物资产和公益性生物资产。消耗性生物资产，是指为出售而持有的或在将来收获为农产品的生物资产，包括生长中的农田作物、蔬菜、用材林以及存栏待售的牲畜等。生产性生物资产，是指为产出农产品、提供劳务或出租等目的而持有的生物资产，包括经济林、薪炭林、产畜和役畜等。公益性生物资产，是指以防护、环境保护为主要目的的生物资产，包括防风固沙林、水土保持林和水源涵养林等。

1. 生物资产的计税基础

生产性生物资产按照以下方法确定计税基础：

（1）外购的生产性生物资产，以购买价款和支付的相关税费为计税基础。

（2）通过捐赠、投资、非货币性资产交换、债务重组等方式取得的生产性生物资产，以该资产的公允价值和支付的相关税费为计税基础。

2. 生物资产的折旧方法和折旧年限

生产性生物资产按照直线法计算的折旧，准予扣除。企业应当自生产性生物资产投入使用月份的次月起计算折旧；停止使用的生产性生物资产，应当自停止使用月份的次月起停止计算折旧。

企业应当根据生产性生物资产的性质和使用情况，合理确定生产性生物资产的预计净残值。生产性生物资产的预计净残值一经确定，不得变更。生产性生物资产计算折旧的最低年限如下：

（1）林木类生产性生物资产，为 10 年。

（2）畜类生产性生物资产，为 3 年。

5. 4. 3　无形资产的税务处理

无形资产，是指企业长期使用，但没有实物形态的资产，包括专利权、商标权、著作权、土地使用权、非专利技术、商誉等。

1. 无形资产的计税基础

无形资产的计税基础通常是指用于计算税法意义上的摊销费用的基数，即计税基础是计算应纳税所得额中可抵扣摊销费用的出发点。在税法中，无形资产的计税基础一般是指无形资产的原始购置成本，包括购买价格、相关的法律费用、注册费用以及其他直接归属于无形资产购置成本的费用。

按照无形资产类型不同，无形资产按照以下方法确定计税基础：

（1）外购的无形资产，以购买价款和支付的相关税费以及直接归属于使该资产达到预定用途发生的其他支出为计税基础。

（2）自行开发的无形资产，以开发过程中该资产符合资本化条件后至达到预定用途前发生的支出为计税基础。

（3）通过捐赠、投资、非货币性资产交换、债务重组等方式取得的无形资产，以该资产的公允价值和支付的相关税费为计税基础。

可以看出，以各种方式取得的无形资产，初始确认时按照会计准则规定确定的入账价值基本上是被税法认可的，即取得时其账面价值一般等于计税基础。

2. 无形资产的摊销的处理

在计算企业应纳税所得额时，可以从企业的收入中扣除按照无形资产的计税基础以及适用的摊销方法和摊销率计算的摊销费用。按照税法规定，无形资产摊销范围、摊销方法和摊销年限规定如下：

（1）摊销范围。

在计算应纳税所得额时，企业按照规定计算的无形资产摊销费用，准予扣除。下列无形资产不得计算摊销费用扣除：

①自行开发的支出已在计算应纳税所得额时扣除的无形资产。

②自创商誉。

③与经营活动无关的无形资产。

④其他不得计算摊销费用扣除的无形资产。

（2）无形资产摊销方法和摊销年限。

无形资产的摊销，采取直线法计算。无形资产的摊销年限不得低于 10 年。作为投资或者受让的无形资产，有关法律规定或者合同约定了使用年限的，可以按照规定或者约定的使用年限分期摊销。

3. 无形资产减值准备的处理

税法规定，企业持有无形资产期间，按会计规定提取的无形资产减值准备，不得调整该无形资产的计税基础。后续仍按税法确定的计税基础计算摊销额。

5.4.4　长期待摊费用的税务处理

长期待摊费用，是指企业发生的应在 1 个年度以上或几个年度进行摊销的费用。

在计算应纳税所得额时，企业发生的下列支出作为长期待摊费用，按照规定摊销的，准予扣除。

（1）已足额提取折旧的固定资产的改建支出。

（2）租入固定资产的改建支出。

（3）固定资产的大修理支出。

（4）其他应当作为长期待摊费用的支出。

企业的固定资产修理支出可在发生当期直接扣除。

企业的固定资产改良支出，如果有关固定资产尚未提足折旧，可增加固定资产价值；如有关固定资产已提足折旧，可作为长期待摊费用，在规定的期间内平均摊销。

固定资产的改建支出，是指改变房屋或者建筑物结构、延长使用年限等发生的支出。已足额提取折旧的固定资产的改建支出，按照固定资产预计尚可使用年限分期摊销；租入固定资产的改建支出，按照合同约定的剩余租赁期限分期摊销；改建的固定资产延长使用年限的，除已足额提取折旧的固定资产、租入固定资产的改建支出外，其他的固定资产发生改建支出，应当适当延长折旧年限。

大修理支出，按照固定资产尚可使用年限分期摊销。

《企业所得税法》所指固定资产的大修理支出，是指同时符合下列条件的支出：①修理支出达到取得固定资产时的计税基础 50% 以上；②修理后固定资产的使用年限延长 2 年以上。

其他应当作为长期待摊费用的支出，自支出发生月份的次月起，分期摊销，摊销年限不得低于 3 年。

5.4.5　存货的税务处理

存货，是指企业持有以备出售的产品或者商品、处在生产过程中的在产品、在生产或者提供劳务过程中耗用的材料和物料等。

1. 存货的计税基础

存货按照以下方法确定计税基础：

（1）通过支付现金方式取得的存货，以购买价款和支付的相关税费为计税基础。

（2）通过支付现金以外的方式取得的存货，以该存货的公允价值和支付的相关税费为计税基础。

（3）生产性生物资产收获的农产品，以产出或者采收过程中发生的材料费、人工费和分摊的间接费用等必要支出为计税基础。

2. 存货的成本计算方法

企业使用或者销售的存货的成本计算方法，可以在先进先出法、加权平均法、个别计价法中选用一种。计价方法一经选用，不得随意变更。

5.4.6 投资资产的税务处理

投资资产，是指企业对外进行权益性投资和债权性投资而形成的资产。

1. 投资资产的计税基础

投资资产按以下方法确定计税基础：通过支付现金方式取得的投资资产，以购买价款为计税基础；通过支付现金以外的方式取得的投资资产，以该资产的公允价值和支付的相关税费为计税基础。

2. 投资资产成本扣除办法

企业对外投资期间，投资资产的成本在计算应纳税所得额时不得扣除，企业在转让或者处置投资资产时，投资资产的成本准予扣除。

3. 投资企业撤回或减少投资的税务处理

自2011年7月1日起，投资企业从被投资企业撤回或减少投资，其取得的资产中，相当于初始出资的部分，应确认为投资收回；相当于被投资企业累计未分配利润和累计盈余公积按减少实收资本比例计算的部分，应确认为股息所得；其余部分确认为投资资产转让所得。

被投资企业发生的经营亏损，由被投资企业按规定结转弥补。投资企业不得调整降低其投资成本，也不得将其确认为投资损失。

5.5 税收优惠

税收优惠，是指国家运用税收政策在税收法律、行政法规中规定对某一部分特定企业和课税对象给予减轻或免除税收负担的一种措施。税法规定的企业所得税的税收优惠方式包括免税收入、免征减征所得税、加计扣除、加速折旧、减计收入、税额抵免等。

5.5.1　免征和减征优惠

企业的下列所得，可以免征或减征企业所得税。企业如果从事国家限制和禁止发展的项目，不得享受企业所得税优惠。

1. 从事农、林、牧、渔业项目的所得

（1）企业从事下列项目的所得，免征企业所得税：

①蔬菜、谷物、薯类、油料、豆类、棉花、麻类、糖料、水果、坚果的种植；

②农作物新品种的选育；

③中药材的种植；

④林木的培育和种植；

⑤牲畜、家禽的饲养；

⑥林产品的采集；

⑦灌溉、农产品初加工、兽医、农技推广、农机作业和维修等农、林、牧、渔服务业项目；

⑧远洋捕捞。

（2）企业从事下列项目的所得，减半征收企业所得税：

①花卉、茶以及其他饮料作物和香料作物的种植；

②海水养殖、内陆养殖；

③居民企业转让技术所有权所得超过 500 万元的部分，减半征收企业所得税。

2. 从事国家重点扶持的公共基础设施项目投资经营的所得

《企业所得税法》所称国家重点扶持的公共基础设施项目，是指《公共基础设施项目企业所得税优惠目录》规定的港口码头、机场、铁路、公路、电力、水利等项目。

（1）企业从事国家重点扶持的公共基础设施项目的投资经营的所得，自项目取得第一笔生产经营收入所属纳税年度起，第 1 年至第 3 年免征企业所得税，第 4 年至第 6 年减半征收（以下简称“三免三减半”）企业所得税。

（2）从事符合条件的环境保护、节能节水项目的所得，自项目取得第一笔生产经营收入所属纳税年度起，享受企业所得税“三免三减半”优惠。

3. 实施农村饮水安全工程所得

对农村饮水工程运营管理单位从事符合规定的饮水工程新建项目投资经营的所得，自项目取得第一笔生产经营收入所属纳税年度起，第 1 年至第 3 年免征企业所得税，第 4 年至第 6 年减半征收企业所得税。

4. 生产和装配伤残人员专门用品企业的所得

根据财政部、税务总局、民政部公告2023年第57号规定，至2027年12月31日，对符合条件的生产和装配伤残人员专门用品的居民企业，免征企业所得税。

5. 经营性文化事业单位转制为企业的所得

根据财政部、中央宣传部公告2023年第71号规定，经营性文化事业单位转制为企业，自转制注册之日起五年内免征企业所得税。

6. 符合条件的技术转让所得

符合条件的技术转让所得免征、减征企业所得税，是指一个纳税年度内，居民企业转让技术所得不超过500万元的部分，免征企业所得税；超过500万元的部分，减半征收企业所得税。

【例5-15】（单选题）某居民企业（适用所得税税率为25%）2023年自行计算的应纳税所得额为800万元，其中技术转让所得600万元，全额计入了应纳税所得额，假设该企业无其他纳税调整事项。该企业2023年应纳企业所得税（　　）万元。

A. 50　　B. 62.5　　C. 75　　D. 200

【答案】 B

【解析】 应纳企业所得税 $=\{800-[500+(600-500)\times 50\%]\}\times 25\%=62.5$（万元）

5.5.2 加计扣除优惠

企业所得税加计扣除是按照税法的规定，对企业实际支出项目按规定的比例给予税前扣除的基础上，再给予追加扣除，作为企业在计算应纳税所得额扣除数额的税收优惠。

1. 企业研究开发费加计扣除

自2023年1月1日起，企业开展研发活动实际发生的研发费用，未形成无形资产计入当期损益的，在按照规定据实扣除的基础上，再按照实际发生额的100%在税前加计扣除；形成无形资产的，按照无形资产成本的100%在税前摊销。

上述所称企业是指除烟草制造业、住宿和餐饮业、批发和零售业、房地产业、租赁和商务服务业、娱乐业等以外的企业。

2. 支持我国基础研究的加计扣除

对企业出资给非营利性科学技术研究开发机构（以下简称科研机构）、高等学校和政府性自然科学基金用于基础研究的支出，在计算应纳税所得额时可按实际发生额在税前扣除，并可按100%税前加计扣除。

3. 集成电路企业与工业母机企业研发费用

集成电路企业和工业母机企业开展研发活动中实际发生的研发费用，未形成无形资产计入当期损益的，在按规定据实扣除的基础上，在 2023 年 1 月 1 日至 2027 年 12 月 31 日期间，再按照实际发生额的 120% 税前扣除；形成无形资产的，在上述期间按照无形资产成本的 220% 在税前摊销。

4. 企业安置残疾人员支付工资费用的加计扣除

企业安置残疾人员所支付工资费用的加计扣除，是指企业安置残疾人员的，在按照支付给残疾职工工资据实扣除的基础上，按照支付给残疾职工工资的 100% 加计扣除。

【例 5－16】（单选题）某居民企业（制造业）2023 年 1 月发生新技术研发费 400 万元，其中 300 万元计入当期研发费用，100 万元形成无形资产，企业按 5 年对该无形资产进行摊销。本年会计利润为 500 万元。若根据税法规定，无形资产应按 10 年进行摊销，无其他纳税调整事项。该企业 2023 年应纳企业所得税（　　）万元。

A. 125　　B. 75　　C. 50　　D. 69.38

【答案】 C

【解析】 本年费用化的研发费用，可调减应纳税所得额 = 300 × 100% = 300（万元）

本年资本化的研发费用按照税法规定应调增的应纳税所得额 = 100 ÷ 5 － 100 × 200% ÷ 10 = 0（万元）

应纳企业所得税 =（500 － 300）× 25% = 50（万元）。

5.5.3 加速折旧优惠

1. 可以加速折旧的固定资产

可采用加速折旧方法的固定资产是指：由于技术进步，产品更新换代较快的固定资产；或者常年处于强震动、高腐蚀状态的固定资产。

需加速折旧的，可以采用缩短折旧年限或者采取加速折旧的方法。缩短折旧年限的，最低折旧年限不得低于规定折旧年限的 60%；采取加速折旧方法的，可采取双倍余额递减法或者年数总和法。

2019 年 1 月 1 日起，固定资产加速折旧优惠的行业范围，扩大至全部制造业领域。

2. 设备、器具等固定资产一次性扣除规定

企业在 2024 年 1 月 1 日至 2027 年 12 月 31 日期间新购进的设备、器具，单位价值不超过 500 万元的，允许一次性计入当期成本费用在计算应纳税所得额时扣除，不再分年度计算折旧；单位价值超过500万元的，允许由企业选择缩短折旧年限或采取加速折旧的方法。

5.5.4 减计收入优惠

1. 综合利用资源的收入

企业综合利用资源，生产符合国家产业政策规定的产品所取得的收入，可以在计算应纳税所得额时减计收入。

减计收入，是指企业以《资源综合利用企业所得税优惠目录》规定的资源作为主要原材料，生产国家非限制和禁止并符合国家和行业相关标准的产品取得的收入，减按90% 计入收入总额。

2. 支持农村发展的金融收入

为支持农村金融发展，在2027年12月31日之前，实施如下税收优惠：

（1）对符合条件的金融机构农户小额贷款的利息收入，在计算应纳税所得额时，按90%计入收入总额。

（2）对保险公司为种植业、养殖业提供保险业务取得的保费收入，在计算应纳税所得额时，按90%计入收入总额。

5.5.5 税率优惠

（1）国家扶持的高新技术企业减按15%税率征收企业所得税。

（2）自2017年1月1日起，在全国范围内对经认定的技术先进型服务企业，减按15%的税率征收所得税。

（3）对符合条件的从事污染防治的第三方企业，自2024年1月1日起至2027年12月31日止，减按15%的税率征收企业所得税。

（4）小微企业2023年1月1日至2027年12月31日优惠政策。2023年1月1日至2027年12月31日对小型微利企业年应纳税所得额减按25%计入计算应纳税所得额，按20%的税率缴纳企业所得税。

【例5－17】（单选题）某居民企业是小型微利企业，假设2023年销售商品取得不含税销售收入200万元，实现的利润总额为7万元。其中，管理费用36万元，包括业务招待费4万元；营业外支出中包括违法罚款以及税收滞纳金共计4万元；经税务机关核定的上年亏损11万元。该企业2023年应纳企业所得税（　　）万元。

A. 0.7　　B. 0.6　　C. 0.15　　D. 0.075

【答案】C

【解析】业务招待费扣除限额 = 200 × 5‰ = 1（万元），扣除限额 2 = 4 × 60% = 2.4（万元），因此业务招待费应调增应纳税所得额 = 4 − 1 = 3（万元）

企业 2023 年应纳税所得额 = 7 + 3 + 4 − 11 = 3（万元）

应纳税额 = 3 × 25% × 20% = 0.15（万元）

5.5.6　税额抵免优惠

1. 购买并实际使用专用设备优惠

税额抵免是指企业购置并实际使用《环境保护专用设备企业所得税优惠目录》《节能节水专用设备企业所得税优惠目录》和《安全生产专用设备企业所得税优惠目录》规定的环境保护、节能节水、安全生产等专用设备的，该专用设备的投资额的 10% 可以从企业当年的应纳税额中抵免；当年不足抵免的，可以在以后 5 个纳税年度结转抵免。

享受法律规定企业所得税优惠的企业，应当实际购置并自身实际投入使用法律规定的专用设备；企业购置上述专用设备在 5 年内转让、出租的，应当停止享受企业所得税优惠，并补缴已经抵免的企业所得税税款。转让的受让方可以按照该专用设备投资额 10% 抵免当年企业所得税应纳税额；当年应纳税额不足抵免的，可以在以后 5 个纳税年度结转抵免。

2. 创业投资企业优惠

创业投资企业采取股权投资方式直接投资于初创科技型企业满 2 年的，可以按照其投资额的 70% 在股权持有满 2 年的当年抵扣该创业投资企业的应纳税所得额；当年不足抵扣的，可以在以后纳税年度结转抵扣。

5.5.7　特殊地区税收优惠

1. 民族区域自治地方的优惠

民族区域自治地方的自治机关对本民族区域自治地方的企业应缴纳的企业所得税中属于地方分享的部分，可以决定减征或者免征。自治州、自治县决定减征或者免征的，须报省、自治区、直辖市人民政府批准。

2. 西部大开发的税收优惠

（1）适用范围。

西部地区包括重庆市、四川省、贵州省、云南省、西藏自治区、陕西省、甘肃省、宁夏回族自治区、青海省、新疆维吾尔自治区、新疆生产建设兵团、内蒙古自治区和广西壮族自治区（上述地区统称西部地区）。湖南省湘西土家族苗族自治州、湖北省恩施土家族苗族自治州、吉林省延边朝鲜族自治州、江西省赣州市，可以比照西部地区的税收优惠政策执行。

（2）具体内容。

①对设在西部地区国家鼓励类产业企业，在2021年1月1日至2030年12月31日期间，减按15%的税率征收企业所得税。

②对在西部地区新办交通、电力、水利、邮政、广播电视企业，上述项目业务收入占企业收入总额60%以上的，可以享受企业所得税如下优惠政策：内资企业自开始生产经营之日起，享受企业所得税“两免三减半”税收优惠。

5.5.8 特殊行业税收优惠

1. 软件产业和集成电路产业

（1）国家鼓励的集成电路线宽小于28纳米（含），且经营期在15年以上的集成电路生产企业或项目，第1年至第10年免征企业所得税；国家鼓励的集成电路线宽小于65纳米（含），且经营期在15年以上的集成电路生产企业或项目，第1年至第5年免征企业所得税，第6年至第10年按照25%的法定税率减半征收企业所得税；国家鼓励的集成电路线宽小于130纳米（含），且经营期在10年以上的集成电路生产企业或项目，第1年至第2年免征企业所得税，第3年至第5年按照25%的法定税率减半征收企业所得税（以下简称“两免三减半”）。

（2）国家鼓励的线宽小于130纳米（含）的集成电路生产企业，属于国家鼓励的集成电路生产企业清单年度之前5个纳税年度发生的尚未弥补完的亏损，准予向以后年度结转，总结转年限最长不得超过10年。

（3）国家鼓励的集成电路设计、装备、材料、封装、测试企业和软件企业，自获利年度起，享受“两免三减半”的企业所得税优惠待遇，按照25%的法定税率减半征收企业所得税。

（4）国家鼓励的重点集成电路设计企业和软件企业，自获利年度起，第1年至第5年免征企业所得税，接续年度减按10%的税率征收企业所得税。

2. 证券投资基金

（1）对证券投资基金从证券市场中取得的收入，包括买卖股票、债券的差价收入，股权的股息、红利收入，债券的利息收入及其他收入，暂不征收企业所得税。

（2）对投资者从证券投资基金分配中取得的收入，暂不征收企业所得税。

（3）对证券投资基金管理人运用基金买卖股票、债券的差价收入，暂不征收企业所得税。

3. 节能环保服务

自2011年1月1日起，对符合条件的节能服务公司实施合同能源管理项目，符合《企业所得税法》有关规定的，自项目取得第一笔生产经营收入所属纳税年度起，享受“三免三减半”的优惠待遇，按照25%的法定税率减半征收企业所得税。

4. 电网企业电网新建项目

根据《企业所得税法》及其《实施条例》的有关规定，居民企业从事符合《公共基础设施项目企业所得税优惠目录（2008年版）》规定条件和标准的电网（输变电设施）的新建项目，可依法享受“三免三减半”的企业所得税优惠政策。基于企业电网新建项目的核算特点，暂以资产比例法，即以企业新增输变电固定资产原值占企业总输变电固定资产原值的比例，合理计算电网新建项目的应纳税所得额，并据此享受“三免三减半”的企业所得税优惠政策。

5.5.9　非居民企业税收优惠

非居民企业减按10%征收企业所得税。这里的非居民企业是指在中国境内未设立机构、场所的，或者虽设立机构、场所但取得的所得与其所设机构、场所没有实际联系的一类非居民企业。该类企业的下列所得可以免征企业所得税：

外国政府向中国政府提供贷款取得的利息所得；

国际金融组织向中国政府和居民企业提供优惠贷款取得的利息所得；

经国务院批准的其他所得。

【例5-18】（单选题）在中国境内未设立机构、场所的非居民企业，计算企业所得税应纳税所得额所采用的下列方法中，符合税法规定的是（　　）。

A. 股息所得以收入全额为应纳税所得额

B. 财产转让所得以转让收入全额为应纳税所得额

C. 租金所得以租金收入减去房屋折旧为应纳税所得额

D. 特许权使用费所得以收入减去特许权摊销费用为应纳税所得额

【答案】 A

【解析】 本题考查非居民企业应纳税所得额的计算。

在中国境内未设立机构、场所的，或者虽设立机构、场所但取得的所得与其所设机构、场所没有实际联系的非居民企业的所得，按照下列方法计算应纳税所得额：

（1）股息、红利等权益性投资收益和利息、租金、特许权使用费所得，以收入全额为应纳税所得额。选项A正确，选项C、D错误。（2）转让财产所得，以收入全额减除财产净值后的余额为应纳税所得额，选项B错误。

5.6 应纳税额

5.6.1 居民企业应纳税所得额的计算

应纳税所得额的具体计算方法，一般包括直接法和间接法两种方法。

1. 直接法

直接法，就是根据应纳税所得额的定义来计算的方法。直接法计算应纳税所得额的基本公式如下：

应纳税所得额＝收入总额－各项扣除－不征税收入－免税收入＋允许弥补的以前年度亏损

2. 间接法

间接法，是在利润总额的基础上加（减）纳税调整项目金额得到应纳税所得额的方法。间接法计算应纳税所得额的基本公式如下：

应纳税所得额＝会计利润总额＋纳税调整增加额－纳税调整减少额

纳税调整增加（减少）金额是由于税收法规和会计法规在某些收入、支出方面的计算口径和确认时间上存在差异而产生的。

（1）纳税调整增加额。

纳税调整增加额指的是企业税前扣除的项目，虽然符合会计核算的标准，但是不符合税法的规定，不能在税前扣除，需要进行调增处理。

纳税调整增加额一般分为两种情况。

第一种情况：按会计准则的规定，已经全额确认为费用或损失，而税法规定不能扣除的项目金额。如税收滞纳金、罚金、罚款等。

对于这类项目，应就全额调整增加应纳税所得额。公式如下：

纳税调整增加额＝会计利润中已抵扣的全部金额

第二种情况：按会计准则的规定，已经全额确认为费用或损失，但是超过税法规定的扣除标准的金额，如超过税法规定扣除标准的职工福利费、工会经费、职工教育经费、业务招待费、公益性捐赠支出、广告费和业务宣传费等。

纳税调整增加额 = 会计利润中已抵扣而税法不允许抵扣的部分金额

（2）纳税调整减少额。

纳税调整减少额，是指税收上规定当年可以税前列支或提取而企业尚未税前列支或提取的调整。主要包括税法规定允许弥补的前五年内的未弥补亏损、不征税收入和免税收入、加计扣除。

加计扣除是指按照税法规定，在实际发生数额的基础上，再加成一定比例，作为计算应纳税所得额时的扣除数额的一种税收优惠措施。

企业的应纳税所得额乘以适用税率，减除依照《企业所得税法》关于税收优惠的规定减免和抵免的税额后的余额，为应纳税额。

应纳税额 = 应纳税所得额 × 适用税率 − 可减免税额 − 可抵免税额

【例 5 − 19】 制造企业为增值税一般纳税人，自 2022 年起被认定为高新技术企业。其 2023 年度的生产经营情况如下：

（1）当年销售货物实现销售收入 8 400 万元，对应的成本为 5 100 万元。

（2）12 月购入专门用于研发的新设备，取得增值税普通发票上注明的金额为 600 万元，当月投入使用。会计上作为固定资产核算并按照 5 年计提折旧。

（3）通过其他业务收入核算转让 5 年以上非独占许可使用权收入 700 万元，与之相应的成本及税费为 100 万元。

（4）当年发生管理费用 800 万元，其中含新产品研究开发费用 400 万元（已独立核算管理）、业务招待费 80 万元。

（5）当年发生销售费用 1 800 万元，其中含广告费 1 500 万元。

（6）当年发生财务费用 200 万元。

（7）取得国债利息收入 150 万元，企业债券利息收入 180 万元。

（8）全年计入成本、费用的实发合理工资总额 400 万元（含残疾职工工资 50 万元），实际发生职工福利费 120 万元，职工教育经费 33 万元，拨缴工会经费 18 万元。

（9）当年发生营业外支出共计 130 万元，其中违约金 5 万元，税收滞纳金 7 万元，补缴高管个人所得税 15 万元。

（10）当年税金及附加科目共列支 200 万元。

（其他相关资料：各扣除项目均已取得有效凭证，相关优惠已办理必要手续）

要求：根据上述资料，计算出 2023 年该企业的应纳税所得额以及应纳税额。

【解析】

（1）12 月购进新设备的成本不能一次性税前列支。

因为根据税法相关规定，对所有行业 2018 年 1 月 1 日后新购进的仪器和设备、单位价值不超过 500 万元的，允许一次性计入当期成本费用在计算应纳税所得额时扣除，不再分年度计算折旧。

当年的会计利润 = 8 400 − 5 100 + 700 − 100 − 800 − 1 800 − 200 + 150 + 180 − 130 − 200 = 1 100（万元）

（2）纳税调整事项。

a. 转让非独占许可使用权应调减应纳税所得额 = 500 + (700 − 100 − 500) × 50% = 550（万元）

符合条件的技术转让所得可以免征、减征企业所得税，是指一个纳税年度内，居民企业技术转让所得不超过500万元的部分，免征企业所得税；超过500万元的部分，减半征收企业所得税。

技术转让的范围包括居民企业转让专利技术、计算机软件著作权、集成电路布图设计权、植物新品种、生物医药新品种、5年以上（含5年）非独占许可使用权以及财政部和国家税务总局确定的其他技术。

b. 研究开发费用应调减应纳税所得额 = 400 × 100% = 400（万元）

c. 业务招待费限额1 = (8 000 + 700) × 0.5% = 43.5（万元）

业务招待费限额2 = 80 × 60% = 48（万元）

业务招待费应调增应纳税所得额 = 80 − 43.5 = 36.5（万元）

d. 广告费扣除限额 = (8 000 + 700) × 15% = 1 305（万元）

广告费应调增应纳税所得额 = 1 500 − 1 305 = 195（万元）

e. 业务（7）应调减应纳税所得额150（万元）

f. 残疾职工工资应调减应纳税所得额50（万元）

g. 工会经费扣除限额 = 400 × 2% = 8（万元），应调增应纳税所得额 = 18 − 8 = 10（万元）

职工福利费扣除限额 = 400 × 14% = 56（万元），应调增应纳税所得额 = 120 − 56 = 64（万元）

职工教育经费扣除限额 = 400 × 8% = 32（万元），应调增应纳税所得额 = 33 − 32 = 1（万元）

合计应调增应纳税所得额 = −50 + 10 + 6 + 1 = 25（万元）

第一，高新技术企业发生的职工教育经费支出，不超过工资薪金总额8%的部分，准予在计算企业所得税应纳税所得额时扣除；超过部分，准予在以后纳税年度结转扣除。

第二，企业安置残疾人员的，计算企业所得税时，在按照支付给残疾职工工资在税前据实扣除的基础上，按照支付给残疾人员工资的100%加计扣除。

h. 业务（9）应调增应纳税所得额 = 7 + 15 = 22（万元）

（3）企业所得税的应纳税所得额 = 1 100 - 550 - 400 + 36.5 + 195 - 150 + 25 + 22 = 278.5（万元）

（4）应缴纳的企业所得税 = 278.5 × 15% = 41.78（万元）。

5.6.2　境外所得抵扣税额的计算

企业取得的下列所得已在境外缴纳的所得税税额，可以从其当期应纳税额中抵免。抵免限额为该项所得依照《企业所得税法》规定计算的应纳税额；超过抵免限额的部分，可在以后 5 个年度内，用每年度抵免限额抵免当年应抵税额后的余额进行抵补。

（1）居民企业来源于中国境外的应税所得。

（2）非居民企业在中国境内设立机构、场所，取得发生在中国境外但与该机构、场所有实际联系的应税所得。

（3）居民企业从其直接或者间接控制的外国企业分得的来源于中国境外的股息、红利等权益性投资收益，外国企业在境外实际缴纳的所得税税额中属于该项所得负担的部分，可以作为该居民企业的可抵免境外所得税税额，在《企业所得税法》规定的抵免限额内抵免。

上述所称直接控制，是指居民企业直接持有外国企业 20% 以上股份。

上述所称间接控制，是指居民企业以间接持股方式持有外国企业 20% 以上股份，具体认定办法由国务院财政、税务主管部门另行制定。

已在境外缴纳的所得税税额，是指企业来源于中国境外的所得依照中国境外税收法律以及相关规定应当缴纳并已经实际缴纳的企业所得税性质的税款。企业依照《企业所得税法》的规定抵免企业所得税税额时，应当提供中国境外税务机关出具的税款所属年度的有关纳税凭证。

抵免限额是指企业来源于中国境外的所得，依照《企业所得税法》和实施条例的规定计算的应纳税额。除国务院财政、税务主管部门另有规定外，该抵免限额应当分国（地区）不分项计算。计算公式为：

抵免限额 = 中国境内外所得依照企业所得税法和条例规定计算的应纳税总额 × 来源于某国(地区)的应纳税所得额/中国境内外应纳税所得总额

前述 5 个年度是指从企业取得来源于中国境外的所得，并且在中国境外缴纳的企业所得税性质的税额超过抵免限额的次年起连续 5 个纳税年度。

自 2017 年 1 月 1 日起，企业可以选择按国（地区）别分别计算［即“分国（地区）不分项”］，或者不按国（地区）别汇总计算［即“不分国（地区）不分项”］其来源于境外的应纳税所得额，分别计算其可抵免境外所得税税额和抵免限额。上述方式一经选择，5 年内不得改变。

企业在境外取得的股息所得，在按规定计算该企业境外股息所得的可抵免所得税税额和抵免限额时，由该企业直接或者间接持有 20% 以上股份的外国企业，限于按照财税〔2009〕125 号文第六条规定的持股方式确定的五层外国企业。

【例 5－20】（单选题）某居民企业 2023 年度境内应纳税所得额为 1 000 万元；设立在甲国的分公司就其境外所得在甲国已纳企业所得税 40 万元。甲国企业所得税税率为 20%。该居民企业 2023 年度企业所得税应纳税所得额是（　　）。

A. 760 万元　　B. 800 万元　　C. 840 万元　　D. 1 000 万元

【答案】 D

【解析】 根据中国税法规定，居民企业应当就其来源于中国境内外的所得缴纳企业所得税。该居民企业在境内的应纳税所得额为 1 000 万元，这部分所得需要在中国缴纳企业所得税。至于该企业在甲国分公司的境外所得，虽然在甲国已经缴纳了企业所得税 40 万元，但根据中国税法的规定，居民企业在境外取得的所得也应当计入其在中国的应纳税所得额中，并可以根据税收协定或者中国税法规定抵免在境外已缴纳的税额。

5.7 征收管理

5.7.1 纳税地点

除税收法律、行政法规另有规定外，居民企业以企业登记注册地为纳税地点；但登记注册地在境外的，以实际管理机构所在地为纳税地点。

非居民企业取得征税对象中第（2）条规定的所得，以机构、场所所在地为纳税地点。非居民企业在中国境内设立两个或者两个以上机构、场所，符合国务院税务主管部门规定条件的，可以选择由其主要机构、场所汇总缴纳企业所得税。

非居民企业取得征税对象中第（2）条规定的所得，以扣缴义务人所在地为纳税地点。

居民企业在中国境内设立不具有法人资格的营业机构的，应当汇总计算并缴纳企业所得税。除国务院另有规定外，企业之间不得合并缴纳企业所得税。

5.7.2 纳税年度

企业所得税按纳税年度计算。纳税年度自公历 1 月 1 日起至 12 月 31 日止。

企业在一个纳税年度中间开业，或者终止经营活动，使该纳税年度的实际经营期不足十二个月的，应当以其实际经营期为一个纳税年度。

企业依法清算时，应当以清算期间作为一个纳税年度。

5.7.3 征收方式

企业所得税的征收方式有两种，一种是查账征收，另一种是核定征收。

查账征收是指纳税人在规定的纳税期限内根据自己的财务报表或经营情况，向税务机关申请其营业额和所得额，经税务机关审核后，由纳税人限期缴纳税款的方式。查账征收的计算方法：

应纳所得税额 = 应纳税所得额 × 适用税率

核定征收主要是指由于纳税人会计账簿不健全，资料残缺难以查账，或者计税依据明显偏低等其他原因难以确定纳税人应纳税额时，由税务机关依法采用合理的方法，在正常生产经营条件下，对其生产的应税产品查实核定产量和销售额，然后依照税法规定的税率征收税款的征收方式。核定征收的计算方法：

应纳税所得额 = 收入总额 × 应税所得率或 = 成本费用支出额/(1 - 应税所得率) × 应税所得率

税务机关根据纳税人的经营地点、规模、品种、同行业的税负、当地的经济水平等因素，核定纳税人每月需要缴纳数额相同的税款。

税务机关对具有下列情形之一的，不能正确核算纳税所得的企业所得税纳税人采取核定征收方式征收企业所得税：

(1) 依照税收法律法规规定可以不设账簿的或按照税收法律法规规定应设置但未设置账簿的；

(2) 只能准确核算收入总额，或收入总额能够查实，但其成本费用支出不能准确核算的；

(3) 只能准确核算成本费用支出，或成本费用支出能够查实，但其收入总额不能准确核算的；

(4) 收入总额及成本费用支出均不能正确核算，不能向主管税务机关提供真实、准确、完整纳税资料，难以查实的；

(5) 收入总额及成本费用支出均不能正确核算，不能向主管税务机关提供真实、准确、完整纳税资料，难以查实的；

(6) 账目设置和核算虽然符合规定，但并未按规定保存有关账簿凭证及有关纳税资料的；

（7）发生纳税义务，未按照税收法律法规规定的期限纳税申报，经税务机关责令限期申报，逾期仍不申报的。

税务机关应根据纳税人具体情况，对核定征收企业所得税的纳税人，核定应税所得率或者核定应纳所得税额。

具有下列情形之一的，核定其应税所得率：

（1）能正确核算（查实）收入总额，但不能正确核算（查实）成本费用总额的；

（2）能正确核算（查实）成本费用总额，但不能正确核算（查实）收入总额的；

（3）通过合理方法，能计算和推定纳税人收入总额或成本费用总额的。

纳税人不属于以上情形的，核定其应纳所得税额。

主管地税机关可采用下列任何一种方法核定其应纳所得税额：

（1）参照当地同类行业和类似行业中经营规模和收入水平相近的纳税人的税负水平核定；

（2）按照销售（营业）收入或者成本加合理的费用和利润的方法核定；

（3）按照耗用的原材料、燃料、动力等推算或者测算核定；

（4）按照其他合理方法核定。

采用上述所列一种方法不足以正确核定应纳税额时，可以同时采用两种以上的方法核定。采用两种以上方法测算的应纳税额不一致时，可按测算的应纳税额从高核定。

纳税人对税务机关采取本条规定的方法核定的应纳税额有异议的，应当提供相关证据，经税务机关认定后，调整应纳税额。

值得注意的是，查账征收方式是企业所得税的主要征收方式，而核定征收方式只是在无法实行查账征收方式时的一种辅助征收方式。因此，要变更企业所得税的征收方式，只能是从不符合查账征收条件的核定征收企业，待其符合了查账征收条件后，变更为查账征收方式征收企业所得税的企业；而不能从已经确认为用查账征收方式征收企业所得税的企业倒退（变更）为核定征收企业所得税的企业。

5.7.4 纳税申报、税款预缴和汇算清缴

企业所得税的纳税申报、预缴和汇算清缴是企业履行税收义务的三个关键环节。

纳税申报是指企业按照税法规定，定期向税务机关报告其应纳税额的行为。企业需要根据自己的收入、成本、费用等财务情况，填写纳税申报表，并附送财务会计报告和其他有关资料。企业所得税的纳税申报通常按月或按季进行。具体申报期限由当地税务机关规定，一般是在每个月的15日或每个季度的15日前。

预缴是指企业在纳税年度内，根据税法规定和税务机关的要求，按照预计的应纳

税所得额，预先按季或按月缴纳企业所得税的行为。预缴的目的是分散企业一年的税负，避免年终一次性缴纳大额税款。企业应当自月份或者季度终了之日起十五日内，向税务机关报送预缴企业所得税纳税申报表，预缴税款。

汇算清缴是指企业在每个纳税年度结束后，根据实际的财务数据计算全年的应纳税所得额和应纳税额，并与预缴税额进行对比，以确定最终的补缴税款或退还税款的过程。企业应当自年度终了之日起五个月内，向税务机关报送年度企业所得税纳税申报表，并汇算清缴，结清应缴应退税款。

企业在年度中间终止经营活动的，应当自实际经营终止之日起六十日内，向税务机关办理当期企业所得税汇算清缴。企业应当在办理注销登记前，就其清算所得向税务机关申报并依法缴纳企业所得税。

依照本法缴纳的企业所得税，以人民币计算。所得以人民币以外的货币计算的，应当折合成人民币计算并缴纳税款。

案例解析

1. 上海某科技有限公司需要按照税法规定，定期进行纳税申报、预缴和汇算清缴等税收义务。

2. 作为高新技术企业，上海某科技有限公司可能适用的企业所得税税率为 15%。在计算应纳税所得额时，需要按照税法规定对营业成本、销售费用、管理费用和研发费用等进行合理扣除，并对投资收益进行税务处理。可以申请高新技术企业的税收优惠政策，享受较低的税率和其他可能的税收优惠措施。

3. 在征收管理方面，该公司需要确保按时完成纳税申报、预缴和汇算清缴，并保持良好的税务记录，以备税务检查时使用。

通过这个案例，学生可以了解企业所得税的基本概念、纳税义务人的责任、税率的应用、税收优惠政策的享受以及征收管理的重要性。

能力训练

一、单选题

1. 企业所得税的纳税义务人是指（　　）。

A. 所有企业

B. 在中国境内设立的企业

C. 在中国境内设立的企业及在中国境内有所得来源的外国企业

D. 所有个人和企业

2. 企业所得税的税率通常是（　　）。

A. 15%　　B. 20%　　C. 25%　　D. 30%

3. 下列哪项不属于税收优惠类型（　　）。

A. 减免税　　B. 税额抵免　　C. 退税　　D. 加计扣除

4. 企业在计算应纳税所得额时，以下哪项费用通常不允许扣除（　　）。

A. 研发费用　　B. 工资薪金　　C. 分红派息　　D. 折旧费用

5. 企业所得税的征收管理工作主要由哪个部门负责（　　）。

A. 工商行政管理部门　　B. 财政部门

C. 税务部门　　D. 审计部门

6. 下列项目收入中，不需要计入应纳税所得额的有（　　）。

A. 企业债券利息收入　　B. 居民企业之间股息收益

C. 债务重组收入　　D. 接受捐赠的实物资产价值

7. 下列关于居民企业和非居民企业的说法，不符合企业所得税法的规定的是（　　）。

A. 企业分为居民企业和非居民企业

B. 居民企业应当就其来源于中国境内、境外所得缴纳企业所得税

C. 非居民企业在中国境内设立机构、场所，应当就其来源于中国境内、境外所得缴纳企业所得税

D. 非居民企业在中国境内未设立机构、场所的，只就其来源于中国境内的所得缴纳企业所得税

8. 某企业于 2023 年 3 月 15 日开业，该企业的纳税年度时间为（　　）。

A. 2023 年 1 月 1 日至 2023 年 12 月 31 日

B. 2023 年 3 月 15 日至 2024 年 3 月 14 日

C. 2023 年 3 月 15 日至 2023 年 12 月 31 日

D. 以上三种由纳税人选择

9. 下列不符合企业所得税扣除项目标准的是（　　）。

A. 企业发生的福利费支出，不超过工资薪金总额 14% 的部分，准予扣除

B. 除已经计入资产成本及向所有者利润分配的相关部分外的汇兑损失，准予在税前扣除以后纳税年度结转扣除

C. 企业实际支付的合理的工资，薪金支出，准予扣除

D. 提取的用于环境保护，生态恢复等方面的专项资金，准予扣除

10. 企业发生的公益性捐赠支出，准予在计算应纳税所得额时扣除的比例为（　　）。

A. 应纳税所得额的 30% 以内的部分　　B. 应纳税所得额的 12% 以内的部分

C. 在年度利润总额 12% 以内的部分　　D. 在年度利润总额 30% 以内的部分

二、多选题

1. 企业所得税概述中，企业所得税的征税对象包括（　　）。

A. 企业的营业收入　　B. 企业的投资收益

C. 企业的其他收入　　D. 企业的成本费用

2. 企业所得税中，以下哪些资产的税务处理需要特别注意（　　）。

A. 固定资产　　B. 无形资产　　C. 存货　　D. 货币资金

3. 企业所得税法规定的税收优惠包括（　　）。

A. 减免税　　B. 加速折旧　　C. 税收抵免　　D. 减计收入

4. 在计算企业所得税的应纳税所得额时，以下哪些项目可以扣除（　　）。

A. 营业成本　　B. 税金及附加　　C. 销售费用　　D. 管理费用

5. 企业所得税的征收管理包括以下哪些内容（　　）。

A. 纳税申报　　B. 税款缴纳　　C. 税务检查　　D. 税务登记

6. 对于企业所得税法规定的税收优惠政策，下面说法正确的有（　　）。

A. 采取缩短折旧年限方法加速折旧的，最低折旧年限不得低于实施条例规定折旧年限的 60%

B. 安置残疾人员的企业，支付给残疾职工的工资在计算应纳税所得额时按 100% 加计扣除

C. 创业投资企业从事国家鼓励的创业投资，可按投资额的 70% 在股权持有满 2 年的当年抵免应纳税额

D. 符合条件的非营利组织从事营利性活动取得的收入，可作为免税收入，不并入应纳税所得额征税

7. 下列各项中，关于企业所得税所得来源的确定正确的有（　　）。

A. 销售货物所得按照交易活动发生地确定

B. 提供劳务所得按照劳务报酬支付地确定

C. 权益性投资资产转让所得按照被投资企业所在地确定

D. 特许权使用费所得按负担、支付所得的企业所在地确定

8. 下列说法中符合企业所得税法规定的有（　　）。

A. 企业计提的工资薪金支出可以税前扣除

B. 企业发生的职工教育经费支出，不超过工资薪金总额 2.5% 的部分准予扣除，超过部分不可以结转以后纳税年度扣除

C. 企业按规定的范围和标准为职工支付的补充养老保险费、补充医疗保险费可以扣除

D. 企业发生的职工福利费支出，不超过工资薪金总额 14% 的部分准予扣除

9. 根据企业所得税法律制度的规定，下列各项关于收入确定的表述中，正确的是（　　）。

A. 企业以非货币形式取得的收入，应当按照公允价值确定收入额

B. 以分期收款方式销售货物的，按照合同约定的收款日期确定收入的实现

C. 采取产品分成方式取得收入的，按照企业分得产品的日期确认收入的实现，其收入额按照产品的公允价值确定

D. 接受捐赠收入，按照承诺捐赠资产的日期确定收入

10. 根据《企业所得税法》有关规定，企业的下列资产或支出项目中，按规定应计提折旧的有（　　）。

A. 已足额提取折旧的固定资产的改建支出

B. 单独估价作为固定资产入账的土地

C. 以融资租赁方式租入的固定资产

D. 未投入使用的机器设备

三、判断题

1. 所有在中国境内注册的企业都必须缴纳企业所得税。（　　）

2. 企业所得税的税率是统一的，不会因企业类型和行业不同而有所不同。（　　）

3. 企业在计算应纳税所得额时，可以将捐赠支出全额扣除。（　　）

4. 企业所得税的税收优惠政策是为了鼓励企业投资和发展特定行业或地区。（　　）

5. 企业所得税的汇算清缴是指企业在纳税年度结束后，根据实际情况进行的年度税款结算。（　　）

6. 企业购置并实际使用用于环境保护、节能节水、安全生产等专用设备的，该专用设备的投资额的 10% 可以从企业当年的应纳税所得额中抵免；当年不足抵免的，可以在以后 5 个纳税年度结转抵免。（　　）

7. 除税收法律、行政法规另有规定外，居民企业以企业登记注册地为纳税地点；但登记注册地在境外的，以实际管理机构所在地为纳税地点。（　　）

8. 企业综合利用资源，生产符合国家产业政策规定的产品所取得的收入，减按 90% 计入收入总额，缴纳企业所得税。（　　）

9. 非居民企业在中国境内未设立机构、场所的，或者虽设立机构、场所但取得的所得与其所设机构、场所没有实际联系的，可不征收企业所得税。（　　）

10. 企业发生的符合条件的广告费和业务宣传费支出，除国务院财政、税务主管部门另有规定外，不超过当年销售（营业）收入 15% 的部分，准予扣除；超过部分，不得扣除。（　　）

四、不定项选择

A 公司为居民企业，主要从事鞋类生产与销售。企业利润总额为 1 200 万元，2023 年有关收支情况如下：

（1）取得产品销售收入 4 000 万元，出租设备收入 200 万元，客户合同违约金收入 5 万元，存款利息收入 10 万元，国家发行的金融债券利息收入 20 万元。

（2）实际发生合理的工资、薪金支出 320 万元，发生职工福利费 50 万元。

（3）发生非广告性质赞助支出 20 万元，支付税收滞纳金 4 万元，发生诉讼费 10 万元。

（4）发生业务招待费 40 万元，广告费 600 万元，业务宣传费 60 万元。

要求：根据上述材料，不考虑其他因素，分析回答下列小题。

1. A 公司下列支出中，在计算 2023 年度企业所得税应纳税所得额时，不得扣除的是（　　）。

A. 非广告性质赞助支出 20 万元　　B. 发生职工福利费 50 万元

C. 发生诉讼费 10 万元　　D. 支付税收滞纳金 4 万元

2. 在计算 2023 年度的企业所得税时，允许扣除的业务招待费是（　　）。

A. 30 万元　　B. 24 万元

C. 21 万元　　D. 20 万元

3. A 公司的下列收入中，应计入企业所得税应纳税所得额的是（　　）。

A. 出租设备收入 200 万元

B. 国家发行的金融债券利息收入 20 万元

C. 客户合同违约金收入 5 万元

D. 存款利息收入 10 万元

4. 在计算 2023 年度的企业所得税时，允许扣除的广告费和业务宣传费是（　　）。

A. 660 万元　　B. 637.5 万元

C. 630 万元　　D. 600 万元

5. A 公司 2023 年度企业所得税纳税所得额是（　　）。

A. 1 268.2 万元　　B. 1 248.2 万元

C. 1 243 万元　　D. 1 234 万元

参考答案

一、单选题

1～10　CCCCC　BCCAC

二、多选题

1. ABC　2. ABC　3. ABCD　4. ABCD　5. ABCD

6. AB　7. ACD　8. CD　9. ABC　10. AC

三、判断题

1 ~ 10　√××√√　√√√××

四、不定项选择

1. AD　2. C　3. ACD　4. C　5. B

第6章 个人所得税

知识目标

1. 了解个人所得税税法的概念。
2. 掌握个人所得税纳税义务人、征税范围、税率。
3. 了解个人所得税的计税依据。
4. 掌握各种应税收入应纳税所得额的计算方法。
5. 了解税收优惠政策。

能力目标

1. 能区分各种税目，识别各种个人所得税应税所得。
2. 能够进行个人所得税应纳税所得额、应纳税额的计算。
3. 能运用税收优惠政策进行个人所得税征缴。
4. 能进行个人所得税的网上纳税申报。

思政目标

1. 遵纪守法：培养合法纳税的意识，依据个人所得税法规合规合法纳税。
2. 守信守责：具有社会责任感，培养爱国情怀，践行每个中华人民共和国公民都具有的纳税义务。

案例引入

上海市税务局对郑姓明星开具2.99亿元追缴税款、加收滞纳金罚款的处罚。针对其在2019年至2020年未依法申报个人收入1.91亿元，偷税4 526.96万元，其他少缴税款2 652.07万元。依据《中华人民共和国税收征收管理法》第六十三条第一款规定，对纳税人偷税的，由税务机关追缴其不缴或者少缴的税款、滞纳金，并处不缴或者少缴的税款50%以上5倍以下的罚款。对改变收入性质偷税部分，处以4倍罚款；对收取所谓“增资款”完全隐瞒收入偷税部分，由于情节更为严重，处以5倍“顶格”罚款。与此对比，三年前的范姓明星的需补缴税款、滞纳金以及罚款共8.84亿元。税务部门依法对其本人及其担任法定代表人的企业追缴税款2.55亿元，加收滞纳金0.33亿元；对其采取拆分合同手段隐瞒真实收入偷逃税款处4倍罚款计2.4亿元；对其利用工作室账户隐匿个人报酬的真实性质偷逃税款处3倍罚款计2.39亿元；对其担任法定代表人的企业少计收入偷逃税款处1倍罚款计94.6万元；对其担任法定代表人的两户企业未代扣代缴个人所得税和非法提供便利协助少缴税款各处0.5倍罚款，分别计0.51亿元、0.65亿元。

为何都是个人偷漏税，但是处罚的结果却不尽相同？个人所得税的纳税主体如何界定？应税收入如何区分？如何提高纳税人依法纳税的意识？

6.1 个人所得税概述

6.1.1 个人所得税的概念

个人所得税法是指国家制定的用以调整个人所得税征收与缴纳之间权利及义务关系的法律规范，是全国人民代表大会常务委员会批准的中国国家法律文件。本教材主要参考2018年8月31日修订的《中华人民共和国个人所得税法》以及2018年12月18日修订的《中华人民共和国个人所得税法实施条例》。

个人所得税是以个人（含个体工商户、个人独资企业、合伙企业中的个人投资者、承租承包者个人）取得的各项应税所得为征税对象所征收的一种税。从世界范围看个人所得税的税制模式有三种：分类征收制、综合征收制与混合征收制。分类征收制，就是将纳税人不同来源、性质的所得项目，分别规定不同的税率征税；综合征收制，是对纳税人全年的各项所得加以汇总，就其总额进行征税；混合征收制，是对纳税人不同来源、性质的所得先分别按照不同的税率征税然后将全年的各项所得进行汇总征税。三种不同的征收模式各有其优缺点。目前，我国个人所得税已初步建立分类与综合相结合的征收模式，即混合征收制。

6.1.2 个人所得税的特点

个人所得税是世界各国普遍征收的一个税种，我国个人所得税主要有以下特点。

1. 实行混合征收

我国在 2018 年 12 月 31 日前个人所得税采用的是分类所得税制，即将个人取得的各种应税所得划分为 11 类，分别适用不同的费用减除规定、税率和计税方法。但自 2019 年 1 月 1 日起，我国个人所得税采用混合征收，将工资、薪金所得，劳务报酬所得，稿酬所得和特许权使用费所得采用综合征收，除外的其他各项所得采用分类征收。

2. 超额累进税率与比例税率并用

分类所得税制一般采用比例税率，综合所得税制通常采用超额累进税率。比例税率简便，便于实行源泉扣缴；超额累进税率可以合理调节收入分配，体现公平。我国现行个人所得税根据各类个人所得的不同性质和特点，将这两种形式的税率综合运用于个人所得税制。其中，对工资、薪金所得，劳务报酬所得，稿酬所得，特许权使用费所得，经营所得适用超额累进税率，实现量能负担。其他各项应税所得采用比例税率。

3. 费用扣除额较宽

各国的个人所得税均有费用扣除的规定，只是扣除的方法及额度不尽相同。我国本着费用扣除从宽、从简的原则，费用扣除采用定额扣除、定率扣除和核算扣除等方法。对工资、薪金所得，劳务报酬所得，稿酬所得，特许权使用费所得适用的减除费用标准为每月 5 000 元的基本费用，在此基础上再扣除专项扣除费用和专项附加扣除费用，取得中低水平所得的个人大多数不用负担个人所得税；对其他各项应税所得采用定额和定率相结合的扣除方法。

6.1.3　我国个人所得税改革历史

党的十一届三中全会以后，我国实行对外开放政策，随着对外经济交往的不断扩大，来华工作、取得收入的外籍人员日益增多。为了维护国家的税收权益，第五届全国人民代表大会根据国际惯例，于 1980 年 9 月通过《中华人民共和国个人所得税法》（以下简称《个人所得税法》），开征个人所得税，统一适用于中国公民和在我国取得收入的外籍人员。1986 年和 1987 年，国务院分别发布了《中华人民共和国城乡个体工商业户所得税暂行条例》和《中华人民共和国个人收入调节税暂行条例》。这样，我国对个人所得的征税制度就形成了个人所得税、城乡个体工商业户所得税和个人收入调节税三税并存的格局。我国社会主义市场经济体制改革的目标确定后，为了统一、规范和完善对个人所得的课税制度，第八届全国人民代表大会常务委员会在对三部针对个人所得课税的法律、法规进行修改、合并的基础上，于

1993年10月31日公布了修改后的《个人所得税法》，自1994年1月1日起施行。国务院于1994年1月28日发布了《中华人民共和国个人所得税法实施条例》（以下简称《个人所得税法实施条例》）。之后，根据我国国民经济和社会发展的情况，全国人大常委会于1999年8月30日、2005年10月27日、2007年6月29日、2007年12月29日和2011年6月30日对《个人所得税法》进行了五次修订，国务院相应地对《个人所得税法实施条例》进行了三次修订。2018年8月31日第十三届全国人民代表大会常务委员会第五次会议通过关于修改《个人所得税法》的决定对个人所得税法进行第七次修正，自2019年1月1日起施行。2018年12月18日国务院令第707号第四次修订了《个人所得税法实施条例》。自2019年1月1日起与修订后的《个人所得税法》同步施行。

6.2 个人所得税的纳税义务人、征税对象和税率

6.2.1 个人所得税的纳税义务人

个人所得税的纳税义务人，包括中国公民、个体工商户、个人独资企业、合伙企业投资者、在中国有所得的外籍人员（包括无国籍人员，下同）和香港、澳门、台湾同胞。

个人独资企业和合伙企业不缴纳企业所得税，只对投资者个人或个人合伙人取得的生产经营所得征收个人所得税。个人独资企业和合伙企业分别是指依照我国相关法律登记成立的个人独资、合伙性质的企业以及其他相关机构或组织。个人独资企业以投资者个人为纳税义务人，合伙企业以每一个合伙人为纳税义务人。个人独资企业投资人以其个人财产对企业债务承担无限责任。普通合伙企业合伙人对合伙企业债务承担无限连带责任。有限合伙企业由普通合伙人和有限合伙人组成，普通合伙人对合伙企业债务承担无限连带责任，有限合伙人以其认缴的出资额为限对合伙企业债务承担责任。

上述纳税义务人依据住所和居住时间两个标准，区分为居民个人和非居民个人，分别承担不同的纳税义务。

1. 居民个人

根据《个人所得税法》规定，居民个人是指在中国境内有住所，或者无住所而一个纳税年度在中国境内居住累计满183天的个人。

居民个人负有无限纳税义务，其所取得的应纳税所得，无论是来源于中国境内还

是中国境外任何地方，都要在中国缴纳个人所得税。

居民个人判定标准由以下两项的其中一项满足即可：

（1）住所标准。

在中国境内有住所的个人，是指因户籍、家庭、经济利益关系，而在中国境内习惯性居住的个人。这里所说的“习惯性居住”是判定纳税义务人属于居民个人还是非居民个人的一个重要依据。“习惯性居住”是指个人因学习、工作、探亲、旅游等原因消除之后，没有理由在其他地方继续居留时，所要回到的地方，而不是指实际居住或在某一个特定时期内的居住地。

注意，一个纳税人因学习、工作、探亲、旅游等原因不在中国境内居住，但是在这些原因消除后，如果必须回到中国境内居住的，则中国为该人的习惯性居住地。即使该纳税义务人在一个纳税年度内甚至连续几个纳税年度都未曾在中国境内居住过1天。

（2）居住时间标准。

在中国境内无住所但一个纳税年度在中国境内居住累计满183天的个人。“在境内居住累计满183天”是指在一个纳税年度（公历1月1日起至12月31日止，下同）内，在中国境内居住累计满183天。现行税法中的“中国境内”的概念，是指中国大陆，目前还不包括香港、澳门和台湾地区。

在境内居住的外籍人员，在一个纳税年度内无论出境多少次，只要一个纳税年度在我国境内累计居住满183天的标准，就可判定为居民个人。

需要注意，虽然临时离境不扣减天数，但是超过30天需要重新计算累计183天。临时离境的判断：在一个纳税年度内，一次离境不超过30天。

【例6-1】戴尔为外籍个人，在中国境内无住所，同时在中国境内、境外机构担任职务。2022年3月16日来中国，12月20日离开。期间琼斯因工作原因，曾于9月10日离境，9月18日返回。请计算戴尔在中国境内的工作天数，并判断戴尔在缴纳个人所得税时的纳税人类别。

15.5+30+31+30+31+31+22+31+30+19.5=271（天）

271天>183天，戴尔在计算个人所得税时为居民个人。

【解析】按照规定，临时离境不扣减天数，超过30天重新计算183天。按照规定，外籍个人来华、回国的当天均按0.5天计入总天数，因此3月为15.5天，9月为22天，12月为19.5天。

2. 非居民个人

非居民个人，是指不符合居民个人判定标准（条件）的纳税义务人。《个人所得税法》规定，非居民个人是“在中国境内无住所又不居住，或者无住所而一个纳税年度内在境内居住累计不满 183 天的个人”。也就是说，非居民个人，是指习惯性居住地不在中国境内，而且不在中国居住；或者在一个纳税年度内，在中国境内居住累计不满 183 天的个人。在现实生活中，习惯性居住地不在中国境内的个人，只有外籍人员、华侨或香港、澳门和台湾同胞。因此，非居民个人，实际上只能是在一个纳税年度中，没有在中国境内居住，或者在中国境内居住天数累计不满 183 天的外籍人员、华侨或香港、澳门、台湾同胞。

非居民个人承担有限纳税义务，即仅就其来源于中国境内的所得，向中国缴纳个人所得税。

3. 所得来源地的确定

个人所得税纳税人在判定其所得来源地时，除国务院财政、税务主管部门另有规定外，下列所得不论支付地点是否在中国境内，均为来源于中国境内的所得：

（1）因任职、受雇、履约等在中国境内提供劳务取得的所得；

（2）将财产出租给承租人在中国境内使用而取得的所得；

（3）许可各种特许权在中国境内使用而取得的所得；

（4）转让中国境内的不动产、土地使用权取得的所得或者在中国境内转让其他财产取得的所得；

（5）从中国境内企事业单位和其他经济组织或者居民个人取得的利息、股息、红利所得。

【知识链接】居民个人、非居民个人所得来源地的特殊界定

在中国境内无住所的居民个人，在境内居住累计满 183 天的年度连续不满 6 年或满 6 年但期间有单次离境超过 30 天情形的，其来源于中国境外的所得，经向主管税务机关备案，可以只就由中国境内企事业单位和其他经济组织或者居民个人支付的部分缴纳个人所得税；在境内居住累计满 183 天的年度连续满 6 年的纳税人，且在 6 年内未发生单次离境超过 30 天情形的，从第 7 年起，中国境内居住累计满 183 天的，应当就其源于中国境外的全部所得缴纳个人所得税。

在中国境内无住所，且在一个纳税年度中在中国境内连续或者累计居住不超过 90 天的个人，其来源于中国境内的所得，由境外雇主支付并且不由该雇主在中国境内的机场所负担部分，免予缴纳个人所得税。

表6－1　　居民个人、非居民个人所得来源地的特殊界定汇总表

<table>
<tr><th rowspan="2">居住时间</th><th rowspan="2">纳税人性质</th><th colspan="2">来自境内的工薪所得</th><th colspan="2">来自境外的工薪所得</th></tr>
<tr><th>境内支付或境内负担</th><th>境外支付</th><th>境内支付</th><th>境外支付</th></tr>
<tr><td rowspan="2">不超过90天</td><td rowspan="4">非居民纳税人</td><td rowspan="2">在我国纳税</td><td rowspan="2">实施免税</td><td>非高管不在我国纳税</td><td rowspan="2">不在我国纳税</td></tr>
<tr><td>高管纳税</td></tr>
<tr><td rowspan="2">超过90天不超过183天</td><td colspan="2" rowspan="2">在我国纳税</td><td>非高管不在我国纳税</td><td rowspan="2">不在我国纳税</td></tr>
<tr><td>高管纳税</td></tr>
<tr><td>超过183天不超过6年</td><td rowspan="2">居民纳税人</td><td colspan="3">在我国纳税</td><td>实施免税</td></tr>
<tr><td>超过6年</td><td colspan="4">在我国纳税</td></tr>
</table>

6.2.2　个人所得税的征税对象

个人所得税的征税对象，是个人取得的应税所得。按照现行税法，个人所得税的应税所得分为9项。居民个人取得下列第一项至第四项所得（以下称综合所得），按纳税年度合并计算个人所得税：非居民个人取得下列第一项至第四项所得，按月或者按次分项计算个人所得税。纳税人取得下列第五项至第九项所得，分别计算个人所得税。

1. 工资、薪金所得

工资、薪金所得是指个人因任职或者受雇而取得的工资、薪金、奖金、年终加薪、劳动分红、津贴、补贴以及与任职或者受雇有关的其他所得。

（1）工资、薪金所得涵盖范围。

一般来说，工资、薪金所得属于非独立个人劳动所得。所谓非独立个人劳动，是指个人所从事的是由他人指定、安排并接受管理的劳动，工作或服务于公司、行政事业单位的人员（私营企业主除外）均为非独立劳动者。他们从上述单位取得的劳动报酬是以工资、薪金的形式体现的。

除工资、薪金以外，奖金、年终加薪、劳动分红、津贴、补贴也被确定为工资、薪金范畴。其中，年终加薪、劳动分红不分种类和取得情况，一律按工资、薪金所得课税。奖金是指所有具有工资性质的奖金，免税奖金的范围在税法中另有规定。

此外，还有一些所得的发放被视为取得工资、薪金所得的情形。例如，公司职工

取得的用于购买企业国有股权的劳动分红，按“工资、薪金所得”项目计征个人所得税；出租汽车经营单位对出租车驾驶员采取单车承包或承租方式运营，出租车驾驶员从事客货营运取得的收入，按工资、薪金所得征税。

（2）个人取得的津贴、补贴，不计入工资、薪金所得的项目。

根据我国目前个人收入的构成情况，规定对于一些不属于工资、薪金性质的补贴、津贴或者不属于纳税人本人工资、薪金所得项目的收入，不予征税。

这些不予征税的项目包括：独生子女补贴；执行公务员工资制度未纳入基本工资总额的补贴、津贴差额和家属成员的副食补贴；托儿补助费；差旅费津贴、误餐补助；外国来华留学生，领取的生活津贴费、奖学金。其中，误餐补助是指按照财政部规定、个人因公在城郊区工作，不能在工作单位或返回就餐的，根据实际误餐顿数，按规定的标准领取餐费。但是单位以误餐补助名义发给职工的补助、津贴不能包括在内，而是需要纳入工资、薪金所得的项目。

（3）工资、薪金所得部分特殊规定。

①个人因与用人单位解除劳动关系而取得的一次性补偿收入征税问题。个人因与用人单位解除劳动关系而取得的一次性补偿收入（包括用人单位发放的经金、生活补助赞和其他补助费用），其收入超过当地上年职工平均工资3倍数额部分女性补偿收入，可视为一次取得数月的工资、薪金收入，允许在一定期限内平均计算。个人领取一次性补偿收入时，按照国家和地方政府规定的比例实际缴纳的住房公医疗保险费、基本养老保险费、失业保险费可以在计征其一次性补偿收入的个人得税时予以扣除。

②退休人员再任职取得的收入征税问题。退休人员再任职取得的收入，符合相关条件的，在减除按税法规定的费用扣除后，按“工资、薪金所得”项目缴纳个人所得税。

③离退休人员从原任职单位取得补贴等征税问题。离退休人员除按规定领取离退休金或养老金外，另从原任职单位取得的各类补奖金、实物，不属于免税的退休金、离休工资、离休生活补助费，应按“工资、薪金所得”项目缴纳个人所得税。

④个人取得股票增值权所得和限制性股票所得征税问题。个人因任职、受雇从上市公司取得的股票增值权所得和限制性股票所得，由公司或其境内机构按照“工资、薪金所得”项目和股票期权所得个人所得税计税方法，依法扣缴其个人所得税。

⑤企业年金、职业年金征税问题。企业和事业单位超过国家有关政策规定的标准，为在本单位任职或者受雇的全体职工缴付的企业年金或职业年金（以下统称年金）单位缴费部分，应并入个人当期的工资、薪金所得，依法计征个人所得税。税款由建立年金的单位代扣代缴，并向主管税务机关申报缴纳。

⑥依法批准设立的非营利性研究开发机构和高等学校根据《中华人民共和国促进科技成果转化法》规定，从职务科技成果转化收入中给予科技人员的现金奖励，可被按50%计入科技人员当月“工资、薪金所得”，依法缴纳个人所得税。

【例6-2】（多选题）下列各项中，应当按照“工资、薪金所得”项目征收个人所得税的有（　　）。

A. 劳动分红　　B. 独生子女补贴　　C. 差旅费津贴　　D. 年终加薪

【答案】 AD

【解析】 根据我国目前个人收入的构成情况，规定对于一些不属于工资、薪金性质的补贴、津贴或者不属于纳税人本人工资、薪金所得项目的收入，不予征税，如独生子女补贴、差旅费津贴等。

2. 劳务报酬所得

劳务报酬所得，是指个人独立从事非雇佣的各种劳务所取得的所得。其内容包括：设计（指按照客户的要求，代为制定工程、工艺等各类设计业务）、装潢（指接受委托，对物体进行装饰、修饰，使之美观或具有特定用途的作业）、安装（指按照客户要求，对各种机器、设备的装配、安置，以及与机器、设备相连的附属设施的装设和被安装机器设备的绝缘、防腐、保温、油漆等工程作业）、制图（指受托按实物或设想物体的形象，依体积、面积、距离等，用一定比例绘制成平面图、立体图、透视图等的业务）、化验（指受托用物理或化学的方法，检验物质的成分和性质等业务）、测试（指利用仪器仪表或其他手段代客对物品的性能和质量进行检测试验的业务）、医疗（指从事各种病情诊断、治疗等医护业务）、法律（受托担任辩护律师、法律顾问，撰写辩护词、起诉书等法律文书的业务）、会计（指受托从事会计核算的业务）、咨询（指对客户提出的政治、经济、科技、法律、会计、文化等方面的问题进行解答、说明的业务）、讲学（指应邀或聘进行讲课、作报告、介绍情况等业务）、翻译［指受托从事中、外语言或文字的翻译（包括笔译和口译）的业务］、审稿（指对文学作品或图形作品进行审查、核对的业务）、书画（指按客户要求，或自行从事书法、绘画、题词等业务）、雕刻（指代客镌刻图章、牌匾、碑、玉器、雕塑等业务）、影视（指应邀或应聘在电影、电视节目中出任演员，或担任导演、音响、化妆、道具、制作、摄影等与拍摄影视节目有关的业务，被录音的服务）、录音（指用录音器械代客录制各种音响带的业务，或者应邀演讲、演唱、采访而被录音的业务）、录像（指用录像器械代客录制各种图像、节目的业务，或者应邀表演、采访被录像的业务）、演出（指参加戏剧、音乐、舞蹈、曲艺等文艺演出活动的业务）、表演（指从事杂技、体育、武术、健美、时装、气功以及其他技巧性表演活动的业务）、广告（指利用图书、报纸、杂志、广播、电视、电影、招贴、路牌、橱窗、霓虹灯、灯箱、墙面及其他载体，为介绍商品、经营服务项目、文体节目或通告、声明等事项，所做的宣传和提供相关服务的业务）、展览（指举办或参加书画展、影展、盆景展、邮展、个人收藏品展、花鸟虫鱼展等各种展示活动的业务）、技术服务（指利用一技之长而进行技术指导，提供技术帮助的业务）、介绍服务（指介绍供求双方商谈，或者介绍产品、经营服务项目等服务的业务）、经纪服务（指经纪人通过居间介绍，促成各种交易和提供劳务等服务的业务）、代办服务（指代委托人办理受托范围内的各项事宜的业务）、其他劳务。

【例6－3】（单选题）下列各项所得中，属于劳务报酬所得的是（　　）。

A. 转让商标权的使用权而取得的报酬

B. 李某受聘于出版社进行审稿取得的报酬

C. 在报刊上发表论文取得的报酬

D. 高校教师接受出版社委托进行审稿取得的报酬

【答案】 D

【解析】 其中，选项A属于特许权使用费所得，选项B属于工资薪酬所得，选项C属于稿酬所得。

3. 稿酬所得

稿酬所得，是指个人因其作品以图书、报刊形式出版、发表而取得的所得。将稿酬所得独立划归一个征税项目，而对不以图书、报刊形式出版、发表的翻译、审稿、书画所得归为劳务报酬所得，主要是考虑了出版、发表作品的特殊性。第一，它是一种依靠较高智力创作的精神产品；第二，它具有普遍性；第三，它与社会主义精神文明和物质文明密切相关；第四，它的报酬相对偏低。因此，稿酬所得应当与一般劳务报酬相区别，并给予适当优惠照顾。

【例6－4】（多选题）个人取得的下列所得中，不属于按“稿酬所得”项目缴纳个人所得税的有（　　）。

A. 画家拍卖其人物画作取得的收入

B. 李某为企业某产品说明书进行翻译取得的收入

C. 某高校教授为出版社审稿取得的收入

D. 某杂志记者在其任职单位的杂志上发表文章取得的收入

【答案】 ABCD

【解析】 选项A属于财产转让所得，选项B、C属于劳务报酬所得，选项D属于工资薪金所得。

4. 特许权使用费所得

特许权使用费所得，是指个人提供专利权、商标权、著作权、特许权的使用权取得的所得。提供著作权的使用权取得的所得专利权，是由国家专利主管机关依法授予专利申请人或实施其发明创造的专有权。对于专利权，许多国家只将提供特许权使用费，而将转让专利权所得列为资本利得税的征税所得税，故将个人提供和转让专利权取得的所得，都列入特许权使用费所得征收个人所得税。

5. 经营所得

经营所得主要包括以下四类内容：

（1）个体工商户从事生产、经营活动取得的所得，个人独资企业投资人、合伙企业的个人合伙人来源于境内注册的个人独资企业、合伙企业生产、经营的所得；

（2）个人依法从事办学、医疗、咨询以及其他有偿服务活动取得的所得；

（3）个人对企业、事业单位承包经营、承租经营以及转包、转租取得的所得；

（4）个人从事其他生产、经营活动取得的所得。

此外，个体工商户、从事生产经营活动的个人、个人独资企业和合伙企业的投资者取得的与生产经营活动无关的其他各项应税所得，应分别按照其他应税项目的有关规定计算缴纳个人所得税，不能混淆合并到此项目中计算。

6. 利息、股息、红利所得

是指个人拥有债权、股权等而取得的利息、股息、红利性质的所得。

7. 财产租赁所得

是指个人出租不动产、土地使用权、机器设备、车船以及其他财产而取得的所得。

8. 财产转让所得

是指个人转让有价证券、股权、合伙企业中的财产份额、不动产、土地使用权、机器设备、车船以及其他财产取得的所得；境内上市公司的股票转让所得暂不征收个人所得税。对股票转让所得征收个人所得税的办法，由国务院另行规定，并报全国人民代表大会常务委员会备案。

9. 偶然所得

是指个人得奖、中奖、中彩以及其他偶然性质的所得。个人取得的所得，难以界定应纳税所得项目的，由主管税务机关确定。“偶然所得”项目征税的具体收入包括：

（1）个人为单位或他人提供担保获得报酬。

（2）受赠人因无偿受赠房屋取得的受赠收入，但符合《财政部 国家税务总局关于个人无偿受赠房屋有关个人所得税问题的通知》（财税〔2009〕78 号）第一条规定的情形，对当事双方不征收个人所得税，包括：一是房屋产权所有人将房屋产权无偿赠与配偶、父母、子女、祖父母、外祖父母、孙子女、外孙子女、兄弟姐妹；二是房屋产权所有人将房屋产权无偿赠与对其承担直接抚养或者赡养义务的抚养人或者赡养人；三是房屋产权所有人死亡，依法取得房屋产权的法定继承人、遗嘱继承人或者受遗赠人。

（3）企业在业务宣传、广告等活动中，随机向本单位以外的个人赠送礼品（包括网络红包），以及企业在年会、座谈会、庆典以及其他活动中向本单位以外的个人赠送礼品，但企业赠送的具有价格折扣或折让性质的消费券、代金券、抵用券、优惠券等礼品除外。

6.2.3 个人所得税的税率

我国个人所得税采用比例税率和超额累进税率两种形式。其中，综合所得和经营所得适用超额累进税率，利息股息红利所得、财产租赁所得、财产转让所得和偶然所得等适用比例税率。具体规定如下：

1. 综合所得税率

综合所得适用于超级累进税，具体见表6－2。

表6－2 个人所得税综合所得税率表

级数	全年应纳税所得额（含税级距）	全年应纳税所得额（不含税级距）	税率（%）	速算扣除数（元）
1	不超过36 000元的	不超过34 920元的	3	0
2	超过36 000元至144 000元的部分	超过34 920元至132 120元的部分	10	2 520
3	超过144 000元至300 000元的部分	超过132 120元至256 920元的部分	20	16 920
4	超过300 000元至420 000元的部分	超过256 920元至346 920元的部分	25	31 920
5	超过420 000元至660 000元的部分	超过346 920元至514 920元的部分	30	52 920
6	超过660 000元至960 000元的部分	超过514 920元至709 920元的部分	35	85 920
7	超过960 000元的部分	超过709 920元的部分	45	181 920

注：①本表所称全年应纳税所得额是指依照本法第六条的规定，居民个人取得综合所得以每一纳税年度收入额减除费用6万元以及专项扣除、专项附加扣除和依法确定的其他扣除后的余额。

②非居民个人取得工资、薪金所得，劳务报酬所得，稿酬所得和特许权使用费所得，依照本表按月换算后计算应纳税额。

2. 经营所得税率

经营所得适用5% ~35%的5级超额累进税率，具体见表6-3。

表6-3 个人所得税经营所得税率表

级数	全年应纳税所得额（含税级距）	全年应纳税所得额（不含税级距）	税率（%）	速算扣除数
1	不超过30 000元的	不超过30 000元的	5	0
2	超过30 000元至90 000元的部分	超过30 000元至90 000元的部分	10	1 500
3	超过90 000元至300 000元的部分	超过90 000元至300 000元的部分	20	10 500
4	超过300 000元至500 000元的部分	超过300 000元至500 000元的部分	30	40 500
5	超过500 000元的部分	超过500 000元的部分	35	65 500

注：本表所称全年应纳税所得额是指依照本法第六条的规定，以每一纳税年度的收入总额减除成本、费用以及损失后的余额。

3. 利息、股息、红利所得，财产租赁所得，财产转让所得和偶然所得

适用比例税率，税率为20%。

6.3 个人所得税税额的计算

6.3.1 居民综合所得应纳税额的计算

1. 居民综合所得内容范围的界定

按照现行个人所得税税法规定，居民个人取得的工资薪金所得、劳务报酬所得、特许权使用费所得、稿酬所得，按照纳税年度合并计算个人所得税。因此居民综合所得的范围，即包括工资薪金所得、劳务报酬所得、特许权使用费所得、稿酬所得。

2. 居民综合应纳税所得额的计算

第一步，确定居民每一纳税年度的综合收入额。

工资、薪金所得以每年工资、薪金收入总额纳入综合收入总额；劳务报酬所得、特许权使用费所得以收入减除20%的费用后的余额纳入综合收入总额；稿酬所得以总收入减除20%的费用后的余额，减按70%计算后，纳入综合收入额。

【例6－5】 中国公民王某为某省会城市文艺团体演员，2023年各项收入情况如下：

当年取得工资薪金所得收入220 000元；受邀参加某电视台演出获得报酬18 000元；出版一本专著获得出版社稿费20 000元。

要求：计算中国公民王某2023年综合收入总额。

220 000＋18 000×（1－20%）＋20 000×（1－20%）×70%＝245 600（元）

中国公民王某2023年综合收入总额为245 600元。

【解析】 受邀参加某电视台演出获得报酬18 000元为劳务报酬所得，出版一本专著获得出版社稿费20 000元为稿酬所得。

第二步，确定居民综合收入的税前可扣除项目。

按照现行税法，可扣除的项目包括：法定费用扣除（按照现行个人所得税税法，免征额为每月5 000元，即每年为60 000元），专项扣除，专项附加扣除，依法确定的其他扣除。

所谓专项扣除，是指居民个人按照国家规定的范围和标准缴纳的基本养老保险、基本医疗保险、失业保险等社会保险费和住房公积金。

所谓专项附加扣除，是指个人所得税法规定的3岁以下婴幼儿照护、子女教育、继续教育、大病医疗、住房贷款利息、住房租金和赡养老人。具体范围、标准和实施步骤由国务院确定，并报全国人民代表大会常务委员会备案。纳税人同时从两处以上取得工资、薪金所得，并由扣缴义务人办理上述专项附加扣除的，对同一专项附加扣除项目，一个纳税年度内，纳税人只能选择从其中一处扣除。

依法确定的其他扣除，是指个人缴付符合国家规定的企业年金、职业年金，个人购买符合国家规定的商业健康保险、税收递延型商业养老保险的支出，以及国务院规定可以扣除的其他项目。

第三步，按照税法确定原则计算应纳税所得额。

居民个人的综合所得，以每一纳税年度的收入额减除费用6万元以及专项扣除、专项附加扣除和依法确定的其他扣除后的余额，为应纳税所得额。

应纳税所得额＝每一纳税年度的综合收入额－法定扣除（每年6万元）－专项扣除－专项附加扣除－依法确定的其他扣除后的余额

3. 居民综合所得应纳税额的计算

采用速算扣除法计算居民综合所得应纳税额，公式如下：

居民综合所得应纳税额＝应纳税所得额×适用税率－速算扣除数

注意：非居民个人的工资、薪金所得，以每月收入额减除费用5 000元后的余额为应纳税所得额；劳务报酬所得、稿酬所得、特许权使用费所得，以每次收入额为应纳税所得额。劳务报酬所得、稿酬所得、特许权使用费所得，属于一次性收入的，以取得该项收入为一次；属于同一项目连续性收入的，以一个月内取得的收入为一次。

【例6-6】 中国公民王某为某省会城市文艺团体演员，2023年各项收入情况如下：

（1）当年取得工资薪金所得收入220 000元；当年自己承担的养老金7 200元，公积金12 000元，社保费6 000元。

（2）受邀参加某电视台演出获得报酬18 000元。

（3）出版一本专著获得出版社稿费20 000元。

（4）王某有一大女儿于今年9月大学本科二年级，10月请病假一个月。小女儿6月刚出生。

（5）当年租赁房屋支出每月2 000元，夫妻在当地没有房产，租赁合同签订人为王某。王某夫妻约定由王某扣除子女教育费、婴儿照护费。王某父母都已经年满60周岁，且王某为独生子女。

要求：计算王某当年综合收入应纳个人所得税税额。

（1）王某年综合收入总额：220 000+18 000×（1-20%）+20 000×（1-20%）×70%=245 600（元）

（2）税前可扣除项目：

法定扣除：60 000元

专项扣除：7 200+12 000+6 000=25 200（元）

专项附加扣除：1 500×12+2 000×12+2 000×7+3 000×12=92 000（元）

年综合收入应纳税所得额=245 600-60 000-25 200-92 000=68 400（元）

年综合收入的应纳税额：68 400×10%-2 520=4 320（元）

【解析】 专项扣除按规定一般可全额扣除，专项附加扣除具体扣除时间与标准参考具体规定。

4. 专项附加扣除项目

（1）3岁以下婴幼儿照护。

按照规定纳税人照护3岁以下婴幼儿子女的相关支出，自2022年1月1日起，按照每个婴幼儿每月一定的标准定额扣除。自2023年1月1日起，3岁以下婴幼儿照护专项附加扣除标准，由每个婴幼儿每月1 000元提高到2 000元。

具体扣除方式：父母可以选择由其中一方按扣除标准的100%扣除，也可以选择由双方分别按扣除标准的50%扣除，具体扣除方式在一个纳税年度内不能变更。

3岁以下婴幼儿照护个人所得税专项附加扣除涉及的保障措施和其他事项，参照

《个人所得税专项附加扣除暂行办法》有关规定执行。

（2）子女教育。

纳税人的子女接受全日制学历教育的相关支出，自2019年1月1日起，按照每个子女每月一定的标准定额扣除。自2023年1月1日起，子女教育专项附加扣除标准，由每个子女每月1 000元提高到2 000元。全日制学历教育包括学前教育和学历教育。

学前教育阶段，是针对年满3岁至小学入学前处于学前教育阶段的子女，可扣除的时间为子女年满3周岁当月至小学入学前一月。

学历教育，包括义务教育（小学、初中教育）、高中阶段教育（普通高中、中等职业、技工教育）、高等教育（大学专科、大学本科、硕士研究生、博士研究生教育），可扣除的时间为子女接受全日制学历教育入学的当月至全日制学历教育结束的当月。其中学历教育和学历（学位）继续教育的期间，包含因病或其他非主观原因休学但学籍继续保留的休学期间，以及施教机构按规定组织实施的寒暑假等假期。

具体的扣除方式：父母可以选择由其中一方按扣除标准的100%扣除，也可以选择由双方分别按扣除标准的50%扣除，具体扣除方式在一个纳税年度内不能变更。注意纳税人子女在中国境外接受教育的，纳税人应当留存境外学校录取通知书、留学签证等相关教育的证明资料备查。

【例6－7】中国公民王某的大儿子在英国读研究生，小女儿为某高校大二学生。2023年9月其小女儿因病休学一个月，大学学籍继续保留，当年王某的两个孩子各自有3个月的寒暑假。经与妻子约定，子女教育支出由王某一方扣除。

要求：计算2023年王某申报个人所得税时，可以扣除的子女教育支出金额。

$2\,000 \times 12 \times 2 = 48\,000$（元）

【解析】子女教育专项扣除的扣除时间规定是学历教育和学历（学位）继续教育的期间，包含因病或其他非主观原因休学但学籍继续保留的休学期间，以及施教机构按规定组织实施的寒暑假等假期。扣除金额为按照每个子女每月2 000元的标准定额扣除。

（3）继续教育。

继续教育包括学历（学位）继续教育和职业资格继续教育。

学历（学位）继续教育，为在中国境内接受学历（学位）继续教育入学的当月至学历（学位）继续教育结束的当月，在学历（学位）教育期间按照每月400元定额扣除。同一学历（学位）继续教育的扣除期限不能超过48个月。在接受学历（学位）继续教育过程中，具体的期间包含因病或其他非主观原因休学但学籍继续保留的休学期间，以及施教机构按规定组织实施的寒暑假等假期。

技能人员职业资格继续教育、专业技术人员职业资格继续教育，为取得相关证书的当年，按照3 600元定额扣除。

具体扣除方式：个人接受本科及以下学历（学位）继续教育，符合本办法规定扣除条件的，可以选择由其父母扣除，也可以选择由本人扣除。纳税人接受技能人员职业资格继续教育、专业技术人员职业资格继续教育的，应当留存相关证书等资料备查。

【例6-8】 在中国境内就业的中国公民蔡某，于2023年6月获得英国某大学某专业硕士学位，并于2023年9月开始在中国境内某大学攻读博士学位，2023年博士期间寒假1个月。蔡某2023年申报个人所得税时，可扣除的继续教育专项支出为：

400×4=1 600（元）

【解析】 继续教育专项扣除的时间为在中国境内接受学历（学位）继续教育入学的当月至学历（学位）继续教育结束的当月，可扣除金额为每月400元定额扣除。

（4）大病医疗。

个人大病医疗的扣除项目的扣除时间为医疗保障信息系统记录的医药费用实际支出的当年。在一个纳税年度内，纳税人发生的与基本医保相关的医药费用支出，扣除医保报销后个人负担（指医保目录范围内的自付部分）累计超过15 000元的部分，由纳税人在办理年度汇算清缴时，在80 000元限额内据实扣除。

具体扣除方式：纳税人发生的医药费用支出可以选择由本人或者其配偶扣除；未成年子女发生的医药费用支出可以选择由其父母一方扣除。纳税人及其配偶、未成年子女发生的医药费用支出，分别计算扣除额。纳税人应当留存医药服务收费及医保报销相关票据原件（或者复印件）等资料备查。医疗保障部门应当向患者提供在医疗保障信息系统记录的本人年度医药费用信息查询服务。

【例6-9】 中国公民王某2021年11月至2022年6月生病住院，实际发生的医药费用支出总额为423 000元，其中发生于2022年度的为34 500元。要求王某在申报2022年的个人所得税汇算清缴时可扣除的支出。

34 500-34 500×70%=10 350（元）

10 350-15 000=-4 650（元）<0

王某在申报2022年的个人所得税汇算清缴时可扣除的大病医疗支出为0元。

【例6-10】 中国公民王某2021年11月至2022年6月生病住院，实际发生的医药费用支出总额为423 000元，其中发生于2022年度的为345 000元，其中医保可以报销70%。计算王某在申报2022年的个人所得税汇算清缴时可扣除的支出。

345 000-345 000×70%=103 500（元）

103 500-15 000=88 500（元）

88 500元>80 000元

王某在申报2022年的个人所得税汇算清缴时可扣除的大病医疗支出为80 000元。

【解析】 按照规定，纳税人在一个纳税年度内，发生的与基本医保相关的医药费用支出，扣除医保报销后个人负担（指医保目录范围内的自付部分）累计超过15 000元的部分，在80 000元限额内据实扣除。

（5）住房贷款利息。

纳税人本人或者配偶单独或者共同使用商业银行或者住房公积金个人住房贷款为本人或者其配偶购买中国境内住房，发生的首套住房贷款利息支出，这里的首套住房贷款是指购买住房享受首套住房贷款利率的住房贷款。在实际发生贷款利息的年度，按照每月1 000元的标准定额扣除。纳税人只能享受一次首套住房贷款的利息扣除。扣除时间为贷款合同约定开始还款的当月至贷款全部归还或贷款合同终止的当月，扣除期限最长不得超过240个月。

具体扣除方式：经夫妻双方约定，可以选择由其中一方扣除，具体扣除方式在一个纳税年度内不能变更。若夫妻双方婚前分别购买住房发生的首套住房贷款，其贷款利息支出，婚后可以选择其中一套购买的住房，由购买方按扣除标准的100%扣除，也可以由夫妻双方对各自购买的住房分别按扣除标准的50%扣除，具体扣除方式在一个纳税年度内不能变更。纳税人应当留存住房贷款合同、贷款还款支出凭证备查。

（6）住房租金。

在此处的住房租金，是指纳税人或其配偶在纳税人主要工作城市没有自有住房而发生的住房租金支出。可专项扣除的时间为租赁合同（协议）约定的房屋租赁期开始的当月至租赁期结束的当月。提前终止合同（协议）的，以实际租赁期限为准。主要工作城市是指纳税人任职受雇的直辖市、计划单列市、副省级城市、地级市（地区、州、盟）全部行政区域范围；纳税人无任职受雇单位的，为受理其综合所得汇算清缴的税务机关所在城市。具体扣除的金额可以按照城市和人口数标准分类定额扣除：

一是直辖市、省会（首府）城市、计划单列市以及国务院确定的其他城市，扣除标准为每月1 500元。

二是除第一项所列城市以外，市辖区户籍人口（以国家统计局公布的数据为准）超过100万的城市，扣除标准为每月1 100元；市辖区户籍人口不超过100万的城市，扣除标准为每月800元。

其中，纳税人的配偶在纳税人的主要工作城市有自有住房的，视同纳税人在主要工作城市有自有住房。夫妻双方主要工作城市相同的，只能由一方扣除住房租金支出。住房租金支出由签订租赁住房合同的承租人扣除。纳税人及其配偶在一个纳税年度内不能同时分别享受住房贷款利息和住房租金专项附加扣除。纳税人应当留存住房租赁合同、协议等有关资料备查。

（7）赡养老人。

赡养老人专项扣除的时间为被赡养人年满 60 周岁的当月至赡养义务终止的年末。其中被赡养人是指年满 60 周岁的父母，以及子女均已去世的年满 60 周岁的祖父母、外祖父母。这里所称父母，是指生父母、继父母、养父母。所称子女，是指婚生子女、非婚生子女、继子女、养子女。父母之外的其他人担任未成年人的监护人的，比照本办法规定执行。

表 6－4　　专项附加扣除项目汇总表（2023 年 1 月 1 日以后）

<table>
<tr><th>序号</th><th colspan="2">专项附加扣除项目</th><th>扣除标准</th><th>扣除时间</th><th colspan="2">扣除要点</th></tr>
<tr><td>1</td><td colspan="2">3 周岁以下婴幼儿照护</td><td>定额扣除：每个婴幼儿每月 2 000 元的标准</td><td>出生到满 3 周岁前一个月</td><td colspan="2">可由父母一方按扣除标准的 100% 扣除，也可父母各自 50% 扣除</td></tr>
<tr><td rowspan="2">2</td><td rowspan="2">子女教育</td><td>学前教育阶段：满 3 周岁至小学入学前</td><td rowspan="2">定额扣除：每个子女每月 2 000 元的标准</td><td>年满 3 周岁当月至小学入学前一月</td><td rowspan="2">可由父母一方按扣除标准的 100% 扣除，也可父母各自 50% 扣除</td><td rowspan="2">注意纳税人子女在中国境外接受教育的，境外学校录取通知书、留学签证等相关教育的证明资料留存备查</td></tr>
<tr><td>学历教育：包括义务教育、高中阶段教育、高等教育</td><td>接受全日制学历教育入学的当月至全日制学历教育结束的当月（不扣除保留学籍的请假、寒暑假）</td></tr>
<tr><td rowspan="2">3</td><td rowspan="2">继续教育</td><td>学历（学位）继续教育</td><td>定额扣除：每月 400 元标准</td><td>中国境内入学当月至结束当月，同一学历（学位）不能超过 48 个月</td><td colspan="2">可由其父母扣除，也可由本人扣除</td></tr>
<tr><td>技能人员职业资格继续教育、专业技术人员职业资格继续教育</td><td>定额扣除：3 600 元</td><td>取得相关证书的当年</td><td>本人扣除</td><td>留存相关证书等资料备查</td></tr>
<tr><td>4</td><td colspan="2">大病医疗</td><td>据实扣除：扣除医保后超过 15 000 元的部分，在 80 000 元限额内扣除</td><td>医疗保障信息系统记录的医药费用实际支出的当年</td><td colspan="2">由本人或者其配偶扣除；未成年子女的可由其父母一方扣除。注意各自计算扣除额</td></tr>
<tr><td>5</td><td colspan="2">住房贷款利息（首套房贷款）</td><td>定额扣除：每月 1 000 元的标准</td><td>贷款合同约定开始还款的当月至贷款全部归还或贷款合同终止的当月，扣除期限最长不超过 240 个月</td><td>夫妻约定一方扣除</td><td>只享受一次。婚前首套，婚后可任一方 100% 扣除，也可各自扣除 50%</td></tr>
</table>

续表

<table>
<tr><th>序号</th><th colspan="3">专项附加扣除项目</th><th>扣除标准</th><th>扣除时间</th><th colspan="2">扣除要点</th></tr>
<tr><td rowspan="3">6</td><td rowspan="3">住房租金</td><td colspan="2">第一类城市：直辖市、省会（首府）城市、计划单列市以及国务院确定的其他城市</td><td>定额扣除：每月1 500元的标准</td><td rowspan="3">租赁合同（协议）约定的房屋租赁期开始的当月至租赁期结束的当月。提前终止合同（协议）的，以实际租赁期限为准</td><td rowspan="3">夫妻同城一方扣除，不同城各自扣除。由签订租赁住房合同的承租人扣除</td><td rowspan="3">配偶有房视同纳税人有房则不能扣。一个纳税年度内不能同时享受住房贷款利息和住房租金专项附加扣除</td></tr>
<tr><td rowspan="2">除第一类所列城市以外，按市辖区户籍人口分（以国家统计局公布的数据为准）</td><td>>100万</td><td>定额扣除：每月1 100元的标准</td></tr>
<tr><td>≤100万</td><td>定额扣除：每月800元的标准</td></tr>
<tr><td rowspan="2">7</td><td colspan="2" rowspan="2">赡养老人（年满60周岁的父母以及子女均已去世的祖父母、外祖父母）</td><td>独生子女</td><td>定额扣除：每月3 000元的标准</td><td rowspan="2">被赡养人满60周岁的当月至赡养义务终止的年末</td><td>一人扣除</td><td rowspan="2">父母是指生父母、继父母、养父母。子女是指婚生子女、非婚生子女、继子女、养子女</td></tr>
<tr><td>非独生子女</td><td>定额扣除：每月最多扣除1 500元的标准，合计3 000元</td><td>均摊、约定、被赡养人指定</td></tr>
</table>

纳税人赡养一位及以上被赡养人的赡养支出，自2019年1月1日起，按照一定的标准定额扣除。自2023年1月1日1起，赡养老人专项附加扣除标准，由每月2 000元提高到3 000元。其中，独生子女按照每月3 000元的标准定额扣除；非独生子女与兄弟姐妹分摊每月3 000元的扣除额度，每人分摊的额度不能超过每月1 500元。非独生子女的分摊方式可以由赡养人均摊或者约定分摊，也可以由被赡养人指定分摊。约定或者指定分摊的须签订书面分摊协议，指定分摊优先于约定分摊。具体分摊方式和额度在一个纳税年度内不能变更。

6.3.2 非居民个人四项所得应纳税额的计算

同居民个人取得的劳务报酬所得、稿酬所得和特许权使用费所得一样，非居民个人取得的这些项目的所得同样适用劳务报酬所得、稿酬所得、特许权使用费所得以收入减除20%的费用后的余额为应税收入额、稿酬所得的应税收入额减按70%计算的规定。非居民个人的工资、薪金所得，以每月收入额减除费用5 000元后的余额为应纳税所得额；劳务报酬所得、稿酬所得、特许权使用费所得，以每次收入额为应纳税所得额。

非居民个人取得工资、薪金所得，劳务报酬所得，稿酬所得和特许权使用费所得，依照表 6－2 按月换算后计算应纳税额。因此，非居民个人从我国境内取得这些所得时，适用的税率如表 6－5 所示。

表 6－5　　非居民个人所得税税率表

级数	月应纳税所得额（含税级距）	税率（%）	速算扣除数（元）
1	不超过 3 000 元的	3	0
2	超过 3 000 元至 12 000 元的部分	10	210
3	超过 12 000 元至 25 000 元的部分	20	1 410
4	超过 25 000 元至 35 000 元的部分	25	2 660
5	超过 35 000 元至 55 000 元的部分	30	4 410
6	超过 55 000 元至 80 000 元的部分	35	7 160
7	超过 80 000 元的部分	45	15 160

【例 6－11】 假定某外商投资企业中工作的英国专家（假设为非居民纳税人），2023 年 5 月取得由该企业发放的含税工资收入 23 000 元人民币，此外还从别处取得劳务报酬 3 000 元人民币。

要求：计算当月其应纳个人所得税税额。

（1）该非居民个人当月工资、薪金所得应纳税额。

(23 000 －5 000）×20% －1 410 =2 190（元）

（2）该非居民个人当月劳务报酬所得应纳税额。

3 000 ×（1 －20%）×3% －0 =72（元）

【解析】 注意工资、薪金所得和劳务报酬所得的区别。按照所得税月税率表计算个人所得税，23 000 －5 000 =18 000 元处于第三级距。

6. 3. 3　经营所得应纳税额计算

经营所得，以每一纳税年度的收入总额减除成本、费用以及损失后的余额为应纳税所得额。

1. 查账征收

经营所得应纳税额的计算公式为：

应纳税所得额 = 全年收入总额 － 成本、费用及损失

应纳税额 = 全年应纳税所得额 × 适用税率 － 速算扣除数

同居民个人综合所得应纳税额的计算一样，利用包含速算扣除数的经营所得适用税率表如表 6－3 所示。

纳税人全年应纳税所得额的计算，以权责发生制为原则，属于当期的收入和费用，

不论款项是否收付，均作为当期的收入和费用；不属于当期的收入和费用，即使款项已经在当期收付，均不作为当期的收入和费用。财政部、国家税务总局另有规定的除外。

（1）计税基本规定。

①全年收入总额。从事生产经营以及与生产经营有关的活动（以下简称生产经营）取得的货币形式和非货币形式的各项收入，为收入总额，包括销售货物收入、提供劳务收入、转让财产收入、利息收入、租金收入、接受捐赠收入、其他收入。

其中，其他收入包括资产溢余收入、逾期一年以上的未退包装物押金收入、确实无法偿付的应付款项、已作坏账损失处理后又收回的应收款项、债务重组收入、补贴收入、违约金收入、汇兑收益等。

②成本，是指个体工商户、个人独资企业、合伙企业以及个人从事其他生产、经营活动发生的销售成本、销货成本、业务支出以及其他耗费。

③费用，是指个体工商户在生产经营活动中发生的销售费用、管理费用和财务费用，已经计入成本的有关费用除外。

④税金，是指在生产经营活动中发生的除个人所得税和允许抵扣的增值税以外的各项税金及其附加。

⑤损失，是指从事其他生产经营活动发生的固定资产和存货的盘亏、毁损、报废损失，转让财产损失、坏账损失，自然灾害等不可抗力因素造成的损失以及其他损失。

（2）扣除项目及标准。

①工资、薪金支出。实际支付给从业人员的、合理的工资、薪金支出，准予扣除。业主的工资、薪金支出不得税前扣除。但是业主的费用可以按照标准税前扣除，现行税法规定业主费用扣除标准为每月5 000元，即为60 000元/年。

②业主和从业人员缴纳的基本养老保险费、基本医疗保险费、失业保险费、生育保险费、工伤保险费和住房公积金，准予扣除。为从业人员缴纳的补充养老保险费、补充医疗保险费，分别在不超过从业人员工资总额5%标准内的部分据实扣除；超过部分，不得扣除。业主本人缴纳的补充养老保险费、补充医疗保险费，以当地（地级市）上年度社会平均工资的3倍为计算基数，分别在不超过该计算基数5%标准内的部分据实扣除；超过部分，不得扣除。

③借款利息费用。纳税人在生产经营活动中发生的合理的不需要资本化的借款费用，未超过中国人民银行规定的同期、同类贷款利率计算的数额部分，准予扣除；为购置、建造固定资产、无形资产和经过12个月以上的建造才能达到预定可销售状态的存货发生借款的，在有关资产购置、建造期间发生的合理的借款费用，应当作为资本性支出计入有关资产的成本，不得作为利息费用扣除。

④三项经费。纳税人向当地工会组织拨缴的工会经费、实际发生的职工福利费支出、职工教育经费支出分别在工资、薪金总额的 2%、14%、8% 的标准内据实扣除。工资、薪金总额是指允许在当期税前扣除的工资、薪金支出数额。职工教育经费的实际发生数额超出规定比例当期不能扣除的数额，准予在以后纳税年度结转扣除。

⑤业务招待费。纳税人按照实际发生额的与生产经营活动相关的业务招待费的 60% 扣除，但最高不得超过当年销售（营业）收入的 5‰。

⑥广告费及业务宣传费。纳税人每一纳税年度发生的与其生产经营活动直接相关的广告费和业务宣传费不超过当年销售（营业）收入 15% 的部分，可以据实扣除；超过部分，准予在以后纳税年度结转扣除。

⑦各项规定费用。纳税人按照规定缴纳的摊位费、行政性收费、协会会费等，按实际发生数额扣除。

⑧租赁费。纳税人根据生产经营活动的需要租入固定资产支付的租赁费，按照以下方法扣除：以经营租赁方式租入固定资产发生的租赁费支出，按照租赁期限均匀扣除；以融资租赁方式租入固定资产发生的租赁费支出，按照规定构成融资租入固定资产价值的部分应当提取折旧费用，分期扣除。

⑨保险费与劳动保护支出。纳税人发生的与生产经营有关的财产保险、运输保险等，按照规定缴纳的保险费，准予扣除。纳税人发生的合理的劳动保护支出，准予扣除。

⑩开办费。纳税人自申请营业执照之日起至开始生产经营之日止所发生的符合规定的费用，除为取得固定资产、无形资产的支出，以及应计入资产价值的汇兑损益、利息支出外，作为开办费。纳税人可以选择在开始生产经营的当年一次性扣除，也可自生产经营月份起在不短于 5 年期限内摊销扣除，但一经选定，不得改变。

开始生产经营之日为个体工商户取得第一笔销售（营业）收入的日期。

⑪捐赠支出。纳税人通过中国境内的公益性社会团体或者县级以上人民政府及其部门，用于《中华人民共和国公益事业捐赠法》规定的公益事业的捐赠，捐赠额不超过其应纳税所得额 30% 的部分可以据实扣除。

财政部、国家税务总局规定可以全额在税前扣除的捐赠支出项目，按有关规定执行。纳税人直接对受益人的捐赠不得扣除。公益性社会团体的认定，按照财政部、国家税务总局、民政部的有关规定执行。

⑫资产的税务处理。纳税人研究开发新产品、新技术、新工艺所发生的开发费用，以及研究开发新产品、新技术而购置单台价值在 10 万元以下的测试仪器和试验性装置的购置费准予直接扣除；单台价值在 10 万元以上（含 10 万元）的测试仪器和试验性装置，按固定资产管理，不得在当期直接扣除。

（3）计税注意事项。

①下列支出不得扣除：个人所得税税款，税收滞纳金，罚金、罚款和被没收财物的损失，分配给投资者的股利，个体工商户、个人独资企业和合伙企业投资者的工资支出，不符合扣除规定的捐赠支出、赞助支出、用于个人和家庭的支出、与取得生产经营收入无关的其他支出，国家税务总局规定不准扣除的支出。赞助支出是指纳税人发生的与生产经营活动无关的各种非广告性质支出。

②应当分别核算生产经营费用和个人、家庭费用。对于因生产经营与个人、家庭生活混用难以分清的费用，其40%视为与生产经营有关的费用，准予扣除。

③纳税年度发生的亏损，准予向以后年度结转，用以后年度的生产经营所得弥补，但结转年限最长不得超过5年。

④纳税人与企业联营而分得的利润，按“利息、股息、红利所得”项目征收个人所得税。

⑤纳税人和从事生产、经营的个人，取得与生产、经营活动无关的各项应税所得，应按规定分别计算征收个人所得税。

【例6－12】 假设我国公民赵某2023年1月经批准开办一家超市（工商登记为个体工商户），2023年1～12月取得经营收入500 000元，准予扣除的成本、费用及相关支出共计236 000元。假设不考虑其他税收优惠情况。

要求：计算赵某2023年经营超市应缴纳的个人所得税。

赵某经营的超市1～12月所得＝500 000－236 000－5 000×12＝204 000（元）

赵某全年应纳个人所得税＝(204 000×20%－10 500)×50%＝15 150（元）

【例6－13】 假设例6－12中赵某2023年1～12月取得经营收入为2 500 000元，其他条件都不变，则赵某2023年经营超市应缴纳的个人所得税：

赵某经营的超市1～12月所得＝2 500 000－236 000－5 000×12＝2 204 000（元）

减免税额＝(2 000 000×35%－65 500)×50%＝317 250（元）

则2023年应纳税额＝2 204 000×35%－65 500－317 250＝388 650（元）

【解析】 自2023年1月1日至2027年12月31日，对个体工商户年应纳税所得额不超过200万元（2021年1日1月至2022年12月31日期间为不超过100万元）的部分，减半征收个人所得税。

2. 核定征收

核定征收方式，包括定额征收、核定应税所得率征收以及其他合理的征收方式。

（1）核定征收的界定。

有下列情形之一的，主管税务机关应采取核定征收方式征收个人所得税：

①企业依照国家有关规定应当设置但未设置账簿的。

②企业虽设置账簿，但账目混乱或者成本资料、收入凭证、费用凭证残缺不全，难以查账的。

③纳税人发生纳税义务，未按照规定的期限办理纳税申报，经税务机关责令限期申报，逾期仍不申报的。

（2）核定征收的公式。

①按照征收率核定的定期定额户个人所得税申报的计税公式：

当月（季）应纳税额 = 当月（季）的实际所得额 × 税率（征收率）

②实行核定应税所得率征收方式的，应纳所得税额的计算公式为：

应纳个人所得税额 = 应纳税所得额 × 适用税率

应纳税所得额 = 收入总额 × 应税所得率

或：

应纳税所得额 = 成本费用支出额 ÷（1 − 应税所得率）× 应税所得率

应税所得率应按规定的标准执行，具体以各省区市税务总局为标准（见表6－6）。

表6－6　　个人所得税应税所得率

序号	行业	应税所得税率（%）
1	工业、交通运输业、商业	5～20
2	建筑业、房地产开发业	7～20
3	住宿和餐饮业	7～25
4	娱乐业	20～40
5	其他行业	10～30

（3）核定征收注意事项。

①企业经营多业的，无论其经营项目是否单独核算，均应根据其主营项目确定其适用的应税所得率。

②实行核定征收的投资者，不能享受个人所得税的优惠政策。

③实行查账征收方式的个人独资企业和合伙企业改为核定征收方式后，在查账征收方式下认定的年度经营亏损未弥补完的部分，不得再继续弥补。

④取得经营所得的个人，没有综合所得的，计算其每一纳税年度的应纳税所得额时，应当减除费用60 000元、专项扣除、专项附加扣除以及依法确定的其他扣除，专项附加扣除在办理汇算清缴时减除。

6.3.4　财产租赁所得应纳税额的计算

财产租赁所得，以纳税人每次取得的收入减除费用扣除后的余额为应纳税所得额。

1. 每次收入

以一个月内取得的收入为一次收入。

2. 基础法定扣除

每次收入不超过4 000元的，减除费用800元；4 000元以上的，减除20%的费用。

3. 其他允许扣除的项目

（1）财产租赁过程中缴纳的税费，包括租赁过程中发生的城建税、教育费附加、地方教育附加、房产税等。

（2）向出租方支付的租金。纳税人将租赁的财产在转租情况下涉及此项扣除。

（3）修缮费。实际发生的由纳税人负担的修缮费允许扣除，允许扣除的修缮费为每次不得超过800元，本期未扣的部分下次继续扣除，直到扣完为止。

4. 财产租赁所得应纳税额的计算

应纳税额 = 应纳税所得额 ×20%

应纳税所得额根据一次收入的不同，计算公式如下：

①每次（月）收入≤4 000元：

应纳税所得额 = 月租金收入 − 准予扣除项目 − 修缮费（以800元为限）−800元

②每次（月）收入 >4 000元：

应纳税所得额 = [月租金收入 − 准予扣除项目 − 修缮费（以800元为限）] ×（1 −20%）

【例6 −14】 中国公民王某在2023年1月按市场价格出租个人自有住房，每月取得租金收入为5 000元当月因出租房屋发生税费600元，当月发生修缮费用1 400元。

要求：计算王某出租房屋1月、2月、3月分别应缴纳个税。

1月应纳个人所得税 =（5 000 −600 −800 −800）×20% ×50% =280（元）

2月应纳个人所得税 =[5 000 −（1 400 −800）] ×（1 −20%）×20% ×50% =352（元）

3月应纳个人所得税 =5 000 ×（1 −20%）×20% ×50% =400（元）

【解析】 1月应纳税所得额为3 600（5 000 −600 −800）元，小于4 000元；2月应纳税所得额为4 400（5 000 −600）元。且个人按市场价格出租居民住房取得的所得，减按10%征税。

6.3.5 财产转让所得应纳税额的计算

1. 财产转让所得应纳税额的一般规定

财产转让所得，以转让财产的收入额减除财产原值和合理税费后的余额，为应纳税所得额。一般情况下的财产转让所得应纳税额的计算公式如下：

应纳税额 =（每次转让收入 – 财产原值 – 合理税费）×20%

（1）每次转让收入，是指一项财产的所有权一次转让取得的收入，以实际成交价格为转让收入。

（2）财产原值。房屋、建筑物的建造费用或购进价格和其他有关费用；为取得土地使用权所支付的金额、开发土地的费用和其他相关费用；机器设备、车船等的购进价格、运输费、安装费和其他有关费用等。

纳税人未提供完整、准确的财产原值凭证，不能正确计算财产原值的，由主管税务机关核定其财产原值；科研人员个人在科研机构、高等学校转化职务科技成果，以股份或者出资比例等形式获得奖励后，获奖人又将其转让的，其财产原值为零。

（3）转让过程中的合理税费，是指财产在转让过程中按照规定支付的有关税金和合理费用。

2. 个人转让住房所得应纳税额的计算

（1）转让收入。纳税人以实际成交价格为转让收入纳税人申报的成交价格明显低于市场价格且无正当理由的，征收机关依法有权依据有关信息核定其转让收入，但必须保证各税种计税价格一致。

（2）房屋原值。若房屋为商品房，则为购置该房屋时实际支付的房价款及缴纳的相关税费。若房屋为自建住房，则为实际发生的建造费用及建造和取得产权时实际缴纳的相关税费。若房屋为经济适用房（含集资合作建房、安居工程住房），则为原购房人实际支付的房价款及相关税费，以及按规定缴纳的土地出让金。若为已购公有住房，则为原购公有住房标准面积按当地经济适用房价格计算的房价款，加上原购公有住房超标准面积实际支付的房价款以及按规定向财政部门（或原产权单位）缴纳的所得收益及相关税费。若为城镇拆迁安置住房，其原值分别为：房屋拆迁取得货币补偿后购置房屋的，为购置该房屋实际支付的房价款及缴纳的相关税费；房屋拆迁采取产权调换方式的，所调换房屋原值为《房屋拆迁补偿安置协议》注明的价款及缴纳的相关税费。

（3）转让过程中的税金，指转让过程中涉及实际缴纳的增值税、城市维护建设税、教育费附加、地方教育附加、土地增值税、印花税等。

（4）合理费用，是指纳税人按照规定实际支付的住房装修费用、住房贷款利息、手续费、公证费等费用。

其中，住房装修费用是指纳税人能提供实际支付装修费用的税务统一发票，并且发票上所列付款人姓名与转让房屋产权人一致的，经税务机关审核，其转让的住房在转让前实际发生的装修费用，可在以下规定比例内扣除：①已购公有住房、经济适用房：最高扣除限额为房屋原值的15%；②商品房及其他住房：最高扣除限额为房屋原值的10%；③纳税人原购房为装修房，即合同注明房价款中含有装修费的，不得再重复扣除装修费用。住房贷款利息，是指纳税人出售以按揭贷款方式购置的住房，其向贷款银行实际支付的住房贷款利息，凭贷款银行出具的有效证明据实扣除；纳税人按照有关规定实际支付的手续费、公证费等，凭有关部门出具的有效证明据实扣除。

需要注意的是，个人发生非货币性资产交换，以及将财产用于捐赠、偿债、赞助、投资等用途的，应当视同转让财产并缴纳个人所得税，但国务院财政、税务主管部门另有规定的除外。

【例6－15】 中国公民孙某2023年3月转让以前购买的精装修房屋一套，取得转让收入300万元，转让过程中支付相关税费16.65万元。该套房屋的购进价为160万元，购房过程中支付的相关税费为3.2万元。房屋购买以及房屋转让过程中的所有票据齐全，均取得合法有效凭证。除此以外没有发生其他相关费用。

要求：计算孙某转让房屋所得应缴纳的个人所得税。

【解析】 转让房屋所得应纳税额＝(每次转让收入－财产原值－合理税费)×20%

＝[300－(160＋16.65)－3.2]×20%

＝24.03（万元）

6.3.6 利息、股息、红利所得和偶然所得

利息、股息、红利所得和偶然所得的应纳税额的计算方法基本相同。具体计算公式如下：

应纳税额＝应纳税所得额(每次收入)×20%

利息、股息、红利所得和偶然所得的应纳税所得额，以每次取得的该项收入为一次收入总额。

需要注意的是，企业在业务宣传、广告等活动中，随机向本单位以外的个人赠送礼品，对个人取得的礼品所得，按“偶然所得”项目缴纳个人所得税。

6.4 个人所得税的税收优惠政策

6.4.1 免征个人所得税

（1）省级人民政府、国务院部委和中国人民解放军军以上单位，以及外国组织、国际组织颁发的科学、教育、技术、文化、卫生、体育、环境保护等方面的奖金。

（2）国债和国家发行的金融债券利息。其中，国债利息，是指个人持有中华人民共和国财政部发行的债券而取得的利息；所称国家发行的金融债券利息，是指个人持有经国务院批准发行的金融债券而取得的利息。

（3）按照国家统一规定发给的补贴、津贴。按照国家统一规定发给的补贴、津贴，是指按照国务院规定发给的政府特殊津贴、院士津贴，以及国务院规定免予缴纳个人所得税的其他补贴、津贴。

（4）福利费、抚恤金、救济金。福利费，是指根据国家有关规定，从企业、事业单位、国家机关、社会组织提留的福利费或者工会经费中支付给个人的生活补助费；所称救济金，是指各级人民政府民政部门支付给个人的生活困难补助费。

（5）保险赔款。

（6）军人的转业费、复员费、退役金。

（7）按照国家统一规定发给干部、职工的安家费、退职费、基本养老金或者退休费、离休费、离休生活补助费。

（8）个人转让自用达 5 年以上，并且是唯一的家庭生活居住用房取得的所得。

（9）对个体工商户或个人，以及个人独资企业和合伙企业从事种植业、养殖业、饲养业和捕捞业取得的所得暂不征收个人所得税。

（10）个人举报、协查各种违法、犯罪行为而获得的奖金。

（11）储蓄机构内从事代扣代缴工作的办税人员取得的扣缴利息税手续费所得，免征个人所得税。

（12）对个人取得的教育储蓄存款利息所得以及国务院财政部门确定的其他专项储蓄存款或者储蓄性专项基金存款的利息所得，免征个人所得税。自 2008 年 10 月 9 日起，对居民储蓄存款利息，暂免征收个人所得税。

（13）对个人转让上市公司股票取得的所得暂免征收个人所得税。自 2008 年 10 月 9 日起，对证券市场个人投资者取得的证券交易结算资金利息所得，暂免征收个人所得税，即证券市场个人投资者的证券交易结算资金在 2008 年 10 月 9 日后（含 10 月 9 日）孳生的利息所得，暂免征收个人所得税。

（14）个人从公开发行和转让市场取得的上市公司股票，持股期限超过 1 年的，股息、红利所得暂免征收个人所得税。个人从公开发行和转让市场取得的上市公司股票，持股期限在 1 个月以内（含 1 个月）的，其股息、红利所得全额计入应纳税所得额；持股期限在 1 个月以上至 1 年（含 1 年）的，股息、红利所得暂减按 50% 计入应纳税所得额；上述所得统一适用 20% 的税率计征个人所得税。本规定自 2015 年 9 月 8 日起施行。自 2019 年 7 月 1 日起至 2024 年 6 月 30 日止，全国中小企业股份转让系统挂牌公司股息、红利差别化个人所得税政策也按上述政策执行。

（15）个人取得的下列中奖所得，暂免征收个人所得税：

①单张有奖发票奖金所得不超过 800 元（含 800 元）的，暂免征收个人所得税；个人取得单张有奖发票奖金所得超过 800 元的，应全额按照税法规定的“偶然所得”项目征收个人所得税。

②购买社会福利有奖募捐奖券、体育彩票一次中奖收入不超过 10 000 元的暂免征收个人所得税；对一次中奖收入超过 10 000 元的，应按税法规定全额征税。

（16）依照有关法律规定应予免税的各国驻华使馆、领事馆的外交代表、领事官员和其他人员的所得。依照有关法律规定应予免税的各国驻华使馆、领事馆的外交代表、领事官员和其他人员的所得，是指依照《中华人民共和国外交特权与豁免条例》和《中华人民共和国领事特权与豁免条例》规定免税的所得。

（17）中国政府参加的国际公约、签订的协议中规定免税的所得。

（18）外籍个人从外商投资企业取得的股息、红利所得。

（19）凡符合下列条件之一的外籍专家取得的工资、薪金所得可免征个人所得税：

①根据世界银行专项贷款协议由世界银行直接派往我国工作的外国专家。

②联合国组织直接派往我国工作的专家。

③为联合国援助项目来华工作的专家。

④援助国派往我国专为该国无偿援助项目工作的专家，除工资、薪金外，其取得的生活津贴免税。

⑤根据两国政府签订文化交流项目来华工作 2 年以内的文教专家，其工资、薪金所得由该国负担的，免征个人所得税。此外，外国来华文教专家，在我国服务期间，由我方发工资、薪金，并对其住房、使用汽车、医疗实行免费“三包”，可只就其工资、薪金所得按照税法规定征收个人所得税；对我方免费提供的住房、使用汽车、医疗，可免予计算纳税。

⑥根据我国大专院校国际交流项目来华工作 2 年以内的文教专家，其工资、薪金所得由该国负担的，免征个人所得税。

⑦通过民间科研协定来华工作的专家，其工资、薪金所得由该国政府机构负担的，免征个人所得税。

（20）经国务院财政部门批准免税的所得。

6.4.2 减征

有下列情形之一的，可以减征个人所得税，具体幅度和期限，由省、自治区、直辖市人民政府规定，并报同级人民代表大会常务委员会备案：

（1）残疾、孤老人员和烈属的所得；

（2）因自然灾害遭受重大损失的。国务院可以规定其他减税情形，报全国人民代表大会常务委员会备案。

6.5　个人所得税的特殊项目计算

6.5.1　居民个人公益性捐赠的扣除

居民个人将其所得对教育、扶贫、济困等公益慈善事业进行捐赠，捐赠额未超过纳税人申报的应纳税所得额 30% 的部分，可以从其应纳税所得额中扣除；国务院规定对公益慈善事业捐赠实行全额税前扣除的，从其规定。国务院规定对公益慈善事业捐赠实行全额税前扣除的，从其规定（见表 6－7）。

表 6－7　　公益性捐赠扣除类型

限额扣除				全额扣除
计算基数	扣除比例	扣除限额	税前扣除的捐赠额	符合规定范围的公益性捐赠
应纳税所得额	30%	应纳税所得额 ×30%	扣除限额与实际捐赠数额较小的	

【例 6－16】（单选题）2023 年 8 月，中国公民李某汽车出租取得收入 80 000 元，当即从中拿出 20 000 元通过国家机关捐赠给受灾地区。李某应缴纳个人所得税（　　）。

A. 8 800 元　　B. 8 960 元　　C. 10 752 元　　D. 9 600 元

【答案】 B

【解析】 捐赠扣除限额 = 80 000 ×（1 －20%）×30% =19 200（元），实际发生捐赠 20 000 元，超过扣除限额，应扣除 19 200 元。李某应缴纳个人所得税 =［80 000 ×（1 －20%）－19 200］×20% =8 960（元）。

6.5.2　境内外所得纳税抵扣情况

居民个人在一个纳税年度内来源于中国境外的所得，应区分来源国即依照所得来源国家（地区）税收法律规定在中国境外已缴纳的所得税税额允许在抵免限额内从其该纳税年度应纳税额中抵免。

居民个人应区分来源国计算境外所得抵免限额。居民个人从境内和境外取得的综合所得或者经营所得，应当分别合并计算应纳税额；从境内和境外取得的其他所得应当分别单独计算应纳税额。

来源于一国(地区)综合所得的抵免限额 = 中国境内、境外综合所得应纳税总额 × 来源于该国(地区)的综合所得收入额 ÷ 中国境内、境外综合所得收入总额

居民个人在中国境外一个国家或者地区实际已经缴纳的个人所得税税额,低于依照前款规定计算出的该国家或者地区抵免限额的,应当在中国缴纳差额部分的税款;超过该国家或者地区抵免限额的,其超过部分不得在本纳税年度的应纳税额中扣除,但是可以在以后纳税年度的该国家或者地区抵免限额的余额中补扣。补扣期限最长不得超过五年。

【例 6-17】王某为中国居民纳税人,2023 年取得以下收入项目:

在中国境内获得工资收入 130 000 元,期间为甲国一家公司提供咨询服务,获得收入 50 000 元,并在甲国缴纳了 6 000 元个人所得税。在乙国中奖取得 160 000 元,已按乙国税法规定在该国缴纳了个人所得税 16 000 元。

要求:计算王某 2023 年需要缴纳的个人所得税。

【解析】

(1) 工资、薪金所得,劳务报酬所得属于综合收入所得项目。

年综合收入应纳税所得额 = 130 000 + 50 000(1 - 20%) - 60 000 = 110 000 (元)

年综合收入应纳税额总额 = 110 000 × 10% - 2 520 = 8 480 (元)

年综合收入抵免限额 = 84 8040 000 ÷ 170 000 = 1 995. 29 (元)

应缴个人所得税 = 8 480 - 1 995. 29 = 6 484. 71 (元)

(2) 中奖所得属于偶然所得项目。

中奖所得抵免限额: 160 000 × 0. 2 = 32 000 (元)

中奖所得需要补缴: 32 000 - 16 000 = 16 000 (元)

6.6 个人所得税的预扣缴

居民个人取得综合所得,按年计算个人所得税;有扣缴义务人的,由扣缴义务人按月或者按次预扣预缴税款。预扣预缴办法由国务院税务主管部门制定。

6.6.1 工资、薪金所得累计预扣缴方式

扣缴义务人在一个纳税年度内,以纳税人在本单位截至当前月份累计工资薪金所得收入额减除纳税人申报的累计免税收入、累计基本减除费用、累计专项扣除、累计专项附加扣除和依法确定的累计其他扣除后的余额为预缴应纳税所得额,对照综合所得税率表(年度),计算出累计应预扣预缴税额,减除已预扣预缴税额后的余额,作

为本期应预扣预缴税额。累计预扣的好处，可以实现只有一处工资薪金且在单位办理专项附加扣除纳税人税款的全年精准计算，个人则无须办理年度自行汇缴补退税，使预扣的税款最大趋同于一年终的汇算清缴税款，最大限度地减少退补税的情况发生，减轻征纳双方的纳税成本。

累计预扣法的具体计算公式如下：

本期应预扣预缴税额＝（累计预缴应纳税所得额×税率－速算扣除数）－已预扣预缴税额

累计预缴应纳税所得额＝累计收入－累计免税收入－累计基本减除费用－累计专项扣除－累计专项附加扣除－累计依法确定的其他扣除

其中，税率与对应速算扣除数参照表6－3综合收入个人所得税税率表；累计基本减除费用，按照5 000元/月乘以纳税人当年在本单位的工作月份数计算。

【例6－18】 中国公民李某2023年1月正式入职H公司，自2023年1月1日起，公司每月支付工资25 000元（税前）。李某个人的公积金、社保费等专项扣除项目为2 500元/月，李某租金支出符合专项附加扣除标准为1 000元/月；除工资薪金所得外李某无其他所得，无其他减免及特殊事项。

要求：计算自2023年1月至3月，A公司作为扣缴义务人每个月应预扣预缴具体税额。

【解析】

2023年1月：

第一步，累计预扣预缴应纳税所得额＝累计收入－累计免税收入－累计减除费用－累计专项扣除－累计专项附加扣除－累计依法确定的其他扣除＝25 000－0－5 000－2 500－1 000－0＝16 500（元）。

第二步，对照本章表6－2当月预扣率为3%，速算扣除数为0，本期应预扣预缴税额＝（累计预扣预缴应纳税所得额×预扣率－速算扣除数）－累计减免税额－累计已预扣预缴税额＝（16 500×3%－0）－0－0＝495（元）。

2023年2月：

第一步，累计预扣预缴应纳税所得额＝累计收入－累计免税收入－累计减除费用－累计专项扣除－累计专项附加扣除－累计依法确定的其他扣除＝25 000×2－0－5 000×2－2 500×2－1 000×2－0＝33 000（元）。

第二步，对照表6－2当月预扣率为3%，速算扣除数为0，本期应预扣预缴税额＝（累计预扣预缴应纳税所得额×预扣率－速算扣除数）－累计减免税额－累计已预扣预缴税额＝（33 000×3%－0）－0－495＝495（元）。

注：其中的495元为1月已预扣预缴税额。

2023 年 3 月：

第一步，累计预扣预缴应纳税所得额 = 累计收入 - 累计免税收入 - 累计减除费用 - 累计专项扣除 - 累计专项附加扣除 - 累计依法确定的其他扣除 = 25 000 × 3 - 5 000 × 3 - 2 500 × 3 - 1 000 × 3 - 0 = 49 500（元）。

第二步，对照本章表 6-2，当月预扣率为 10%，速算扣除数为 2 520，本期应预扣预缴税 =（累计预扣预缴应纳税所得额 × 预扣率 - 速算扣除数）- 累计减免税额 - 累计已预扣预缴税额 =（49 500 × 10% - 2 520）- 0 -（495 + 495）= 1 440（元）。

注：第二步中的 495 + 495 分别为 1 月、2 月已预扣预缴税额。

6.6.2 劳务报酬所得预扣缴

劳务报酬所得以每次收入减除费用后的余额为收入额，即为预扣预缴应纳税所得额。劳务报酬所得预扣预缴税额计算公式（2019 年 1 月 1 日后）：

应预扣预缴税额 = 预扣预缴应纳税所得额 × 预扣率

预扣预缴应纳税所得额 = 每次收入 - 费用扣除额

其中，费用扣除额的标准与每次收入的大小有关，具体如下：每次收入≤4 000 元时，费用扣除额为 800 元；每次收入 >4 000 元时，费用扣除额为每次收入的 20%。

其中，预扣率为固定税率 20%，但是当劳务报酬所得预扣缴应纳税所得额畸高（超过 20 000 元）时，预扣率按照超额累进税率确定，具体内容见表 6-8。

因此，劳务报酬应预扣预缴税额计算公式如下：

①每次收入≤4 000 元：

劳务报酬应预扣预缴税额 =（每次收入 - 800 元）× 20%

②每次收入 >4 000 元：

劳务报酬应预扣预缴税额 = 每次收入 ×（1 - 20%）× 20%

③每次劳务报酬所得（应纳税所得额）>20 000 元：

劳务报酬应预扣预缴税额 = 每次收入 ×（1 - 20%）× 预扣率 - 速算扣除数（预扣率和速算扣除数）

表 6-8 劳务报酬所得预扣率表

级数	预扣预缴应纳税所得额	预扣率	速算扣除数
1	不超过 20 000 元的	20%	0
2	超过 20 000 元至 50 000 元的部分	30%	2 000
3	超过 50 000 元的部分	40%	7 000

【例6－19】2023年8月，中国公民王某在H公司（非任职公司）参加商务活动，取得H公司支付的一次性劳务报酬24 000元（税前）。王某在个税上无其他减免及特殊事项。请计算2023年8月，H公司作为扣缴义务人，应当预扣预缴的个税具体税额。

第一步，该笔劳务报酬收入超过4 000，因此减除费用按20%计算。

劳务报酬收入额＝每次收入－可扣除费用

＝24 000－24 000×20%＝19 200（元）

第二步，预扣预缴应纳税所得额＝劳务报酬收入额＝19 200（元）

第三步，19 200元<20 000元，预扣率为20%

第四步，应预扣预缴税额＝预扣预缴应纳税所得额×预扣率

＝19 200×20%＝3 840（元）

6.6.3 稿酬所得

稿酬所得以每次收入减除费用扣除额后的余额为收入额，即为预扣预缴应纳税所得额，类同于劳务报酬所得；稿酬所得的收入额减按70%计税。稿酬所得应预扣预缴税额的计算公式如下：

稿酬所得应预扣预缴税额＝预扣预缴应纳税所得额×20%

预扣预缴应纳税所得额＝(每次收入－扣除费用额)×(1－30%)

预扣预缴环节，稿酬所得每次收入不超过4 000元的，扣除费用额按800元计算；每次收入4 000元以上的，扣除费用额按收入的20%计算。

因此，稿酬所得应预扣预缴税额（2019年1月1日后）计算公式：

（1）每次收入不超过4 000元：

应预扣预缴税额＝(每次收入－800元)×(1－30%)×20%

（2）每次收入超过4 000元：

应预扣预缴税额＝每次收入×(1－20%)×(1－30%)×20%

6.6.4 特许权使用费

特许权使用费所得以每次收入减除费用后的余额为收入额，即为预扣预缴应纳税所得额。预扣预缴环节，特许权使用费所得每次收入不超过4 000元的，扣除费用额按800元计算；每次收入4 000元以上的，扣除费用额按收入的20%计算。特许权使用费应预扣预缴税额计算公式如下：

特许权使用费所得应预扣预缴税额 = 预扣预缴应纳税所得额 × 20%

= (每次收入 − 800 元) × 20%

或者 = 每次收入 × (1 − 20%) × 20%

劳务报酬所得、稿酬所得、特许权使用费所得预扣缴注意事项：

（1）扣缴义务人向居民个人支付劳务报酬所得、稿酬所得、特许权使用费所得，按次或者按月预扣预缴个人所得税。

（2）扣缴义务人每月或者每次预扣、代扣的税款，应当在次月 15 日内缴入国库，并向税务机关报送《个人所得税扣缴申报表》。

（3）居民个人办理年度综合所得汇算清缴时，应当依法计算劳务报酬所得、稿酬所得、特许权使用费所得的收入额，并入年度综合所得计算应纳税款，税款多退少补。

6.7 个人所得税的征收管理

个人所得税的征收管理，依照《中华人民共和国个人所得税法》和《中华人民共和国税收征收管理法》的规定执行。个人所得税以所得人为纳税人，以支付所得的单位或者个人为扣缴义务人。

纳税人有中国公民身份号码的，以中国公民身份号码为纳税人识别号；纳税人没有中国公民身份号码的，由税务机关赋予其纳税人识别号。扣缴义务人扣缴税款时，纳税人应当向扣缴义务人提供纳税人识别号。

6.7.1 纳税人应当依法办理纳税申报

有下列情形之一的，纳税人应当依法办理纳税申报：

（1）取得综合所得需要办理汇算清缴；

（2）取得应税所得没有扣缴义务人；

（3）取得应税所得，扣缴义务人未扣缴税款；

（4）取得境外所得；

（5）因移居境外注销中国户籍；

（6）非居民个人在中国境内从两处以上取得工资、薪金所得；

（7）国务院规定的其他情形。

扣缴义务人应当按照国家规定办理全员全额扣缴申报，并向纳税人提供其个人所得和已扣缴税款等信息。

6.7.2　纳税人纳税申报的期限

（1）工资、薪金，劳务报酬，稿酬和特许权使用费所得的申报期限。居民个人取得综合所得，按年计算个人所得税；有扣缴义务人的，由扣缴义务人按月或者按次预扣预缴税款；需要办理汇算清缴的，应当在取得所得的次年3月1日至6月30日内办理汇算清缴。预扣预缴办法由国务院税务主管部门制定。

居民个人从中国境外取得所得的，应当在取得所得的次年3月1日至6月30日内申报纳税。

居民个人向扣缴义务人提供专项附加扣除信息的，扣缴义务人按月预扣预缴税款时应当按照规定予以扣除，不得拒绝。

非居民个人取得工资、薪金所得，劳务报酬所得，稿酬所得和特许权使用费所得，有扣缴义务人的，由扣缴义务人按月或者按次代扣代缴税款，不办理汇算清缴。非居民个人在中国境内从两处以上取得工资、薪金所得的，应当在取得所得的次月15日内申报纳税。

（2）纳税人取得经营所得，按年计算个人所得税，由纳税人在月度或者季度终了后15日内向税务机关报送纳税申报表，并预缴税款；在取得所得的次年3月31日前办理汇算清缴。

（3）纳税人取得利息、股息、红利所得，财产租赁所得，财产转让所得和偶然所得，按月或者按次计算个人所得税，有扣缴义务人的，由扣缴义务人按月或者按次代扣代缴税款。

（4）纳税人取得应税所得有扣缴义务人，扣缴义务人每月或者每次预扣、代扣的税款，应当在次月15日内缴入国库，并向税务机关报送扣缴个人所得税申报表。纳税人取得应税所得没有扣缴义务人的，应当在取得所得的次月15日内向税务机关报送纳税申报表，并缴纳税款。

纳税人取得应税所得，扣缴义务人未扣缴税款的，纳税人应当在取得所得的次年6月30日前，缴纳税款；税务机关通知限期缴纳的，纳税人应当按照期限缴纳税款。

（5）纳税人因移居境外注销中国户籍的，应当在注销中国户籍前办理税款清算。

（6）纳税人办理汇算清缴退税或者扣缴义务人为纳税人办理汇算清缴退税的，税务机关审核后，按照国库管理的有关规定办理退税。

6.7.3　居民个人从中国境外取得的所得

居民个人从中国境外取得的所得，可以从其应纳税额中抵免已在境外缴纳的个人所得税税额，但抵免额不得超过该纳税人境外所得依照本法规定计算的应纳税额。

有下列情形之一的，税务机关有权按照合理方法进行纳税调整：

（1）个人与其关联方之间的业务往来不符合独立交易原则而减少本人或者其关联方应纳税额，且无正当理由；

（2）居民个人控制的，或者居民个人和居民企业共同控制的设立在实际税负明显偏低的国家（地区）的企业，无合理经营需要，对应当归属于居民个人的利润不作分配或者减少分配；

（3）个人实施其他不具有合理商业目的的安排而获取不当税收利益。

税务机关依照前款规定作出纳税调整，需要补征税款的，应当补征税款，并依法加收利息。

案例解析

1. 个人所得税的纳税主体如何界定?

依据住所和居住时间两个标准，区分为居民个人和非居民个人，分别承担不同的纳税义务。根据《中华人民共和国个人所得税法》规定，居民个人是指在中国境内有住所，或者无住所而一个纳税年度在中国境内居住累计满 183 的个人。居民个人负有无限纳税义务，其所取得的应纳税所得，无论是来源于中国境内还是中国境外任何地方，都要在中国缴纳个人所得税。非居民个人，是指不符合居民个人判定标准（条件）的纳税义务人。《个人所得税法》规定，非居民个人是“在中国境内无住所又不居住，或者无住所而一个纳税年度内在境内居住累计不满 183 天的个人”。

案例中吴姓艺人虽是加拿大国籍，但 2019 年和 2020 年在中国境内停留时间均超过 183 天，按照《中华人民共和国个人所得税法》规定，属于中国税收居民个人，应就其来自中国境内外所得依法缴纳个人所得税。

2. 应税所得如何区分?

个人应税所得主要为 9 项，其中工资薪金所得、劳务报酬所得、稿酬所得、特许权使用费所得为综合所得构成部分。工资、薪金所得是指个人因任职或者受雇而取得的工资、薪金、奖金、年终加薪、劳动分红、津贴、补贴以及与任职或者受雇有关的其他所得。劳务报酬所得，是指个人独立从事非雇佣的各种劳务所取得的所得。稿酬所得，是指个人因其作品以图书、报刊形式出版、发表而取得的所得。特许权使用费所得，是指个人提供专利权、商标权、著作权、特许权的使用权取得的所得。此外还包括经营所得、利息股息红利所得、财产租赁所得、财产转让所得以及偶然所得。根据所得的不同来源界定不同的类别。不同的所得具体的征收办法不尽相同，案例中两位艺人都采用了转换收入性质：例如，将劳务报酬所得转变成经营所得或者将工资、薪金所得转变成投资资金等方式偷逃税。

3. 如何提高纳税人依法纳税的意识？

（1）必须进行有力的税收宣传。宣传方式多样化，重点关注税收与民生的关系，深化“每个公民都有依法纳税的义务”的法律意识和纳税主动性。

（2）必须保障纳税人的合法税收权益。强化取之于民用之于民的税收意识。

（3）必须加大对违反税收条例的处罚措施。扩大适用“顶格”处罚的范围，如本案例中的处罚都是适用了顶格处罚。税务机关采用现代化技术提高查处率，提升处罚力度，对于涉税金额巨大的、造成社会影响大的案件，进行披露和展示形成警示效应，促使纳税人养成良好的纳税道德。

通过这个案例，学生可以了解个人所得税纳税义务人的责任、应税所得项目的内容、征收管理的重要性以及违反个人所得税征收相关法律的责任，提升学生的纳税意识和社会责任。

能力训练

一、单选题

1. 依据个人所得税法的相关规定，对于提供著作权的使用权取得的所得，下列说法正确的是（　　）。

A. 免征个人所得税

B. 按照“偶然所得”项目征收个人所得税

C. 按照“特许权使用费所得”项目征收个人所得税

D. 按照“稿酬所得”项目征收个人所得税

2. 依据个人所得税法的相关规定，中国居民纳税人与非居民纳税人的划分标准是（　　）。

A. 户籍所在地标准　　B. 住所标准和居住时间标准

C. 住所标准和国籍标准　　D. 工作地点所在地标准

3. （　　）是指个人因其作品以图书、报刊形式出版、发表而取得的所得。

A. 稿酬所得　　B. 劳务报酬所得

C. 特许权使用费所得　　D. 财产转让所得

4. 个人取得的财产转租收入，属于个人所得税征税对象中的（　　）项目。

A. 偶然所得　　B. 财产转让所得

C. 其他所得　　D. 财产租赁所得

5. 根据个人所得税法的相关规定，下列各项中，属于专项扣除的是（　　）。

A. 基本医疗保险　　B. 继续教育支出

C. 符合规定的商业健康保险　　D. 符合规定的企业年金

6. 居民个人取得的下列应税所得中，按次计征个人所得税的是（　　）。

A. 劳务报酬所得　　B. 稿酬所得

C. 工资、薪金所得　　D. 财产转让所得

7. 根据个人所得税法的相关规定，下列各项中，不属于纳税人（非独生子女）赡养老人支出的扣除方式的是（　　）。

A. 不摊　　B. 均摊　　C. 约定分摊　　D. 被赡养人制定分摊

8. 汉斯为外籍个人，在中国境内无住所，同时在中国境内、境外机构担任职务。2023 年 3 月 6 日来华，12 月 20 日离开。期间汉斯因工作原因，曾于 6 月 8 日离境，6 月 14 日返回。在计算个人所得税时，汉斯在中国境内工作天数为（　　）天。

A. 282　　B. 283　　C. 284　　D. 285

9. 下列各项所得中，属于劳务报酬所得的是（　　）。

A. 在报刊上发表论文取得的报酬

B. 转让商标权的使用权而取得的报酬

C. 将国外的作品翻译出版取得的报酬

D. 高校教师受出版社委托进行审稿取得的报酬

10. 下列项目中，不属于免征个人所得税的是（　　）。

A. 灾区发放的抚恤金

B. 个人获得的车险赔款

C. 个人购买体育彩票，一次中奖收入 1.2 万元

D. 个人储蓄存款利息所得

二、多选题

1. 下列各项中，应当按照“工资、薪金所得”项目征收个人所得税的有（　　）。

A. 劳动分红　　B. 独生子女补贴

C. 差旅费津贴　　D. 年终加薪

2. 以下所得来源地表述正确的是（　　）。

A. 工资、薪金所得以纳税人任职、受雇单位所在地为来源地

B. 劳务报酬所得以纳税人实际提供劳务地为来源地

C. 不动产转让所得以不动产交易转地为来源地

D. 动产转让所得以动产实现转让地为来源地

3. 个人取得的下列各项利息、股息应当征收个人所得税的有（　　）。

A. 国债利息　　B. 从上市公司取得的股息

C. 企业债券利息　　D. 国家发行的金融债券利息

4. 依据个人所得税的优惠政策，下列表述正确的有（　　）。

A. 购买国债取得的利息收入免征个人所得税

B. 个人按规定标准取得的拆迁补偿款免征个人所得税

C. 内部退养费免征个人所得税

D. 按照国家统一规定取得的退休金免征个人所得税

5. 下列说法中，符合个人所得税相关规定的有（　　）。

A. 从事建筑安装业的个体工商户从事建筑安装业取得的收入，依照“经营所得”项目计征个人所得税

B. 演职员参加任职单位组织的演出取得的报酬，应按“工资、薪金所得”项目计算纳税

C. 纳税人兼职为某动漫公司设计形象而取得的所得，应按“特许权使用费所得”项目计算纳税

D. 员工因拥有股权而参与企业税后利润分配取得的所得，应按照“利息、股息、红利所得”适用的规定计算纳税

6. 下列各项中，属于我国个人所得税纳税人的有（　　）。

A. 中国公民　　B. 合伙企业的法人投资者

C. 在中国有所得的外籍人员　　D. 个体工商户

7. 根据个人所得税法的相关规定，居民个人取得的下列各项所得中，属于综合所得的有（　　）。

A. 工资、薪金所得　　B. 稿酬所得

C. 财产转让所得　　D. 经营所得

8. 个人取得的下列所得中，不属于按“稿酬所得”项目缴纳个人所得税的有（　　）。

A. 画家拍卖其人物画作取得的收入

B. 李某为某产品说明书进行翻译取得的收入

C. 某高校教授为出版社审稿取得的收入

D. 某杂志记者在其任职单位的杂志上发表文章取得的收入

9. 下列收入中，应按照“特许权使用费所得”项目缴纳个人所得税的有（　　）。

A. 个人取得特许权的经济赔偿收入

B. 某作家将其文学作品手稿复印件公开拍卖取得的收入

C. 个人从电视剧制作中心获得的剧本使用费

D. 个人转让土地使用权取得的收入

10. 下列各项中，应按“利息、股息、红利所得”项目征收个人所得税的有（ ）。

A. 法人企业为其股东购买小汽车，将汽车办理在股东名下

B. 个人取得的国债转让所得

C. 个人独资企业业主用企业资金进行个人消费部分

D. 职工因拥有股票期权且在行权后取得企业税后利润分配收益

三、判断题

1. 企业和个人按照省级人民政府规定的比例收取缴付的基本养老金、失业保险金，不计入个人当期的工资、薪金收入，免予征收个人所得税。但个人领取时，则应征收个人所得税。（ ）

2. 对非居民纳税人来源于中国境内但支付地点在国外的所得，免征个人所得税。（ ）

3. 非居民个人取得的劳务报酬所得、稿酬所得、特许权使用费所得，属于一次性收入的，以取得该项收入为一次；属于同一项目连续性收入的，以一个月内取得的收入为一次。（ ）

4. 在计算居住天数时，对临时离境应视同在华居住，不扣减其在华居住的天数。（ ）

5. 个人向社会公益事业及遭受自然灾害地区、贫困地区捐赠，捐赠额未超过纳税人申报的应纳税所得额3%的部分，可从其应纳税所得额中扣除。（ ）

6. 对个人取得的各类储蓄存款利息所得按“利息、股息红利”项目计征个人所得税。（ ）

7. 财产转让所得，以转让财产的收入额减除财产原值和合理费用后的余额，为应纳税所得额。（ ）

8. 凡是居民纳税人负有无限纳税义务，无论来源于中国境内还是境外的所得，都要在中国缴纳个人所得税。（ ）

9. 对于作者将自己的文字作品手稿原件或复印件公开拍卖（竞价）取得的所得，应按稿酬所得项目征收个人所得税。（ ）

10. 2023年9月，王某将其自有房屋无偿赠与其外孙女李某，则李某需要按规定缴纳个人所得税。（ ）

四、不定项分析题

中国公民王某为国内某公司的高级管理人员，2023年1～12月取得的收入情况如下：

（1）每月的工资薪金收入19 200元。

（2）9月出版专著取得的收入15 000元，发生相关材料费支出4 000元。

（3）10月参加有奖竞赛活动取得奖金7 000元，并将其中的3 000元通过红十字会捐赠给某山区小学。

（4）12月因提供重要线索协助公安机关破获重大经济案件，获得公安部门奖金30 000元，已取得公安部门提供的获奖证明材料。

已知：王某正在偿还首套住房贷款及利息；王某为非独生子女，王某父母均已年过60周岁；其独生子正在国内读大学3年级；王某当年发生商业保险费12 000元；王某当年取得高级经济师职业资格证书。

要求：根据上述资料，回答下列问题。

1. 下列享受符合规定的专项附加扣除的扣除方式的表述中，正确的是（　　）。

A. 子女教育，父母只能按照各自50%的扣除标准扣除

B. 住房贷款利息，可由夫妻一方扣除

C. 赡养老人，可以由赡养人均摊或者约定分摊，也可由被赡养人指定分摊

D. 继续教育支出，只能由本人扣除

2. 下列关于享受符合规定的专项附加扣除的计算时间的表述中，错误的是（　　）。

A. 子女学历教育，为子女接受全日制学历教育入学当月至全日制学历教育结束当月

B. 继续教育支出，技能人员职业资格继续教育、专业技术人员职业资格继续教育，在取得相关证书的当月

C. 赡养老人，为被赡养老人年满60周岁的当月至赡养义务终止的年末

D. 住房贷款利息，为贷款合同约定开始还款的当月至贷款全部归还或贷款合同终止的当月

3. 下列关于王某享受符合规定的扣除项目表述中，错误的是（　　）。

A. 王某获得的中奖收入捐赠支出可以全部扣除

B. 针对赡养老人支出，王某每个月最多可以扣除1 500元

C. 王某的商业保险支出可以全额扣除

D. 王某取得专著收入发生相关材料费支出可以全额扣除

4. 王某从公安部门获得的奖金应缴纳的个人所得税为（　　）元。

A. 6 000　　B. 0　　C. 4 800　　D. 900

5. 王某中奖所得应缴纳的个人所得税为（　　）元。

A. 0　　B. 800　　C. 980　　D. 1 400

参考答案

一、单选题

1～10 CBADA DABDC

二、多选题

1. AD 2. ABD 3. BC 4. ABD 5. ABD

6. ACD 7. AB 8. ABCD 9. ABC 10. AD

三、判断题

1～10 ××√×× ×√√× ×

四、不定项选择题

1. BC 2. B 3. ACD 4. B 5. C

第7章
其他税种

知识目标

1. 了解其他各种税法的概念。
2. 掌握各种税种纳税义务人、征税范围、税率、计税依据。
3. 掌握各税种税额的计算方法。
4. 掌握税收优惠政策。

能力目标

能够按照各税法规定进行各种税额的计算。

思政目标

1. 遵纪守法：遵守相关法律条例，培养合法纳税的意识。
2. 守信守责：具有社会责任感，培养爱国主义情怀，深刻理解税收的“取之于民用之于民”。

案例引入

2022年5月，宁波税源管理部门结合自然资源管理部门传送的土砂石开采行业企业年度开采量等数据，对辖区企业纳税申报数据进行比对分析时，发现余姚市H建材有限公司（以下简称“H公司”）2019~2021年纳税申报数据有疑点，具有少缴税款嫌疑，于是将企业信息传送给第二稽查局。国家税务总局宁波市税务局第二稽查局（以下简称“第二稽查局”），根据土砂石开采行业风险分析过程中发现的企业疑点，查处一起企业隐匿销售收入偷逃税费违法案件。涉案企业借用户购买毛石等石料不开发票之机，采取收入不入账、虚假申报方式，隐匿销售收入近3 000万元。第二稽查局依法对涉案企业作出补缴增值税、资源税、企业所得税等相关税费889.95万元、加收滞纳金，并处企业偷逃税款数额0.5倍罚款的处理决定。

案例问题

1. 余姚市H公司为什么需要缴纳资源税?

2. 余姚市H公司需要缴纳的资源税的计税依据是什么?

3. 我国企业在生产经营过程中，除流转税类、所得税类外，还需要缴纳哪些税费?

7.1 城市维护建设税法

城市维护建设税法，是指国家制定的用以调整城市维护建设税征收与缴纳权利及义务关系的法律规范。现行城市维护建设税的基本法律规范，是2020年8月11日十三届全国人大常委会第二十一次会议表决通过，并于2021年9月1日施行的《中华人民共和国城市维护建设税法》(以下简称《城市维护建设税法》)。

城市维护建设税是对从事工商经营，缴纳增值税、消费税的单位和个人征收的一种附加税。中华人民共和国成立以来，我国城市建设和维护取得了较大成绩，但国家在城市维护建设方面一直资金不足。1979年以前，我国用于城市维护建设的资金来源由当时的工商税附加、城市公用事业附加和国家下拨城市维护费组成。1985年2月8日国务院正式颁布了《中华人民共和国城市维护建设税暂行条例》，并于1985年1月1日在全国范围内施行。为了加快税收立法进程、进一步贯彻落实税收法定原则，2020年8月11日，十三届全国人大常委会第二十一次会议表决通过《城市维护建设税法》。我国现行的城市维护建设税，主要有以下几个特点：一是税款专款专用。城市维护建设税所征税款，用来保证城市公用事业和公共设施的维护和建设。二是属于附加税。城市维护建设税本身没有特定的课税对象，而是以纳税人实际缴纳的增值税、消费税的税额之和为计税依据，其征管方法也完全比照增值税、消费税的有关规定办理。三是根据城镇规模设计地区差别比例税率。城市维护建设税根据城镇规模不同，设计不同比例税率，较好地适应了不同规模城市建设的资金需要。四是征收范围较广。增值税、消费税是我国流转环节的主体税种，而城市维护建设税又是其附加税，一般而言，缴纳增值税、消费税的纳税人就要缴纳城市维护建设税，因此城市维护建设税的征收范围也相应较广。

7.1.1 城市维护建设税法的特点

1. 税款专款专用

城市维护建设税所征税款，用来保证城市公用事业和公共设施的维护和建设。

2. 属于一种附加税

城市维护建设税本身没有特定的课税对象，而是以纳税人实际缴纳的增值税、消费税的税额之和为计税依据，其征管方法也完全比照增值税、消费税的有关规定办理。

3. 根据城镇规模设计地区差别比例税率

城市维护建设税根据城镇规模不同，设计不同比例税率，较好地适应了不同规模城市建设的资金需要。一般来说，城镇规模越大，所需的建设与维护资金越多，城市维护建设税的税率就越高，反之越低。

4. 征收范围广

增值税、消费税是我国流转环节的主体税种，而城市维护建设税又是其附加税。一般而言，缴纳增值税、消费税的纳税人就要缴纳城市维护建设税，因此城市维护建设税的征收范围也相应较广。

7.1.2 纳税义务人和征税范围

1. 纳税义务人

在中华人民共和国境内缴纳增值税、消费税的单位和个人，为城市维护建设税的纳税人，应当依照规定缴纳城市维护建设税。

上述单位和个人，包括国有企业、集体企业、私营企业、股份制企业、其他企业和行政单位、事业单位、军事单位、社会团体、其他单位，以及个体工商户及其他个人。

城市维护建设税的扣缴义务人为负有增值税、消费税扣缴义务的单位和个人，在扣缴增值税、消费税的同时扣缴城市维护建设税。

2. 征税范围

城市维护建设税的征收范围较广，具体包括市区、县城、建制镇，以及税法规定的其他地区。对进口货物或者境外单位和个人向境内销售劳务、服务、无形资产缴纳的增值税、消费税税额，不征收城市维护建设税。

7.1.3 税率、计税依据和应纳税额的计算

1. 税率

城市维护建设税的税率，是指纳税人应缴纳的城市维护建设税税额与纳税人实际缴纳的增值税、消费税税额之间的比率。城市维护建设税按纳税人所在地的不同，设置了三档地区差别比例税率，除特殊规定外，即：

（1）纳税人所在地为市区的，税率为7%。

（2）纳税人所在地为县城、镇的，税率为5%。

（3）纳税人所在地不在市区、县城或者镇的，税率为1%。

上述所称“纳税人所在地”，是指纳税人住所地或者与纳税人生产经营活动相关的其他地点，具体地点由省、自治区、直辖市确定。

2. 计税依据

城市维护建设税的计税依据，是指纳税人依法实际缴纳的增值税、消费税税额。

城市维护建设税的计税依据应当按照规定扣除期末留抵退税退还的增值税税额。

纳税人违反增值税、消费税有关税法而加收的滞纳金和罚款，是税务机关对纳税人违法行为的经济制裁，不作为城市维护建设税的计税依据；但纳税人在被查补增值税、消费税并被处以罚款时，应同时对其偷漏的城市维护建设税进行补税、征收滞纳金，并处罚款。

城市维护建设税以增值税、消费税税额为计税依据并同时征收，如果要免征或者减征增值税、消费税，也要同时免征或者减征城市维护建设税。但对出口产品退还增值税、消费税的，不退还已缴纳的城市维护建设税。

城市维护建设税计税依据的具体确定办法，由国务院依据有关税收法律、行政法规规定，报全国人民代表大会常务委员会备案。

3. 应纳税额的计算

城市维护建设税纳税人的应纳税额大小是由纳税人实际缴纳的增值税、消费税税额决定的，其计算公式为：

应纳税额＝纳税人实际缴纳的增值税、消费税税额×适用税率

【例7－1】 位于某市区的一家企业，2024年9月实际缴纳增值税500 000元、消费税400 000元。

要求：计算该企业应纳的城市维护建设税税额。

【解析】 应纳城市维护建设税税额＝（实际缴纳的增值税＋实际缴纳的消费税）×适用税率

＝（500 000＋400 000）×7%

＝63 000（元）

7.1.4 税收优惠和征收管理

1. 税收优惠

根据国民经济和社会发展的需要，国务院对重大公共基础设施建设、特殊产业和

群体以及重大突发事件应对等情形可以规定减征或者免征城市维护建设税，报全国人民代表大会常务委员会备案。

2. 征收管理

（1）纳税环节。

城市维护建设税的纳税环节，实际就是纳税人缴纳增值税、消费税的环节。纳税人只要发生增值税、消费税的纳税义务，就要在同样的环节分别计算缴纳城市维护建设税。

（2）纳税地点。

城市维护建设税以纳税人实际缴纳的增值税、消费税税额为计税依据，分别与增值税、消费税同时缴纳。因此，一般而言，纳税人缴纳增值税、消费税的地点，就是该纳税人缴纳城市维护建设税的地点。

（3）纳税义务发生时间和纳税期限。

城市维护建设税的纳税义务发生时间与增值税、消费税的纳税义务发生时间一致，分别与增值税、消费税同时缴纳。由于城市维护建设税是由纳税人在缴纳增值税、消费税时同时缴纳的，因此其纳税期限分别与增值税、消费税的纳税期限一致。根据增值税法和消费税法的规定，增值税、消费税的纳税期限分别为 1 日、3 日、5 日、10 日、15 日或者 1 个月。增值税、消费税的纳税人的具体纳税期限，由主管税务机关根据纳税人应纳税额大小分别核定；不能按照固定期限纳税的，可以按次纳税。

7.2　教育费附加和地方教育附加

教育费附加和地方教育附加是对缴纳增值税、消费税的单位和个人，就其实际缴纳的税额为计算依据征收的一种附加费。

教育费附加是为加快地方教育事业、扩大地方教育经费的资金而征收的一项专用基金。1984 年，国务院颁布了《关于筹措农村学校办学经费的通知》，开征了农村教育事业经费附加。1985 年，中共中央作出了《关于教育体制改革的决定》，指出必须在国家增拨教育基本建设投资和教育经费的同时，充分调动企事业单位和其他各种社会力量办学的积极性，开辟多种渠道筹措经费。为此，国务院于 1986 年 4 月 28 日颁布了《征收教育费附加的暂行规定》，决定从同年 7 月 1 日开始在全国范围内征收教育费附加。自 2006 年 9 月 1 日起施行的《中华人民共和国教育法》规定：“税务机关依法足额征收教育费附加，由教育行政部门统筹管理，主要用于实施义务教育。省、自治区、直辖市人民政府根据国务院的有关规定，可以决定开征用于教育的地方附加费，专款专用。”2010 年财政部下发了《关于统一地方教育附加政策有关问题的通知》，对各省、自治区、直辖市的地方教育附加进行了统一。

7.2.1 征收范围及计征依据和计征比率

教育费附加和地方教育附加对缴纳增值税、消费税的单位和个人征收，以其实际缴纳的增值税、消费税税款为计征依据，分别与增值税、消费税同时缴纳。

按照 1994 年 2 月 7 日《国务院关于教育费附加征收问题的紧急通知》的规定，现行教育费附加征收比率为 3%，地方教育附加征收率从 2010 年起统一为 2%。

7.2.2 应纳税额的计算

教育费附加和地方教育附加的计算公式为：

应纳教育费附加或地方教育附加 = 实际缴纳的增值税、消费税 × 征收比率（3% 或 2%）

【例 7-2】 某企业 2024 年 3 月实际缴纳增值税 300 000 元，缴纳消费税 300 000 元。要求：计算该企业应缴纳的教育费附加和地方教育附加。

【解析】 应纳教育费附加 =（实际缴纳的增值税 + 实际缴纳的消费税）× 征收比率

$$=(300\ 000+300\ 000)\times 3\%=18\ 000\text{（元）}$$

应纳地方教育附加 =（实际缴纳的增值税 + 实际缴纳的消费税）× 征收比率

$$=(300\ 000+300\ 000)\times 2\%=12\ 000\text{（元）}$$

7.2.3 减免规定

（1）对海关进口的产品征收的增值税、消费税，不征收教育费附加。

（2）对由于减免增值税、消费税而发生退税的，可同时退还已征收的教育费附加。但对出口产品退还增值税、消费税的，不退还已征的教育费附加。

（3）对国家重大水利工程建设基金免征教育费附加。

（4）自 2016 年 2 月 1 日起，按月纳税的月销售额或营业额不超过 10 万元（按季度纳税的季度销售额或营业额不超过 30 万元）的缴纳义务人，免征教育费附加、地方教育附加。

7.3　烟叶税

烟叶税是向收购烟叶的单位征收的，是以纳税人收购烟叶的收购金额为计税依据征收的一种税。

烟叶税是随着中华人民共和国的成立和发展而逐步成熟的，1958 年我国颁布实施了《中华人民共和国农业税条例》（以下简称《农业税条例》）。2005 年 12 月 29 日，第十届全国人大常委会第十九次会议决定，《农业税条例》自 2006 年 1 月 1 日起废止。为了保持政策的连续性，充分兼顾地方利益和有利于烟叶产区可持续发展，国务院决定制定《中华人民共和国烟叶税暂行条例》，开征烟叶税取代原烟叶特产农业税。2006 年 4 月 28 日，国务院公布了《中华人民共和国烟叶税暂行条例》，并自公布之日起施行。2017 年 12 月 27 日，第十二届全国人民代表大会常务委员会第三十一次会议通过了《中华人民共和国烟叶税法》（以下简称《烟叶税法》），自 2018 年 7 月 1 日起施行。

7.3.1　纳税义务人和征税范围

1. 纳税义务人

在中华人民共和国境内收购烟叶的单位为烟叶税的纳税人，应当依照《烟叶税法》的规定缴纳烟叶税。我国实行烟草专卖制度，烟叶税的纳税人具有特定性，一般是有权收购烟叶的烟草公司或者受其委托收购烟叶的单位。

2. 征税范围

烟叶税的征税范围包括晾晒烟叶、烤烟叶。

7.3.2　税率

烟叶税实行比例税率，依照《烟叶税法》的规定，烟叶税的税率为 20%。烟叶税实行全国统一的税率，主要是考虑烟叶属于特殊的专卖品，其税率不宜存在地区间的差异，否则会形成各地之间的不公平竞争，不利于烟叶种植的统一规划和烟叶市场、烟叶收购价格的统一。

7.3.3　计税依据

烟叶税的计税依据为纳税人收购烟叶实际支付的价款总额，具体包括纳税人支付给烟叶生产销售单位和个人的烟叶收购价款和价外补贴。其中，价外补贴统一按烟叶收购价款的10%计算。

实际支付价款 = 收购价款 ×(1 + 10%)

7.3.4 应纳税额的计算

烟叶税的应纳税额按照纳税人收购烟叶实际支付的价款总额和规定的税率计算，公式为：

应纳税额 = 烟叶实际支付价款总额 × 税率

应纳税额的计算公式可以拓展为：

应纳税额 = 收购价款 ×(1 + 10%)× 税率

【例7-3】 A烟草公司系增值税一般纳税人，2023年8月收购烟叶1 000 000千克，烟叶收购价格10元/千克，货款已全部支付。

要求：计算A烟草公司8月收购烟叶应缴纳的烟叶税。

【解析】 应缴纳烟叶税 = 1 000 000 ×(1 + 10%)× 20% = 220 000（元）

7.3.5 征收管理

烟叶税的征收管理，依照《税收征收管理法》和《烟叶税法》的有关规定执行。

1. 纳税地点

纳税人收购烟叶，应当向烟叶收购地的主管税务机关申报缴纳烟叶税。

2. 纳税义务发生时间

烟叶税的纳税义务发生时间为纳税人收购烟叶的当日，即纳税人向烟叶销售者付讫收购烟叶款项或者开具收购烟叶凭据的当日。

3. 纳税期限

烟叶税按月计征，纳税人应当于纳税义务发生月终了之日起15日内申报并缴纳税款。

7.4 房产税

《房产税法》是指国家制定的调整房产税征收与缴纳之间权利及义务关系的法律规范。房产税是以城市、县城、建制镇和工矿区的房屋不动产为征税对象，依据房产余值或租金收入，向房产产权所有人或经营人征收的一种税，属于财产类税。

征收房产税有利于地方政府筹集财政收入，也有利于加强房产管理。现行房产税法的基本规范，是 1986 年 9 月 15 日国务院颁布的《中华人民共和国房产税暂行条例》（以下简称《房产税暂行条例》）。

7.4.1　房产税的特点

1. 房产税属于财产税中的个别财产税

房产税的征收对象是房产，包括房屋及其附属设施，其目的在于通过对房产的持有和使用征税，来调节房地产市场，抑制投机行为，促进房地产市场的健康发展。房产税的征收标准通常与房产的评估价值、面积、用途等因素有关，不同地区可能会有不同的征收细则。

2. 征收范围仅限于城镇的经营性房屋

房产税的征收范围通常限定在城镇区域内的经营性房屋。这意味着，只有位于城镇，用于商业、工业或其他经营活动的房屋才需要缴纳房产税。这种规定有助于区分住宅用途和商业用途的房产，对不同类型的房产采取不同的税收政策。除试点地区外，住宅用途的房产享有税收优惠或免税政策，以减轻居民的税收负担。而对于经营性房屋，由于其商业性质，通常需要按照规定缴纳房产税，以反映其商业价值和对公共资源的占用。

3. 区别房屋的经营使用方式规定不同的计税依据

房产税的计税依据会根据房屋的经营使用方式有所不同。对于出租的房屋，计税依据是租金收入；对于自用的商业房屋，计税依据是房产的评估价值。这种差异化的计税方式有助于更公平地反映不同用途房产的价值和对公共资源的贡献，同时也能够激励房产所有者合理利用房产，避免资源浪费。

7.4.2　纳税义务人

房产税以在征税范围内的房屋产权所有人为纳税人。其中：

（1）产权属国家所有的，由经营管理单位纳税；产权属集体和个人所有的，由集体单位和个人纳税。

所称单位，包括国有企业、集体企业、私营企业、股份制企业、外商投资企业、外国企业以及其他企业和事业单位、社会团体、国家机关、军队以及其他单位；所称个人，包括个体工商户、其他个人和外籍个人。

（2）产权出典的，由承典人纳税。所谓产权出典，是指产权所有人将房屋、生产资料等的产权，在一定期限内典当给他人使用，从而取得资金的一种融资业务。这种业务大多发生于出典人急需用款，但又想保留产权回赎权的情况。承典人向出典人交付一定的典价之后，在质典期内即获抵押物品的支配权，并可转典。产权的典价一般要低于卖价。出典人在规定期间内须归还典价的本金和利息，方可赎回出典房屋等的产权。由于在房屋出典期间，产权所有人已无权支配房屋，因此税法规定由对房屋具有支配权的承典人为纳税人。

（3）产权所有人、承典人不在房屋所在地的，或者产权未确定及租典纠纷未解决的，由房产代管人或者使用人纳税。

所谓租典纠纷，是指产权所有人在房产出典和租赁关系上，与承典人、租赁人发生各种争议，特别是权利和义务的争议悬而未决的。此外，还有一些产权归属不清的问题也都属于租典纠纷。对租典纠纷尚未解决的房产，规定由代管人或使用人为纳税人，主要目的在于加强征收管理、保证房产税及时入库。

（4）无租使用房产的问题。无租使用其他单位房产的应税单位和个人，依照房产余值代缴纳房产税。

7.4.3 征税范围

房产税以房产为征税对象。所谓房产，是指有屋面和围护结构（有墙或两边有柱），能够遮风蔽雨，可供人们在其中生产、学习、工作、娱乐、居住或储藏物资的场所。房地产开发企业建造的商品房，在出售前，不征收房产税；但对出售前房地产开发企业已使用或出租、出借的商品房应按规定征收房产税。

房产税的征税范围为城市、县城、建制镇和工矿区。具体规定如下：

（1）城市是指国务院批准设立的市。

（2）县城是指县人民政府所在地的地区。

（3）建制镇是指经省、自治区、直辖市人民政府批准设立的建制镇。

（4）工矿区是指工商业比较发达、人口比较集中、符合国务院规定的建制镇标准，但尚未设立建制镇的大中型工矿企业所在地。开征房产税的工矿区须经省、自治区、直辖市人民政府批准。

房产税的征税范围不包括农村，主要是因为农村的房屋，除农副业生产用房外，大部分是农民居住用房。对农村房屋不纳入房产税征税范围，有利于减轻农民负担，繁荣农村经济，促进农业发展和社会稳定。

7.4.4　税率

我国现行房产税采用的是比例税率。由于房产税的计税依据分为从价计征和从租计征两种形式，所以房产税的税率也有两种：一种是按房产原值一次减除 10% ~30% 后的余值计征，税率为 1.2%；另一种是按房产出租的租金收入计征，税率为 12%。自 2008 年 3 月 1 日起，对个人出租住房，不区分用途，均按 4% 的税率征收房产税。对企事业单位、社会团体以及其他组织按市场价格向个人、专业化规模化住房租赁企业出租住房的，减按 4% 的税率征收房产税。

7.4.5　计税依据

房产税的计税依据是房产的计税余值或房产的租金收入。按照房产计税余值征税的，称为从价计征；按照房产租金收入计征的，称为从租计征。

1. 从价计征

《房产税暂行条例》规定，从价计征房产税的计税余值，是指依照税法规定按房产原值一次减除 10% ~30% 损耗价值以后的余值。各地扣除比例由当地省、自治区、直辖市人民政府确定。

（1）房产原值，是指纳税人按照会计制度规定，在会计核算账簿“固定资产”科目中记载的房屋原价。因此，凡按会计制度规定在账簿中记载有房屋原价的，应以房屋原价按规定减除一定比例后作为房产余值计征房产税；没有记载房屋原价的，按照上述原则，并参照同类房屋确定房产原值，按规定计征房产税。

自 2009 年 1 月 1 日起，对依照房产原值计税的房产，无论是否记载在会计账簿固定资产科目中，均应按照房屋原价计算缴纳房产税。房屋原价应根据国家有关会计制度规定进行核算。对纳税人未按国家会计制度规定核算并记载的，应按规定予以调整或重新评估。

自 2010 年 12 月 21 日起，对按照房产原值计税的房产，无论会计上如何核算，房产原值均应包含地价，包括为取得土地使用权支付的价款、开发土地发生的成本费用等。宗地容积率低于 0.5 的，按房产建筑面积的 2 倍计算土地面积并据此确定计入房产原值的地价。

（2）房产原值应包括与房屋不可分割的各种附属设备或一般不单独计算价值的配套设施。其主要有：暖气、卫生、通风、照明、煤气等设备；各种管线，如蒸汽、压缩空气、石油、给水排水等管道及电力、电信、电缆导线；电梯、升降机、过道、晒台等。属于房屋附属设备的水管、下水道、暖气管、煤气管等应从最近的探视井或三通管起，计算原值；电灯网、照明线从进线盒连接管起，计算原值。

自2006年1月1日起，为了维持和增加房屋的使用功能或使房屋满足设计要求，凡以房屋为载体，不可随意移动的附属设备和配套设施，如给排水、采暖、消防、中央空调、电气及智能化楼宇设备等，无论在会计核算中是否单独记账与核算，都应计入房产原值，计征房产税。对于更换房屋附属设备和配套设施的，在将其价值计入房产原值时，可扣减原来相应设备和设施的价值；对附属设备和配套设施中易损坏、需要经常更换的零配件，更新后不再计入房产原值，原零配件的原值也不扣除。

（3）纳税人对原有房屋进行改建、扩建的，要相应增加房屋的原值。此外，关于房产税的从价计征和从租计征，还应注意以下几个问题：

①对投资联营的房产，在计征房产税时应予以区别对待。对于以房产投资联营、投资者参与投资利润分红、共担风险的，按房产余值作为计税依据计征房产税；对以房产投资收取固定收入、不承担联营风险的，实际是以联营名义取得房产租金，应根据《房产税暂行条例》的有关规定由出租方按租金收入计缴房产税。

②融资租赁的房产，由承租人自融资租赁合同约定开始日的次月起依照房产余值缴纳房产税。合同未约定开始日期的，由承租人自合同签订的次月起依照房产余值缴纳房产税。

③居民住宅区内业主共有的经营性房产缴纳房产税。从2007年1月1日起，对居民住宅区内业主共有的经营性房产，由实际经营（包括自营和出租）的代管人或使用人缴纳房产税。其中自营的，依照房产原值减除10%～30%后的余值计征，没有房产原值或不能将业主共有房产与其他房产的原值准确划分开的，由房产所在地税务机关参照同类房产核定房产原值；出租的，依照租金收入计征。

（4）凡在房产税征收范围内的具备房屋功能的地下建筑，包括与地上房屋相连的地下建筑以及完全建在地面以下的建筑、地下人防设施等，均应当依照有关规定征收房产税。上述具备房屋功能的地下建筑是指有屋面和维护结构，能够遮风蔽雨，可供人们在其中生产、经营、工作、学习、娱乐、居住或储藏物资的场所。自用的地下建筑，按以下方式计税：

①工业用途房产，以房屋原价的50%～60%作为应税房产原值。

应纳房产税的税额＝应税房产原值×1－（10%～30%）×1.2%

②商业和其他用途房产，以房屋原价的70%～80%作为应税房产原值。

应纳房产税的税额＝应税房产原值×1－（10%～30%）×1.2%

房屋原价折算为应税房产原值的具体比例，由各省、自治区、直辖市和计划单列市财政和地方税务部门在上述幅度内自行确定。

③对于与地上房屋相连的地下建筑，如房屋的地下室、地下停车场、商场的地下

部分等，应将地下部分与地上房屋视为一个整体，按照地上房屋建筑的有关规定计算征收房产税。

2. 从租计征

房产出租的，以房产租金收入为房产税的计税依据。所谓房产的租金收入，是房屋产权所有人出租房产使用权所得的报酬，包括货币收入和实物收入。如果是以劳务或者其他形式为报酬抵付房租收入的，应根据当地同类房产的租金水平，确定一个标准租金额，从租计征。

对出租房产，租赁双方签订的租赁合同约定有免收租金期限的，免收租金期间由产权所有人按照房产原值缴纳房产税。

出租的地下建筑，按照出租地上房屋建筑的有关规定计算征收房产税。

7.4.6 应纳税额的计算

房产税的计税依据有两种，与之相适应的应纳税额计算也分为两种：一是从价计征的计算；二是从租计征的计算。

1. 从价计征的计算

从价计征是按房产的原值减除一定比例后的余值计征，其计算公式为：

应纳税额 = 应税房产原值 ×(1 - 扣除比例)×1.2%

【例7-4】 A企业的经营用房原值为2 000万元，按照当地规定允许减除30%后按余值计税，适用税率为1.2%。

要求：计算其应纳房产税税额。

【解析】 应纳税额 = 2 000 ×(1 - 30%)×1.2% = 16.8（万元）

2. 从租计征的计算

从租计征是按房产的租金收入计征，其计算公式为：

应纳税额 = 租金收入 ×12%(个人出租住房为4%)

【例7-5】 B公司出租房屋10间，年租金收入为200 000元，适用税率为12%。

要求：计算其应纳房产税税额。

【解析】 应纳税额 = 200 000 ×12% = 24 000（元）

7.4.7 税收优惠

房产税的税收优惠是根据国家政策需要和纳税人的负担能力制定的。由于房产税属地方税，因此给予地方一定的减免权限，有利于地方因地制宜地处理问题。

目前，房产税的税收优惠政策主要有：

（1）国家机关、人民团体、军队自用的房产免征房产税。人民团体，是指经国务院授权的政府部门批准设立或登记备案并由国家拨付行政事业费的各种社会团体。自用的房产，是指这些单位本身的办公用房和公务用房。需要注意的是，上述免税单位的出租房产以及非自身业务使用的生产、营业用房不属于免税范围。

（2）由财政部门拨付事业经费的单位，如学校、医疗卫生单位、托儿所、幼儿园、敬老院、文化、体育、艺术等实行全额或差额预算管理的事业单位所有的，本身业务范围内使用的房产免征房产税。需要注意的是，由财政部门拨付事业经费的单位，其经费来源实行自收自支后，应征收房产税。

（3）宗教寺庙、公园、名胜古迹自用的房产免征房产税。宗教寺庙自用的房产，是指举行宗教仪式等的房屋和宗教人员使用的生活用房。公园、名胜古迹自用的房产，是指供公共参观游览的房屋及其管理单位的办公用房。宗教寺庙、公园、名胜古迹中附设的营业单位，如影剧院、饮食部、茶社、照相馆等所使用的房产及出租的房产，不属于免税范围，应照章纳税。

（4）个人所有非营业用的房产免征房产税。个人所有的非营业用房，主要是指居民住房，不分面积多少，一律免征房产税。对个人拥有的营业用房或者出租的房产，不属于免税房产，应照章纳税。

（5）对非营利性医疗机构、疾病控制机构和妇幼保健机构等卫生机构自用的房产，免征房产税。

（6）从 2001 年 1 月 1 日起，对按政府规定价格出租的公有住房和廉租住房，包括企业和自收自支事业单位向职工出租的单位自有住房，房管部门向居民出租的公有住房，落实私房政策中带户发还产权并以政府规定租金标准向居民出租的私有住房等，暂免征收房产税。暂免征收房产税的企业和自收自支事业单位向职工出租的单位自有住房，是指按照公有住房管理或纳入县级以上政府廉租住房管理的单位自有住房。

（7）为支持公共租赁住房（公租房）的建设和运营，对经营公租房的租金收入，免征房产税。公共租赁住房经营管理单位应单独核算公共租赁住房租金收入，未单独核算的，不得享受免征房产税优惠政策。

（8）企业办的各类学校、医院、托儿所、幼儿园自用的房产，免征房产税。

（9）经有关部门鉴定，对毁损不堪居住的房屋和危险房屋，在停止使用后，可免征房产税。

（10）自 2004 年 7 月 1 日起，纳税人因房屋大修导致连续停用半年以上的，在房屋大修期间免征房产税。

（11）凡是在基建工地为基建工地服务的各种工棚、材料棚、休息棚、办公室、食堂、茶炉房、汽车房等临时性房屋，无论是施工企业自行建造还是基建单位出资建造，交施工企业使用的，在施工期间，一律免征房产税。但是，如果在基建工程结束后，施工企业将这种临时性房屋交还或者低价转让给基建单位的，应当从基建单位接收的次月起，依照规定缴纳房产税。

（12）纳税单位与免税单位共同使用的房屋，按各自使用的部分分别征收或免征房产税。

（13）房地产开发企业建造的商品房，在出售前不征收房产税。但出售前房地产开发企业已使用或出租、出借的商品房，应按规定征收房产税。

（14）为推进国有经营性文化事业单位转企改制，对由财政部门拨付事业经费的文化事业单位转制为企业的，自转制注册之日起 5 年内对其自用房产免征房产税。2018 年 12 月 31 日之前已完成转制的企业，自 2019 年 1 月 1 日起，对其自用房产可继续免征 5 年房产税。

（15）自 2019 年 6 月 1 日至 2025 年 12 月 31 日，为社区提供养老、托育、家政等服务的机构自用或其通过承租、无偿使用等方式取得并用于提供社区养老、托育、家政服务的房产免征房产税。

（16）自 2018 年 1 月 1 日至 2027 年 12 月 31 日，对纳税人及其全资子公司从事大型民用客机发动机、中大功率民用涡轴涡桨发动机研制项目自用的科研、生产、办公房产，免征房产税。

7.4.8 征收管理

1. 纳税义务发生时间

（1）纳税人将原有房产用于生产经营，从生产经营之月起，缴纳房产税。

（2）纳税人自行新建房屋用于生产经营，从建成之次月起，缴纳房产税。

（3）纳税人委托施工企业建设的房屋，从办理验收手续之次月起，缴纳房产税。

（4）纳税人购置新建商品房，自房屋交付使用之次月起，缴纳房产税。

（5）纳税人购置存量房地产，自办理房屋权属转移、变更登记手续，房地产权属登记机关签发房屋权属证书之次月起，缴纳房产税。

（6）纳税人出租、出借房产，自交付出租、出借房产之次月起，缴纳房产税。

（7）房地产开发企业自用、出租、出借本企业建造的商品房，自房屋使用或交付之次月起，缴纳房产税。

（8）纳税人因房产的实物或权利状态发生变化而依法终止房产税纳税义务的，其应纳税款的计算应截至房产的实物或权利状态发生变化的当月末。

2. 纳税期限

房产税实行按年计算、分期缴纳的征收方法，具体纳税期限由省、自治区、直辖市人民政府确定。

3. 纳税地点

房产税在房产所在地缴纳。房产不在同一地方的纳税人，应按房产的坐落地点分别向房产所在地的税务机关申报纳税。

4. 纳税申报

房产税的纳税人应按照《房产税暂行条例》的有关规定，及时办理纳税申报，并如实填写《房产税纳税申报表》，按规定纳税。

7.5 车船税

车船税，是指在中华人民共和国境内的车辆、船舶的所有人或者管理人按照《中华人民共和国车船税法》（以下简称《车船税法》）应缴纳的一种税。《车船税法》是国家制定的用以调整车船税征收与缴纳权利及义务关系的法律规范现行车船税法的基本规范，在 2011 年 2 月 25 日由第十一届全国人民代表大会常务委员会第十九次会议通过的，自 2012 年 1 月 1 日起施行。

车船税是以车船为征税对象，向拥有车船的单位和个人征收的一种税。征收车船税有利于为地方政府筹集财政资金，有利于车船的管理和合理配置，也有利于调节财富差异。

7.5.1 纳税义务人和征收范围

1. 纳税义务人

车船税的纳税义务人，是指在中华人民共和国境内，车辆、船舶（以下简称车船）的所有人或者管理人，应当依照《车船税法》的规定缴纳车船税。其包括在我国境内拥有车船的单位和个人。这里的单位是指行政机关、事业单位、社会团体以及中外各类企业；个人是指我国境内的居民和外籍个人。

2. 征税范围

车船税的征税范围是指在中华人民共和国境内属于《车船税法》所附《车船税税目税额表》规定的车辆、船舶。车辆、船舶是指：

（1）依法应当在车船管理部门登记的机动车辆和船舶。

（2）依法不需要在车船管理部门登记、在单位内部场所行驶或者作业的机动车辆和船舶。车船管理部门，是指公安、交通运输、农业、渔业、军队、武装警察部队等依法具有车船登记管理职能的部门。

（3）境内单位和个人租入外国籍船舶的，不征收车船税。境内单位和个人将船舶出租到境外的，应依法征收车船税。

7.5.2　税目与税率

车船税实行定额幅度税率，即对被征税的车辆、船只规定上下限单位税额标准。固定税额是税率的一种特殊形式。定额税率计算简便，是适宜从量计征的税种。车船税的适用税额，依照《车船税法》所附的《车船税税目税额表》执行。

车辆的具体适用税额由省、自治区、直辖市人民政府依照《车船税法》所附《车船税税目税额表》规定的税额幅度和国务院的规定确定。

船舶的具体适用税额由国务院在《车船税法》所附《车船税税目税额表》（见表 7－1）规定的税额幅度内确定。税额确定总的原则是：排气量低的车辆税负轻于排气量高的车辆；小吨位船舶的税负轻于大船舶。由于车辆与船舶的行驶情况不同，车船税的税额也有所不同。

表 7－1　车船税税目税额表

税目		计税单位	年基准税额（元）	备注
乘用车按发动机气缸容量（排气量）分档	1.0 升（含）以下的	每辆	60～360	核定载客人数 9 人（含）以下
	1.0 升以上至 1.6 升（含）的		300～540	
	1.6 升以上至 2.0 升（含）的		360～660	
	2.0 升以上至 2.5 升（含）的		660～1 200	
	2.5 升以上至 3.0 升（含）的		1 200～2 400	
	3.0 升以上至 4.0 升（含）的		2 400～3 600	
	4.0 升以上的		3 600～5 400	
商用车	客车	每辆	480～1 440	核定载客人数 9 人（包括电车）以上
	货车	整备质量每吨	16～120	1. 包括半挂牵引车、挂车、客货两用汽车、三轮汽车和低速载货汽车等；2. 挂车按照货车税额的 50% 计算

续表

税目		计税单位	年基准税额（元）	备注
其他车辆	专用作业车	整备质量每吨	16～120	不包括拖拉机
	轮式专用机械车	整备质量每吨	16～120	
摩托车		每辆	36～180	
船舶	机动船舶	净吨位每吨	3～6	1. 拖船、非机动驳船分别按照机动船舶税额的50%计算； 2. 游艇的税额另行规定
	游艇	艇身长度每米	600～2 000	

注释：《车船税税目税额表》中车辆、船舶的含义如下：

乘用车，是指在设计和技术特性上主要用于载运乘客及随身行李，核定载客人数包括驾驶员在内不超过9人的汽车。商用车，是指除乘用车外，在设计和技术特性上用于载运乘客、货物的汽车，划分为客车和货车。半挂牵引车，是指装备有特殊装置用于牵引半挂车的商用车。三轮汽车，是指最高设计车速不超过每小时50公里，具有3个车轮的货车。低速载货汽车，是指以柴油机为动力，最高设计车速不超过每小时70公里，具有4个车轮的货车。挂车，是指就其设计和技术特性需由汽车或者拖拉机牵引，才能正常使用的一种无动力的道路车辆。专用作业车，是指在其设计和技术特性上用于特殊工作的车辆。轮式专用机械车，是指有特殊结构和专门功能，装有橡胶车轮可以自行行驶，最高设计车速大于每小时20公里的轮式工程机械车。摩托车，是指无论采用何种驱动方式，最高设计车速大于每小时50公里，或者使用内燃机，其排量大于50毫升的两轮或者三轮车辆。

船舶，是指各类机动、非机动船舶以及其他水上移动装置，但船舶上装备的救生艇筏和长度小于5米的艇筏除外。其中，机动船舶是指用机器推进的船舶；拖船是指专门用于拖（推）动运输船舶的专业作业船舶；非机动驳船，是指在船舶登记管理部门登记为驳船的非机动船舶；游艇是指具备内置机械推进动力装置，长度在90米以下，主要用于游览观光、休闲娱乐、水上体育运动等活动，并应当具有船舶检验证书和适航证书的船舶。

（1）机动船舶，具体适用税额为：

①净吨位不超过200吨的，每吨3元。

②净吨位超过200吨但不超过2 000吨的，每吨4元。

③净吨位超过2 000吨但不超过10 000吨的，每吨5元。

④净吨位超过10 000吨的，每吨6元。

拖船按照发动机功率每千瓦折合净吨位0.67吨计算征收车船税。

（2）游艇，具体适用税额为：

①艇身长度不超过10米的游艇，每米600元。

②艇身长度超过10米但不超过18米的游艇，每米900元。

③艇身长度超过18米但不超过30米的游艇，每米1 300元。

④艇身长度超过30米的游艇，每米2 000元。

⑤辅助动力帆艇，每米600元（游艇的艇身长度是指游艇的总长）。

（3）《车船税法》及其实施条例所涉及的整备质量、净吨位、艇身长度等计税单位，有尾数的一律按照含尾数的计税单位据实计算车船税应纳税额。计算得出的应纳税额小数点后超过两位的可四舍五入保留两位小数。

（4）乘用车以车辆登记管理部门核发的机动车登记证书或者行驶证书所载的排气量毫升数确定税额区间。

（5）《车船税法》及其实施条例所涉及的排气量、整备质量、核定载客人数、净吨位、功率（千瓦或马力）、艇身长度，以车船登记管理部门核发的车船登记证书或者行驶证相应项目所载数据为准。

依法不需要办理登记和依法应当登记而未办理登记或者不能提供车船登记证书、行驶证的车船，以车船出厂合格证明或者进口凭证标注的技术参数、所载数据为准；不能提供车船出厂合格证明或者进口凭证的，由主管税务机关参照国家相关标准核定，没有国家相关标准的参照同类车船核定。

7.5.3　应纳税额的计算

纳税人按照纳税地点所在的省、自治区、直辖市人民政府确定的具体适用税额缴纳车船税。车船税由税务机关负责征收。

（1）购置的新车船，购置当年的应纳税额自纳税义务发生的当月起按月计算。计算公式为：

应纳税额 =（年应纳税额 ÷12）× 应纳税月份数

应纳税月份数 =12 − 纳税义务发生时间（取月份）+1

（2）在一个纳税年度内，已完税的车船被盗抢、报废、灭失的，纳税人可以凭有关管理机关出具的证明和完税证明，向纳税所在地的主管税务机关申请退还自被盗抢、报废、灭失月份起至该纳税年度终了期间的税款。

（3）已办理退税的被盗抢车船，失而复得的，纳税人应当从公安机关出具相关证明的当月起计算缴纳车船税。

（4）已缴纳车船税的车船在同一纳税年度内办理转让过户的，不另纳税，也不退税。

（5）已经缴纳车船税的车船，因质量原因，车船被退回生产企业或者经销商的，纳税人可以向纳税所在地的主管税务机关申请退还自退货月份起至该纳税年度终了期间的税款。退货月份以退货发票所载日期的当月为准。

【例 7－6】 某运输公司拥有载货汽车 40 辆（货车整备质量全部为 10 吨）；乘人大客车 30 辆；小客车 20 辆。

要求：计算该公司应纳车船税。（注：载货汽车每吨年税额 80 元，乘人大客车每辆年税额 800 元，小客车每辆年税额 700 元）

【解析】

（1）载货汽车应纳税额 =40 ×10 ×80 =32 000（元）

（2）乘人汽车应纳税额 $=30\times800+20\times700=38\ 000$（元）

全年应纳车船税税额 $=32\ 000+38\ 000=70\ 000$（元）

【例7－7】 某公司于2023年4月1日购买一辆轿车。该省规定此排量乘用车每辆年税额为600元。

要求：计算该公司2023年应纳多少车船税。

【解析】 当年应纳车船税 $=600\div12\times9=450$（元）

7.5.4 税收优惠

1. 法定减免

车船税法定减免包括：

（1）捕捞、养殖渔船免征车船税。捕捞、养殖渔船是指在渔业船舶登记管理部门登记为捕捞船或者养殖船的船舶。

（2）军队、武装警察部队专用的车船免征车船税。军队、武装警察部队专用的车船是指按照规定在军队、武装警察部队车船登记管理部门登记，并领取军队、武警牌照的车船。

（3）警用车船免征车船税。警用车船是指公安机关、国家安全机关、监狱、劳动教养管理机关和人民法院、人民检察院领取警用牌照的车辆和执行警务的专用船舶。

（4）依照法律规定应当予以免税的外国驻华使领馆、国际组织驻华代表机构及其有关人员的车船，免征车船税。

（5）对节约能源的车船，减半征收车船税。

减半征收车船税的节能乘用车应同时符合以下标准：①获得许可在中国境内销售的排量为1.6升以下（含1.6升）的燃用汽油、柴油的乘用车（含非插电式混合动力、双燃料和两用燃料乘用车）；②综合工况燃料消耗量应符合相关标准。

减半征收车船税的节能商用车应同时符合以下标准：①获得许可在中国境内销售的燃用天然气、汽油、柴油的轻型和重型商用车（含非插电式混合动力、双燃料和两用燃料轻型和重型商用车）；②燃用汽油、柴油的轻型和重型商用车综合工况燃料消耗量应符合相关标准。

（6）对新能源车船，免征车船税。

免征车船税的新能源汽车是指纯电动商用车、插电式（含增程式）混合动力汽车、燃料电池商用车。纯电动乘用车和燃料电池乘用车不属于车船税征税范围，对其不征车船税。

免征车船税的新能源汽车应同时符合以下标准：①获得许可在中国境内销售的纯

电动商用车、插电式（含增程式）混合动力汽车、燃料电池商用车；②符合新能源汽车产品相关技术标准；③通过新能源汽车专项检测，符合新能源汽车相关标准；④新能源汽车生产企业或进口新能源汽车经销商在产品质量保证、产品一致性、售后服务、安全监测、动力电池回收利用等方面符合相关要求。

免征车船税的新能源船舶应符合以下标准：船舶的主推进动力装置为纯天然气发动机。发动机采用微量柴油引燃方式且引燃油热值占全部燃料总热值的比例不超过 5% 的，视同纯天然气发动机。

（7）省、自治区、直辖市人民政府根据当地实际情况，可以对公共交通车船、农村居民拥有并主要在农村地区使用的摩托车、三轮汽车和低速载货汽车定期减征或者免征车船税。

（8）国家综合性消防救援车辆由部队号牌改挂应急救援专用号牌的，一次性免征改挂当年车船税。

2. 特定减免

经批准临时入境的外国车船和我国香港特别行政区、澳门特别行政区、台湾地区的车船，不征收车船税。

7.5.5　征收管理

1. 纳税期限

车船税纳税义务发生时间为取得车船所有权或者管理权的当月。以购买车船的发票或其他证明文件所载日期的当月为准。

2. 纳税地点

车船税的纳税地点为车船的登记地或者车船税扣缴义务人所在地。

扣缴义务人代收代缴车船税的，纳税地点为扣缴义务人所在地。

纳税人自行申报缴纳车船税的，纳税地点为车船登记地的主管税务机关所在地。

依法不需要办理登记的车船，其车船税的纳税地点为车船的所有人或者管理人所在地。

3. 纳税申报

车船税按年申报，分月计算，一次性缴纳。纳税年度为公历 1 月 1 日至 12 月 31 日。具体申报纳税期限由省、自治区、直辖市人民政府规定。

（1）税务机关可以在车船管理部门、车船检验机构的办公场所集中办理车船税征收事宜。

（2）公安机关交通管理部门在办理车辆相关登记和定期检验手续时，对未提交自上次检验后各年度依法纳税或者免税证明的，不予登记，不予发放检验合格标志。

（3）海事部门、船舶检验机构在办理船舶登记和定期检验手续时，对未提交依法纳税或者免税证明，且拒绝扣缴义务人代收代缴车船税的纳税人，不予登记，不予发放检验合格标志。

（4）对于依法不需要购买机动车交通事故责任强制保险的车辆，纳税人应当向主管税务机关申报缴纳车船税。

（5）纳税人在首次购买机动车交通事故责任强制保险时缴纳车船税或者自行申报缴纳车船税的，应当提供购车发票及反映排气量、整备质量、核定载客人数等与纳税相关的信息及其相应凭证。

（6）从事机动车第三者责任强制保险业务的保险机构为机动车车船税的扣缴义务人，应当在收取保险费时依法代收车船税，并出具代收税款凭证。

机动车车船税扣缴义务人在代收车船税时，应当在机动车交通事故责任强制保险的保险单以及保费发票上注明已收税款的信息，作为代收税款凭证。已完税或者依法减免税的车辆，纳税人应当向扣缴义务人提供登记地的主管税务机关出具的完税凭证或者减免税证明。

纳税人没有按照规定期限缴纳车船税的，扣缴义务人在代收代缴税款时，可以一并代收代缴欠缴税款的滞纳金。车船税扣缴义务人代收代缴欠缴税款的滞纳金，从各省、自治区、直辖市人民政府规定的申报纳税期限截止日期的次日起计算。扣缴义务人已代收代缴车船税的，纳税人不再向车辆登记地的主管税务机关申报缴纳车船税（即纳税人在购买“交强险”时，由扣缴义务人代收代缴车船税的，凭注明已收税款信息的“交强险”保险单，车辆登记地的主管税务机关不再征收该纳税年度的车船税。再次征收的，车辆登记地主管税务机关应予以退还）。没有扣缴义务人的，纳税人应当向主管税务机关自行申报缴纳车船税。

7.6　车辆购置税

车辆购置税是以在中国境内购置的规定车辆为课税对象、在特定的环节向车辆购置者征收的一种税。车辆购置税法，是指国家制定的用以调整车辆购置税征收与缴纳权利及义务关系的法律规范。车辆购置税征收范围单一，征收环节单一，是取之于应税车辆、用之于交通建设的一种价外税。

现行车辆购置税法的基本规范，是 2018 年 12 月 29 日经第十三届全国人民代表大会常务委员会第七次会议通过，并于 2019 年 7 月 1 日起施行的《中华人民共和国车辆购置税法》（以下简称《车辆购置税法》）。征收车辆购置税有利于合理筹集财政资金、规范政府行为、调节收入差距，也有利于配合打击车辆走私和维护国家权益。

7.6.1　车辆购置税的特点

（1）征收范围单一。作为财产税的车辆购置税，是以购置的特定车辆为课税对象，而不是对所有的财产或消费财产征税，范围窄，是一种特种财产税。

（2）征收环节单一。车辆购置税实行一次性征收，它不是在生产、经营和消费的每一环节实行道道征收，而是在消费领域的特定环节一次征收。购置已征车辆购置税的车辆，不再征收车辆购置税。

（3）征税目的特定。车辆购置税具有专门用途，由中央财政根据国家交通建设投资计划，统筹安排。这种特定目的的税收，可以保证国家财政支出的需要，既有利于统筹合理地安排资金，又有利于保证特定事业和建设支出的需要。

（4）采取价外征税。车辆购置税的计税依据中不包含车辆购置税税额，车辆购置税税额是附加在价格之外的。

（5）征收方法单一。车辆购置税根据纳税人购置应税车辆的计税价格实行从价计征，以价格为计税标准。课税与价值直接发生关系，价值高者多征税，价值低者少征税。

7.6.2　纳税义务人与征税范围

1. 纳税义务人

车辆购置税的纳税人是指在中华人民共和国境内购置汽车、有轨电车、汽车挂车、排气量超过 150 毫升的摩托车（以下统称应税车辆）的单位和个人。其中购置是指以购买、进口、自产、受赠、获奖或者其他方式取得并自用应税车辆的行为。

2. 征税范围

车辆购置税以列举的车辆作为征税对象，未列举的车辆不纳税。其征税范围包括汽车、有轨电车、汽车挂车、排气量超过 150 毫升的摩托车。

地铁、轻轨等城市轨道交通车辆，装载机、平地机、挖掘机、推土机等轮式专用机械车，以及起重机（吊车）、叉车、电动摩托车，不属于应税车辆。

纳税人进口自用应税车辆，是指纳税人直接从境外进口或者委托代理进口自用的应税车辆，不包括在境内购买的进口车辆。

为了体现税法的统一性、固定性、强制性和法律的严肃性特征，车辆购置税征收范围的调整，由国务院决定，其他任何部门、单位和个人无权擅自扩大或缩小车辆购置税的征税范围。

7.6.3 税率与计税依据

1. 税率

我国车辆购置税实行统一比例税率，税率为10%。

2. 计税依据

计税依据为应税车辆的计税价格，按照下列规定确定：

（1）纳税人购置应税车辆，以发票电子信息中的不含增值税价作为计税价格。纳税人依据相关规定提供其他有效价格凭证的情形除外。

计税价格 = 全部价款 ÷（1 + 增值税税率或征收率）

应税车辆存在多条发票电子信息或者没有发票电子信息的，纳税人按照购置应税车辆实际支付给销售方的全部价款（不包括增值税税款）申报纳税。

（2）纳税人进口自用应税车辆的计税价格，为关税完税价格加上关税和消费税。纳税人进口自用应税车辆，是指纳税人直接从境外进口或者委托代理进口自用的应税车辆，不包括在境内购买的进口车辆。

组成计税价格 = 关税完税价格 + 关税 + 消费税

其中：

应纳关税 = 关税完税价格 × 关税税率

应纳消费税 = 组成计税价格 × 消费税税率

组成计税价格 =（关税完税价格 + 关税）÷（1 − 消费税税率）

（3）纳税人自产自用应税车辆的计税价格，按照纳税人生产的同类应税车辆（即车辆配置序列号相同的车辆）的销售价格确定，不包括增值税税款；没有同类应税车辆销售价格的，按照组成计税价格确定。

组成计税价格 = 成本 ×（1 + 成本利润率）

属于应征消费税的应税车辆，其组成计税价格中应加计消费税税额。上述公式中的成本利润率，由国家税务总局各省、自治区、直辖市和计划单列市税务局确定。

（4）纳税人以受赠、获奖或者其他方式取得自用应税车辆的计税价格，按照购置应税车辆时相关凭证载明的价格确定，不包括增值税税款。

这里所称的购置应税车辆时相关凭证，是指原车辆所有人购置或者以其他方式取得应税车辆时载明价格的凭证。无法提供相关凭证的，参照同类应税车辆市场平均交易价格确定其计税价格。原车辆所有人为车辆生产或者销售企业，未开具机动车销售统一发票的，按照车辆生产或者销售同类应税车辆的销售价格确定应税车辆的计税价格。无同类应税车辆销售价格的，按照组成计税价格确定应税车辆的计税价格。

纳税人以外汇结算应税车辆价款的，按照申报纳税之日的人民币汇率中间价折合成人民币计算缴纳税款。

7.6.4　应纳税额的计算

车辆购置税实行从价定率的方法计算应纳税额，计算公式为：

应纳税额 = 计税依据 × 税率

由于应税车辆的来源、应税行为的发生以及计税依据组成的不同，因此车辆购置税应纳税额的计算方法也有区别。

（1）购买自用应税车辆应纳税额的计算。

纳税人购买自用的应税车辆，计税价格为纳税人购买应税车辆而支付给销售者的全部价款和价外费用，不包含增值税税款；价外费用是指销售方价外向购买方收取的基金、集资费、违约金（延期付款利息）和手续费、包装费、储存费、优质费、运输装卸费、保管费以及其他各种性质的价外收费，但不包括销售方代办保险等而向购买方收取的保险费，以及向购买方收取的代购买方缴纳的车辆购置税、车辆牌照费。

【例7－8】 张某在2023年5月从某汽车4S店（增值税一般纳税人）购买一辆小汽车供自己使用，支付了含增值税税款在内的款项231 650元，所支付的款项由该汽车4S店开具《机动车销售统一发票》。

要求：请计算张某应缴纳的车辆购置税。

【解析】

（1）计税价格 = 231 650 ÷ (1 + 13%) = 205 000（元）

（2）应纳税额 = 205 000 × 10% = 20 500（元）

（2）进口自用应税车辆应纳税额的计算。

纳税人进口自用应税车辆的计税价格，为关税完税价格加上关税和消费税。纳税人进口自用的应税车辆应纳税额的计算公式为：

应纳税额 = (关税完税价格 + 关税 + 消费税) × 税率

【例7－9】 某外贸进出口公司2023年6月从国外进口10辆某公司生产的某型号小轿车。该公司报关进口这批小轿车时，经报关地海关对有关报关资料的审查，确定关税完税价格为每辆185 000元人民币，海关按关税政策规定每辆征收了关税46 200元，并按消费税、增值税有关规定分别代征了每辆小轿车的进口消费税40 800元和增值税35 360元。由于业务需要，该公司将两辆小轿车留在本公司使用。

要求：计算应纳车辆购置税。

【解析】

(1) 组成计税价格 = 关税完税价格 + 关税 + 消费税

$$= 185\ 000 + 46\ 200 + 40\ 800 = 272\ 000 \text{(元)}$$

(2) 应纳税额 = 自用数量 × 组成计税价格 × 税率

$$= 2 \times 272\ 000 \times 10\% = 54\ 400 \text{(元)}$$

(3) 其他自用应税车辆应纳税额的计算。

纳税人自产自用应税车辆的计税价格，按照纳税人生产的同类应税车辆的销售价格确定，不包括增值税。

纳税人以受赠、获奖或者其他方式取得自用应税车辆的计税价格，按照购置应税车辆时相关凭证载明的价格确定，不包括增值税税款。

应纳税额 = 最低计税价格 × 税率

【例 7-10】 某汽车制造厂将自产的一辆某型号汽车，用于本厂后勤服务，该厂在办理车辆上牌落籍前，出具该车的发票，注明金额为 80 000 元（不含增值税），并按此金额向主管税务机关申报纳税。经审核，同类型车辆的销售价格为 95 000 元（不含增值税）。该厂对此问题提不出正当理由。

要求：计算该车应纳车辆购置税。

【解析】 应纳税额 $= 95\ 000 \times 10\% = 9\ 500$（元）

(4) 已经办理免税、减税手续的车辆因转让、改变用途等原因不再属于免税、减税范围的，纳税人、纳税义务发生时间、应纳税额按以下规定执行：

①发生转让行为的，受让人为车辆购置税纳税人；未发生转让行为的，车辆所有人为车辆购置税纳税人。

②纳税义务发生时间为车辆转让或者用途改变等情形发生之日。

③应纳税额计算公式为：

应纳税额 = 初次办理纳税申报时确定的计税价格 ×(1 - 使用年限 ×10%) ×10% - 已纳税额

应纳税额不得为负数。

使用年限的计算方法是，自纳税人初次办理纳税申报之日起，至不再属于免税、减税范围的情形发生之日止。使用年限取整计算，不满一年的不计算在内。

7.6.5 税收优惠

我国车辆购置税实行法定减免，减免税范围的具体规定是：

(1) 外国驻华使馆、领事馆和国际组织驻华机构及其外交人员自用车辆免税。

（2）中国人民解放军和中国人民武装警察部队列入装备订货计划的车辆免税。

（3）悬挂应急救援专用号牌的国家综合性消防救援车辆免税。

（4）设有固定装置的非运输专用作业车辆免税。设有固定装置的非运输专用作业车辆，是指采用焊接、铆接或者螺栓连接等方式固定安装专用设备或者器具，不以载运人员或者货物为主要目的，在设计和制造上用于专项作业的车辆。自 2021 年 1 月 1 日起，免征车辆购置税的设有固定装置的非运输专用作业车辆，通过发布《免征车辆购置税的设有固定装置的非运输专用作业车辆目录》（以下简称《目录》）实施管理。

（5）城市公交企业购置的公共汽电车辆免税。城市公交企业，是指由县级以上（含县级）人民政府交通运输主管部门认定的，依法取得城市公交经营资格，为公众提供公交出行服务，并纳入《城市公共交通管理部门与城市公交企业名录》的企业；公共汽电车辆，是指按规定的线路、站点票价营运，用于公共交通服务，为运输乘客设计和制造的车辆，包括公共汽车、无轨电车和有轨电车。

（6）回国服务的在外留学人员用现汇购买一辆个人自用国产小汽车和长期来华定居专家进口一辆自用小汽车免征车辆购置税。回国服务的在外留学人员购买自用国产小汽车办理免税手续，除了按相关规定提供申报资料外，还应当提供中华人民共和国驻留学人员学习所在国的大使馆或者领事馆（中央人民政府驻香港联络办公室、中央人民政府驻澳门联络办公室）出具的留学证明；公安部门出具的境内居住证明、本人护照；海关核发的《中华人民共和国海关回国人员购买国产汽车准购单》。所称小汽车，是指含驾驶员座位 9 座以内，在设计和技术特性上主要用于载运乘客及其随身行李或者临时物品的乘用车。

（7）防汛部门和森林消防部门用于指挥、检查、调度、报汛（警）、联络的由指定厂家生产的设有固定装置的指定型号的车辆免征车辆购置税。

（8）财政部、税务总局、工信部 2023 年 6 月发布了《关于延续和优化新能源汽车车辆购置税减免政策的公告》，对购置日期在 2024 年 1 月 1 日至 2025 年 12 月 31 日期间的新能源汽车免征车辆购置税。其中，每辆新能源乘用车免税额不超过 3 万元；对购置日期在 2026 年 1 月 1 日至 2027 年 12 月 31 日期间的新能源汽车减半征收车辆购置税，其中，每辆新能源乘用车减税额不超过 1.5 万元。享受车辆购置税减免政策的新能源汽车，是指符合新能源汽车产品技术要求的纯电动汽车、插电式混合动力（含增程式）汽车、燃料电池汽车。《减免车辆购置税的新能源汽车车型目录》（以下简称《目录》）对享受减免车辆购置税的新能源汽车车型实施管理。购置时间为机动车销售统一发票或海关关税专用缴款书等有效凭证的开具日期确定。

（9）中国妇女发展基金会“母亲健康快车”项目的流动医疗车免征车辆购置税。

（10）原公安现役部队和原武警黄金、森林、水电部队改制后换发地方机动车牌证的车辆（公安消防、武警森林部队执行灭火救援任务的车辆除外），一次性免征车辆购置税。

根据国民经济和社会发展的需要，国务院可以规定减征或者其他免征车辆购置税的情形，报全国人民代表大会常务委员会备案。

7.6.6 征收管理

车辆购置税实行一车一申报制度，由税务机关负责征收。车辆购置税的征收规定如下。

1. 纳税申报

车辆购置税的纳税义务发生时间为纳税人购置应税车辆的当日，以纳税人购置应税车辆所取得的车辆相关凭证上注明的时间为准。纳税人应当自纳税义务发生之日起60日内申报缴纳车辆购置税。

纳税人应当在向公安机关交通管理部门办理车辆注册登记前，缴纳车辆购置税。自2019年7月1日起：

（1）纳税人应到下列地点办理车辆购置税纳税申报：

①需要办理车辆登记注册手续的纳税人，向车辆登记地的主管税务机关申报纳税。

②不需要办理车辆登记注册手续的纳税人，单位纳税人向其机构所在地的主管税务机关申报纳税，个人纳税人向其户籍所在地或者经常居住地的主管税务机关申报纳税。

（2）车辆购置税实行一车一申报制度。

（3）车辆购置税的纳税义务发生时间以纳税人购置应税车辆所取得的车辆相关凭证上注明的时间为准。

①购买自用应税车辆的为购买之日，即车辆相关价格凭证的开具日期。

②进口自用应税车辆的为进口之日，即《海关进口增值税专用缴款书》或者其他有效凭证的开具日期。

③自产、受赠、获奖或者以其他方式取得并自用应税车辆的为取得之日，即合同、法律文书或者其他有效凭证的生效或者开具日期。

（4）纳税人办理纳税申报时应当如实填报《车辆购置税纳税申报表》，同时提供车辆合格证明和车辆相关价格凭证。

所称车辆合格证明，是指整车出厂合格证或者《车辆电子信息单》；所称车辆相关价格凭证是指：境内购置车辆为机动车销售统一发票或者其他有效凭证；进口自用车辆为《海关进口关税专用缴款书》或者海关进出口货物征免税证明，属于应征消费税车辆的还包括《海关进口消费税专用缴款书》。

（5）自2020年6月1日起，纳税人办理车辆购置税纳税申报时，提供发票电子信息办理纳税申报。纳税人依据相关规定提供其他有效价格凭证的情形除外。

发票电子信息与纳税人提供的机动车销售统一发票的内容不一致、纳税人提供的机动车销售统一发票已经作废或者开具了红字发票的，纳税人应换取合规的发票后申报纳税。

（6）纳税人在办理车辆购置税免税、减税时，除按前述第（4）条规定提供资料外，还应当根据不同的免税、减税情形，分别提供相关资料的原件、复印件。

①外国驻华使馆、领事馆和国际组织驻华机构及其有关人员自用车辆，提供机构证明和外交部门出具的身份证明。

②城市公交企业购置的公共汽电车辆，提供所在地县级以上（含县级）交通运输主管部门出具的公共汽电车辆认定表。

③悬挂应急救援专用号牌的国家综合性消防救援车辆，提供中华人民共和国应急管理部批准的相关文件。

④回国服务的在外留学人员购买的自用国产小汽车，提供海关核发的《中华人民共和国海关回国人员购买国产汽车准购单》。

⑤长期来华定居专家进口自用小汽车，提供国家外国专家局或者其授权单位核发的专家证或者 A 类和 B 类《外国人工作许可证》。

（7）免税、减税车辆因转让、改变用途等原因不再属于免税、减税范围的，纳税人在办理纳税申报时，应当如实填报《车辆购置税纳税申报表》。发生二手车交易行为的，提供二手车销售统一发票；属于其他情形的，按照相关规定提供申报材料。

（8）已经缴纳车辆购置税的，纳税人向原征收机关申请退税时，应当如实填报《车辆购置税退税申请表》，提供纳税人身份证明，并区别不同情形提供相关资料。

①车辆退回生产企业或者销售企业的，提供生产企业或者销售企业开具的退车证明和退车发票。

②其他依据法律法规规定应当退税的，根据具体情形提供相关资料。

所称纳税人身份证明是指：单位纳税人为《统一社会信用代码证书》，或者营业执照或者其他有效机构证明；个人纳税人为居民身份证，或者居民户口簿或者入境的身份证件。

自 2020 年 6 月 1 日起，纳税人购置并已完税的应税车辆，纳税人申请车辆购置税退税时，税务机关核对纳税人提供的退车发票与发票电子信息无误后，按规定办理退税；核对不一致的，纳税人换取合规的发票后，依法办理退税申报；没有发票电子信息的，销售方向税务机关传输有效发票电子信息后，纳税人依法办理退税申报。

（9）纳税人应当如实申报应税车辆的计税价格，税务机关应当按照纳税人申报的计税价格征收税款。纳税人编造虚假计税依据的，税务机关应当依照《税收征收管理法》及其实施细则的相关规定处理。

（10）前述要求纳税人提供的资料，税务机关能够通过政府信息共享等手段获取相关资料信息的，纳税人不再提交；且前述要求纳税人提供资料的，纳税人应当提供原件和相应的复印件。复印件由主管税务机关留存。主管税务机关根据不同业务管理规定要求留存统一发票报税联、车辆电子信息单、彩色照片以及《车辆购置税完税证明》（以下简称完税证明）等原件的，不再留存复印件。其他原件经主管税务机关审核后退还纳税人。

（11）税务机关应当在税款足额入库或者办理免税手续后，将应税车辆完税或者免税电子信息，及时传送给公安机关交通管理部门。

税款足额入库包括以下情形：纳税人到银行缴纳车辆购置税税款（转账或者现金），由银行将税款缴入国库的，国库已传回《税收缴款书（银行经收专用）》联次；纳税人通过横向联网电子缴税系统等电子方式缴纳税款的，税款划缴已成功；纳税人在办税服务厅以现金方式缴纳税款的，主管税务机关已收取税款。

（12）纳税人名称、车辆厂牌型号、发动机号、车辆识别代号（车架号）、证件号码等应税车辆完税或者免税电子信息与原申报资料不一致的，纳税人可以到税务机关办理完税或者免税电子信息更正，但是不包括以下情形：

①车辆识别代号（车架号）和发动机号同时与原申报资料不一致。

②完税或者免税信息更正影响到车辆购置税税款。

③纳税人名称和证件号码同时与原申报资料不一致。

税务机关核实后，办理更正手续，重新生成应税车辆完税或者免税电子信息，并且及时传送给公安机关交通管理部门。

（13）自2021年1月1日起，纳税人在办理设有固定装置的非运输专用作业车辆免税（见本节税收优惠第4条）申报时，申请列入《目录》的车型应当符合《设有固定装置的非运输专用作业车辆技术要求》。

申请列入《目录》的车型，车辆生产企业、进口车辆经销商或个人需在纳税人办理车辆购置税申报前，通过工业和信息化部免征车辆购置税的设有固定装置的非运输专用作业车辆管理系统提交列入《目录》的下列申请材料：

①《设有固定装置的非运输专用作业车辆信息采集表》。

②车辆照片及固定装置布置简图。照片及简图应当符合《设有固定装置的非运输专用作业车辆照片及资料扫描图片要求》。

③证明进口车辆合法进口的材料，包括但不限于《车辆一致性证书》或《中华人民共和国海关货物进口证明书》或《中华人民共和国海关监管车辆进（出）境领（销）牌照通知书》或《没收走私汽车、摩托车证明书》。

2. 车辆购置税的退税制度

已征车辆购置税的车辆退回车辆生产或销售企业，纳税人申请退还车辆购置税的，应退税额计算公式为：

应退税额 = 已纳税额 ×（1 − 使用年限 ×10%）

应退税额不得为负数。

使用年限的计算方法是，自纳税人缴纳税款之日起，至申请退税之日止。

3. 车辆购置税征管资料

（1）征税车辆：纳税人身份证明、车辆价格证明、车辆合格证明和《车辆购置税纳税申报表》。

（2）免税车辆：纳税人身份证明、车辆价格证明、车辆合格证明、纳税申报表、《车辆购置税免（减）税申报表》和车辆免（减）税证明资料。

（3）免税重新申报车辆：①发生二手车交易行为的：纳税人身份证明、《二手车销售统一发票》、纳税申报表和完税证明正本；②未发生二手车交易行为的：纳税人身份证明、纳税申报表、完税证明正本和其他相关材料。

（4）补税车辆：车主身份证明、车辆价格证明、纳税申报表和补税相关材料。

（5）完税证明补办车辆：①车辆登记注册前完税证明发生损毁丢失的：纳税人（车主）身份证明、车辆购置税完税凭证、车辆合格证明和《车辆购置税完税证明补办表》；②车辆登记注册后完税证明发生损毁丢失的：纳税人（车主）身份证明、《机动车行驶证》和补办表。同时，税务机关应当留存新完税证明副本。

（6）完税证明更正车辆：完税证明正、副本和完税证明更正相关材料。

4. 申报列入免税图册的车辆

申报列入免税图册的车辆，机动车生产企业或者纳税人按照规定填写《设有固定装置非运输车辆信息表》，并提供下列资料：

（1）车辆合格证明原件、复印件。国产车辆、提供合格证和《中华人民共和国工业和信息化部车辆生产及产品公告》进口车辆，提供《中华人民共和国海关货物进口证明书》。

（2）车辆内、外观彩色五寸照片1套。

（3）车辆内、外观彩色照片电子文档。

7.7　资源税

资源税是对在我国领域和管辖的其他海域开发应税资源的单位和个人，就其应税资源销售额或者销售数量为计税依据而征收的一种税，属于对自然资源开发课税的范畴。《中华人民共和国资源税法》，是指国家制定的用以调整资源税征收与缴纳相关权利及义务关系的法律规范。

我国资源税始于1984年颁布的《中华人民共和国资源税条例（草案）》，当时的资源税税目只有煤炭、石油和天然气三种，后来又扩大到对铁矿石征税。普遍认为征收资源税主要依据的是受益原则、公平原则和效率原则。从受益方面考虑，资源属国家所有，开采者因开采国有资源而得益，有责任向所有者支付其地租；从公平角度来看，条件公平是有效竞争的前提，资源级差收入的存在影响资源开采者利润的真实性，故资源级差收入以归政府支配为宜；从效率角度分析，稀缺资源应由社会净效率高的企业来开采，对资源开采中出现的掠夺和浪费行为，国家有权采取经济手段促其转变。

1986年10月1日，《中华人民共和国矿产资源法》施行，该法第五条进一步明确：国家对矿产资源施行有偿开采。开采矿产资源，必须按照国家有关规定缴纳资源税和资源补偿费。1993年全国财税体制改革，对1984年第一次资源税法律制度作了重大修改，形成了第二代资源税制度。1993年12月国务院发布的《资源税暂行条例》及财政部发布的《资源税暂行条例实施细则》，将盐税并到资源税中，并将资源税征收范围扩大为原油、天然气、煤炭、其他非金属矿原矿、黑色金属矿原矿、有色金属矿原矿和盐7种，于1994年1月1日起不再按超额利润征税，而是按矿产品销售量征税，按照“普遍征收、级差调节”的原则，就资源赋税情况、开采条件、资源等级、地理位置等客观条件的差异规定了幅度税额，为每一个课税矿区规定了适用税率。这一规定考虑了资源条件优劣的差别，对级差收益进行了有效调节。

2010年6月1日，在新疆对原油、天然气进行了资源税从价计征改革试点工作；2011年国务院令第605号对《资源税暂行条例》进行了修改，财政部令第66号对《资源税暂行条例实施细则》进行了修订，并自2011年11月1日起施行。2014年12月又对煤炭的资源税由从量计征改为从价计征，取得一定效果。根据党中央、国务院决策部署，2016年全面推进资源税改革。2016年5月，财政部、国家税务总局公布《关于全面推进资源税改革的通知》《关于资源税改革具体政策问题的通知》等，对绝大部分应税产品实行从价计征方式，对经营分散、多为现金交易且难以管控的粘土、砂石，按照便利征管原则，仍实行从量定额计征。同时在河北省征收水资源税试点工作，采取水资源费改税方式，将地表水和地下水纳入征税范围，实行从量定额计征。2017年12月1日起，水资源税改革试点进一步扩大到全国多个省区市。

为了贯彻习近平生态文明思想、落实税收法定原则，2019年8月26日第十三届全国人民代表大会常务委员会第十二次会议通过了《中华人民共和国资源税法》（以下简称《资源税法》），并于2020年9月1日起施行。同时，1993年颁布的《资源税暂行条例》废止。

为贯彻落实《资源税法》《财政部 税务总局关于资源税有关问题执行口径的公告》（财政部 税务总局公告 2020 年第 34 号）、《国家税务总局关于资源税征收管理若干问题的公告》（国家税务总局公告 2020 年第 14 号）、《财政部 税务总局关于继续执行的资源税优惠政策的公告》（财政部 税务总局公告 2020 年第 32 号）对有关问题的执行口径和征管具体规定等进行了明确，以规范资源税的征收管理。

征收资源税的主要作用如下：（1）促进对自然资源的合理开发利用。通过对开发、利用应税资源的行为课征资源税，体现了国有自然资源有偿占用的原则，从而可以促使纳税人节约、合理地开发和利用自然资源，有利于我国经济可持续发展。（2）为国家筹集财政资金。随着其课征范围的逐渐扩展，资源税的收入规模及其在税收收入总额中所占的比重都相应增加，其财政意义也日渐明显，在为国家筹集财政资金方面发挥着不可忽视的作用。

7.7.1　资源税的特点

1. 征税范围较窄

自然资源是生产资料或生活资料的天然来源，它包括的范围很广，如矿产资源、土地资源、水资源、动植物资源等。目前我国的资源税征税范围较窄，仅选择了部分级差收入差异较大，资源较为普遍，易于征收管理的矿产品和盐列为征税范围。随着我国经济的快速发展，对自然资源的合理利用和有效保护将越来越重要，因此，资源税的征税范围应逐步扩大。中国资源税目前的征税范围包括矿产品和盐两大类。

2. 实行差别税额从量征收

我国现行资源税实行从量定额征收，一方面税收收入不受产品价格、成本和利润变化的影响，能够稳定财政收入；另一方面有利于促进资源开采企业降低成本，提高经济效率。同时，资源税按照“资源条件好、收入多的多征；资源条件差、收入少的少征”的原则，根据矿产资源等级分别确定不同的税额，以有效地调节资源级差收入。

3. 具有受益性质

在我国，自然资源的所有权属于国家，国家对开发经营国有自然资源征税实质上既体现了税收强制性和固定性的特征，也体现了对国有资源的有偿占用性。

7.7.2　纳税义务人

资源税的纳税义务人是指在中华人民共和国领域及管辖的其他海域开发应税资源

的单位和个人。应税资源的具体范围，由《资源税法》所附《资源税税目税率表》确定。

资源税规定仅对在中国境内开发应税资源的单位和个人征收，因此，对于进口的矿产品和盐不征收资源税。由于对进口应税产品不征收资源税，相应地，对出口应税产品也不免征或退还已纳资源税。

纳税人自用应税产品，如果属于应当缴纳资源税的情形，应按规定缴纳资源税。纳税人自用应税产品应当缴纳资源税的情形包括：纳税人以应税产品用于非货币性资产交换、捐赠、偿债、赞助、集资、投资、广告、样品、职工福利、利润分配或者连续生产非应税产品等。纳税人开采或者生产应税产品自用于连续生产应税产品的，不缴纳资源税。例如，铁原矿用于继续生产铁精粉的，在移送铁原矿时不缴纳资源税；但对于生产非应税产品的，如将铁精粉继续用于冶炼的，应当在移送环节缴纳资源税。

在2011年11月1日前已依法签订合同开采海洋或陆上油气资源的中外合作项目，在合同有效期内，继续缴纳矿区使用费，不缴纳资源税；合同期满后，依法缴纳资源税。

7.7.3 征税范围（税目）

《资源税法》共设置5个一级税目和17个二级子税目。所列的具体税目有164个，涵盖了所有已经发现的矿种和盐。

1. 能源矿产

（1）原油，是指开采的天然原油，不包括人造石油。

（2）天然气、页岩气、天然气水合物。

（3）煤，包括原煤和以未税原煤加工的洗选煤。

（4）煤成（层）气。

（5）铀、钍。

（6）油页岩、油砂、天然沥青、石煤。

（7）地热。

2. 金属矿产

（1）黑色金属，包括：铁、锰、铬、钒、钛。

（2）有色金属，包括：铜、铅、锌、锡、镍、锑、镁、钴、铋、汞；铝土矿；钨；钼；钼；金、银；铂、钯、钌、铅、铱、铑；轻稀土；中重稀土；铍、锂、锆、锶、铷、铯、铌、钽、锗、镓、铟、铊、铪、铼、镉、硒、碲。

3. 非金属矿产

（1）矿物类，包括：高岭土；石灰岩；磷；石墨；萤石、硫铁矿、自然硫；天然石英砂、脉石英、粉石英、水晶、工业用金刚石、冰洲石、蓝晶石、硅线石（矽线石）、长石、滑石、刚玉、菱镁矿、颜料矿物、天然碱、芒硝、钠硝石、明矾石、砷、硼、碘、溴、膨润土、硅藻土、陶瓷土、耐火黏土、铁矾土、凹凸棒石黏土、海泡石黏土、伊利石黏土、累托石黏土；叶蜡石、硅灰石、透辉石、珍珠岩、云母、沸石、重晶石、毒重石、方解石、蛭石、透闪石、工业用电气石、白垩、石棉、蓝石棉、红柱石、石榴子石、石膏；其他黏土（铸型用黏土、砖瓦用黏土、陶粒用黏土、水泥配料用黏土、水泥配料用红土、水泥配料用黄土、水泥配料用泥岩、保温材料用黏土）。

（2）岩石类，包括：大理岩、花岗岩、白云岩、石英岩、砂岩、辉绿岩、安山岩、闪长岩、板岩、玄武岩、片麻岩、角闪岩、页岩、浮石、凝灰岩、黑曜岩、霞石正长岩、蛇纹岩、麦饭石、泥灰岩、含钾岩石、含钾砂页岩、天然油石、橄榄岩、松脂岩、粗面岩、辉长岩、辉石岩、正长岩、火山灰、火山渣、泥炭；砂石（天然砂、卵石、机制砂石）。

（3）宝玉石类，包括：宝石、玉石、宝石级金刚石、玛瑙、黄玉、碧玺。

4. 水气矿产

（1）二氧化碳气、硫化氢气、氢气、氦气。

（2）矿泉水。

5. 盐

（1）钠盐、钾盐、镁盐、锂盐。

（2）天然卤水。

（3）海盐。

上述各税目征税时有的对原矿征税，有的对选矿征税，具体适用的征税对象按照《资源税税目税率表》的规定执行，主要包括以下三类：

（1）按原矿征税。

（2）按选矿征税。

（3）按原矿或者选矿征税。

纳税人以自采原矿（经过采矿过程采出后未进行选矿或者加工的矿石）直接销售，或者自用于应当缴纳资源税情形的，按照原矿计征资源税。

纳税人以自采原矿洗选加工为选矿产品（通过破碎、切割、洗选、筛分、磨矿、分级、提纯、脱水、干燥等过程形成的产品，包括富集的精矿和研磨成粉、粒级成型、切割成型的原矿加工品）销售，或者将选矿产品自用于应当缴纳资源税情形的，按照选矿产品计征资源税，在原矿移送环节不缴纳资源税。对于无法区分原生岩石矿种的粒级成型砂石颗粒，按照砂石税目征收资源税。

7.7.4 税率

我国资源税法按原矿、选矿分别设定税率。对原油、天然气、中重稀土、钨、钼等战略资源实行固定税率，由税法直接确定。其他应税资源实行幅度税率，其具体适用税率由省、自治区、直辖市人民政府统筹考虑该应税资源的品位、开采条件以及对生态环境的影响等情况，在规定的税率幅度内提出，报同级人民代表大会常务委员会决定，并报全国人民代表大会常务委员会和国务院备案。《资源税税目税率表》见表7-2。

表7-2 资源税税目税率表

序号	税目			征税对象	税率
1	能源矿产	原油		原矿	6%
2		天然气、页岩气、天然气水合物		原矿	6%
3		煤		原矿或者选矿	2% ~10%
4		煤成（层）气		原矿	1% ~2%
5		铀、钍		原矿	4%
6		油页岩、油砂、天然沥青、石煤		原矿或者选矿	1% ~4%
7		地热		原矿	1% ~20%或者每立方米1~30元
8	金属矿产	黑色金属	铁、锰、铬、矾、钛	原矿或者选矿	1% ~9%
9		有色金属	铜、铅、锌、锡、镍、锑、镁、钴、铋、汞	原矿或者选矿	2% ~10%
10			铝土矿	原矿或者选矿	2% ~9%
11			钨	选矿	6.5%
12			钼	选矿	8%
13			金、银	原矿或者选矿	2% ~6%
14			铂、钯、钌、锇、铱、铑	原矿或者选矿	5% ~10%
15			轻稀土	选矿	7% ~12%
16			中重稀土	选矿	20%
17			铍、锂、锆、锶、铷、铯、铌、钽、锗、镓、铟、铊、铪、铼、镉、硒、碲	原矿或者选矿	2% ~10%

续表

序号	税目			征税对象	税率
18	非金属矿产	矿物类	高岭土	原矿或者选矿	1% ~6%
19			石灰岩	原矿或者选矿	1% ~6%或者每吨（或者每立方米）1 ~10 元
20			磷	原矿或者选矿	3% ~8%
21			石墨	原矿或者选矿	3% ~12%
22			萤石、硫铁矿、自然硫	原矿或者选矿	1% ~8%
23			天然石英砂、脉石英、粉石英、水晶、工业用金刚石、冰洲石、蓝晶石、硅线石（矽线石）、长石、滑石、刚玉、菱镁矿、颜料矿物、天然碱、芒硝、钠硝石、明矾石、砷、硼、碘、溴、膨润土、硅藻土、陶瓷土、耐火黏土、铁矾土、凹凸棒石黏土、海泡石黏土、伊利石黏土、累托石黏土	原矿或者选矿	1% ~12%
24			叶腊石、硅灰石、透辉石、珍珠岩、云母、沸石、重晶石、毒重石、方解石、蛭石、透闪石、工业用电气石、白垩、石棉、蓝石棉、红柱石、石榴子石、石膏	原矿或者选矿	2% ~12%
25			其他黏土（铸型用黏土、砖瓦用黏土、陶粒用黏土、水泥配料用黏土、水泥配料用黄土、水泥配料用泥岩、保温材料用黏土）	原矿或者选矿	1% ~5%或者每吨（或者每立方米）0.1 ~5 元
26		岩石类	大理岩、花岗岩、白云岩、石英岩、砂岩、辉绿岩、安山岩、闪长岩、板岩、玄武岩、片麻岩、角闪岩、页岩、浮石、凝灰岩、黑曜岩、霞石正长岩、蛇纹岩、麦饭石、泥灰岩、含钾岩石、含钾砂页岩、天然油石、橄榄岩、松脂岩、粗面岩、辉长岩、辉石岩、正长岩、火山灰、火山渣、泥炭	原矿或者选矿	1% ~10%
27			砂石（天然砂、卵石、机制砂石）	原矿或者选矿	1% ~5%或者每吨（或者每立方米）0.1 ~5 元
28		宝玉石类	宝石、玉石、宝石级金刚石、玛瑙、黄玉、碧玺	原矿或者选矿	4% ~20%

续表

序号	税目		征税对象	税率
29	水气矿产	二氧化碳气、硫化氢气、氦气、氡气	原矿	2%～5%
30		矿泉水	原矿	1%～20%或者每立方米1～30元
31	盐	钠盐、钾盐、镁盐、锂盐	选矿	3%～15%
32		天然卤水	原矿	3%～15%或者每吨（或者每立方米）1～10元
33		海盐		2%～5%

纳税人开采或者生产不同税目应税产品的，应当分别核算不同税目应税产品的销售额或者销售数量；未分别核算或者不能准确提供不同税目应税产品的销售额或者销售数量的，从高适用税率。

纳税人开采或者生产同一税目下适用不同税率应税产品的，应当分别核算不同税率应税产品的销售额或者销售数量；未分别核算或者不能准确提供不同税率应税产品的销售额或者销售数量的，从高适用税率。

7.7.5 计税依据

资源税的计税依据为应税产品的销售额或销售量，各税目的征税对象包括原矿、精矿等。资源税适用从价计征为主、从量计征为辅的征税方式。根据《资源税税目税率表》的规定，地热、砂石、矿泉水和天然卤水可采用从价计征或从量计征的方式，其他应税产品统一适用从价定率征收的方式。

1. 从价定率征收的计税依据

（1）销售额的基本规定。

资源税应税产品（以下简称应税产品）的销售额，按照纳税人销售应税产品向购买方收取的全部价款确定，不包括增值税税款。

计入销售额中的相关运杂费用，凡取得增值税发票或者其他合法有效凭据的，准予从销售额中扣除。相关运杂费用是指应税产品从坑口或者洗选（加工）地到车站、码头或者购买方指定地点的运输费用、建设基金以及随运销产生的装卸、仓储、港杂费用。

（2）特殊情形下销售额的确定。

纳税人申报的应税产品销售额明显偏低且无正当理由的，或者有自用应税产品行为而无销售额的，主管税务机关可以按下列方法和顺序确定其应税产品销售额：

①按纳税人最近时期同类产品的平均销售价格确定。

②按其他纳税人最近时期同类产品的平均销售价格确定。

③按后续加工非应税产品销售价格，减去后续加工环节的成本利润后确定。

④按应税产品组成计税价格确定。

组成计税价格＝成本×（1＋成本利润率）÷（1－资源税税率）

上述公式中的成本利润率由省、自治区、直辖市税务机关确定。

⑤按其他合理方法确定。

（2）外购应税产品购进金额、购进数量的扣减。

纳税人外购应税产品与自采应税产品混合销售或者混合加工为应税产品销售的，在计算应税产品销售额或者销售数量时，准予扣减外购应税产品的购进金额或者购进数量；当期不足扣减的，可结转下期扣减。

纳税人应当准确核算外购应税产品的购进金额或者购进数量，未准确核算的，一并计算缴纳资源税。纳税人核算并扣减当期外购应税产品购进金额、购进数量，应当依据外购应税产品的增值税发票、海关进口增值税专用缴款书或者其他合法有效凭据。

纳税人以外购原矿与自采原矿混合为原矿销售，或者以外购选矿产品与自产选矿产品混合为选矿产品销售的，在计算应税产品销售额或者销售数量时，直接扣减外购原矿或者外购选矿产品的购进金额或者购进数量。

纳税人以外购原矿与自采原矿混合洗选加工为选矿产品销售的，在计算应税产品销售额或者销售数量时，按照下列方法进行扣减：

准予扣减的外购应税产品购进金额（数量）＝外购原矿购进金额（数量）×（本地区原矿适用税率÷本地区选矿产品适用税率）

不能按照上述方法计算扣减的，按照主管税务机关确定的其他合理方法进行扣减。

例如，某煤炭企业将外购100万元原煤与自采200万元原煤混合洗选加工为选煤销售，选煤销售额为450万元。当地原煤税率为3%，选煤税率为2%，在计算应税产品销售额时，准予扣减的外购应税产品购进金额＝外购原煤购进金额×（本地区原煤适用税率÷本地区选煤适用税率）＝100×（3%÷2%）＝150（万元）。

2. 从量定额征收的计税依据

实行从量定额征收的，以应税产品的销售数量为计税依据。应税产品的销售数量，包括纳税人开采或者生产应税产品的实际销售数量和自用于应当缴纳资源税情形的应税产品数量。

7.7.6 应纳税额的计算

资源税的应纳税额，按照从价定率或者从量定额的办法，分别以应税产品的销售额乘以纳税人具体适用的比例税率或者以应税产品的销售数量乘以纳税人具体适用的定额税率计算。

（1）实行从价定率方式征收资源税的，根据应税产品的销售额和规定的适用税率计算应纳税额。具体计算公式为：

应纳税额 = 计税销售额 × 适用税率

【例 7－11】 某油田 2024 年 9 月销售原油 20 000 吨，开具增值税专用发票取得销售额 10 000 万元、增值税税额 1 300 万元，按资源税法所附《资源税税目税率表》的规定，其适用税率为 6%。请计算该油田当月应缴纳的资源税。

【解析】 应纳税额 = 10 000 × 6% = 600（万元）

【例 7－12】 某石化企业为增值税一般纳税人，2023 年 6 月发生以下业务：

（1）从国外某石油公司进口原油 50 000 吨，支付不含税价款折合人民币 9 000 万元，其中包含包装费及保险费折合人民币 10 万元。

（2）开采原油 10 000 吨，并将开采的原油对外销售 6 000 吨，取得含税销售额 2 340 万元，同时向购买方收取延期付款利息 2.34 万元，包装费 1.17 万元，另外支付运输费用 7.02 万元。

（3）用开采的原油 2 000 吨加工生产汽油 1 300 吨。

当地 2023 年原油的资源税率为 10%。

要求：计算该石化公司当月应纳资源税。

【解析】

（1）由于资源税仅对在中国境内开采或生产应税产品的单位和个人征收，因此业务（1）中该石化公司进口原油无须缴纳资源税。

（2）业务（2）应缴纳的资源税 =（2 340 + 2.34 + 1.17）÷（1 + 13%）× 10% = 207.39（万元）

（3）每吨原油的含税销售价格 = 2 340 ÷ 6 000 = 0.39（万元）

业务（3）应缴纳的资源税 = 0.39 × 2 000 ÷（1 + 13%）× 10% = 69.03（万元）

（4）该石化公司当月应纳资源税 = 207.39 + 69.03 = 276.42（万元）

（2）实行从量定额征收资源税的，根据应税产品的课税数量和规定的单位税额计算应纳税额，具体计算公式为：

应纳税额 = 课税数量 × 单位税额

【例7-13】 某砂石开采企业2024年5月销售砂石3 000立方米，资源税税率为2元/立方米。

要求：计算该企业当月应纳资源税税额。

【解析】 销售砂石应纳税额 = 课税数量 × 单位税额 = 3 000 × 2 = 6 000（元）

7.7.7　税收优惠

1. 免征资源税

有下列情形之一的，免征资源税：

（1）开采原油以及油田范围内运输原油过程中用于加热的原油、天然气。

（2）煤炭开采企业因安全生产需要抽采的煤成（层）气。

2. 减征资源税

有下列情形之一的，减征资源税：

（1）从低丰度油气田开采的原油、天然气减征20%资源税。

陆上低丰度油田是指每平方公里原油可采储量丰度低于25万立方米的油田；陆上低丰度气田是指每平方公里天然气可采储量丰度低于2.5亿立方米的气田。

海上低丰度油田是指每平方公里原油可开采储量丰度低于60万立方米的油田；海上低丰度气田是指每平方公里天然气可开采储量丰度低于6亿立方米的气田。

（2）高含硫天然气、三次采油和从深水油气田开采的原油、天然气，减征30%资源税。

高含硫天然气是指硫化氢含量在每立方米30克以上的天然气。三次采油是指二次采油后继续以聚合物驱、复合驱、泡沫驱、二氧化碳驱、气水交替驱、微生物驱等方式进行采油。深水油气田是指水深超过300米的油气田。

（3）稠油、高凝油减征40%资源税。

稠油是指地层原油黏度大于或等于50毫帕/秒，或原油密度大于或等于0.92克/立方厘米的原油。高凝油是指凝固点高于40℃的原油。

（4）从衰竭期矿山开采的矿产品，减征30%资源税。

衰竭期矿山是指设计开采年限超过15年，且剩余可采储量下降到原设计可采储量的20%以下或者剩余开采年限不超过5年的矿山，衰竭期矿山以开采企业下属的单个矿山为单位确定。

根据国民经济和社会发展的需要，国务院对有利于促进资源节约集约利用、保护环境等情形可以规定免征或者减征资源税，报全国人民代表大会常务委员会备案。

3. 可由省、自治区、直辖市人民政府决定的减税或者免税

有下列情形之一的，省、自治区、直辖市人民政府可以决定减税或者免税：

（1）纳税人开采或者生产应税产品过程中，因意外事故或者自然灾害等原因遭受重大损失的。

（2）纳税人开采共伴生矿、低品位矿、尾矿。

上述两项的免征或者减征的具体办法，由省、自治区、直辖市人民政府提出，报同级人民代表大会常务委员会决定，并报全国人民代表大会常务委员会和国务院备案。

4. 其他减税、免税

（1）对青藏铁路公司及其所属单位运营期间自采自用的砂、石等材料免征资源税。

（2）自2018年4月1日至2021年3月31日，对页岩气资源税减征30%。

（3）自2019年1月1日至2027年12月31日，对增值税小规模纳税人可以在50%的税额幅度内减征资源税。

（4）自2014年12月1日至2027年12月31日，对充填开采置换出来的煤炭，资源税减征50%。

纳税人开采或者生产同一应税产品，其中既有享受减免税政策的，又有不享受减免税政策的，按照免税、减税项目的产量占比等方法分别核算确定免税、减税项目的销售额或者销售数量。

纳税人开采或者生产同一应税产品同时符合两项或者两项以上减征资源税优惠政策的，除另有规定外，只能选择其中一项执行。

纳税人享受资源税优惠政策，实行“自行判别、申报享受、有关资料留存备查”的办理方式，另有规定的除外。纳税人对资源税优惠事项留存材料的真实性和合法性承担法律责任。

7.7.8 征收管理

1. 纳税义务发生时间

纳税人销售应税产品，纳税义务发生时间为收讫销售款或者取得索取销售款凭据的当日；自用应税产品的，纳税义务发生时间为移送应税产品的当日。

2. 纳税期限

资源税按月或者按季申报缴纳；不能按固定期限计算缴纳的，可以按次申报缴纳。纳税人按月或者按季申报缴纳的，应当自月度或者季度终了之日起15日内，向税务机关办理纳税申报并缴纳税款。

3. 纳税地点

纳税人应当在矿产品的开采地或者海盐的生产地缴纳资源税。

4. 纳税申报

纳税人申报资源税时，应当填报《资源税纳税申报表》。

5. 征收机关

资源税由税务机关按照《资源税法》和《税收征收管理法》的规定征收管理。海上开采的原油和天然气资源税由海洋石油税务管理机构征收管理。税务机关与自然资源等相关部门应当建立工作配合机制，加强资源税征收管理。

7.7.9 水资源税改革试点实施办法

为全面贯彻党的二十大和二十届二中、三中全会精神以及《资源税法》《中华人民共和国水法》有关规定，加强水资源管理和保护，促进水资源节约集约安全利用，制定本办法关于印发《水资源税改革试点实施办法》的通知。

1. 纳税义务人

除规定情形外，水资源税的纳税人为直接取用地表水、地下水的单位和个人，包括直接从江、河、湖泊（含水库）和地下取用水资源的单位和个人。

下列情形，不缴纳水资源税：

（1）农村集体经济组织及其成员从本集体经济组织的水塘、水库中取用水的。

（2）家庭生活和零星散养、圈养畜禽饮用等少量取用水的。

（3）水利工程管理单位为配置或者调度水资源取水的。

（4）为保障矿井等地下工程施工安全和生产安全必须进行临时应急取用（排）水的。

（5）为消除对公共安全或者公共利益的危害临时应急取水的。

（6）为农业抗旱和维护生态与环境必须临时应急取水的。

2. 税率

水资源税采用从量计征，适用税额由各省、自治区、直辖市人民政府统筹考虑本地区水资源状况、经济社会发展水平和水资源节约保护要求，按照本办法有关规定，在表7-3《各省、自治区、直辖市水资源税最低平均税额表》规定的最低平均税额基础上，分类确定具体适用税额。

表 7－3 各省、自治区、直辖市水资源税最低平均税额表 单位：元/立方米

省区市	地表水最低平均税额	地下水最低平均税额
北京	1.6	4
天津	0.8	4
山西	0.5	2
内蒙古	0.5	2
河北	0.4	1.5
山东		
河南		
辽宁	0.3	0.7
吉林		
黑龙江		
陕西		
宁夏		
江苏	0.2	0.5
浙江		
广东		
云南		
甘肃		
新疆		
四川	0.1	0.2
上海		
安徽		
福建		
江西		
湖北		
湖南		
广西		
海南		
重庆		
贵州		
西藏		
青海		

对取用地下水从高确定税额，同一类型取用水，地下水税额应当高于地表水。对水资源严重短缺和超载地区取用水从高确定税额。对未经批准擅自取用水、取用水量超过许可水量或者取水计划的部分，结合实际适当提高税额。对洗车、洗浴、高尔夫

球场、滑雪场等特种取用水，从高确定税率。对疏干排水中回收利用的部分和水源热泵取用水，从低确定税额。水力发电取用水适用税额最高不得超过每千瓦时0.008元。

3. 应纳税额的计算

（1）应纳税额的计算。

水资源税实行从量计征。除第（2）~（4）项的特殊规定外，应纳税额按照实际取用水量征税，计算公式为：

应纳税额 = 实际取用水量 × 适用税额

疏干排水的实际取用水量按照排水量确定。疏干排水，是指在采矿和工程建设过程中破坏地下水层、发生地下涌水的活动。

（2）城镇公共供水企业应纳税额的计算。

应纳税额 = 实际取用水量 ×（1 − 公共供水管网合理漏损率）× 适用税额

公共供水管网合理漏损率由各省、自治区、直辖市人民政府确定。

（3）水力发电取用水应纳税额的计算。

应纳税额 = 实际发电量 × 适用税额

（4）除火力发电外冷却取水应纳税额的计算。

应纳税额 = 实际取用（耗）水量 × 适用税额

火力发电冷却取用水可以按照实际发电量或者实际取用（耗）水量计征水资源税，具体计征方式由各省、自治区、直辖市人民政府按照税费平移原则确定。

4. 税收减免

下列情形，予以免征或者减征水资源税：

（1）规定限额内的农业生产取用水，免征水资源税；

（2）除接入城镇公共供水管网以外，军队、武警部队、国家综合性消防救援队伍通过其他方式取用水的，免征水资源税；

（3）抽水蓄能发电取用水，免征水资源税；

（4）采油（气）排水经分离净化后在封闭管道回注的，免征水资源税；

（5）受县级以上人民政府及有关部门委托进行国土绿化、地下水回灌、河湖生态补水等生态取用水，免征水资源税；

（6）工业用水前一年度用水效率达到国家用水定额先进值的纳税人，减征本年度20%水资源税，省级水行政主管部门会同同级财政、税务等部门及时公布享受减征政策的纳税人名单；

（7）财政部、国家税务总局规定的其他免征或者减征水资源税情形。

各省、自治区、直辖市人民政府可以根据实际情况，决定免征或者减征超过规定限额的农业生产取用水和主要供农村人口生活用水的集中式饮水工程取用水的水资源税。

纳税人的免税、减税项目，应当单独核算实际取用水量；未单独核算或者不能准确提供实际取用水量的，不予免税和减税。

5. 征收管理

（1）征管部门。

水资源税由税务机关依照《税收征收管理法》和本办法有关规定征收管理。水行政主管部门依据水资源管理法律法规和本办法的有关规定负责取用水监督管理。建立税务机关与水行政主管部门协作征税机制。

水行政主管部门应当将取用水单位和个人的取水许可、取水计量数据或取水量核定书信息、违法取水信息、取水计划信息、取水计量检查结果等水资源管理相关信息，定期送交税务机关。

税务机关定期将纳税人申报信息与水行政主管部门送交的信息进行分析比对。发现纳税人申报取用水量数据异常等问题的，可以提请水行政主管部门进行复核。水行政主管部门应当自收到税务机关的数据资料之日起 15 日内向税务机关出具复核意见。税务机关应当按照水行政主管部门出具的复核意见调整纳税人的应纳税额。

水资源税征收管理过程中发现问题的，由税务机关与水行政主管部门联合进行核查。

（2）纳税义务发生时间。

水资源税的纳税义务发生时间为纳税人取用水资源的当日。未经批准取用水资源的，水资源税的纳税义务发生时间为水行政主管部门认定的纳税人实际取用水资源的当日。

（3）纳税申报。

水资源税按月或者按季申报缴纳，由主管税务机关根据实际情况确定。不能按固定期限计算缴纳的，可以按次申报缴纳。对超过规定限额的农业生产取用水，可以按年申报缴纳。纳税人按月或者按季申报缴纳的，应当自月度或者季度终了之日起 15 日内，向税务机关办理纳税申报并缴纳税款；按次申报缴纳的，应当自纳税义务发生之日起 15 日内，向税务机关办理纳税申报并缴纳税款；按年申报缴纳的，应当自年度终了之日起 5 个月内，向税务机关办理纳税申报并缴纳税款。

（4）纳税地点。

纳税人应当向取水口所在地的税务机关申报缴纳水资源税。

纳税人取用水工程管理单位跨省（自治区、直辖市）配置、调度的水资源，应当根据调入区域适用税额和实际取用水量，向调入区域所在地的税务机关申报缴纳水资源税。

跨省（自治区、直辖市）水力发电取用水的水资源税在相关省区市之间的分配比例，按照《财政部关于跨省区水电项目税收分配的指导意见》（财预〔2008〕84号）明确的增值税、企业所得税等税收分配办法确定。本办法实施前，国家和相关省区市已有明确分配比例的，仍按照原分配比例执行。

跨省（自治区、直辖市）水力发电取用水的纳税人应当按照前款规定的分配比例，分别向相关省区市主管税务机关申报缴纳水资源税。

（5）计量设施的管理。

纳税人应当按规定安装符合国家计量标准的取水计量设施（器具），并做好取水计量设施（器具）的运行维护、检定或校准、计量质量保证与控制，对其取水计量数据的真实性、准确性、完整性、合法性负责。纳税人应当在申报纳税时，按规定同步将取水计量数据通过取用水管理平台等渠道报送水行政主管部门。

水行政主管部门应当会同有关部门加强取用水计量监管，定期对纳税人取水计量的规范性进行检查，并将检查结果及时告知税务机关。检查发现问题或取水计量设施（器具）安装运行不正常的，水行政主管部门应当及时告知纳税人并督促其尽快整改；检查未发现问题且取水计量设施（器具）安装运行正常的，税务机关按照取水计量数据征收水资源税。

7.8 环境保护税

环境保护税是对在我国领域以及管辖的其他海域直接向环境排放应税污染物的企业事业单位和其他生产经营者征收的一种税，其立法目的是保护和改善环境，减少污染物排放，推进生态文明建设。环境保护税法，是指国家制定的调整环境保护税征收与缴纳相关权利及义务关系的法律规范。现行环境保护税法的基本规范包括2016年12月25日第十二届全国人民代表大会常务委员会第二十五次会议通过的《中华人民共和国环境保护税法》（以下简称《环境保护税法》）、2017年12月30日国务院发布的《中华人民共和国环境保护税法实施条例》等。《环境保护税法》自2018年1月1日起正式实施。

环境保护税是我国首个明确以环境保护为目标的独立型环境税税种，有利于解决排污费制度存在的执法刚性不足等问题，有利于提高纳税人环保意识和强化企业治污减排责任。直接向环境排放应税污染物的企业事业单位和其他生产经营者，除依照《环境保护税法》规定缴纳环境保护税外，应当对所造成的损害依法承担责任。

7.8.1 环境保护税的特点

（1）属于调节型税种。《环境保护税法》第一条规定了环境保护税的立法目的是保护和改善环境，减少污染物排放，推进生态文明建设。环境保护税的首要功能是减少污染排放，而非增加财政收入。

（2）其渊源是排污收费制度。党的十八届三中全会明确要求“推动环境保护费改税”，环境保护税基本平移了原排污费的制度框架，环境保护税于 2018 年 1 月 1 日起正式实施，排污费同时停征。

（3）属于综合型环境税。环境保护税的征税范围包括大气污染物、水污染物、固体废物和噪声四大类，与对单一污染物征收的税种不同，属于综合型环境税。

（4）属于直接排放税。环境保护税的纳税义务人是在我国领域和管辖的其他海域直接向环境排放应税污染物的企业事业单位和其他生产经营者。

（5）对大气污染物、水污染物规定了幅度定额税率，具体适用税额的确定和调整由省、自治区、直辖市人民政府在规定的税额幅度内提出。对应税污染物规定税率区间可使经济水平、环境目标要求不同的地区在税负设置方面具有一定的灵活性。

（6）采用税务、环保部门紧密配合的征收方式。环境保护税采用“纳税人自行申报，税务征收，环保监测，信息共享”的征管方式，税务机关负责征收管理，环境保护主管部门负责对污染物监测管理，征收高度依赖税务、环保部门的配合与协作。

（7）收入纳入一般预算收入，全部划归地方。为促进各地保护和改善环境、增加环境保护投入，国务院决定，环境保护税收入全部作为地方收入。

7.8.2 纳税义务人

环境保护税的纳税义务人是在中华人民共和国领域和中华人民共和国管辖的其他海域直接向环境排放应税污染物的企业事业单位和其他生产经营者。

应税污染物，是指《环境保护税法》所附《环境保护税税目税额表》《应税污染物和当量值表》所规定的大气污染物、水污染物、固体废物和噪声。

有下列情形之一的，不属于直接向环境排放污染物，不缴纳相应污染物的环境保护税：

（1）企业事业单位和其他生产经营者向依法设立的污水集中处理、生活垃圾集中处理场所排放应税污染物的。

（2）企业事业单位和其他生产经营者在符合国家和地方环境保护标准的设施、场所贮存或者处置固体废物的。

（3）达到省级人民政府确定的规模标准并且有污染物排放口的畜禽养殖场，应当依法缴纳环境保护税，但依法对畜禽养殖废弃物进行综合利用和无害化处理的。

7.8.3 税目与税率

1. 税目

环境保护税税目包括大气污染物、水污染物、固体废物和噪声四大类。

（1）大气污染物。

大气污染物包括二氧化硫、氮氧化物、一氧化碳、氯气、氯化氢、氟化物、氰化氢、硫酸雾、铬酸雾、汞及其化合物、一般性粉尘、石棉尘、玻璃棉尘、碳黑尘、铅及其化合物、镉及其化合物、铍及其化合物、镍及其化合物、锡及其化合物、烟尘、苯、甲苯、二甲苯、苯并（a）芘、甲醛、乙醛、丙烯醛、甲醇、酚类、沥青烟、苯胺类、氯苯类、硝基苯、丙烯腈、氯乙烯、光气、硫化氢、氨、三甲胺、甲硫醇、甲硫醚、二甲二硫、苯乙烯、二硫化碳，共计44项。环境保护税的征税范围不包括温室气体二氧化碳。

（2）水污染物。

水污染物分为两类：第一类水污染物包括总汞、总镉、总铬、六价铬、总砷、总铅、总镍、苯并（a）芘、总铍、总银；第二类水污染物包括悬浮物（SS）、生化需氧量（BOD5）、化学需氧量（CODcr）、总有机碳（TOC）、石油类、动植物油、挥发酚、总氰化物、硫化物、氨氮、氟化物、甲醛、苯胺类、硝基苯类、阴离子表面活性剂（LAS）、总铜、总锌、总锰、彩色显影剂（CD－2）、总磷、单质磷（以P计）、有机磷农药（以P计）、乐果、甲基对硫磷、马拉硫磷、对硫磷、五氯酚及五氯酚钠（以五氯酚计）、三氯甲烷、可吸附有机卤化物（AOX）（以Cl计）、四氯化碳、三氯乙烯、四氯乙烯、苯、甲苯、乙苯、邻－二甲苯、对－二甲苯、间－二甲苯、氯苯、邻二氯苯、对二氯苯、对二氯苯、对硝基氯苯、2，4－二硝基氯苯、苯酚、间－甲酚、2，4－二氯酚、2，4，6－三氯酚、邻苯二甲酸二丁酯、邻苯二甲酸二辛酯、丙烯腈、总硒。应税水污染物共计61项。

（3）固体废物。

固体废物包括煤矸石、尾矿、危险废物、冶炼渣、粉煤灰、炉渣、其他固体废物（含半固态、液态废物）。

（4）噪声。

应税噪声污染目前只包括工业噪声。

2. 税率

环境保护税采用定额税率，其中，对应税大气污染物和水污染物规定了幅度定额税率，具体适用税额的确定和调整由省、自治区、直辖市人民政府统筹考虑本地区环境承载能力、污染物排放现状和经济社会生态发展目标要求，在规定的税额幅度内提出，报同级人民代表大会常务委员会决定，并报全国人民代表大会常务委员会和国务院备案。《环境保护税税目税额表》见表7－4。

表7－4　　环境保护税税目税额表

<table>
<tr><th colspan="2">税目</th><th>计税单位</th><th>税额</th><th>备注</th></tr>
<tr><td colspan="2">大气污染物</td><td>每污染当量</td><td>1.2～12元</td><td></td></tr>
<tr><td colspan="2">水污染物</td><td>每污染当量</td><td>1.4～14元</td><td></td></tr>
<tr><td rowspan="4">固体废物</td><td>煤矸石</td><td>每吨</td><td>5元</td><td></td></tr>
<tr><td>尾矿</td><td>每吨</td><td>15元</td><td></td></tr>
<tr><td>危险废物</td><td>每吨</td><td>1 000元</td><td></td></tr>
<tr><td>冶炼渣、粉煤灰、炉渣、其他固体废物（含半固态、液态废物）</td><td>每吨</td><td>25元</td><td></td></tr>
<tr><td rowspan="6">噪声</td><td rowspan="6">工业噪声</td><td>超标1～3分贝</td><td>每月350元</td><td rowspan="6">1. 一个单位边界上有多处噪声超标，根据最高一处超标声级计算应纳税额；当沿边界长度超过100米有两处以上噪声超标，根据两个单位计算应纳税额。
2. 一个单位有不同地点作业场所的，应当分别计算应纳税额，合并计征。
3. 昼、夜均超标的环境噪声，昼、夜分别计算应纳税额，累计计征。
4. 声源一个月内超标不足15天的，减半计算应纳税额。
5. 夜间频繁突发和夜间偶然突发厂界超标噪声，按等效声级和峰值噪声两种指标中超标分贝值高的一项计算应纳税额</td></tr>
<tr><td>超标4～6分贝</td><td>每月700元</td></tr>
<tr><td>超标7～9分贝</td><td>每月1 400元</td></tr>
<tr><td>超标10～12分贝</td><td>每月2 800元</td></tr>
<tr><td>超标13～15分贝</td><td>每月5 600元</td></tr>
<tr><td>超标16分贝以上</td><td>每月11 200元</td></tr>
</table>

7.8.4 计税依据

1. 计税依据确定的基本方法

应税污染物的计税依据，按照下列方法确定：

（1）应税大气污染物按照污染物排放量折合的污染当量数确定；

（2）应税水污染物按照污染物排放量折合的污染当量数确定；

（3）应税固体废物按照固体废物的排放量确定；

（4）应税噪声按照超过国家规定标准的分贝数确定。

2. 应税大气污染物、水污染物按照污染物排放量折合的污染当量数确定计税依据

污染当量数以该污染物的排放量除以该污染物的污染当量值计算。计算公式为：

应税大气污染物、水污染物的污染当量数 = 该污染物的排放量 ÷ 该污染物的污染当量值

污染当量，是指根据污染物或者污染排放活动对环境的有害程度以及处理的技术经济性，衡量不同污染物对环境污染的综合性指标或者计量单位。同一介质相同污染当量的不同污染物，其污染程度基本相当。每种应税大气污染物、水污染物的具体污染当量值，依照《环境保护税法》所附《应税污染物和当量值表》执行（见表7－5～表7－8）。

表7－5　　大气污染物污染当量值

污染物	污染当量值（千克）	污染物	污染当量值（千克）
1. 二氧化硫	0.95	19. 锡及其化合物	0.27
2. 氮氧化物	0.95	20. 烟尘	2.18
3. 一氧化碳	16.7	21. 苯	0.05
4. 氯气	0.34	22. 甲苯	0.18
5. 氯化氢	10.75	23. 二甲苯	0.27
6. 氟化物	0.87	24. 苯并（a）芘	0.000002
7. 氰化氢	0.005	25. 甲醛	0.09
8. 硫酸雾	0.6	26. 乙醛	0.45
9. 铬酸雾	0.0007	27. 丙烯醛	0.06
10. 汞及其化合物	0.0001	28. 甲醇	0.67
11. 一般性粉尘	4	29. 酚类	0.35
12. 石棉尘	0.53	30. 沥青烟	0.19
13. 玻璃棉尘	2.13	31. 苯胺类	0.21
14. 碳黑尘	0.59	32. 氯苯类	0.72
15. 铅及其化合物	0.02	33. 硝基苯	0.17
16. 镉及其化合物	0.03	34. 丙烯腈	0.22
17. 铍及其化合物	0.0004	35. 氯乙烯	0.55
18. 镍及其化合物	0.13	36. 光气	0.04

续表

污染物	污染当量值（千克）	污染物	污染当量值（千克）
37. 硫化氢	0.29	41. 甲硫醚	0.28
38. 氨	9.09	42. 二甲二硫	0.28
39. 三甲胺	0.32	43. 苯乙烯	25
40. 甲硫醇	0.04	44. 二硫化碳	20

表 7-6　　第一类水污染物污染当量值

污染物	污染当量值（千克）
1. 总汞	0.0005
2. 总镉	0.005
3. 总铬	0.04
4. 六价铬	0.02
5. 总砷	0.02
6. 总铅	0.025
7. 总镍	0.025
8. 苯并（a）芘	0.0000003
9. 总铍	0.01
10. 总银	0.02
11. 悬浮物（SS）	4
12. 生化需氧量（BOD5）	0.5
13. 化学需氧量（CODcr）	1
14. 总有机碳（TOC）	0.49
15. 石油类	0.1
16. 动植物油	0.16
17. 挥发酚	0.08
18. 总氰化物	0.05
19. 硫化物	0.125
20. 氨氮	0.8
21. 氟化物	0.5
22. 甲醛	0.125
23. 苯胺类	0.2
24. 硝基苯类	0.2
25. 阴离子表面活性剂（LAS）	0.2
26. 总铜	0.1
27. 总锌	0.2
28. 总锰	0.2

续表

污染物	污染当量值（千克）
29. 彩色显影剂（CD－2）	0.2
30. 总磷	0.25
31. 元素磷（以P计）	0.05
32. 有机磷农药（以P计）	0.05
33. 乐果	0.05
34. 甲基对硫磷	0.05
35. 马拉硫磷	0.05
36. 对硫磷	0.05
37. 五氯酚及五氯酚钠（以五氯酚计）	0.25
38. 三氯甲烷	0.04
39. 可吸附有机卤化物（AOX）（以Cl计）	0.25
40. 四氯化碳	0.04
41. 三氯乙烯	0.04
42. 四氯乙烯	0.04
43. 苯	0.02
44. 甲苯	0.02
45. 乙苯	0.02
46. 邻－二甲苯	0.02
47. 对－二甲苯	0.02
48. 间－二甲苯	0.02
49. 氯苯	0.02
50. 邻二氯苯	0.02
51. 对二氯苯	0.02
52. 对硝基氯苯	0.02
53. 2，4－二硝基氯苯	0.02
54. 苯酚	0.02
55. 间－甲酚	0.02
56. 2，4－二氯酚	0.02
57. 2，4，6－三氯酚	0.02
58. 邻苯二甲酸二丁酯	0.02
59. 邻苯二甲酸二辛酯	0.02
60. 丙烯腈	0.125
61. 总硒	0.02

注：①第一、第二类污染物的分类依据为《污水综合排放标准》（GB8978—1996）。

②同一排放口中的化学需氧量（COD）、生化需氧量（BOD5）和总有机碳（TOC），只征收一项。

表 7－7　　禽畜养殖业、小型企业、第三产业水污染物污染当量值

<table>
<tr><th colspan="2">类型</th><th>污染当量值</th><th>备注</th></tr>
<tr><td rowspan="3">禽畜养殖场</td><td>1. 牛</td><td>0.1 头</td><td rowspan="3">仅对存栏规模大于 50 头牛，500 头猪、5 000 羽鸡鸭等禽畜养殖场征收</td></tr>
<tr><td>2. 猪</td><td>1 头</td></tr>
<tr><td>3. 鸡、鸭等家禽</td><td>30 羽</td></tr>
<tr><td colspan="2">4. 小型企业</td><td>1.8 吨污水</td><td></td></tr>
<tr><td colspan="2">5. 饮食娱乐服务业</td><td>0.5 吨污水</td><td></td></tr>
<tr><td rowspan="4">6. 医院</td><td>消毒</td><td>0.14 床</td><td rowspan="4">医院病床数大于 20 张的按照本表计算污染当量数</td></tr>
<tr><td rowspan="3">不消毒</td><td>2.8 吨污水</td></tr>
<tr><td>0.07 床</td></tr>
<tr><td>1.4 吨污水</td></tr>
</table>

注：①本表仅适用于计算无法进行实际监测或物料衡算的禽畜养殖业、小型企业和第三产业等小型排污者的污染当量数。

②仅对存栏规模大于 50 头牛，500 头猪，5 000 羽鸡、鸭等的禽畜养殖场征收。

③医院病床数大于 20 张的按本表计算污染当量。

表 7－8　　pH 值、色度、大肠菌群数、余氯量污染当量值

<table>
<tr><th colspan="2">污染物</th><th>污染当量值</th><th>备注</th></tr>
<tr><td rowspan="6">1. pH 值</td><td>(1) 0～1，13～14</td><td>0.06 吨污水</td><td rowspan="6">pH 值 5～6 指大于等于 5，小于 6；
pH 值 9～10 指大于 9、小于等于 10；
其余类推</td></tr>
<tr><td>(2) 1～2，12～13</td><td>0.125 吨污水</td></tr>
<tr><td>(3) 2～3，11～12</td><td>0.25 吨污水</td></tr>
<tr><td>(4) 3～4，10～11</td><td>0.5 吨污水</td></tr>
<tr><td>(5) 4～5，9～10</td><td>1 吨污水</td></tr>
<tr><td>(6) 5～6</td><td>5 吨污水</td></tr>
<tr><td colspan="2">2. 色度</td><td>5 吨水・倍</td><td></td></tr>
<tr><td colspan="2">3. 大肠菌群数（超标）</td><td>3.3 吨污水</td><td rowspan="2">大肠菌群数和余氯量只征收一项</td></tr>
<tr><td colspan="2">4. 余氯量（用氯消毒的医院废水）</td><td>3.3 吨污水</td></tr>
</table>

每一排放口或者没有排放口的应税大气污染物，按照污染当量数从大到小排序，对前三项污染物征收环境保护税。每一排放口的应税水污染物，按照《环境保护税法》所附《应税污染物和当量值表》，区分第一类水污染物和其他类水污染物，按照污染当量数从大到小排序，对第一类水污染物按照前五项征收环境保护税，对其他类水污染物按照前三项征收环境保护税。

省、自治区、直辖市人民政府根据本地区污染物减排的特殊需要，可以增加同一排放口征收环境保护税的应税污染物项目数，报同级人民代表大会常务委员会决定，并报全国人民代表大会常务委员会和国务院备案。

纳税人有下列情形之一的，以其当期应税大气污染物、水污染物的产生量作为污染物的排放量：

（1）未依法安装使用污染物自动监测设备或者未将污染物自动监测设备与环境保护主管部门的监控设备联网。

（2）损毁或者擅自移动、改变污染物自动监测设备。

（3）篡改、伪造污染物监测数据。

（4）通过暗管、渗井、渗坑、灌注或者稀释排放以及不正常运行防治污染设施等方式违法排放应税污染物。

（5）进行虚假纳税申报。

【例7－14】 企业2024年5月向水体直接排放第一类水污染物总汞10千克，根据第一类水污染物污染当量值表，总汞的污染当量值为0.0005千克，其污染当量数＝10÷0.0005＝20 000。

3. 应税固体废物按照固体废物的排放量确定计税依据

固体废物的排放量为当期应税固体废物的产生量减去当期应税固体废物的贮存量、处置量、综合利用量的余额。固体废物的贮存量、处置量，是指在符合国家和地方环境保护标准的设施、场所贮存或者处置的固体废物数量；固体废物的综合利用量，是指按照国务院发展改革委、工业和信息化主管部门关于资源综合利用要求以及国家和地方环境保护标准进行综合利用的固体废物数量。计算公式为：

固体废物的排放量＝当期固体废物的产生量－当期固体废物的综合利用量－当期固体废物的贮存量－当期固体废物的处置量

纳税人有下列情形之一的，以其当期应税固体废物的产生量作为固体废物的排放量：（1）非法倾倒应税固体废物；（2）进行虚假纳税申报。

4. 应税噪声按照超过国家规定标准的分贝数确定计税依据

工业噪声按照超过国家规定标准的分贝数确定每月税额，超过国家规定标准的分贝数是指实际产生的工业噪声与国家规定的工业噪声排放标准限值之间的差值。

5. 应税大气污染物、水污染物、固体废物的排放量和噪声分贝数的确定方法

应税大气污染物、水污染物、固体废物的排放量和噪声的分贝数，按照下列方法和顺序计算：

（1）纳税人安装使用符合国家规定和监测规范的污染物自动监测设备的，按照污染物自动监测数据计算。

（2）纳税人未安装使用污染物自动监测设备的，按照监测机构出具的符合国家有关规定和监测规范的监测数据计算。

(3) 因排放污染物种类多等原因不具备监测条件的，按照国务院环境保护主管部门规定的排污系数、物料衡算方法计算。

属于排污许可管理的排污单位，适用生态环境部发布的排污许可证申请与核发技术规范中规定的排（产）污系数、物料衡算方法计算应税污染物排放量；排污许可证申请与核发技术规范未规定相关排（产）污系数的，适用生态环境部发布的排放源统计调查制度规定的排（产）污系数方法计算应税污染物排放量。

不属于排污许可管理的排污单位，适用生态环境部发布的排放源统计调查制度规定的排（产）污系数方法计算应税污染物排放量。

(4) 不能按照上述第（1）项至第（3）项规定的方法计算的，按照省、自治区、直辖市人民政府环境保护主管部门规定的抽样测算的方法核定计算。

7.8.5 应纳税额的计算

1. 大气污染物应纳税额的计算

应税大气污染物应纳税额为污染当量数乘以具体适用税额。

计算公式为：

大气污染物的应纳税额 = 污染当量数 × 适用税额

【例 7 – 15】 某企业 2023 年 4 月向大气直接排放二氧化硫、氟化物各 100 千克，一氧化碳 200 千克、氯化氢 80 千克，该企业所在地区大气污染物的税额标准为 1.2 元/每污染当量，该企业只有一个排放口。

其应纳税额计算如下：

第一步，计算各污染物的污染当量数。

污染当量数 = 该污染物的排放量 ÷ 该污染物的污染当量值

据此计算各污染物的污染当量数为：

二氧化硫污染当量数 = 100 ÷ 0.95 = 105.26

氟化物污染当量数 = 100 ÷ 0.87 = 114.94

一氧化碳污染当量数 = 200 ÷ 16.7 = 11.98

氯化氢污染当量数 = 80 ÷ 10.75 = 7.44

第二步，按污染当量数排序。

氟化物污染当量数（114.94）> 二氧化硫污染当量数（105.26）> 一氧化碳污染当量数（11.98）> 氯化氢污染当量数（7.44）

该企业只有一个排放口，排序选取计税前三项污染物为：氟化物、二氧化硫、一氧化碳。

第三步，计算应纳税额。

应纳税额 =(114.94 +105.26 +11.98) ×1.2 =278.62（元）

2. 水污染物应纳税额的计算

应税水污染物的应纳税额为污染当量数乘以具体适用税额。

（1）适用监测数据法的水污染物应纳税额的计算。

适用监测数据法的水污染物（包括第一类水污染物和第二类水污染物）的应纳税额为污染当量数乘以具体适用税额。计算公式为：

水污染物的应纳税额 = 污染当量数 × 适用税额

【例7 –16】 甲化工厂是环境保护税纳税人，该厂仅有1个污水排放口且直接向河流排放污水，已安装使用符合国家规定和监测规范的污染物自动监测设备。监测数据显示，该排放口2021年2月共排放污水6万吨（折合6万立方米），应税污染物为六价铬，浓度为0.5毫克/升。请计算该化工厂2月应缴纳的环境保护税（该厂所在省的水污染物税率为2.8元/每污染当量，六价铬的污染当量值为0.02千克）。

其应纳税额计算如下：

第一步，计算污染物的污染当量数。

六价铬污染当量数 = 排放总量 × 浓度值 ÷ 当量值 =60 000 000 ×0.5 ÷1 000 000 ÷0.02 =1 500

第二步，计算应纳税额。

应纳税额 =1 500 ×2.8 =4 200（元）

（2）适用抽样测算法的水污染物应纳税额的计算。

适用抽样测算法的情形，纳税人按照《环境保护税法》所附《禽畜养殖业、小型企业和第三产业水污染物污染当量值》所规定的当量值计算污染当量数。

①规模化禽畜养殖业排放的水污染物应纳税额。

禽畜养殖业的水污染物应纳税额为污染当量数乘以具体适用税额。其污染当量数以禽畜养殖数量除以污染当量值计算。

【例7 –17】 某养殖场，2023年5月养牛存栏量为500头，污染当量值为0.1头，当地水污染物适用税额为2.8元/每污染当量，当月应纳环境保护税税额计算如下：

水污染物当量数 =500 ÷0.1 =5 000

应纳税额 =5 000 ×2.8 =14 000（元）

②小型企业和第三产业排放的水污染物应纳税额。

小型企业和第三产业的水污染物应纳税额为污染当量数乘以具体适用税额。其污染当量数以污水排放量（吨）除以污染当量值（吨）计算。计算公式为：

应纳税额 = 污水排放量(吨) ÷ 污染当量值(吨) × 适用税额

【例 7-18】 某餐饮公司，通过安装水流量计测得 2021 年 2 月排放污水量为 60 吨，污染当量值为 0.5 吨。假设当地水污染物适用税额为 2.8 元/每污染当量，当月应纳环境保护税税额计算如下：

水污染物当量数 = 60 ÷ 0.5 = 120

应纳税额 = 120 × 2.8 = 336（元）

③医院排放的水污染物应纳税额。

医院排放的水污染物应纳税额为污染当量数乘以具体适用税额。其污染当量数以病床数或者污水排放量除以相应的污染当量值计算。计算公式为：

应纳税额 = 医院床位数 ÷ 污染当量值 × 适用税额

或：应纳税额 = 污水排放量 ÷ 污染当量值 × 适用税额

【例 7-19】 某县医院有床位 56 张，每月按时消毒，无法计量月污水排放量，污染当量值为 0.14 床，当地水污染物适用税额为 2.8 元/每污染当量，当月应纳环境保护税税额计算如下：

水污染物当量数 = 56 ÷ 0.14 = 400

应纳税额 = 400 × 2.8 = 1 120（元）

3. 固体废物应纳税额的计算

固体废物的应纳税额为固体废物排放量乘以具体适用税额，其排放量为当期应税固体废物的产生量减去当期应税固体废物的贮存量、处置量、综合利用量的余额。计算公式为：

固体废物的应纳税额 = (当期固体废物的产生量 - 当期固体废物的综合利用量 - 当期固体废物的贮存量 - 当期固体废物的处置量) × 适用税额

【例 7-20】 某企业于 2022 年 6 月产生尾矿 1 000 吨，其中综合利用的尾矿 300 吨（符合国家相关规定），在符合国家和地方环境保护标准的设施贮存 300 吨。计算该企业当月尾矿应缴纳的环境保护税。

环境保护税应纳税额 = (1 000 - 300 - 300) × 15 = 6 000（元）

4. 噪声应纳税额的计算

应税噪声的应纳税额为超过国家规定标准的分贝数对应的具体适用税额。

【例 7-21】 假设某工业企业只有一个生产场所，只在昼间生产，边界处声环境功能区类型为 1 类，生产时产生噪声为 60 分贝，《工业企业厂界环境噪声排放标准》规定 1 类功能区昼间的噪声排放限值为 55 分贝，当月超标天数为 18 天。计算该企业当月噪声污染应缴纳的环境保护税。

超标分贝数 =60 −55 =5（分贝）

【解析】 根据《环境保护税税目税额表》，可得出该企业当月噪声污染应缴纳环境保护税为700元。

7.8.6　税收减免

1. 暂免征税项目

下列情形，暂予免征环境保护税：

（1）农业生产（不包括规模化养殖）排放应税污染物的。

（2）机动车、铁路机车、非道路移动机械、船舶和航空器等流动污染源排放应税污染物的。

（3）依法设立的城乡污水集中处理、生活垃圾集中处理场所排放相应应税污染物，不超过国家和地方规定的排放标准的。

（4）纳税人综合利用的固体废物，符合国家和地方环境保护标准的。

（5）国务院批准免税的其他情形。

2. 减征税额项目

（1）纳税人排放应税大气污染物或者水污染物的浓度值低于国家和地方规定的污染物排放标准30%的，减按75%征收环境保护税。

（2）纳税人排放应税大气污染物或者水污染物的浓度值低于国家和地方规定的污染物排放标准50%的，减按50%征收环境保护税。

7.8.7　征收管理

1. 征管方式

环境保护税采用“企业申报、税务征收、环保协同、信息共享”的征管方式。纳税人应当依法如实办理纳税申报，对申报的真实性和完整性承担责任；税务机关依照《税收征收管理法》和《环境保护税法》的有关规定征收管理；环境保护主管部门依照《环境保护税法》和有关环境保护法律法规的规定对污染物监测管理；县级以上地方人民政府应当建立税务机关、环境保护主管部门和其他相关单位分工协作工作机制；环境保护主管部门和税务机关应当建立涉税信息共享平台和工作配合机制，定期交换有关纳税信息资料。

2. 数据传递和比对

环境保护主管部门应当将排污单位的排污许可、污染物排放数据、环境违法和受行政处罚情况等环境保护相关信息，定期交送税务机关。

税务机关应当将纳税人的纳税申报、税款入库、减免税额、欠缴税款以及风险疑点等环境保护税涉税信息，定期交送环境保护主管部门。

税务机关应当将纳税人的纳税申报数据资料与环境保护主管部门交送的相关数据资料进行比对。纳税人申报的污染物排放数据与环境保护主管部门交送的相关数据不一致的，按照环境保护主管部门交送的数据确定应税污染物的计税依据。

3. 复核

税务机关发现纳税人的纳税申报数据资料异常或者纳税人未按照规定期限办理纳税申报的，可以提请环境保护主管部门进行复核，环境保护主管部门应当自收到税务机关的数据资料之日起15日内向税务机关出具复核意见。税务机关应当按照环境保护主管部门复核的数据资料调整纳税人的应纳税额。

纳税人的纳税申报数据资料异常，包括但不限于下列情形：

（1）纳税人当期申报的应税污染物排放量与上一年同期相比明显偏低，且无正当理由。

（2）纳税人单位产品污染物排放量与同类型纳税人相比明显偏低，且无正当理由。

4. 纳税时间

环境保护税纳税义务发生时间为纳税人排放应税污染物的当日。环境保护税按月计算，按季申报缴纳。不能按固定期限计算缴纳的，可以按次申报缴纳。

纳税人按季申报缴纳的，应当自季度终了之日起15日内，向税务机关办理纳税申报并缴纳税款。纳税人按次申报缴纳的，应当自纳税义务发生之日起15日内，向税务机关办理纳税申报并缴纳税款。纳税人申报缴纳时，应当向税务机关报送所排放应税污染物的种类、数量，大气污染物、水污染物的浓度值，以及税务机关根据实际需要要求纳税人报送的其他纳税资料。

5. 纳税地点

纳税人应当向应税污染物排放地的税务机关申报缴纳环境保护税。应税污染物排放地，是指应税大气污染物、水污染物排放口所在地；应税固体废物产生地；应税噪声产生地。

纳税人跨区域排放应税污染物，税务机关对税收征收管辖有争议的，由争议各方按照有利于征收管理的原则协商解决。

纳税人从事海洋工程向中华人民共和国管辖海域排放应税大气污染物、水污染物或者固体废物，申报缴纳环境保护税的具体办法，由国务院税务主管部门会同国务院海洋主管部门规定。

7.9　城镇土地使用税

城镇土地使用税简称“土地使用税”，是以国有土地为征税对象，对拥有土地使用权的单位和个人征收的一种税。征收城镇土地使用税有利于促进土地的合理使用，调节土地级差收入，也有利于筹集地方财政资金。城镇土地使用税法，是指国家制定的调整城镇土地使用税征收与缴纳权利及义务关系的法律规范。现行城镇土地使用税法的基本规范，是 2006 年 12 月 31 日国务院修改并颁布的《中华人民共和国城镇土地使用税暂行条例》（以下简称《城镇土地使用税暂行条例》），2013 年 12 月 4 日国务院第三十二次常务会议作了部分修改（自 2013 年 12 月 7 日起实施）。

7.9.1　纳税义务人与征税范围

1. 纳税义务人

在城市、县城、建制镇、工矿区范围内使用土地的单位和个人，为城镇土地使用税的纳税人。这里所指的单位，包括国有企业、集体企业、私营企业、股份制企业、外商投资企业、外国企业以及其他企业和事业单位、社会团体、国家机关、军队以及其他单位；个人，包括个体工商户以及其他个人。

城镇土地使用税的纳税人通常包括以下几类：

（1）拥有土地使用权的单位和个人。

（2）拥有土地使用权的单位和个人不在土地所在地的，其土地的实际使用人和代管人为纳税人。

（3）土地使用权未确定或权属纠纷未解决的，其实际使用人为纳税人。

（4）土地使用权共有的，共有各方都是纳税人，由共有各方分别纳税。

（5）在城镇土地使用税征税范围内，承租集体所有建设用地的，由直接从集体经济组织承租土地的单位和个人，缴纳城镇土地使用税。

几个人或几个单位共同拥有一块土地的使用权，这块土地的城镇土地使用税的纳税人应是对这块土地拥有使用权的每一个人或每一个单位。他们应以其实际使用的土地面积占总面积的比例，分别计算缴纳土地使用税。

2. 征税范围

城镇土地使用税的征税范围，包括在城市、县城、建制镇和工矿区内的国家所有和集体所有的土地。

上述城市、县城、建制镇和工矿区分别按以下标准确认：

（1）城市是指经国务院批准设立的市。

（2）县城是指县人民政府所在地。

（3）建制镇是指经省、自治区、直辖市人民政府批准设立的建制镇。

（4）工矿区是指工商业比较发达，人口比较集中，符合国务院规定的建制镇标准，但尚未设立建制镇的大中型工矿企业所在地，工矿区须经省、自治区、直辖市人民政府批准。

上述城镇土地使用税的征税范围中，城市的土地包括市区和郊区的土地，县城的土地是指县人民政府所在地的城镇的土地，建制镇的土地是指镇人民政府所在地的土地。

建立在城市、县城、建制镇和工矿区以外的工矿企业不需要缴纳城镇土地使用税。

7.9.2 税率

我国城镇土地使用税采用定额税率，即采用有幅度的差别税额，按大、中、小城市和县城、建制镇、工矿区分别规定每平方米城镇土地使用税年应纳税额。具体标准如下：

（1）大城市 1.5～30 元。

（2）中等城市 1.2～24 元。

（3）小城市 0.9～18 元。

（4）县城、建制镇、工矿区 0.6～12 元。

大、中、小城市以公安部门登记在册的非农业正式户口人数为依据，按照国务院颁布的《城市规划条例》中规定的标准划分。人口在 50 万人以上者为大城市；人口在 20 万～50 万人者为中等城市；人口在 20 万人以下者为小城市。城镇土地使用税税率见表 7－9。

表 7－9 城镇土地使用税税率

级别	人口（人）	每平方米税额（元）
大城市	50 万以上	1.5～30
中等城市	20 万～50 万	1.2～24
小城市	20 万以下	0.9～18
县城、建制镇、工矿区		0.6～12

各省、自治区、直辖市人民政府可根据市政建设情况和经济繁荣程度在规定税额幅度内，确定所辖地区的适用税额幅度。经济落后地区，城镇土地使用税的适用税额标准可适当降低，但降低额不得超过上述规定最低税额的 30%。经济发达地区的适用税额标准可以适当提高，但须报财政部批准。

城镇土地使用税规定幅度税额主要考虑到我国各地区存在着悬殊的土地级差收益，同一地区内不同地段的市政建设情况和经济繁荣程度也有较大的差别。把城镇土地使用税税额定为幅度税额、拉开档次，而且每个幅度税额的差距规定为 20 倍。这样，各地政府在划分本辖区不同地段的等级，确定适用税额时，有选择余地，便于具体操作。幅度税额还可以调节不同地区、不同地段之间的土地级差收益，尽可能地平衡税负。

7.9.3　计税依据

城镇土地使用税以纳税人实际占用的土地面积为计税依据，土地面积计量标准为每平方米。即税务机关根据纳税人实际占用的土地面积，按照规定的税额计算应纳税额，向纳税人征收城镇土地使用税。

纳税人实际占用的土地面积按下列办法确定：

（1）由省、自治区、直辖市人民政府确定的单位组织测定土地面积的，以测定的面积为准。

（2）尚未组织测定，但纳税人持有政府部门核发的土地使用证书的，以证书确认的土地面积为准。

（3）尚未核发土地使用证书的，应由纳税人申报土地面积，并据以纳税，待核发土地使用证书以后再作调整。

（4）对在城镇土地使用税征税范围内单独建造的地下建筑用地，按规定征收城镇土地使用税。其中，已取得地下土地使用权证的，按土地使用权证确认的土地面积计算应征税款；未取得地下土地使用权证或地下土地使用权证上未标明土地面积的，按地下建筑垂直投影面积计算应征税款。

对上述地下建筑用地，暂按应征税款的 50% 征收城镇土地使用税。

7.9.4　应纳税额的计算

城镇土地使用税的应纳税额可以通过纳税人实际占用的土地面积乘以该土地所在地段的适用税额求得。其计算公式为：

全年应纳税额 = 实际占用应税土地面积(平方米) × 适用税额

【例7－22】设在某城市的一家企业使用土地面积为20 000平方米，经税务机关核定，该土地为应税土地，每平方米年税额为4元。要求：请计算其全年应纳的城镇土地使用税税额。

【解析】全年应纳税额＝20 000×4＝80 000（元）

7.9.5 税收优惠

1. 法定免征城镇土地使用税的优惠

（1）国家机关、人民团体、军队自用的土地。

上述土地是指这些单位本身的办公用地和公务用地，如国家机关、人民团体的办公楼用地，军队的训练场用地等。

（2）由国家财政部门拨付事业经费的单位自用的土地。

上述土地是指这些单位本身的业务用地，如学校的教学楼、操场、食堂等占用的土地。

（3）宗教寺庙、公园、名胜古迹自用的土地。

宗教寺庙自用的土地，是指举行宗教仪式等的用地和寺庙内的宗教人员生活用地。公园、名胜古迹自用的土地，是指供公共参观游览的用地及其管理单位的办公用地。以上单位的生产、经营用地和其他用地，不属于免税范围，应按规定缴纳城镇土地使用税，如公园、名胜古迹中附设的营业单位如影剧院、饮食部、茶社、照相馆等使用的土地。

（4）市政街道、广场、绿化地带等公共用地。

（5）直接用于农、林、牧、渔业的生产用地。

上述土地是指直接从事于种植养殖、饲养的专业用地，不包括农副产品加工场地和生活办公用地。

（6）经批准开山填海整治的土地和改造的废弃土地，从使用的月份起免征城镇土地使用税5～10年。

具体免税期限由各省、自治区、直辖市税务局在《城镇土地使用税暂行条例》规定的期限内自行确定。

（7）对非营利性医疗机构、疾病控制机构和妇幼保健机构等卫生机构和非营利性科研机构自用的土地，免征城镇土地使用税。

（8）对国家拨付事业经费和企业办的各类学校，托儿所，幼儿园自用的房产、土地，免征城镇土地使用税。

（9）免税单位无偿使用纳税单位的土地（如公安、海关等单位使用铁路、民航等单位的土地），免征城镇土地使用税。纳税单位无偿使用免税单位的土地、纳税单位应照章缴纳城镇土地使用税。纳税单位与免税单位共同使用、共有使用权土地上的多层建筑，对纳税单位可按其占用的建筑面积占建筑总面积的比例计征城镇土地使用税。

（10）对改造安置住房建设用地免征城镇土地使用税。

在商品住房等开发项目中配套建造安置住房的，依据政府部门出具的相关材料、房屋征收（拆迁）补偿协议或棚户区改造合同（协议），按改造安置住房建筑面积占总建筑面积的比例免征城镇土地使用税。

（11）为了体现国家的产业政策，支持重点产业的发展，对石油、电力、煤炭等能源用地、民用港口、铁路等交通用地和水利设施用地、盐业、采石场、邮电等一些特殊用地划分了征免税界限和给予政策性减免税照顾。具体规定如下：

①对石油天然气生产建设中用于地质勘探、钻井、井下作业、油气田地面工程等施工临时用地，石油天然气生产企业厂区以外的铁路专用线、公路及输油（气、水）管道用地，油气长输管线用地，暂免征收城镇土地使用税。

②对企业的铁路专用线、公路等用地，在厂区以外、与社会公用地段未加隔离的，暂免征收城镇土地使用税。

③对企业厂区以外的公共绿化用地和向社会开放的公园用地，暂免征收城镇土地使用税；对企业厂区（包括生产、办公及生活区）以内的绿化用地，应照章征收城镇土地使用税。

④对盐场的盐滩、盐矿的矿井用地，暂免征收城镇土地使用税。

2. 省、自治区、直辖市税务局确定的城镇土地使用税减免优惠

（1）个人所有的居住房屋及院落用地。

（2）房产管理部门在房租调整改革前经租的居民住房用地。

（3）免税单位职工家属的宿舍用地。

（4）集体和个人办的各类学校、医院、托儿所、幼儿园用地。

7.9.6　征收管理

1. 纳税期限

城镇土地使用税实行按年计算、分期缴纳的征收方法，具体纳税期限由省、自治区、直辖市人民政府确定。

2. 纳税义务发生时间

（1）纳税人购置新建商品房，自房屋交付使用之次月起，缴纳城镇土地使用税。

（2）纳税人购置存量房，自办理房屋权属转移、变更登记手续，房地产权属登记机关签发房屋权属证书之次月起，缴纳城镇土地使用税。

（3）纳税人出租、出借房产，自交付出租、出借房产之次月起，缴纳城镇土地使用税。

（4）以出让或转让方式有偿取得土地使用权的，应由受让方从合同约定交付土地时间之次月起缴纳城镇土地使用税；合同未约定交付土地时间的，由受让方从合同签订之次月起缴纳城镇土地使用税。

（5）纳税人新征用的耕地，自批准征用之日起满一年时开始缴纳城镇土地使用税。

（6）纳税人新征用的非耕地，自批准征用次月起缴纳城镇土地使用税。

（7）自2009年1月1日起，纳税人因土地的权利发生变化而依法终止城镇土地使用税纳税义务的，其应纳税款的计算应截止到土地权利发生变化的当月末。

3. 纳税地点和征收机构城镇土地使用税在土地所在地缴纳

纳税人使用的土地不属于同一省、自治区、直辖市管辖的，由纳税人分别向土地所在地的税务机关缴纳城镇土地使用税；在同一省、自治区、直辖市管辖范围内，纳税人跨地区使用的土地，其纳税地点由各省、自治区、直辖市税务局确定。

城镇土地使用税由土地所在地的税务机关征收，其收入纳入地方财政预算管理。城镇土地使用税征收工作涉及面广、政策性较强，在税务机关负责征收的同时，还必须注意加强同国土管理、测绘等有关部门的联系，及时取得土地的权属资料、沟通情况，共同协作把征收管理工作做好。

4. 纳税申报

城镇土地使用税的纳税人应按照规定及时办理纳税申报，并如实填写《城镇土地使用税纳税申报表》。

7.10 耕地占用税

耕地占用税是对占用耕地建房或从事其他非农业建设的单位和个人，就其实际占用的耕地面积征收的一种税，它属于对特定土地资源占用课税。耕地占用税法，是指国家制定的调整耕地占用税征收与缴纳权利及义务关系的法律规范。现行耕地占用税法的基本规范，是2018年12月29日第十三届全国人民代表大会常务委员会第七次会议通过的《中华人民共和国耕地占用税法》（以下简称《耕地占用税法》）。

耕地是土地资源中最重要的组成部分，是农业生产最基本的生产资料。但我国人口众多，耕地资源相对较少，要用占世界总量 7% 的耕地，养活占世界总量 22% 的人口，人多地少的矛盾十分突出。为了遏制并逐步改变这种状况，中国政府决定开征耕地占用税，运用税收经济杠杆与法律、行政等手段相配合，以便有效地保护耕地。通过开征耕地占用税，使那些占用耕地建房及从事其他非农业建设的单位和个人承担必要的经济责任，有利于政府运用税收经济杠杆调节他们的经济利益，引导他们节约、合理地使用耕地资源。这对于保护国土资源，促进农业可持续发展，以及强化耕地管理，保护农民的切身利益等，都具有十分重要的意义。

7.10.1　耕地占用税的特点

1. 兼具资源税与特定行为税的性质

耕地占用税以占用农用耕地建房或从事其他非农用建设的行为为征税对象，以约束纳税人占用耕地的行为、促进土地资源的合理运用为课征目的，除具有资源占用税的属性外，还具有明显的特定行为税的特点。

2. 采用地区差别税率

耕地占用税采用地区差别税率，根据不同地区的具体情况，分别制定差别税额，以适应我国地域辽阔、各地区之间耕地质量差别较大、人均占有耕地面积相差悬殊的具体情况，具有因地制宜的特点。

3. 在占用耕地环节一次性特征

耕地占用税在纳税人获准占用耕地的环节征收，除对获准占用耕地后超过两年未使用者须加征耕地占用税外，此后不再征收耕地占用税。因而，耕地占用税具有一次性征收的特点。

4. 税收收入专用于耕地开发与改良

耕地占用税收入按规定应用于建立发展农业专项基金，主要用于开展宜耕土地开发和改良现有耕地之用，具有“取之于地、用之于地”的补偿性特点。

7.10.2　纳税人与征税范围

1. 纳税义务人

耕地占用税的纳税人是指在中华人民共和国境内占用耕地建设建筑物、构筑物或者从事非农业建设的单位和个人。

经批准占用耕地的，纳税人为农用地转用审批文件中标明的建设用地人；农用地转用审批文件中未标明建设用地人的，纳税人为用地申请人，其中用地申请人为各级人民政府的，由同级土地储备中心、自然资源主管部门或政府委托的其他部门、单位履行耕地占用税申报纳税义务。

未经批准占用耕地的，纳税人为实际用地人。

2. 征税范围

耕地占用税的征税范围包括纳税人占用耕地建设建筑物、构筑物或者从事非农业建设的国家所有和集体所有的耕地。

所称耕地，是指用于种植农作物的土地，包括菜地、园地。其中，园地包括花圃、苗圃、茶园、果园、桑园和其他种植经济林木的土地。

占用鱼塘及其他农用土地建房或从事其他非农业建设，也视同占用耕地，必须依法征收耕地占用税。占用已开发从事种植、养殖的滩涂、草场、水面和林地等从事非农业建设，由省、自治区、直辖市本着有利于保护土地资源和生态平衡的原则，结合具体情况确定是否征收耕地占用税。

（1）园地，包括果园、茶园、橡胶园、其他园地。

上述其他园地包括种植桑树、可可、咖啡、油棕、胡椒、药材等其他多年生作物的园地。

（2）林地，包括乔木林地、竹林地、红树林地、森林沼泽、灌木林地、灌丛沼泽、其他林地，不包括城镇村庄范围内的绿化林木用地，铁路、公路征地范围内的林木用地，以及河流、沟渠的护堤林用地。

上述其他林地包括疏林地、未成林地、迹地、苗圃等林地。

（3）草地，包括天然牧草地、沼泽草地、人工牧草地，以及用于农业生产并已由相关行政主管部门发放使用权证的草地。

（4）农田水利用地，包括农田排灌沟渠及相应附属设施用地。

（5）养殖水面，包括人工开挖或者天然形成的用于水产养殖的河流水面、湖泊水面、水库水面、坑塘水面及相应附属设施用地。

（6）渔业水域滩涂，包括专门用于种植或者养殖水生动植物的海水潮浸地带和滩地，以及用于种植芦苇并定期进行人工养护管理的苇田。

（7）建设直接为农业生产服务的生产设施占用上述农用地的，不征收耕地占用税。直接为农业生产服务的生产设施，是指直接为农业生产服务而建设的建筑物和构筑物。其具体包括：储存农用机具和种子、苗木、木材等农业产品的仓储设施；培育、生产种子、种苗的设施；畜禽养殖设施；木材集材道、运材道；农业科研、试验、示范基地；野生动植物保护、护林、森林病虫害防治、森林防火、木材检疫的设施；专为农业生产服务的灌溉排水、供水、供电、供热、供气、通信基础设施；农业生产者从事农业生产必需的食宿和管理设施；其他直接为农业生产服务的生产设施。

7.10.3　税率

由于我国不同地区之间人口和耕地资源的分布极不均衡，有些地区人口稠密，耕地资源相对匮乏；而有些地区人烟稀少，耕地资源比较丰富。各地区之间的经济发展水平也有很大差异。考虑到不同地区之间客观条件的差别以及与此相关的税收调节力度和纳税人负担能力方面的差别，耕地占用税在税率设计上采用了地区差别定额税率。具体税率标准如下：

（1）人均耕地不超过1亩的地区（以县、自治县、不设区的市、市辖区为单位，下同），每平方米为10～50元。

（2）人均耕地超过1亩但不超过2亩的地区，每平方米为8～40元。

（3）人均耕地超过2亩但不超过3亩的地区，每平方米为6～30元。

（4）人均耕地超过3亩的地区，每平方米为5～25元。

各地区耕地占用税的适用税额，由省、自治区、直辖市人民政府根据人均耕地面积和经济发展等情况，在规定的税额幅度内提出，报同级人民代表大会常务委员会决定，并报全国人民代表大会常务委员会和国务院备案。各省、自治区、直辖市耕地占用税适用税额的平均水平，不得低于《各省、自治区、直辖市耕地占用税平均税额表》规定的平均税额（见表7－10）。

表7－10　　各省、自治区、直辖市耕地占用税平均税额表　　单位：元

省、自治区、直辖市	每平方米平均税额
上海	45
北京	40
天津	35
江苏、浙江、福建、广东	30
辽宁、湖北、湖南	25
河北、安徽、江西、山东、河南、重庆、四川	22.5
广西、海南、贵州、云南、陕西	20
山西、吉林、黑龙江	17.5
内蒙古、西藏、甘肃、青海、宁夏、新疆	12.5

在人均耕地低于0.5亩的地区，省、自治区、直辖市可以根据当地经济发展情况，适当提高耕地占用税的适用税额，但提高的部分不得超过确定的适用税额的50%。具体适用税额按照规定程序确定。

占用基本农田的，应当按照当地适用税额，加征 150%。基本农田，是指依据《基本农田保护条例》划定的基本农田保护区范围的耕地。

7.10.4 计税依据

耕地占用税以纳税人实际占用的属于耕地占用税征税范围的土地（以下简称应税土地）面积为计税依据，按应税土地当地适用税额计税，实行一次性征收。

实际占用的耕地面积，包括经批准占用的耕地面积和未经批准占用的耕地面积。

临时占用耕地，应当依照规定缴纳耕地占用税。纳税人在批准临时占用耕地的期限内恢复所占用耕地原状的，全额退还已经缴纳的耕地占用税。

纳税人临时占用耕地，是指经自然资源主管部门批准，在一般不超过 2 年内临时使用耕地并且没有修建永久性建筑物的行为。依法复垦应由自然资源主管部门会同有关行业管理部门认定并出具验收合格确认书。

7.10.5 应纳税额的计算

耕地占用税以纳税人实际占用的应税土地面积为计税依据，以每平方米土地为计税单位，按适用的定额税率计税。应纳税额为纳税人实际占用的应税土地面积（平方米）乘以适用税额。其计算公式为：

应纳税额 = 应税土地面积 × 适用税额

加征 150% 耕地占用税的计算公式为：

应纳税额 = 应税土地面积 × 适用税额 × 150%

应税土地面积包括经批准占用面积和未经批准占用面积，以平方米为单位。适用税额是指省、自治区、直辖市人民代表大会常务委员会决定的应税土地所在地县级行政区的现行适用税额。

【例 7 – 23】假设某市一家企业新占用 10 000 平方米耕地用于工业建设，所占耕地适用的定额税率为 20 元/平方米。要求：计算该企业应纳的耕地占用税。

【解析】应纳税额 = 10 000 × 20 = 200 000（元）

7.10.6 税收优惠

耕地占用税对占用耕地实行一次性征收，对生产经营单位和个人不设立减免税，仅对公益性单位和需照顾群体设立减免税。

纳税人改变原占地用途，不再属于免征或减征情形的，应自改变用途之日起 30 日内申报补缴税款，补缴税款按改变用途的实际占用耕地面积和改变用途时当地适用税额计算。

1. 免征耕地占用税

(1) 军事设施占用耕地。

免税的军事设施，是指《中华人民共和国军事设施保护法》第二条所列建筑物、场地和设备。其具体包括：指挥机关，地面和地下的指挥工程、作战工程；军用机场、港口、码头；营区、训练场、试验场；军用洞库、仓库；军用通信、侦察、导航、观测台站测量、导航、助航标志；军用公路、铁路专用线，军用通信、输电线路，军用输油、输水管道；边防、海防管控设施；国务院和中央军事委员会规定的其他军事设施。

(2) 学校、幼儿园、社会福利机构、医疗机构占用耕地。

免税的学校，具体范围包括县级以上人民政府教育行政部门批准成立的大学、中学、小学、学历性职业教育学校和特殊教育学校，以及由国务院人力资源和社会保障行政部门、省级人民政府或其人力资源和社会保障行政部门批准成立的技工院校。学校内经营性场所和教职工住房占用耕地的，按照当地适用税额缴纳耕地占用税。

免税的幼儿园，具体范围限于县级以上人民政府教育行政部门批准成立的幼儿园内专门用于幼儿保育、教育的场所。

免税的社会福利机构，是指依法登记的养老服务机构、残疾人服务机构、儿童福利机构及救助管理机构、未成年人救助保护机构内专门为老年人、残疾人、未成年人及生活无着落的流浪乞讨人员提供养护、康复、托管等服务的场所。

免税的医疗机构，是指县级以上人民政府卫生健康行政部门批准设立的医疗机构内专门从事疾病诊断、治疗活动的场所及其配套设施。

(3) 农村烈士遗属、因公牺牲军人遗属、残疾军人以及符合农村最低生活保障条件的农村居民，在规定用地标准以内新建自用住宅，免征耕地占用税。

2. 减征耕地占用税

(1) 铁路线路、公路线路、飞机场跑道、停机坪、港口、航道、水利工程占用耕地，减按每平方米2元的税额征收耕地占用税。

减税的铁路线路，具体范围限于铁路路基、桥梁、涵洞、隧道及其按照规定两侧留地、防火隔离带。专用铁路和铁路专用线占用耕地的，按照当地适用税额缴纳耕地占用税。

减税的公路线路，具体范围限于经批准建设的国道、省道、县道、乡道和属于农村公路的村道的主体工程以及两侧边沟或者截水沟。专用公路和城区内机动车道占用耕地的，按照当地适用税额缴纳耕地占用税。

减税的飞机场跑道、停机坪，具体范围限于经批准建设的民用机场专门用于民用航空器起降、滑行、停放的场所。

减税的港口，具体范围限于经批准建设的港口内供船舶进出、停靠以及旅客上下、货物装卸的场所。

减税的航道，具体范围限于在江、河、湖泊、港湾等水域内供船舶安全航行的通道。

减税的水利工程，具体范围限于经县级以上人民政府水利行政主管部门批准建设的防洪、排涝、灌溉、引（供）水、滩涂治理、水土保持、水资源保护等各类工程及其配套和附属工程的建筑物、构筑物占压地和经批准的管理范围用地。

（2）农村居民在规定用地标准以内占用耕地新建自用住宅，按照当地适用税额减半征收耕地占用税；其中农村居民经批准搬迁，新建自用住宅占用耕地不超过原宅基地面积的部分，免征耕地占用税。

免征或者减征耕地占用税后，纳税人改变原占地用途，不再属于免征或者减征耕地占用税情形的，应当按照当地适用税额补缴耕地占用税。

7.10.7 征收管理

1. 纳税义务发生时间

耕地占用税由税务机关负责征收。耕地占用税的纳税义务发生时间为纳税人收到自然资源主管部门办理占用耕地手续的书面通知的当日。纳税人应当自纳税义务发生之日起30日内申报缴纳耕地占用税。

纳税人改变原占地用途，需要补缴耕地占用税的，其纳税义务发生时间为改变用途当日，具体为：经批准改变用途的，纳税义务发生时间为纳税人收到批准文件的当日；未经批准改变用途的，纳税义务发生时间为自然资源主管部门认定纳税人改变原占地用途的当日。

未经批准占用耕地的，耕地占用税纳税义务发生时间为自然资源主管部门认定的纳税人实际占用耕地的当日。

因挖损、采矿塌陷、压占、污染等损毁耕地的纳税义务发生时间为自然资源、农业农村等相关部门认定损毁耕地的当日。

纳税人占地类型、占地面积和占地时间等纳税申报数据材料以自然资源等相关部门提供的相关材料为准；未提供相关材料或者材料信息不完整的，经主管税务机关提出申请，由自然资源等相关部门自收到申请之日起30日内出具认定意见。

因挖损、采矿塌陷、压占、污染等损毁耕地属于税法所称的非农业建设，应依照税法规定缴纳耕地占用税；自然资源、农业农村等相关部门认定损毁耕地之日起3年内依法复垦或修复，恢复种植条件的，应按规定办理退税。

在农用地转用环节，用地申请人能证明建设用地人符合税法规定的免税情形的，免征用地申请人的耕地占用税；在供地环节，建设用地人使用耕地用途符合税法规定的免税情形的，由用地申请人和建设用地人共同申请，按退税管理的规定退还用地申请人已经缴纳的耕地占用税。

2. 纳税申报

（1）纳税人占用耕地，应当在耕地所在地申报纳税。

（2）纳税人的纳税申报数据资料异常或者纳税人未按照规定期限申报纳税的，包括下列情形：

①纳税人改变原占地用途，不再属于免征或者减征耕地占用税情形，未按照规定进行申报的。

②纳税人已申请用地但尚未获得批准先行占地开工，未按照规定进行申报的。

③纳税人实际占用耕地面积大于批准占用耕地面积，未按照规定进行申报的。

④纳税人未履行报批程序擅自占用耕地，未按照规定进行申报的。

⑤其他应提请相关部门复核的情形。

（3）纳税人因建设项目施工或者地质勘查临时占用耕地，应当依照规定缴纳耕地占用税。纳税人在批准临时占用耕地期满之日起1年内依法复垦，恢复种植条件的，全额退还已经缴纳的耕地占用税。

（4）县级以上地方人民政府自然资源、农业农村、水利、生态环境等相关部门向税务机关提供的农用地转用、临时占地等信息，包括农用地转用信息、城市和村庄集镇按批次建设用地转而未供信息、经批准临时占地信息、改变原占地用途信息、未批先占农用地查处信息、土地损毁信息、土壤污染信息、土地复垦信息、草场使用和渔业养殖权证发放信息等。

各省、自治区、直辖市人民政府应当建立健全本地区跨部门耕地占用税部门协作和信息交换工作机制。

（5）耕地占用税的征收管理，依照《耕地占用税法》和《税收征收管理法》的规定执行。

纳税人、税务机关及其工作人员违反规定的，依照《税收征收管理法》和有关法律法规的规定追究法律责任。

7.11 印花税

印花税是以经济活动和经济交往中，书立、使用、领受具有法律效力的应税凭证的行为为征税对象征收的一种税。印花税法，是指国家制定的用以调整印花税征收与缴纳权利及义务关系的法律规范。

印花税因其采用在应税凭证上粘贴印花税票的方法缴纳税款而得名。征收印花税有利于增加财政收入、有利于配合和加强经济合同的监督管理、有利于培养纳税意识，也有利于配合对其他应纳税种的监督管理。

印花税法的基本规范，是1988年8月6日国务院发布并于同年10月1日实施的《中华人民共和国印花税暂行条例》。2021年6月10日，第十三届全国人民代表大会常务委员会第二十九次会议通过《中华人民共和国印花税法》，自2022年7月1日起施行。1988年8月6日国务院发布的《中华人民共和国印花税暂行条例》同时废止。2022年6月，国家知识产权局发布公告：《中华人民共和国印花税法》征收范围不包括“权利、许可证照”，国家知识产权局将自2022年7月1日起终止印花税代征业务。

7.11.1 印花税的特点

（1）兼有凭证税和行为税性质。印花税是单位和个人书立、领受的应税凭证征收的一种税，具有凭证税性质。另外，任何一种应税经济凭证反映的都是某种特定的经济行为，因此，对凭证征税，实质上是对经济行为的课税。

（2）征税范围广泛。印花税的征税对象包括经济活动和经济交往中的各种应税凭证，凡书立和领受这些凭证的单位和个人都要缴纳印花税，其征税范围是极其广泛的。随着市场经济的发展和经济法制的逐步健全，依法书立经济凭证的现象将会越来越普遍。因此，印花税的征收面将更加广阔。

（3）税率低、负税轻。印花税与其他税种相比较，税率要低得多，其税负较轻，具有广集资金、积少成多的财政效应。

（4）由纳税人自行完成纳税义务（“三自”纳税）。纳税人通过自行计算应纳税额、自行购买并粘贴印花税票的方法完成纳税义务，并在印花税票和凭证的骑缝处自行盖戳注销或画销。这也与其他税种的缴纳方法存在较大区别。

7.11.2 纳税义务人

在中华人民共和国境内书立应税凭证、进行证券交易的单位和个人，为印花税的纳税人，应当依照本法规定缴纳印花税。在中华人民共和国境外书立在境内使用的应税凭证的单位和个人，应当依照本法规定缴纳印花税。

印花税的纳税义务人，是在中国境内书立、使用、领受印花税法所列举的应税凭证并应依法履行纳税义务的单位和个人。这里的单位和个人，是指国内各类企业、事业、机关、团体、部队以及中外合资企业、合作企业、外资企业、外国公司和其他经济组织及其在华机构等单位和个人。

上述单位和个人，按照书立、使用、领受应税凭证的不同，可以分别确定为立合同人、立据人、立账簿人、领受人、使用人和各类电子应税凭证的签订人 6 种。

（1）立合同人，是指合同的当事人，是对应税凭证有直接权利义务关系的单位和个人，但不包括合同的担保人、证人、鉴定人。各类合同的纳税人是立合同人。各类合同，包括购销、加工承揽、建设工程承包、财产租赁、货物运输、仓储保管、借款、财产保险、技术合同或者具有合同性质的凭证。所称合同，是指根据原《中华人民共和国经济合同法》《中华人民共和国涉外经济合同法》和其他有关合同法规订立的合同。所称具有合同性质的凭证，是指具有合同效力的协议、契约、合约、单据、确认书及其他各种名称的凭证。

（2）立据人。产权转移书据的纳税人是立据人。立据人是指土地、房屋权属转移过程中买卖双方的当事人。

（3）立账簿人。营业账簿的纳税人是立账簿人。所谓立账簿人，指设立并使用营业账簿的单位和个人。例如，企业单位因生产、经营需要，设立了营业账簿，该企业即为纳税人。

（4）领受人，是指领取或接受并持有该项凭证的单位和个人。权利、许可证照的纳税人是领受人。例如，某人因其发明创造、经申请依法取得国家专利机关颁发的专利证书的人即为纳税人。

（5）使用人。在国外书立、领受，但在国内使用的应税凭证，其纳税人是该凭证的使用人。

（6）各类电子应税凭证的签订人，即以电子形式签订的各类应税凭证的当事人。

值得注意的是，对应税凭证、凡由两方或两方以上当事人共同书立的，其当事人各方都是印花税的纳税人，应各就其所持凭证的计税金额履行纳税义务。

7.11.3　征税范围（税目）

1. 经济合同

（1）购销合同，包括供应、预购、采购、购销结合及协作、调剂、补偿、贸易等合同。此外，还包括出版单位与发行单位之间订立的图书、报纸、期刊和音像制品的应税凭证，如订购单、订数单等。还包括发电厂与电网之间、电网与电网之间（国家电网公司系统、南方电网公司系统内部各级电网互供电量除外）签订的购售电合同。但是，电网与用户之间签订的供用电合同不属于印花税列举征税的凭证，不征收印花税。

（2）加工承揽合同，包括加工、定做、修缮、修理、印刷、广告、测绘、测试等合同。

（3）建设工程勘察设计合同，包括勘察、设计合同的总包合同、分包合同和转包合同。

（4）建筑安装工程承包合同，包括建筑、安装工程承包合同。承包合同，包括总承包合同、分包合同和转包合同。

（5）财产租赁合同，包括租赁房屋、船舶、飞机、机动车辆、机械、器具、设备等合同，还包括企业、个人出租门店、柜台等签订的合同。

（6）货物运输合同，包括民用航空、铁路运输、海上运输、公路运输和联运合同，以及作为合同使用的单据。

（7）仓储保管合同，包括仓储、保管合同，以及作为合同使用的仓单、栈单等。

（8）借款合同，包括银行及其他金融组织与借款人（不包括银行同业拆借）所签订的合同，以及只填开借据并作为合同使用、取得银行借款的借据。银行及其他金融机构经营的融资租赁业务，是一种以融物方式达到融资目的的业务，实际上是分期偿还的固定资金借款，因此融资租赁合同也属于借款合同。

（9）财产保险合同，包括财产、责任、保证、信用等保险合同，以及作为合同使用的单据。财产保险合同，分为企业财产保险、机动车辆保险、货物运输保险、家庭财产保险和农牧业保险五大类。“家庭财产两全保险”属于家庭财产保险性质，其合同在财产保险合同之列，应照章纳税。

（10）技术合同，包括技术开发、转让、咨询、服务等合同，以及作为合同使用的单据。其中，技术转让合同，包括专利申请权转让和非专利技术转让。技术咨询合同，是当事人就有关项目的分析、论证、预测和调查订立的技术合同。但一般的法律、会计、审计等方面的咨询不属于技术咨询，其所立合同不贴印花。技术服务合同，是当事人一方委托另一方就解决有关特定技术问题，如为改进产品结构、改良工艺流程、提高产品质量、降低产品成本、保护资源环境、实现安全操作、提高经济效益等提出实施方案，进行实施指导所订立的技术合同，包括技术服务合同、技术培训合同和技术中介合同。但不包括以常规手段或者为生产经营目的进行一般加工、修理、修缮、广告、印刷、测绘、标准化测试，以及勘察、设计等所书立的合同。

2. 产权转移书据

所称产权转移书据，是指单位和个人产权的买卖、继承、赠与、交换、分割等所立的书据。产权转移书据，包括财产所有权、版权、商标专用权、专利权、专有技术使用权（共5项）转移书据。

专利实施许可合同、土地使用权出让合同、土地使用权转让合同、商品房销售合同等也属于权利转移书据，需征收印花税。

“财产所有权”转移书据的征税范围，是指经政府管理机关登记注册的动产、不动产的所有权转移所立的书据，以及企业股权转让所立的书据，并包括个人无偿赠送不动产所签订的“个人无偿赠与不动产登记表”。当纳税人完税后，税务机关（或其他征收机关）应在纳税人印花税完税凭证上加盖“个人无偿赠与”印章。

3. 营业账簿

营业账簿指单位或者个人记载生产经营活动的财务会计核算账簿。营业账簿按其反映内容的不同，可分为记载资金的账簿和其他账簿。

记载资金的账簿，是指反映生产经营单位资本金数额增减变化的账簿。其他账簿，是指除上述账簿以外的有关其他生产经营活动内容的账簿，包括日记账簿和各明细分类账簿。

但是，对金融系统营业账簿，要结合金融系统财务会计核算的实际情况进行具体分析。凡银行用以反映资金存贷经营活动、记载经营资金增减变化、核算经营成果的账簿，如各种日记账、明细账和总账都属于营业账簿，应按照规定缴纳印花税；银行根据业务管理需要设置的各种登记簿，如空白重要凭证登记簿、有价单证登记簿、现金收付登记簿等，其记载的内容与资金活动无关，仅用于内部备查，属于非营业账簿、均不征收印花税。

4. 证券交易

证券交易是指转让在依法设立的证券交易所、国务院批准的其他全国性证券交易场所交易的股票和以股票为基础的存托凭证。证券交易印花税被纳入征收范围，消除了开征证券交易税的担心。

对于公司债券、政府债券、资管产品等其他证券，不征证券交易印花税。境外交易的证券，亦不属于印花税征税范围。按照成交金额的千分之一收取税费。

7.11.4　税率

我国印花税的税目、税率，依照印花税法所附《印花税税目税率表》执行（见表7－11）。

表 7－11 印花税税目税率表

税目		税率	备注
合同（指书面合同）	借款合同	借款金额的万分之零点五	指银行业金融机构、经国务院银行业监督管理机构批准设立的其他金融机构与借款人（不包括同业拆借）的借款合同
	融资租赁合同	租金的万分之零点五	
	买卖合同	价款的万分之三	指动产买卖合同（不包括个人书立的动产买卖合同）
	承揽合同	报酬的万分之三	
	建设工程合同	价款的万分之三	
	运输合同	运输费用的万分之三	指货运合同和多式联运合同（不包括管道运输合同）
	技术合同	价款、报酬或者使用费的万分之三	不包括专利权、专有技术使用权转让书据
	租赁合同	租金的千分之一	
	保管合同	保管费的千分之一	
	仓储合同	仓储费的千分之一	
	财产保险合同	保险费的千分之一	不包括再保险合同
产权转移书据	土地使用权出让书据	价款的万分之五	转让包括买卖（出售）、继承、赠与、互换、分割
	土地使用权、房屋等建筑物和构筑物所有权转让书据（不包括土地承包经营权和土地经营权转移）	价款的万分之五	
	股权转让书据（不包括应缴纳证券交易印花税的）	价款的万分之五	
	商标专用权、著作权、专利权、专有技术使用权转让书据	价款的万分之三	
营业账簿		实收资本（股本）、资本公积合计金额的万分之二点五	
证券交易		成交金额的千分之一	

7.11.5 计税依据

（1）应税合同的计税依据，为合同所列的金额，不包括列明的增值税税款；

（2）应税产权转移书据的计税依据，为产权转移书据所列的金额，不包括列明的增值税税款；

（3）应税营业账簿的计税依据，为账簿记载的实收资本（股本）、资本公积合计金额；

（4）证券交易的计税依据，为成交金额。

其他说明：

（1）同一应税合同、应税产权转移书据中涉及两方以上纳税人，且未列明纳税人各自涉及金额的，以纳税人平均分摊的应税凭证所列金额（不包括列明的增值税税款）确定计税依据。

（2）应税合同、应税产权转移书据所列的金额与实际结算金额不一致，不变更应税凭证所列金额的，以所列金额为计税依据；变更应税凭证所列金额的，以变更后的所列金额为计税依据。已缴纳印花税的应税凭证，变更后所列金额增加的，纳税人应当就增加部分的金额补缴印花税；变更后所列金额减少的，纳税人可以就减少部分的金额向税务机关申请退还或者抵缴印花税。

（3）纳税人因应税凭证列明的增值税税款计算错误导致应税凭证的计税依据减少或者增加的，纳税人应当按规定调整应税凭证列明的增值税税款，重新确定应税凭证计税依据。已缴纳印花税的应税凭证，调整后计税依据增加的，纳税人应当就增加部分的金额补缴印花税；调整后计税依据减少的，纳税人可以就减少部分的金额向税务机关申请退还或者抵缴印花税。

（4）纳税人转让股权的印花税计税依据，按照产权转移书据所列的金额（不包括列明的认缴后尚未实际出资权益部分）确定。

（5）应税凭证金额为人民币以外的货币的，应当按照凭证书立当日的人民币汇率中间价折合人民币确定计税依据。

（6）境内的货物多式联运，采用在起运地统一结算全程运费的，以全程运费作为运输合同的计税依据，由起运地运费结算双方缴纳印花税；采用分程结算运费的，以分程的运费作为计税依据，分别由办理运费结算的各方缴纳印花税。

（7）未履行的应税合同、产权转移书据，已缴纳的印花税不予退还及抵缴税款。

（8）纳税人多贴的印花税票，不予退税及抵缴税款。

7.11.6　税收优惠

下列凭证免征印花税：

（1）应税凭证的副本或者抄本。也就是说，已缴纳印花税的凭证的副本或抄本免征印花税，但以副本或抄本视同正本使用的，应另贴印花税票。

（2）依照法律规定应当予以免税的外国驻华使馆、领事馆和国际组织驻华代表机构为获得馆舍书立的应税凭证。

（3）中国人民解放军、中国人民武装警察部队书立的应税凭证。

（4）农民、家庭农场、农民专业合作社、农村集体经济组织、村民委员会购买农业生产资料或者销售农产品书立的买卖合同和农业保险合同。

（5）无息或者贴息借款合同、国际金融组织向中国提供优惠贷款书立的借款合同。

（6）财产所有权人将财产赠与政府、学校、社会福利机构、慈善组织书立的产权转移书据。

（7）非营利性医疗卫生机构采购药品或者卫生材料书立的买卖合同。

（8）个人与电子商务经营者订立的电子订单。

根据国民经济和社会发展的需要，国务院对居民住房需求保障、企业改制重组、破产、支持小型微型企业发展等情形可以规定减征或者免征印花税，报全国人民代表大会常务委员会备案。

（9）其他印花税的减免规定：

①国家指定的收购部门与村民委员会、农民个人所书立的农副产品收购合同，免征印花税。

②农林作物、牧业畜类保险合同免征印花税。

③出版合同免征印花税。

④书、报、刊发行单位之间，发行单位与订阅人之间书立的凭证，免征印花税。

⑤房地产管理部门与个人签订的用于生活居住的租赁合同，免征印花税。

⑥特殊货运凭证，如军事物资运输凭证、抢险救灾物资运输凭证、新建铁路的工程临管线运输凭证等，免征印花税。

⑦自 2008 年 11 月 1 日起对个人销售或购买住房暂免征收印花税。

⑧自 2007 年 8 月 1 日起对廉租住房、经济适用住房经营管理单位与廉租住房、经济适用住房相关的印花税以及廉租住房承租人、经济适用住房购买人涉及的印花税予以免征。开发商在经济适用住房、商品住房项目中配套建造廉租住房，在商品住房项目中配套建造经济适用住房，如能提供政府部门出具的相关材料，可按廉租住房、经济适用住房建筑面积占总建筑面积的比例免征开发商应缴纳的印花税。

⑨自 2008 年 3 月 1 日起，对个人出租、承租住房签订的租赁合同，免征印花税。

⑩对与高校学生签订的学生公寓租赁合同，免征印花税。

⑪对证券投资者保护基金的免税，包括：第一，证券投资者保护基金公司新设立的资金账簿免征印花税；第二，证券投资者保护基金公司与中国人民银行签订的再贷款合同、与证券公司行政清算机构签订的借款合同，免征印花税；第三，证券投资者

保护基金公司接收被处置证券公司财产签订的产权转移书据，免征印花税；第四，证券投资者保护基金公司以保护基金自有财产和接收的受偿资产与保险公司签订的财产保险合同，免征印花税。但对与证券投资者保护基金公司签订上述应税合同或产权转移书据的其他当事人照章征收印花税。

⑫对经国务院和省级人民政府决定或批准进行政企脱钩、对企业（集团）进行改组和改变管理体制、变更企业隶属关系，以及国有企业改制、盘活国有企业资产，而发生的国有股权无偿划转行为，暂不征收证券交易印花税。对不属于前述情况的国有股权无偿转让行为，仍应征收证券交易印花税。

7.11.7　征收管理

（1）纳税义务发生时间。

印花税的纳税义务发生时间为纳税人书立应税凭证或者完成证券交易的当日。证券交易印花税扣缴义务发生时间为证券交易完成的当日。

（2）纳税期限。

印花税按季、按年或者按次计征。实行按季、按年计征的，纳税人应当自季度、年度终了之日起十五日内申报缴纳税款；实行按次计征的，纳税人应当自纳税义务发生之日起十五日内申报缴纳税款。境外单位或者个人的应税凭证印花税可以按季、按年或者按次申报缴纳，具体纳税期限由各省、自治区、直辖市、计划单列市税务局结合征管实际确定。

证券交易印花税按周解缴。证券交易印花税扣缴义务人应当自每周终了之日起五日内申报解缴税款以及银行结算的利息。

（3）纳税地点。

印花税可以采用粘贴印花税票或者由税务机关依法开具其他完税凭证的方式缴纳。印花税票粘贴在应税凭证上的，由纳税人在每枚税票的骑缝处盖戳注销或者画销。印花税票由国务院税务主管部门监制。

（4）纳税申报。

印花税法实施后，纳税人享受印花税优惠政策，继续实行“自行判别、申报享受、有关资料留存备查”的办理方式。纳税人对留存备查资料的真实性、完整性和合法性承担法律责任。

（5）终止代征。

2022 年 6 月 24 日，国家知识产权局发布关于终止代征印花税有关事宜的公告。公告指出，《中华人民共和国印花税法》征收范围不包括“权利、许可证照”，国家知识产权局将自 2022 年 7 月 1 日起终止印花税代征业务。为更好地维护权利人的权益，对多缴、错缴、重缴且未满三年的印花税，请相关权利人于 2022 年 12 月 1 日（含）前，提交意见陈述书（关于费用）办理代征印花税退还业务。12 月 1 日后，国家知识产权局将分批为权利人办理代征印花税退还业务。

7.12 契税

契税是以在中华人民共和国境内转移土地、房屋权属为征税对象，向产权承受人征收的一种财产税。契税法，是指国家制定的用以调整契税征收与缴纳权利及义务关系的法律规范。现行契税法的基本规范，是 2020 年 8 月 11 日第十三届全国人民代表大会常务委员会第二十一次会议表决通过，并于 2021 年 9 月 1 日开始施行的《中华人民共和国契税法》（以下简称《契税法》）。1997 年 7 月 7 日国务院发布的《中华人民共和国契税暂行条例》同时废止。

征收契税有利于增加地方财政收入，有利于保护合法产权，避免产权纠纷。同时，契税对公平税负、规范房地产市场、促进房地产经济的发展、建立良好的房地产秩序等方面，都有着十分重要的现实意义。

7.12.1 契税的特点

（1）属于财产转移税。即以所有权发生转移变动的不动产为征税对象，具有对财产转移课税的性质；对未发生转移的，不征契税。

（2）由财产承受人纳税。契税是对产权承受者一次性征税，而不对转让方征税。

7.12.2 纳税义务人与征税范围

1. 纳税义务人

在中华人民共和国境内转移土地、房屋权属，承受的单位和个人为契税的纳税人，应当依照契税法规定缴纳契税。契税法所称的转移土地、房屋权属，是指下列行为：

（1）土地使用权出让；

（2）土地使用权转让，包括出售、赠与、互换，不包括土地承包经营权和土地经营权的转移；

（3）房屋买卖、赠与、互换。

以作价投资（入股）、偿还债务、划转、奖励等方式转移土地、房屋权属的，应当依照契税法规定征收契税。

单位是指企业单位、事业单位、国家机关、军事单位和社会团体以及其他组织。个人是指个体经营者及其他个人，包括中国公民和外籍人员。

2. 征税范围

契税是以在中华人民共和国境内转移土地、房屋权属为征税对象，向产权承受人征收的一种财产税。

具体征税范围（对象）包括以下内容：

（1）国有土地使用权出让。

国有土地使用权出让是指土地使用者向国家交付土地使用权出让费用，国家将国有土地使用权在一定年限内让与土地使用者的行为。

（2）土地使用权的转让。

土地使用权的转让是指土地使用者以出售、赠与、互换方式将土地使用权转移给其他单位和个人的行为。土地使用权的转让不包括土地承包经营权和土地经营权的转移。

（3）房屋买卖。

房屋买卖是指以货币为媒介，出卖者向购买者过渡房产所有权的交易行为。以下几种特殊情况，视同买卖房屋：

①以作价投资（入股）、偿还债务等应交付经济利益的方式转移土地、房屋权属的，参照土地使用权出让、出售或房屋买卖确定契税适用税率、计税依据等。

②以划转、奖励等没有价格的方式转移土地、房屋权属的，参照土地使用权或房屋赠与确定契税适用税率、计税依据等。

税务机关依法核定计税价格，应参照市场价格，采用房地产价格评估等方法合理确定。以自有房产作股投入本人独资经营的企业，免纳契税。因为以自有的房产投入本人独资经营的企业，产权所有人和使用权使用人未发生变化，不须办理房产变更手续，也不办理契税手续。

③买房拆料或翻建新房，应照章征收契税。例如，甲某购买乙某房产，不论其目的是取得该房产的建筑材料或是翻建新房，实际构成房屋买卖。甲某应首先办理房屋产权变更手续，并按买价缴纳契税。

（4）房屋赠与。

房屋赠与是指房屋产权所有人将房屋无偿转让给他人所有。其中，将自己的房屋转交给他人的法人和自然人，称作房屋赠与人；接受他人房屋的法人和自然人，称为受赠人。房屋赠与的前提必须是产权无纠纷，赠与人和受赠人双方自愿。

由于房屋是不动产，价值较大，故法律要求赠与房屋应有书面合同（契约），并到房地产管理机关或农村基层政权机关办理登记过户手续，才能生效。如果房屋赠与行为涉及涉外关系，还需公证处证明和外事部门认证，才能有效。

房屋的受赠人原则上要按规定缴纳契税。对于《中华人民共和国继承法》规定的法定继承人（包括配偶、子女、父母、兄弟姐妹、祖父母、外祖父母）继承土地、房屋权属的，不征收契税；非法定继承人根据遗嘱承受死者生前的土地房屋权属，属于赠与行为，应征收契税。

以获奖方式取得房屋产权，实质上是接受赠与房产的行为，也应缴纳契税。

（5）房屋互换。

房屋互换是指房屋所有者之间互相交换房屋的行为。

（6）下列情形发生土地、房屋权属转移的，承受方应当依法缴纳契税：

①因共有不动产份额变化的；

②因共有人增加或者减少的；

③因人民法院、仲裁委员会的生效法律文书或者监察机关出具的监察文书等因素，发生土地、房屋权属转移的。

7.12.3 税率

契税实行3%～5%的幅度税率。契税的具体适用税率，由省、自治区、直辖市人民政府在前款规定的税率幅度内提出，报同级人民代表大会常务委员会决定，并报全国人民代表大会常务委员会和国务院备案。

省、自治区、直辖市可以依照上述规定的程序对不同主体、不同地区、不同类型的住房的权属转移确定差别税率。

7.12.4 计税依据

契税计税依据不包括增值税，具体情形为：

（1）土地使用权出售、房屋买卖，承受方计征契税的成交价格不含增值税；实际取得增值税发票的，成交价格以发票上注明的不含税价格确定。

（2）土地使用权互换、房屋互换，契税计税依据为不含增值税价格的差额。

（3）税务机关核定的契税计税价格为不含增值税价格。

由于土地、房屋权属转移方式不同，定价方法不同，因而具体计税依据视不同情况而决定。

（1）土地使用权出售、房屋买卖，其计税依据为土地、房屋权属转移合同确定的价格，包括应交付的货币、实物、其他经济利益对应的价款。

（2）土地使用权赠与、房屋赠与以及其他没有价格的转移土地、房屋权属行为，其计税依据为税务机关参照土地使用权出售、房屋买卖的市场价格依法核定的价格。

（3）以划拨方式取得的土地使用权，经批准改为出让方式重新取得该土地使用权的，应由该土地使用权人以补缴的土地出让价款为计税依据缴纳契税。

（4）先以划拨方式取得土地使用权，后经批准转让房地产，划拨土地性质改为出让的，承受方应分别以补缴的土地出让价款和房地产权属转移合同确定的成交价格为计税依据缴纳契税。

（5）先以划拨方式取得土地使用权，后经批准转让房地产，划拨土地性质未发生改变的，承受方应以房地产权属转移合同确定的成交价格为计税依据缴纳契税。

（6）土地使用权及所附建筑物、构筑物等（包括在建的房屋、其他建筑物、构筑物和其他附着物）转让的，计税依据为承受方应交付的总价款。

（7）土地使用权出让的，计税依据包括土地出让金、土地补偿费、安置补助费、地上附着物和青苗补偿费、征收补偿费、城市基础设施配套费、实物配建房屋等应交付的货币以及实物、其他经济利益对应的价款。

（8）房屋附属设施（包括停车位、机动车库、非机动车库、顶层阁楼、储藏室及其他房屋附属设施）与房屋为同一不动产单元的，计税依据为承受方应交付的总价款，并适用与房屋相同的税率；房屋附属设施与房屋为不同不动产单元的，计税依据为转移合同确定的成交价格，并按当地确定的适用税率计税。

（9）承受已装修房屋的，应将包括装修费用在内的费用计入承受方应交付的总价款。

（10）土地使用权互换、房屋互换，互换价格相等的，互换双方计税依据为零；互换价格不相等的，以其差额为计税依据，由支付差额的一方缴纳契税。

7.12.5　应纳税额的计算

契税应纳税额的计算公式为：

应纳税额 = 计税依据 × 税率

【例 7 – 24】 居民甲有两套住房，将一套出售给居民乙，成交价格为 1 000 000 元；将另一套两室住房与居民丙交换成两套一室住房，并支付给丙换房差价款 400 000 元。要求：计算甲、乙、丙相关行为应缴纳的契税（假定税率为 4%）。

【解析】 甲应缴纳契税 = 400 000 × 4% = 16 000（元）

乙应缴纳契税 = 1 000 000 × 4% = 40 000（元）

丙无须缴纳契税。

7.12.6 税收优惠

1. 有下列情形之一的，免征契税

（1）国家机关、事业单位、社会团体、军事单位承受土地、房屋用于办公、教学、医疗、科研和军事设施。

（2）非营利性的学校、医疗机构、社会福利机构承受土地、房屋权属用于办公、教学、医疗、科研、养老、救助。

享受契税免税优惠的非营利性的学校、医疗机构、社会福利机构，限于上述三类单位中依法登记为事业单位、社会团体、基金会、社会服务机构等的非营利法人和非营利组织。其中：

①学校的具体范围为经县级以上人民政府或者其教育行政部门批准成立的大学、中学、小学、幼儿园，实施学历教育的职业教育学校、特殊教育学校、专门学校，以及经省级人民政府或者其人力资源社会保障行政部门批准成立的技工院校。

②医疗机构的具体范围为经县级以上人民政府卫生健康行政部门批准或者备案设立的医疗机构。

③社会福利机构的具体范围为依法登记的养老服务机构、残疾人服务机构、儿童福利机构、救助管理机构、未成年人救助保护机构。

（3）承受荒山、荒地、荒滩土地使用权用于农、林、牧、渔业生产。

（4）婚姻关系存续期间夫妻之间变更土地、房屋权属。

（5）夫妻因离婚分割共同财产发生土地、房屋权属变更。

（6）法定继承人通过继承承受土地、房屋权属。

（7）依照法律规定应当予以免税的外国驻华使馆、领事馆和国际组织驻华代表机构承受土地、房屋权属。

（8）城镇职工按规定第一次购买公有住房。公有制单位为解决职工住房而采取集资建房方式建成的普通住房或由单位购买的普通商品住房，经县级以上地方人民政府房改部门批准、按照国家房改政策出售给本单位职工的，如属职工首次购买住房，比照公有住房免征契税。已购公有住房经补缴土地出让价款成为完全产权住房。

（9）外国银行分行按照《中华人民共和国外资银行管理条例》等相关规定改制为外商独资银行（或其分行），改制后的外商独资银行（或其分行）承受原外国银行分行的房屋权属。

（10）军队离退休干部住房由国家投资建设，军队和地方共同承担建房任务，其中军队承建部分完工后应逐步移交地方政府管理，免征军建离退休干部住房及附属用房移交地方政府管理所涉及的契税。

（11）信达、华融、长城和东方资产管理公司接受相关国有银行的不良债权，借款方以土地使用权、房屋所有权抵充贷款本息。

（12）财政部从中国建设银行、中国工商银行、中国农业银行、中国银行无偿划转了部分资产（包括现金、投资、固定资产及随投资实体划转的贷款）给中国信达资产管理公司、中国华融资产管理公司、中国长城资产管理公司和中国东方资产管理公司，作为其组建时的资本金。上述金融资产管理公司按财政部核定的资本金数额，接收上述国有商业银行的资产，在办理过户手续时，免征契税。

（13）经中国人民银行依法决定撤销的金融机构及其分设于各地的分支机构，包括被依法撤销的商业银行、信托投资公司、财务公司、金融租赁公司、城市信用社和农村信用社，在清算过程中催收债权时，接收债务方土地使用权、房屋所有权所发生的权属转移免征契税。除另有规定者外，被撤销的金融机构所属、附属企业，不享受本条规定的被撤销金融机构的税收优惠政策。

（14）廉租住房经营管理单位购买住房作为廉租住房、经济适用住房经营管理单位回购经济适用住房继续作为经济适用住房房源。

（15）金融租赁公司开展售后回租业务，承受承租人房屋、土地权属的，照章征税。对售后回租合同期满，承租人回购原房屋、土地权属的，免征契税。

（16）棚户区改造中，经营管理单位回购已分配的改造安置住房继续作为改造安置房源。

（17）进行股份合作制改革后的农村集体经济组织承受原集体经济组织的土地、房屋权属。农村集体经济组织以及代行集体经济组织职能的村民委员会、村民小组进行清产核资收回集体资产而承受土地、房屋权属。

根据国民经济和社会发展的需要，国务院对居民住房需求保障、企业改制重组、灾后重建等情形可以规定免征或者减征契税，报全国人民代表大会常务委员会备案。

2. 省、自治区、直辖市可以决定对下列情形免征或者减征契税

（1）因土地、房屋被县级以上人民政府征收、征用，重新承受土地、房屋权属。

（2）因不可抗力灭失住房，重新承受住房权属。

免征或者减征契税的具体办法，由省、自治区、直辖市人民政府提出，报同级人民代表大会常务委员会决定，并报全国人民代表大会常务委员会和国务院备案。

3. 个人住房

（1）对个人购买家庭唯一住房（家庭成员范围包括购房人、配偶以及未成年子女，下同），面积为90平方米及以下的，减按1%的税率征收契税；面积为90平方米以上的，减按1.5%的税率征收契税。自2024年12月1日起，对个人购买家庭唯一住房（家庭成员范围包括购房人、配偶以及未成年子女，下同），面积为140平方米及以下的，减按1%的税率征收契税；面积为140平方米以上的，减按1.5%的税率征收契税。

（2）对个人购买家庭第二套改善性住房，面积为90平方米及以下的，减按1%的税率征收契税；面积为90平方米以上的，减按2%的税率征收契税。

自2024年12月1日起，对个人购买家庭第二套住房，面积为140平方米及以下的，减按1%的税率征收契税；面积为140平方米以上的，减按2%的税率征收契税。家庭第二套住房是指已拥有一套住房的家庭购买的第二套住房。

7.12.7 征收管理

1. 纳税义务发生时间

契税申报以不动产单元为基本单位，契税的纳税义务发生时间，为纳税人签订土地、房屋权属转移合同的当日，或者纳税人取得其他具有土地、房屋权属转移合同性质凭证的当日。

特殊情形下，契税纳税义务发生时间规定如下：

（1）因人民法院、仲裁委员会的生效法律文书或者监察机关出具的监察文书等发生土地、房屋权属转移的，纳税义务发生时间为法律文书等生效当日。

（2）因改变土地、房屋用途等情形应当缴纳已经减征、免征契税的，纳税义务发生时间为改变有关土地、房屋用途等情形的当日。

（3）因改变土地性质、容积率等土地使用条件需要补缴土地出让价款，应当缴纳契税的，纳税义务发生时间为改变土地使用条件当日。

发生上述情形，按规定不再需要办理土地、房屋权属登记的，纳税人应自纳税义务发生之日起90日内申报缴纳契税。

2. 纳税期限

纳税人应当在依法办理土地、房屋权属登记手续前申报缴纳契税。

3. 纳税地点

契税在土地、房屋所在地的税务征收机关缴纳。

4. 纳税申报资料

契税纳税人依法纳税申报时，应填报相关表格，并根据具体情形提交下列资料。

（1）纳税人身份证件。

（2）土地、房屋权属转移合同或其他具有土地、房屋权属转移合同性质的凭证。

（3）交付利益方式转移土地、房屋权属的，提交土地、房屋权属转移相关价款支付凭证，其中，土地使用权出让为财政票据，土地使用权出售、互换和房屋买卖、互换为增值税发票。

（4）因人民法院、仲裁委员会的生效法律文书或者监察机关出具的监察文书等因素发生土地、房屋权属转移的、提交生效法律文书或监察文书等。

符合减免税条件的，应按规定附送有关资料或将资料留存备查。

5. 纳税凭证、纳税信息和退税

（1）具有土地、房屋权属转移合同性质的凭证包括契约、协议、合约、单据、确认书以及其他凭证。

（2）不动产登记机构在办理土地、房屋权属登记时，应当依法查验土地、房屋的契税完税、减免税、不征税等涉税凭证或者有关信息。

（3）税务机关应当与相关部门建立契税涉税信息共享和工作配合机制。具体转移土地房屋权属有关的信息包括：自然资源部门的土地出让、转让、征收补偿、不动产权属登记等信息，住房和城乡建设部门的房屋交易等信息，民政部门的婚姻登记、社会组织登记等信息，公安部门的户籍人口基本信息。

（4）纳税人缴纳契税后发生下列情形，可依照有关法律法规申请退税：

①因人民法院判决或者仲裁委员会裁决导致土地、房屋权属转移行为无效、被撤销或者被解除，且土地、房屋权属变更至原权利人的。

②在出让土地使用权交付时，因容积率调整或实际交付面积小于合同约定面积需要退还土地出让价款的。

③在新建商品房交付时，因实际交付面积小于合同约定面积需要返还房价款的。

（5）纳税人依照规定向税务机关申请退还已缴纳契税的，应提供纳税人身份证件、完税凭证复印件，并根据不同情形提交相关资料：

①在依法办理土地、房屋权属登记前，权属转移合同或合同性质凭证不生效、无效、被撤销或者被解除的，提交合同或合同性质凭证不生效、无效、被撤销或者被解除的证明材料。

②因人民法院判决或者仲裁委员会裁决导致土地、房屋权属转移行为无效、被撤销或者被解除，且土地、房屋权属变更至原权利人的，提交人民法院、仲裁委员会的生效法律文书。

③在出让土地使用权交付时，因容积率调整或实际交付面积小于合同约定面积需要退还土地出让价款的，提交补充合同（协议）和退款凭证。

④在新建商品房交付时，因实际交付面积小于合同约定面积需要返还房价款的，提交补充合同（协议）和退款凭证。

税务机关收取纳税人退税资料后，应向不动产登记机构核实有关土地、房屋权属登记情况。核实后符合条件的即时受理，不符合条件的一次性告知应补正资料或不予受理原因。

前面所称身份证件，单位纳税人为营业执照，或者统一社会信用代码证书或者其他有效登记证书；个人纳税人中，自然人为居民身份证，或者居民户口簿或者入境的身份证件，个体工商户为营业执照。

7.13 土地增值税

土地增值税法，是指国家制定的用以调整土地增值税征收与缴纳之间权利及义务关系的法律规范。现行土地增值税的基本规范，是 1993 年 12 月 13 日国务院颁布的《中华人民共和国土地增值税暂行条例》（以下简称《土地增值税暂行条例》）。为了贯彻落实税收法定原则，2019 年 7 月，财政部会同国家税务总局发布了《中华人民共和国土地增值税法（征求意见稿）》，广泛凝聚社会共识，推进民主立法，向全社会公开征求意见。

土地增值税是对有偿转让国有土地使用权及地上建筑物和其他附着物产权，取得增值收入的单位和个人征收的一种税。征收土地增值税增强了政府对房地产开发和交易市场的调控，有利于抑制炒买炒卖土地获取暴利的行为，也增加了国家财政收入。

7.13.1 纳税义务人

土地增值税的纳税义务人为转让国有土地使用权、地上的建筑及其附着物（以下简称转让房地产）并取得收入的单位和个人。单位包括各类企业、事业单位、国家机关和社会团体及其他组织；个人包括个体经营者和其他个人。

概括起来，《土地增值税暂行条例》对纳税人的规定主要有以下四个特点：

（1）不论法人与自然人。即不论是企业、事业单位、国家机关、社会团体及其他组织，还是个人，只要有偿转让房地产，都是土地增值税的纳税人。

（2）不论经济性质。即不论是全民所有制企业、集体企业、私营企业、个体经营者，还是联营企业、合资企业、合作企业、外商独资企业等，只要有偿转让房地产，都是土地增值税的纳税人。

（3）不论内资与外资企业、中国公民与外籍个人。根据 1993 年 12 月 29 日第八届全国人民代表大会第五次常务委员会通过的《全国人大常委会关于外商投资企业和外国企业适用增值税、消费税、营业税等税收暂行条例的决定》和《国务院关于外商投资企业和外国企业适用增值税、消费税、营业税等税收暂行条例的有关问题的通知》，以及《国家税务总局关于外商投资企业和外国企业及外籍个人适用税种问题的通知》等的规定，土地增值税适用于涉外企业和个人。因此，不论是内资企业还是外商投资企业、外国驻华机构，也不论是中国公民、港澳台同胞、海外华侨，还是外国公民，只要有偿转让房地产，都是土地增值税的纳税人。

（4）不论行业与部门。即不论是工业、农业、商业、学校、医院、机关等，只要有偿转让房地产，都是土地增值税的纳税人。

7. 13. 2　征税范围

1. 基本征税范围

土地增值税是对转让国有土地使用权及其地上建筑物和附着物的行为征税，不包括国有土地使用权出让所取得的收入。国有土地使用权出让，是指国家以土地所有者的身份将土地使用权在一定年限内让与土地使用者，并由土地使用者向国家支付土地使用权出让金的行为，属于土地买卖的一级市场。土地使用权出让的出让方是国家，国家凭借土地的所有权向土地使用者收取土地的租金。出让的目的是实行国有土地的有偿使用制度，合理开发、利用、经营土地，因此，土地使用权的出让不属于土地增值税的征税范围。

国有土地使用权的转让，是指土地使用者通过出让等形式取得土地使用权后，将土地使用权再转让的行为，包括出售、交换和赠与，它属于土地买卖的二级市场。土地使用权转让，其地上的建筑物、其他附着物的所有权随之转让。土地使用权的转让，属于土地增值税的征税范围。

土地增值税的征税范围不包括未转让土地使用权、房产产权的行为，是否发生转让行为主要以房地产权属（指土地使用权和房产产权）的变更为标准。凡土地使用权、房产产权未转让的（如房地产的出租），不征收土地增值税。

土地增值税的基本范围包括：

（1）转让国有土地使用权。国有土地，是指按国家法律规定属于国家所有的土地。出售国有土地使用权是指土地使用者通过出让方式，向政府缴纳了土地出让金，有偿受让土地使用权后，仅对土地进行通水、通电、通路和平整地面等土地开发，不进行房产开发，即所谓“将生地变熟地”，然后直接将空地出售出去。

（2）地上的建筑物及其附着物连同国有土地使用权一并转让。

地上的建筑物，是指建于土地上的一切建筑物，包括地上地下的各种附属设施。附着物，是指附着于土地上的不能移动或一经移动即遭损坏的物品。纳税人取得国有土地使用权后进行房屋开发建造然后出售的，这种情况就是一般所说的房地产开发。虽然这种行为通常被称作卖房，但按照国家有关房地产法律和法规的规定，卖房的同时，土地使用权也随之发生转让。由于这种情况既发生了产权的转让又取得了收入，因此应纳入土地增值税的征税范围。

（3）存量房地产的买卖。

存量房地产是指已经建成并已投入使用的房地产，其房屋所有人将房屋产权和土地使用权一并转让给其他单位和个人。这种行为按照国家有关的房地产法律和法规，应当到有关部门办理房产产权和土地使用权的转移变更手续；原土地使用权属于无偿划拨的，还应到土地管理部门补交土地出让金。

2. 特殊征税范围

（1）房地产的继承，是指房产的原产权所有人、依照法律规定取得土地使用权的土地使用人死亡以后，由其继承人依法承受死者房产产权和土地使用权的民事法律行为。这种行为虽然发生了房地产的权属变更，但作为房产产权、土地使用权的原所有人（即被继承人）并没有因为权属变更而取得任何收入。因此，这种房地产的继承不属于土地增值税的征税范围。

（2）房地产的赠与，是指房产所有人、土地使用权所有人将自己所拥有的房地产无偿地交给其他人的民事法律行为。但这里的“赠与”仅指以下情况：

①房产所有人、土地使用权所有人将房屋产权、土地使用权赠与直系亲属或承担直接赡养义务人的。

②房产所有人、土地使用权所有人通过中国境内非营利的社会团体、国家机关将房屋产权、土地使用权赠与教育、民政和其他社会福利、公益事业的。

房地产的赠与虽发生了房地产的权属变更，但作为房产所有人、土地使用权的所有人并没有因为权属的转让而取得任何收入。因此，房地产的赠与不属于土地增值税的征税范围。

（3）房地产的出租，是指房产的产权所有人、依照法律规定取得土地使用权的土地使用人，将房产、土地使用权租赁给承租人使用，由承租人向出租人支付租金的行为。房地产的出租，出租人虽取得了收入，但没有发生房产产权、土地使用权的转让。因此，不属于土地增值税的征税范围。

（4）房地产的抵押，是指房地产的产权所有人、依法取得土地使用权的土地使用人作为债务人或第三人向债权人提供不动产作为清偿债务的担保而不转移权属的法律行为。这种情况由于房产的产权、土地使用权在抵押期间并没有发生权属的变更，房产的产权所有人、土地使用权人仍能对房地产行使占有、使用、收益等权利，房产的产权所有人、土地使用权人虽然在抵押期间取得了一定的抵押贷款，但实际上这些贷款在抵押期满后是要连本带利偿还给债权人的。因此，对房地产的抵押，在抵押期间不征收土地增值税。

（5）房地产的交换，是指一方以房地产与另一方的房地产进行交换的行为。由于这种行为既发生了房产产权、土地使用权的转移，交换双方又取得了实物形态的收入，按《土地增值税暂行条例》规定，它属于土地增值税的征税范围。但对个人之间互换自有居住用房地产的，经当地税务机关核实，可以免征土地增值税。

（6）合作建房。对于一方出地，一方出资金，双方合作建房，建成后按比例分房自用的，暂免征收土地增值税；建成后转让的，应征收土地增值税。

（7）房地产的代建行为，是指房地产开发公司代客户进行房地产的开发，开发完成后向客户收取代建收入的行为。对于房地产开发公司而言，虽然取得了收入，但没有发生房地产权属的转移，其收入属于劳务收入性质，故不属于土地增值税的征税范围。

（8）房地产的重新评估，主要是指国有企业在清产核资时对房地产进行重新评估而使其升值的情况。这种情况下，房地产虽然有增值，但其既没有发生房地产权属的转移，房产产权、土地使用权人也未取得收入，所以不属于土地增值税的征税范围。

7.13.3　税率

土地增值税实行四级超率累进税率，相关内容如表 7－12 所示。

表 7－12　　土地增值税税率表

级数	增值额与扣除项目金额的比率	税率（%）	速算扣除系数（%）
1	不超过 50% 的部分	30	0
2	超过 50% ～100% 的部分	40	5
3	超过 100% ～200% 的部分	50	15
4	超过 200% 的部分	60	35

7.13.4 应税收入和扣除项目

1. 应税收入

纳税人转让房地产取得的应税收入（不含增值税），应包括转让房地产的全部价款及有关的经济收益。从收入的形式来看，包括货币收入、实物收入和其他收入。

2. 扣除项目

依照《土地增值税暂行条例》的规定，准予纳税人从房地产转让收入额减除的扣除项目金额具体包括以下内容：

（1）纳税人为取得土地使用权所支付的地价款。地价款的确定有三种方式：如果是以协议、招标、拍卖等出让方式取得土地使用权的，地价款为纳税人所支付的土地出让金；如果是以行政划拨方式取得土地使用权的，地价款为按照国家有关规定补缴的土地出让金；如果是以转让方式取得土地使用权的，地价款为向原土地使用权人实际支付的地价款。

（2）纳税人在取得土地使用权时按国家统一规定缴纳的有关费用和税金。这是指纳税人在取得土地使用权过程中为办理有关手续，必须按国家统一规定缴纳的有关登记、过户手续费和契税。

（3）房地产开发成本。房地产开发成本，是指纳税人开发房地产项目实际发生的成本，包括土地的征用及拆迁补偿费、前期工程费、建筑安装工程费、基础设施费、公共配套设施费、开发间接费用等。

（4）房地产开发费用。房地产开发费用，是指与房地产开发项目有关的销售费用、管理费用和财务费用。在计算土地增值税时，房地产开发费用并不是按照纳税人实际发生额进行扣除，应分别按以下两种情况扣除：

①凡能够按转让房地产项目计算分摊并提供金融机构证明的，允许据实扣除，但最高不得超过按商业银行同类同期贷款利率计算的金额。其他房地产开发费用，在按规定（即取得土地使用权所支付的金额和房地产开发成本，下同）计算的金额之和的5%以内计算扣除。计算公式为：

利息+(取得土地使用权所支付的金额+房地产开发成本)×5%以内(注:利息最高不能超过按商业银行同类同期贷款利率计算的金额)

②纳税人不能按转让房地产项目计算分摊利息支出或不能提供金融机构贷款证明的，其允许扣除的房地产开发费用为：

(取得土地使用权所支付的金额+房地产开发成本)×10%以内

（5）财政部确定的其他扣除项目。

对从事房地产开发的纳税人，允许按取得土地使用权所支付的金额和房地产开发成本之和，加计 20% 的扣除。需要特别指出的是，此条优惠只适用于从事房地产开发的纳税人，除此之外的其他纳税人不适用，其目的是抑制炒买炒卖房地产的投机行为，保护正常开发投资者的积极性。

（6）旧房及建筑物的扣除金额。

①按评估价格扣除。计算公式为：

评估价格 = 重置成本 × 成新度折扣率

纳税人转让旧房及建筑物，凡不能取得评估价格但能提供购房发票的，经当地税务部门确认，《土地增值税暂行条例》规定的扣除项目的金额，可按发票所载金额并从购买年度起至转让年度止每年加计 5% 计算。对于纳税人购房时缴纳的契税，凡能够提供契税完税凭证的，准予作为“与转让房地产有关的税金”予以扣除，但不作为加计 5% 的基数。

②取得土地使用权所支付的地价款和按国家统一规定缴纳的有关费用（评估费可以扣除）。取得土地使用权时未支付地价款或不能提供已支付的地价款凭据的，在计征土地增值税时不允许扣除。

③转让环节的税金及附加，包括城市维护建设税、印花税和教育费附加。

7.13.5　土地增值税应纳税额的计算

1. 应纳税额的计算公式

土地增值税按照纳税人转让房地产所取得的增值额和规定的税率计算征收。计算公式为：

土地增值税应纳税额 = ∑（每级距的增值额 × 适用税率）

由于分步计算比较烦琐，一般可以采用速算扣除法计算，即计算土地增值税税额，可按增值额乘以适用的税率减去扣除项目金额乘以速算扣除系数的简便方法计算。计算公式为：

土地增值税应纳税额 = 增值额 × 适用税率 − 扣除项目金额 × 速算扣除系数

2. 应纳税额的计算步骤

根据上述计算公式，土地增值税应纳税额的计算可分为以下四步：

（1）计算增值额。计算公式为：增值额 = 房地产转让收入 − 扣除项目金额

（2）计算增值率。计算公式为：增值率 = 增值额 ÷ 扣除项目金额 × 100%

（3）确定适用税率。按照计算出的增值率，从土地增值税税率表中确定适用税率。

（4）计算应纳税额。

【例7－25】 某企业转让一块土地的使用权，取得收入560万元。年初取得该土地使用权时支付金额420万元，转让时发生相关费用6万元，与转让土地使用权有关的税金17万元。

要求：计算该企业应纳的土地增值税。

【解析】 第一步，土地使用权转让扣除项目＝420＋6＋17＝443（万元）

第二步，土地增值额＝560－443＝117（万元）

第三步，增值额与扣除项目金额之比＝117－443×100%＝27.02%

第四步，应纳土地增值税税额＝117×30%＝35.1（万元）

7.13.6 税收优惠

1. 建造普通标准住宅的税收优惠

纳税人建造普通标准住宅出售，增值额未超过扣除项目金额20%的，免征土地增值税，增值额超过扣除项目金额20%的，应就其全部增值额按规定计税。

2005年6月1日起，普通标准住宅应同时满足：住宅小区建筑容积率在1.0以上；单套建筑面积在120平方米以下；实际成交价格低于同级别土地上住房平均交易价格1.2倍以下。各省、自治区、直辖市要根据实际情况，制定本地区享受优惠政策普通住房的具体标准。允许单套建筑面积和价格标准适当浮动，但向上浮动的比例不得超过上述标准的20%。

对于纳税人既建造普通标准住宅，又建造其他房地产开发的，应分别核算增值额。不分别核算增值额或不能准确核算增值额的，其建造的普通标准住宅不能适用这一免税规定。

对企事业单位、社会团体以及其他组织转让旧房作为公租房房源，且增值额未超过扣除项目金额20%的，免征土地增值税。

2. 国家征用、收回的房地产的税收优惠

因国家建设需要依法征用、收回的房地产，免征土地增值税。因国家建设需要依法征用、收回的房地产，是指因城市实施规划、国家建设的需要而被政府批准征用的房产或收回的土地使用权。

3. 因城市规划、国家建设需要而搬迁由纳税人自行转让原房地产的税收优惠

因城市实施规划、国家建设的需要而搬迁，由纳税人自行转让原房地产的，免征

土地增值税。

4. 个人销售住房的税收优惠

自2008年11月1日起，对个人销售住房暂免征收土地增值税。

7.13.7　土地增值税征收管理

1. 土地增值税的纳税期限

纳税人应在转让房地产合同签订后的7日内，到房地产所在地主管税务机关办理纳税申报，并向税务机关提交房屋及建筑物产权、土地使用权证书，土地转让、房产买卖合同，房地产评估报告及其他与转让房地产有关的资料，然后在税务机关规定的期限内缴纳土地增值税。纳税人因经常发生房地产转让而难以在每次转让后申报的，经税务机关审核同意后，可以按月或按季定期进行纳税申报，具体期限由主管税务机关根据情况确定。

纳税人采取预售方式销售房地产的，对在项目全部竣工结算前转让房地产取得的收入，税务机关可以预征土地增值税。具体办法由各省、自治区、直辖市地方税务局根据当地情况制定。

对于纳税人预售房地产所取得的收入，凡当地税务机关规定预征土地增值税的，纳税人应当到主管税务机关办理纳税申报，并按规定比例预缴，待办理完土地增值税清算后，多退少补。

2. 土地增值税的清算

（1）土地增值税的清算单位。

土地增值税以国家有关部门审批的房地产开发项目为单位进行清算，对于分期开发的项目，以分期项目为单位清算。

开发项目中同时包含普通住宅和非普通住宅的，应分别计算增值额。

（2）土地增值税的清算条件。

符合下列情形之一的，纳税人应进行土地增值税的清算：

①房地产开发项目全部竣工、完成销售的。

②整体转让未竣工决算房地产开发项目的。

③直接转让土地使用权的。

符合下列情形之一的，主管税务机关可要求纳税人进行土地增值税清算：

①已竣工验收的房地产开发项目，已转让的房地产建筑面积占整个项目可售建筑面积的比例在85%以上，或该比例虽未超过85%，但剩余的可售建筑面积已经出

租或自用的。

②取得销售（预售）许可证满3年仍未销售完毕的。

③纳税人申请注销税务登记但未办理土地增值税清算手续的。

④省级税务机关规定的其他情况。

注意：应当进行清算的情形是纳税人的开发项目已经完全转让。

3. 土地增值税的纳税地点

土地增值税的纳税人应向房地产所在地主管税务机关办理纳税申报，并在税务机关核定的期限内缴纳土地增值税。

“房地产所在地”是指房地产的坐落地。纳税人转让的房地产坐落在两个或两个以上地区的，应按房地产所在地分别申报纳税。

在实际工作中，纳税地点的确定又可分为以下两种情况：

（1）纳税人是法人的。当转让的房地产坐落地与其机构所在地或经营所在地一致时，则在办理税务登记的原管辖税务机关申报纳税即可；如果转让的房地产坐落地与其机构所在地或经营所在地不一致时，则应在房地产坐落地所管辖的税务机关申报纳税。

（2）纳税人是自然人的。当转让的房地产坐落地与其居住所在地一致时，在住所所在地税务机关申报纳税；当转让的房地产坐落地与其居住所在地不一致时，在办理过户手续所在地的税务机关申报纳税。

案例解析

1. 资源税的纳税义务人是指在中华人民共和国领域及管辖的其他海域开发应税资源的单位和个人。应税资源包含5个一级税目：能源矿产、金属矿产、非金属矿产、水气矿产、盐。余姚市H建材有限公司开采的产品是土砂石属于非金属矿产，因此该企业为资源税的纳税义务人，需要依法缴纳资源税。

2. 资源税的5个一级税目17个二级税目对应不同的税率，包括从价税和从量税。从价税的计税依据为计税销售额，从量税的依据是课税数量。本案例企业的土砂石的税率为1% ~5%或者每吨（或者每立方米）0.1 ~5元，属于可选的。目前土砂石开采企业只有与当地自然资源管理部门签订《采矿权有偿出让合同》，取得采矿资质后，才能从事开采经营活动，并且企业须定期向管理部门报送开采数量。涉案企业具有隐匿销售收入、偷逃税款违法行为。本案的查办为税务机关进一步加强土砂石开采企业税收监管，企业开采量、企业销售数据、纳税申报信息等实施税收风险分析，核验企业申报信息真实性，规范行业经济税收秩序。

3. 我国企业在生产经营过程中，除流转税类、所得税类外，不同类型的企业根据生产经营过程中具体的经营业务或者事项需要缴纳的，如资源税、环境保护税、城市维护建设税、教育费附加和地方教育附加、印花税、车辆购置税、车船税、契税、房产税城镇土地使用税、耕地占用税、土地增值税、烟叶税等。

能力训练

一、单选题

1. 城市维护建设税采用的税率形式是（　　）。

A. 产品比例税率　　B. 行业比例税率

C. 地区差别比例税率　　D. 有幅度的比例税率

2. 某卷烟厂为增值税一般纳税人，2024 年 1 月收购烟叶 5 000 千克，支付收购金额 65 万元，已开具烟叶收购发票，烟叶税税率为 20%。下列说法中，正确的是（　　）。

A. 卷烟厂自行缴纳烟叶税 14.3 万元

B. 卷烟厂自行缴纳烟叶税 13 万元

C. 卷烟厂代扣代缴烟叶税 14.3 万元

D. 卷烟厂代扣代缴烟叶税 13 万元

3. 下列各项符合房产税规定的是（　　）。

A. 房产部门向居民出租的公共租赁住房免征房产税

B. 对没有房产原值的，应以评估确认的价值作为计税依据

C. 中国银行所属的分支机构自用房产免征房产税

D. 对投资联营的房产一律按余值计税

4. 某单位有两处应税地下建筑设施，分别为工业用途房产和非工业用途房产，其中工业用途地下房产是单独的地下建筑，房产原价 20 万元，而非工业用途房产是其设立的商场的地下超市，房产原价 80 万元，该商场共建地上五层，地下一层，上下相连，地上原值为 500 万元。该省规定依照房产原值一次减除 30% 后的余值缴纳。同时规定：工业用途的地下建筑房产可以原价的 50% 作为应税房产的原值；商业和其他用途地下建筑房产原价的 70% 可以作为应税房产的原值，该单位每年需要缴纳的房产税为（　　）万元。

A. 5.28　　B. 4.96　　C. 5.32　　D. 4.86

5. 某船舶公司 2019 年拥有非机动驳船 5 艘，每艘净吨位 200 吨。发动机功率 4 千瓦的拖船 1 艘。当地机动船舶的车船税计税标准为：净吨位小于或者等于 200 吨的，每吨 3 元。该船舶公司 2019 年应缴纳车船税（　　）元。

A. 3 004.02　　B. 1 504.02　　C. 1 508.04　　D. 3 008.04

6. 某船舶公司2019年9月购买机动船舶2艘，一艘净吨位2 001.6吨，另一艘净吨位0.3吨。上述购买的船舶，购置当月均取得船舶所有权。已知车船税计税标准如下：机动船舶净吨位小于或者等于200吨的，每吨3元；净吨位201～2 000吨的，每吨4元；净吨位2 001～10 000吨的，每吨5元。则该船舶公司当年应缴纳车船税（　　）元。

A. 2 669.1　　B. 0.3　　C. 10 008　　D. 3 336.3

7. 下列关于车辆购置税退税的说法中，错误的是（　　）。

A. 因质量原因车辆被退回经销商，可以申请退税

B. 纳税人应填写《车辆购置税退税申请表》办理退税

C. 纳税人应提供经销商开具的退车证明和退车发票作为退税资料

D. 自纳税人办理纳税申报之日起车辆使用未满1年的，扣减10%计算退税额

8. 要办理车辆登记注册手续的应税车辆，车辆购置税的纳税地点是（　　）。

A. 纳税人所在地　　B. 车辆登记注册地

C. 车辆使用所在地　　D. 车辆经销企业所在地

9. 某油田企业为增值税一般纳税人。假设其2020年9月销售自产原油1 000吨。取得含税收入2 340万元，取得增值税专用发票。该油田企业当月应缴纳资源税（　　）万元。（原油资源税税率为6%）

A. 124.43　　B. 124.61　　C. 124　　D. 124.25

10. 下列污染物中，不属于环境保护税征税对象的是（　　）。

A. 大气污染物　　B. 光污染　　C. 噪声污染　　D. 固体废物

11. 下列用地，可免征城镇土地使用税的是（　　）。

A. 军队家属的院落用地　　B. 国家机关的办公用地

C. 企业内部道路绿化用地　　D. 房地产公司开发写字楼用地

12. 下列关于城镇土地使用税减免税优惠的说法，正确的是（　　）。

A. 农业生产单位的办公用地免征城镇土地使用税

B. 自收自支的事业单位的业务用地免征城镇土地使用税

C. 港口的码头用地免征城镇土地使用税

D. 企业的绿化用地免征城镇土地使用税

13. 2019年某民用机场占地100万平方米，其中飞行区用地90万平方米，场外道路用地7万平方米，场内道路用地0.5万平方米，工作区用地2.5万平方米，城镇土地使用税税率为5元/平方米。2019年该机场应缴纳城镇土地使用税（　　）元。

A. 125 000　　B. 150 000　　C. 475 000　　D. 500 000

14. 下列各项中，免征耕地占用税的是（　　）。

A. 占用农田水利用地进行非农业建设　B. 占用鱼塘进行非农业建设

C. 占用园地建社会福利机构　　　　　D. 占用苗圃建工厂

15. 某企业 2019 年 3 月经批准占用林地 8 000 平方米用于建造高尔夫球场，占用园地 4 000 平方米用于种植经济作物。已知当地耕地占用税适用税额为 8 元/平方米，则该企业应缴纳耕地占用税（　　）元。

A. 40 000　　B. 64 000　　C. 32 000　　D. 20 000

16. 根据印花税的相关规定，下列表述正确的是（　　）。

A. 多贴印花税票者，不得申请下期抵扣，但可以申请退税

B. 凡多贴印花税票者，不得申请退税或者抵扣

C. 不记载金额的登记簿需要贴印花

D. 印花税票可以委托单位或个人代收，并由税务机关支付 3% 的手续费

17. A 建筑公司与 B 企业签订一份建筑安装工程承包合同，合同上注明承包金额为 2 000 万元，A 公司在建筑期间，又将其中 600 万元的安装工程分包给 C 安装公司，并签订了分包合同。已知建筑安装工程承包合同印花税税率为 0.3‰。A 建筑公司应缴纳印花税为（　　）元。

A. 1 800　　B. 3 000　　C. 7 800　　D. 6 000

18. 2019 年 6 月，甲公司成立，领取了工商营业执照、银行开户许可证、土地使用证和房屋产权证各一件。记载资金的账簿注明实收资本 200 万元，资本公积 40 万元。当月新启用其他营业账簿 6 本。已知记载资金的营业账簿的印花税税率为 0.5‰。甲公司 2019 年 6 月应缴纳印花税（　　）元。

A. 600　　B. 1 245　　C. 1 215　　D. 615

19. 张三于 2019 年 1 月购买了一套面积为 80 平方米的普通住房作为家庭唯一的住房，按成交价格支付价款 50 万元（不含增值税，下同）。2019 年 5 月，张三又买了一套面积为 100 平方米的住房，按成交价格支付价款 70 万元。该地区契税税率为 5%，则张三在 2019 年总共应缴纳契税（　　）万元。

A. 5　　B. 1.9　　C. 3.4　　D. 1

20. 某房地产开发公司为增值税一般纳税人，2016 年 4 月 30 日前转让 A 项目部分房产，取得转让收入 30 000 万元；2016 年 5 月 1 日后转让 A 项目部分房产，取得含税收入 50 000 万元。该项目已达土地增值税清算条件，该房地产公司对 A 项目选择简易征收方式缴纳增值税。该公司在土地增值税清算时应确认收入（　　）万元。

A. 80 000　　B. 76 190.48　　C. 77 619.05　　D. 75 045.05

二、多选题

1. 下列有关城市维护建设税的说法中，正确的是（　　）。

A. 某外商投资企业已缴纳增值税，但不需要缴纳城市维护建设税

B. 某企业总机构在甲地，在乙地缴纳增值税，城市维护建设税也在乙地缴纳

C. 某企业已缴纳增值税，没有缴纳城市维护建设税，可以单独进行处罚

D. 某企业增值税实行先征后返，城市维护建设税同时返还

E. 城市维护建设税的适用税率，一律按纳税人所在地的适用税率执行

2. 下列房产应征收房产税的有（　　）。

A. 企业办公用的房产

B. 企业出租的空余房产

C. 个人拥有的营业性房产

D. 宗教寺庙中宗教人员生活用的房产

E. 纳税单位使用免税单位的房产

3. 关于融资租赁房产的房产税处理，下列说法正确的有（　　）。

A. 由承租人在合同约定开始日的次月起，按照房产余值缴纳房产税

B. 由出租人在合同约定开始日的次月起，按照房产余值缴纳房产税

C. 合同未约定开始日的，由承租人在合同签订的次月起依照房产余值缴纳房产税

D. 合同未约定开始日的，由出租人在合同签订的当月起依照房产余值缴纳房产税

E. 合同未约定开始日的，由承租人在合同签订的当月起依照房产余值缴纳房产税

4. 下列关于车船税减免税优惠政策的表述中，正确的有（　　）。

A. 捕捞、养殖渔船免征车船税

B. 武装警察部队专用的车船，免征车船税

C. 对节约能源的车船免征车船税，对使用新能源的车船减半征收车船税

D. 经批准临时入境的台湾地区车船，不征收车船税

E. 按照规定缴纳船舶吨税的机动船舶，自《车船税法》实施之日起4年内免征车船税

5. 下列关于车船税应纳税额计算的表述中，正确的有（　　）。

A. 已办理退税的被盗抢车船，失而复得的，纳税人应当从公安机关出具相关证明的次月起计算缴纳车船税

B. 已缴纳车船税的车船在同一纳税年度内办理转让过户的，对新承受方征税

C. 已缴纳车船税的车船在同一纳税年度内办理转让过户的，对原纳税人应退税

D. 购置的新车船，购置当年的应纳税额自纳税义务发生的当月起按月计算

E. 已办理退税的被盗抢车船，失而复得的，纳税人应当从公安机关出具相关证明

的次月起计算缴纳车船税

6. 根据车辆购置税的相关规定，下列说法中正确的有（　　）。

A. 进口自用应税车辆的计税价格，为关税完税价格加上关税和消费税

B. 在境内销售应税车辆的，应缴纳车辆购置税

C. 直接进口自用应税车辆的，应缴纳车辆购置税

D. 已税车辆退回经销商的，纳税人可申请退税

E. 受赠应税车辆的，捐赠方是车辆购置税纳税人

7. 下列项目中，属于车辆购置税计税价格组成部分的有（　　）。

A. 销售方代收的保险费

B. 增值税

C. 车船税

D. 不含增值税的价款

E. 随车辆价款支付的已开具机动车销售统一发票的车辆改装费

8. 下列各项中，属于资源税征税范围的有（　　）。

A. 轻稀土　　B. 石灰岩　　C. 引火碳　　D. 海盐　　E. 煤

9. 下列关于增值税一般纳税人资源税优惠政策的说法中，错误的有（　　）。

A. 低丰度油气田减征 30% 资源税

B. 煤炭开采企业因安全生产需要抽采的煤成（层）气，免征资源税

C. 开采原油以及在油田范围内运输原油过程中用于加热的原油、天然气，免征资源税

D. 稠油、高凝油减征 40% 资源税

E. 衰竭期煤矿开采的煤炭减征 40% 资源税

10. 下列直接向环境排放污染物的主体中，属于环境保护税纳税人的有（　　）。

A. 事业单位　　B. 个人　　C. 家庭　　D. 私营企业

E. 国有企业

11. 下列用地中，免征城镇土地使用税的有（　　）。

A. 从事水产养殖的用地

B. 供电部门的变电站用地

C. 盐场、盐矿的生产厂房用地

D. 核电站基建期内的应税土地

E. 国家天然林保护工程自用的土地

12. 下列关于城镇土地使用税纳税义务发生时间的说法，正确的有（　　）。

A. 通过拍卖方式取得建设用地（不属于新征用耕地），应从合同约定的交付土地

时间的次月起缴纳城镇土地使用税

B. 以出让方式取得土地使用权，应由受让方从合同约定的交付土地时间的次月起缴纳城镇土地使用税

C. 购置存量房，自房产权属登记机关签发房屋权属证书的次月起计征城镇土地使用税

D. 纳税人新征用的耕地，自批准征用之日起满 1 年时开始缴纳城镇土地使用税

E. 购置新建商品房，自签订房屋销售合同的次月起计征城镇土地使用税

13. 下列土地中，应征收城镇土地使用税的有（　　）。

A. 校办企业的经营用地

B. 企业创办幼儿园的用地

C. 厂区以外的公共绿化用地

D. 公园的照相馆经营用地

E. 房地产开发公司建造商品房的用地

14. 下列关于耕地占用税的表述中，正确的有（　　）。

A. 纳税人因建设项目施工临时占用耕地，不需要缴纳耕地占用税

B. 耕地占用税在税率设计上采用了地区差别定额税率

C. 耕地占用税以纳税人实际占用的耕地面积为计税依据

D. 耕地占用税由税务机关负责征收

E. 耕地占用税以每平方米土地为计税单位

15. 下列占用耕地行为中，应征收耕地占用税的有（　　）。

A. 农田水利占用耕地

B. 新建住宅和办公楼占用林地

C. 企业新建厂房占用耕地

D. 修建专用公路占用耕地

E. 飞机场跑道占用耕地

16. 根据印花税的规定，下列关于印花税的减免税政策，说法正确的有（　　）。

A. 房地产管理部门与个人订立的租房合同，凡房屋用于生活居住的，暂免贴花

B. 经县级以上人民政府及企业主管部门批准改制的企业因改制签订的产权转移书据，要照章缴纳印花税

C. 已缴纳印花税的凭证抄本作为正本使用的，应另行贴花

D. 对改造安置住房经营管理单位、开发商与改造安置住房相关的印花税以及购买安置住房的个人涉及的印花税予以免征

E. 对与高校学生签订的高校学生公寓租赁合同，免征印花税

17. 关于印花税减免税政策，说法正确的有（　　）。

A. 房地产管理部门与个人订立的租房合同，凡房屋用于生活居住的，暂免贴花

B. 已缴纳印花税的副本，作为正版使用的，不需要另行贴花

C. 与高校学生签订的高校学生公寓租赁合同，免征印花税

D. 融资性售后回租业务中，对承租人、出租人因出售租赁资产及购回租赁资产所签订的合同，不征收印花税

E. 无息、贴息合同免征印花税

18. 2019年10月，小高房地产开发公司为进行融资与小吉金融租赁公司签订售后回租合同，合同中注明，小高公司将仓库销售给小吉公司，销售收入500万元，然后小高公司将该仓库租回使用，租赁期为10个月，每月支付租金50万元。10个月后该仓库由甲公司以1万元购回。根据契税的有关规定，下列关于上述业务的处理，正确的是（　　）。（假设当地适用契税税率为3%，本题不考虑增值税）

A. 小高公司上述业务需缴纳契税15.05万元

B. 小高公司上述业务不需要缴纳契税

C. 小吉公司上述业务不需要缴纳契税

D. 小吉公司上述业务需缴纳契税15万元

E. 小高和小吉公司上述业务都不需要缴纳契税

19. 下列情形中，纳税人应进行土地增值税清算的有（　　）。

A. 丙公司开发的住宅已销售建筑面积占整个项目可售建筑面积的65%，自用的面积占可售面积的5%

B. 乙公司将未竣工决算的开发项目整体转让

C. 甲公司开发的住宅项目已销售完毕

D. 丁公司于2018年3月取得住宅项目销售（预售）许可证，截至2020年3月底仍未销售完毕

E. 戊公司开发的别墅项目销售面积已达整个项目可售建筑面积的75%

20. 关于土地增值税的优惠政策，下列说法中错误的有（　　）。

A. 对企事业单位转让旧房作为公共租赁住房房源的，应就其全部增值额按规定计税

B. 对因国家建设需要而被政府收回的房产免税

C. 对个人销售商铺暂免征收土地增值税

D. 以房地产作价入股房地产开发公司，对其将房地产变更至被投资的企业，暂不征收土地增值税

E. 建造普通标准住宅出售，其增值额未超过扣除项目金额之和的20%的，予以免

税。超过20%的，应就其全部增值额按规定计税

三、判断题

1. 烟叶税的征税范围包括晾晒烟叶、烤烟叶和烟丝。（　　）

2. 房产税以在征税范围内的房屋产权所有人为纳税人，产权未确定的暂不缴纳。（　　）

3. 车船税按年申报缴纳。（　　）

4. 车辆购置税仅在购买新车时需缴纳，二手车的交易不须再缴纳。（　　）

5. 企业将开采的煤炭出口销售的，免征资源税。（　　）

6. 应税固体废物环境保护税的计税依据是固体废物的产生量。（　　）

7. 纳税人使用的土地不属于同一省、自治区、直辖市管辖的，由纳税人向机构所在地税务机关缴纳城镇土地使用税。（　　）

8. 建设直接为农业生产服务的生产设施占用税法规定的农用地的，不征收耕地占用税。（　　）

9. 契税是以在中华人民共和国境内转移土地、房屋权属为征税对象，向产权出售人征收的一种财产税。（　　）

10. 纳税人转让旧房及建筑物时，为确立房地产的评估价值而发生的评估花费，同意在计算土地增值税时予以扣除。（　　）

参考答案

一、单选题

1～10　CBABB　DDBDB

11～20　BCBCB　BCDBC

二、多选题

1. BC	2. ABCE	3. AC	4. ABD	5. DE
6. ACD	7. DE	8. ABDE	9. AE	10. ADE
11. ABE	12. ABCD	13. ACDE	14. BCDE	15. BCDE
16. ACDE	17. ACDE	18. BD	19. BC	20. ACD

三、判断题

1～10　××√√×　××√×√

第8章
税收征收管理

知识目标

1. 了解税收征收管理的基本概念。
2. 掌握税务管理的基本内容和流程。
3. 掌握发票管理内容。
4. 了解税务检查相关内容。
5. 掌握法律责任基本内容。

能力目标

1. 能够税务登记、变更、注销、停业和复业的基本操作。
2. 能够协助税务机关进行税务检查。

思政目标

守信守责：具有社会责任感，培养爱国情怀，深刻理解法律责任知法守法。

案例引入

2023年广西税务局某稽查局对广西北海某石化做出行政处罚决定。对该公司2021年、2022年期间销售消费税应税产品未在账上如实反映，隐瞒消费税应税产品销售收入进行虚假纳税申报的行为，造成了少缴消费税165 122 498.14元、城市维护建设税8 256 124.91元，合计173 378 623.05元，根据《中华人民共和国税收征收管理法》第六十三条第一款的规定，构成偷税，依法对该公司2021年、2022年1月至7月少缴的税款处以50%的罚款，即罚款80 857 827.26元。鉴于该公司2022年8月开展成品油专项整治以来，该公司不配合专项整治工作，采取隐瞒涉税资料、删除部分电脑电子数据、销毁纸质单据凭证等手段，阻挠税务检查，继续偷逃油消费税，性质恶劣，情节严重，对2022年8月至12月期间少缴税款处1倍的罚款，即罚款 11 662 968.54 元。综上所述，罚款合计 92 520 795.80 元。

案例问题

1. 广西北海某石化作为纳税义务人在税收征收管理过程中违反了哪些规定？
2. 广西税务局某稽查局对广西北海某石化的行政处罚罚款是否合理？
3. 广西北海某石化阻挠税务检查，广西税务局某稽查局可以采取哪些措施？

《中华人民共和国税收征收管理法》（以下简称《税收征管法》）于 1992 年 9 月 4 日第七届全国人民代表大会常务委员会第二十七次会议通过，并于 1993 年 1 月 1 日起施行。1995 年 2 月 28 日，第八届全国人民代表大会常务委员会第十二次会议通过了对《税收征收管理法》的第一次修正；2001 年 4 月 28 日，第九届全国人民代表大会常务委员会第二十一次会议通过了第二次修订后的《税收征收管理法》，并于 2001 年 5 月 1 日起施行。2013 年和 2015 年，全国人民代表大会常务委员会对《税收征收管理法》又进行过两次修订。

8.1 税务管理

8.1.1 税务登记

税务登记是税务机关对纳税人的生产、经营活动进行登记并据此对纳税人实施税务管理的一种法定制度。税务登记又称纳税登记，它是税务机关对纳税人实施税收管理的首要环节和基础工作，是征纳双方法律关系成立的依据和证明，也是纳税人必须依法履行的义务。

企业，企业在外地设立的分支机构和从事生产、经营的场所，个体工商户和从事生产、经营的事业单位，均应办理税务登记。此外，除国家机关、个人和无固定生产、经营场所的流动性农村小商贩外的其他纳税人，也应办理税务登记。根据法律规定负有扣缴税款义务的扣缴义务人（国家机关除外），均应当按照规定办理扣缴税款登记。

县以上（含本级，下同）税务局（分局）是税务登记的主管税务机关，负责税务登记的设立登记、变更登记、注销登记和税务登记证验证、换证以及非正常户处理、报验登记等有关事项。税务登记证件包括税务登记证及其副本、临时税务登记证及其副本。扣缴税款登记证件包括扣缴税款登记证及其副本。

根据《税收征收管理法》和国家税务总局印发的《税务登记管理办法》，我国税务登记制度大体包括设立税务登记，临时税务登记，变更税务登记，注销税务登记，停业、复业登记。

1. 设立税务登记

设立税务登记是指企业、单位和个人经国家工商行政管理部门或有关部门批准设立后所需办理的税务登记。

（1）“一照一码”登记制度。

新设立企业、个体工商户、农民专业合作社（以下统称“企业”）领取由工商行政管理部门核发、加载法人和其他组织统一社会信用代码（以下简称“统一代码”）的营业执照后，无须再次进行税务登记，不再领取税务登记证。登记机关将企业基本登记信息及变更、注销等信息及时传输至信息共享平台；暂不具备联网共享条件的，由登记机关限时提供上述信息。企业在办理涉税事宜时，凭加载统一代码的营业执照可代替税务登记证使用。

①“三证合一”登记制度。“三证合一”登记制度是指将企业登记时依次申请，分别由工商行政管理部门核发的工商营业执照、质量技术监督部门核发的组织机构代码证、税务部门核发的税务登记证，改为一次申请、由工商行政管理部门核发一个营业执照的登记制度。通过“一窗受理、互联互通、信息共享”，将由工商行政管理、质量技术监督、税务三个部门分别核发不同证照，改为由工商行政管理部门核发一个加载法人和其他组织统一社会信用代码的营业执照，即“一照一码”登记模式。自 2015 年 10 月 1 日起，工商营业执照、组织机构代码证和税务登记证“三证合一”，实行“一照一码”登记模式。

②“五证合一”登记制度。根据《国务院办公厅关于加快推进“五证合一、一照一码”登记制度改革的通知》（国办发〔2016〕53 号），在全面实施工商营业执照、组织机构代码证和税务登记证“三证合一”登记制度改革的基础上，再整合社会保险登记证和统计登记证，从 2016 年 10 月 1 日起正式实施“五证合一、一照一码”制度。“五证合一”全面实行“一套材料、一表登记、一窗受理”的工作模式，申请人在办理企业注册登记时只需填写“一张表格”，向“一个窗口”提交“一套材料”。登记部门直接核发加载统一社会信用代码的营业执照，相关信息在全国企业信用信息公示系统公示，并归集至全国信用信息共享平台。企业不再另行办理社会保险登记证和统计登记证。目前，我国正积极推进“五证合一”申请、受理、审查、核准、发照、公示等全程电子化登记管理，加快实现“五证合一”网上办理。已按照“三证合一”登记模式领取加载统一社会信用代码营业执照的企业，不需要重新申请办理“五证合一”登记，由登记机关将相关登记信息发送至社会保险经办机构、统计机构等单位。企业

原证照有效期满、申请变更登记或者申请换发营业执照的，登记机关换发加载统一社会信用代码的营业执照。取消社会保险登记证和统计登记证的定期验证与换证制度，改为企业按规定自行向工商部门报送年度报告并向社会公示，年度报告要通过全国企业信用信息公示系统向社会保险经办机构、统计机构等单位开放共享。

需要明确的是，在“三证合一”与“五证合一”登记制度改革中，税务登记并没有取消，税务登记的法律地位仍然存在，只是政府在简政放权的大背景下，将税务登记的环节改为由市场监督管理部门受理，即由市场监督管理部门对企业核发一个加载法人和其他组织统一社会信用代码的营业执照，这个营业执照具备税务登记证的法律地位和作用。

（2）未纳入“一照一码”管理范围的纳税人的设立税务登记流程。

未列入“五证合一”登记制度管理的纳税人，应向生产经营所在地税务机关申报办理税务登记：

①领取工商营业执照的、从事生产经营的纳税人，应当自领取工商营业执照之日起30日内申报办理税务登记，税务机关发放税务登记证及副本。

②从事生产经营的纳税人未办理工商营业执照但经有关部门批准设立的，应当自有关部门批准设立之日起30日内申报办理税务登记，税务机关核发税务登记证及副本。

③从事生产经营的纳税人未办理工商营业执照，也未经有关部门批准设立的，应当自纳税义务发生之日起30日内申报办理税务登记，税务机关核发临时税务登记证及副本。

④有独立的生产经营权、在财务上独立核算并定期向发包人或者出租人上交承包费或租金的承包、承租人，应当自承包、承租合同签订之日起30日内，向其承包、承租业务发生地税务机关申报办理税务登记，税务机关核发临时税务登记证及副本。

⑤境外企业在中国境内承包建筑、安装、装配、勘探工程和提供劳务的，应当自项目合同或协议签订之日起30日内，向项目所在地税务机关申报办理税务登记，税务机关核发临时税务登记证及副本。

⑥除国家机关、个人和无固定生产经营场所的流动性农村小商贩外的其他纳税人，均应当自纳税义务发生之日起30日内，向纳税义务发生地税务机关申报办理税务登记，税务机关核发税务登记证及副本。

⑦已办理税务登记的扣缴义务人应当自扣缴义务发生之日起30日内，向税务登记地税务机关申报办理扣缴税款登记。税务机关在其税务登记证上登记扣缴税款事项，税务机关不再发给扣缴税款登记证件。根据税收法律、行政法规的规定可不办理税务登记的扣缴义务人，应当自扣缴义务发生之日起30日内，向机构所在地税务机关申报

办理扣缴税款登记，税务机关核发扣缴税款登记证件。

2. 临时税务登记

从事生产经营的纳税人未办理工商营业执照也未经有关部门批准设立的，应当自纳税义务发生之日起 30 日内申报办理税务登记，税务机关发放临时税务登记证及副本。

有独立的生产经营权、在财务上独立核算并定期向发包人或者出租人上交承包费或租金的承包、承租人，应当自承包、承租合同签订之日起 30 日内，向其承包、承租业务发生地的税务机关申报办理税务登记，税务机关发放临时税务登记证及副本。

《国家税务总局关于税收征管若干事项的公告》（国家税务总局公告 2019 年第 48 号）规定，从事生产经营的个人应办而未办营业执照，但发生纳税义务的，可以按规定申请办理临时税务登记。

3. 变更税务登记

变更税务登记是指纳税人办理设立税务登记后，因登记内容发生了变化，需要对原登记内容进行更改，而向税务机关申报办理的税务登记。变更税务登记的适用情形主要包括：改变名称；改变法人代表；改变经济性质；增设或撤销分支机构：改变住所或经营地点（涉及主管税务机关变动的办理注销登记）；改变生产经营范围或经营方式；增减注册资本；改变隶属关系；改变生产经营期限；改变开户银行和账号；改变生产经营权属以及改变其他税务登记内容。

（1）对于纳入“一照一码”管理范围的纳税人，其变更税务登记的流程如下。

①“一照一码”企业办理变更税务登记，除生产经营地址、财务负责人、核算方式变更由企业向税务机关提出变更申请以外，其他变更信息由企业登记机关统一采集。纳税人在办理股东股权变更登记手续时，应向企业登记机关提供所得税完税凭证或者不征税证明；对不能提供的，企业登记机关暂缓办理变更税务登记，并将情况通报同级主管税务机关。已领取营业执照但未办理税务登记的，税务机关按新设企业处理。

②企业生产经营地址、财务负责人、核算方式发生变化的，由企业直接向主管税务机关申报变更。企业向税务机关提出变更所需资料，即《变更税务登记表》一式两份（加盖单位公章）。

（2）对于未纳入“一照一码”管理制度的纳税人，其变更税务登记的流程如下。

未纳入“一照一码”管理制度的纳税人税务登记内容发生变化的，应当向原税务登记机关申报办理变更税务登记。纳税人已在市场监督管理部门办理变更税务登记的，应当自市场监督管理部门变更税务登记之日起 30 日内，向原税务登记机关如实提供相关证件、资料，申报办理变更税务登记。

4. 注销税务登记

注销税务登记是指当纳税人发生纳税义务终止或作为纳税主体资格消亡，或因其住所、经营地点变更而涉及改变税务机关的情形时，依法向原税务登记机关申报办理的税务登记。

（1）对于纳入“一照一码”管理范围的纳税人，其注销税务登记的流程如下。

①企业应先到税务部门办理税务清税手续，填写《清税申报表》，结清税款、缴销结存发票、注销各种税控设备及办结全部涉税事项。

②主管税务机关向纳税人开具“清税证明”。在清税完毕后，一方税务机关及时将本部门的清税结果信息反馈给受理税务机关，由受理税务机关根据清税结果向纳税人统一出具“清税证明”，并将信息共享到交换平台。企业凭税务部门出具的“清税证明”前往工商行政管理部门或市场监督管理部门办理企业注销。

（2）对于未纳入“一照一码”管理范围的纳税人，其注销税务登记的流程如下。

在过渡期间未换发“一照一码”营业执照的企业申请注销，税务机关按照原规定办理。

纳税人发生解散、破产、撤销以及其他情形，依法终止纳税义务的，应当在向市场监督管理部门或者其他机关办理注销登记前，持有关证件和资料向原税务登记机关申报办理注销登记；按规定不需要在市场监督管理部门或者其他机关办理注册登记的，应当自有关机关批准或者宣告终止之日起 15 日内，持有关证件和资料向原税务登记机关申报办理注销登记。纳税人被市场监督管理部门吊销营业执照或者被其他机关予以撤销登记的，应当自营业执照被吊销或者被撤销登记之日起 15 日内，向原税务登记机关申报办理注销登记。

纳税人因住所、经营地点变动，涉及改变税务登记机关的，应当在向市场监督管理部门或者其他机关申请办理变更、注销税务登记前，或者住所、经营地点变动前，持有关证件和资料向原税务登记机关申报办理注销税务登记，并自注销税务登记之日起 30 日内向迁达地税务机关申报办理税务登记。境外企业在中国境内承包建筑、安装、装配、勘探工程和提供劳务的，应当在项目完工、离开中国前 15 日内，持有关证件和资料向原税务登记机关申报办理注销登记。

纳税人办理注销税务登记前，应当向税务机关提交相关证明文件和资料，结清应纳税款、多退（免）税款、滞纳金和罚款，缴销发票、税务登记证和其他税务证件，经税务机关核准后，办理注销税务登记手续。

对于向市场监督管理部门申请简易注销的纳税人，符合未办理过涉税事宜的或者办理过涉税事宜但未领用发票、无欠税（滞纳金）及罚款的，可免予到税务机关办理清税证明，直接向市场监督管理部门申请办理注销登记。

5. 停业、复业税务登记

实行定期定额征收方式的个体工商户需要停业的，应当在停业前向税务机关申报办理停业登记。纳税人在申报办理停业登记时，应如实填写《停业复业报告书》，说明停业理由、停业期限、停业前的纳税情况和发票的领、用、存情况，并结清应纳税款、滞纳金、罚款。税务机关应收存其税务登记证件及副本、发票领购簿、未使用完的发票和其他税务证件。纳税人的停业期限不得超过一年。

纳税人在停业期间发生纳税义务的，应当按照税收法律、行政法规的规定申报缴纳税款。

纳税人应当于恢复生产经营之前，向税务机关申报办理复业登记，如实填写《停业复业报告书》，领回并启用税务登记证件、发票领购簿及其停业前领购的发票。

纳税人停业期满不能及时恢复生产经营的，应当在停业期满前到税务机关办理延长停业登记，并如实填写《停业复业报告书》。

8.1.2　账簿、凭证管理

账簿是纳税人、扣缴义务人连续地记录其各种经济业务的账册或簿籍。凭证是纳税人用来记录经济业务，明确经济责任，并据以登记账簿的书面证明。账簿、凭证管理是继税务登记之后税收征管的又一重要环节，在税收征管中占有十分重要的地位。

1. 账簿、凭证的设置

（1）根据《税收征收管理法》及其《实施细则》的有关规定，从事生产、经营的纳税人应当自领取营业执照或者发生纳税义务之日起 15 日内设置账簿。账簿是指总账、明细账、日记账以及其他辅助性账簿。

（2）扣缴义务人应当自税收法律、行政法规规定的扣缴义务发生之日起 10 日内，按照所代扣、代收的税种，分别设置代扣代缴、代收代缴税款账簿。

（3）生产、经营规模小又确无建账能力的纳税人，可以聘请经批准从事会计代理记账业务的专业机构或者财会人员代为建账和办理账务；聘请上述机构或者人员有实际困难的，经县以上税务机关批准，可以按照税务机关的规定，建立收支凭证粘贴簿、进货销货登记簿或者使用税控装置。

2. 账簿、凭证的保管

根据《税收征收管理法》的有关规定：“从事生产经营的纳税人、扣缴义务人必须按照国务院财政、税务主管部门规定的保管期限保管账簿、记账凭证、完税凭证及其他有关资料。账簿、记账凭证、报表、完税凭证及其他有关资料不得伪造、变造或者擅自损毁。”

除另有规定外，根据《实施细则》第二十九条，账簿、记账凭证、报表、完税凭证、发票、出口凭证以及其他有关涉税资料应当保存10年。

8.1.3 发票管理

我国现行的发票管理制度主要有2023年7月第三次修订公布的《中华人民共和国发票管理办法》和2024年3月第四次修订的《中华人民共和国发票管理办法实施细则》。

1. 发票的概念和种类

（1）发票的概念。

发票，是指在购销商品、提供或者接受服务以及从事其他经营活动中，开具、收取的收付款凭证。它是确定经营收支行为发生的法定凭证，是会计核算的原始依据，也是税务稽查的重要依据。税务机关是发票的主管机关，负责发票印刷、领购、开具、取得、保管、缴销的管理和监督。在全国范围内统一式样的发票，由国家税务总局确定。在省、自治区、直辖市范围内统一式样的发票，由省、自治区、直辖市税务局（以下简称省税务局）确定。

（2）发票的种类。

发票按照行业特点和纳税人生产经营项目，可划分为普通发票、增值税专用发票和专业发票三种。

①普通发票主要由增值税小规模纳税人使用，增值税一般纳税人在不开具专用发票的情况下也可使用普通发票。普通发票是最常见的一种发票，适用面最广。

②增值税专用发票是指专门用于结算销售货物和提供加工修理修配劳务使用的一种特殊发票，并且具备抵扣增值税税款的功能。

③专业发票是指国有金融、保险企业的存贷、汇兑、转账凭证、保险凭证；国有邮政、电信企业的邮票、邮单、话务、电报收据；国有铁路、国有航空企业和交通部门、国有公路、水上运输企业的客票、货票等。

2. 发票的联次和内容

发票的基本联次包括存根联、发票联、记账联。存根联由收款方或开票方留存备查；发票联由付款方或受票方作为付款原始凭证；记账联由收款方或开票方作为记账原始凭证。

发票的基本内容包括：发票的名称、发票代码和号码、联次及用途、客户名称、开户银行及账号、商品名称或经营项目、计量单位、数量、单价、大小写金额、税率（征收率）、税额、开票人、开票日期、开票单位（个人）名称（章）等。省级以上税务机关可根据经济活动以及发票管理需要，确定发票的具体内容。

3. 发票的印刷

增值税专用发票由国务院税务主管部门确定的企业印制；其他发票，按照国务院税务主管部门的规定，由省、自治区、直辖市税务机关确定的企业印制。禁止私自印制、伪造、变造发票。

印制发票应当使用国务院税务主管部门确定的全国统一的发票防伪专用品。禁止非法制造发票防伪专用品。全国统一的纸质发票防伪措施由国家税务总局确定，省级税务局可以根据需要增加本地区的纸质发票防伪措施，并向国家税务总局备案。

发票应当套印全国统一发票监制章。全国统一发票监制章的式样和发票版面印刷的要求，由国务院税务主管部门规定。发票监制章由省、自治区、直辖市税务机关制作。禁止伪造发票监制章。发票实行不定期换版制度。

发票应当使用中文印制。民族自治地方的发票，可以加印当地一种通用的民族文字。有实际需要的，也可以同时使用中外两种文字印制。

各省、自治区、直辖市内的单位和个人使用的发票，除增值税专用发票外，应当在本省、自治区、直辖市内印制；确有必要到外省、自治区、直辖市印制的，应当由省、自治区、直辖市税务机关商印制地省、自治区、直辖市税务机关同意后确定印制发票的企业。禁止在境外印制发票。

4. 发票领购管理

（1）需要领用发票的单位和个人，应当持设立登记证件或者税务登记证件，以及经办人身份证明，向主管税务机关办理发票领用手续。领用纸质发票的，还应当提供按照国务院税务主管部门规定式样制作的发票专用章的印模。主管税务机关根据领用单位和个人的经营范围、规模和风险等级，在 5 个工作日内确认领用发票的种类、数量以及领用方式。

单位和个人领用发票时，应当按照税务机关的规定报告发票使用情况，税务机关应当按照规定进行查验。

（2）需要临时使用发票的单位和个人，可以凭购销商品、提供或者接受服务以及从事其他经营活动的书面证明、经办人身份证明，直接向经营地税务机关申请代开发票。依照税收法律、行政法规规定应当缴纳税款的，税务机关应当先征收税款，再开具发票。税务机关根据发票管理的需要，可以按照国务院税务主管部门的规定委托其他单位代开发票。

禁止非法代开发票。

临时到本省、自治区、直辖市以外从事经营活动的单位或者个人，应当凭所在地税务机关的证明，向经营地税务机关领用经营地的发票。

5. 发票的开具

销售商品、提供服务以及从事其他经营活动的单位和个人，对外发生经营业务收取款项，收款方应当向付款方开具发票；特殊情况下，由付款方向收款方开具发票。特殊情况是指：收购单位和扣缴义务人支付个人款项时；国家税务总局认为其他需要由付款方向收款方开具发票的。

所有单位和从事生产、经营活动的个人在购买商品、接受服务以及从事其他经营活动支付款项，应当向收款方取得发票。取得发票时，不得要求变更品名和金额。

不符合规定的发票，不得作为财务报销凭证，任何单位和个人有权拒收。

开具发票应当按照规定的时限、顺序、栏目，全部联次一次性如实开具，开具纸质发票应当在发票联和抵扣联加盖发票专用章。

任何单位和个人不得有下列虚开发票行为：

（1）为他人、为自己开具与实际经营业务情况不符的发票；

（2）让他人为自己开具与实际经营业务情况不符的发票；

（3）介绍他人开具与实际经营业务情况不符的发票。

安装税控装置的单位和个人，应当按照规定使用税控装置开具发票，并按期向主管税务机关报送开具发票的数据。

使用非税控电子器具开具发票的，应当将非税控电子器具使用的软件程序说明资料报主管税务机关备案，并按照规定保存、报送开具发票的数据。

单位和个人开发电子发票信息系统自用或者为他人提供电子发票服务的，应当遵守国务院税务主管部门的规定。

6. 发票的使用

任何单位和个人应当按照发票管理规定使用发票，不得有下列行为：

（1）转借、转让、介绍他人转让发票、发票监制章和发票防伪专用品；

（2）知道或者应当知道是私自印制、伪造、变造、非法取得或者废止的发票而受让、开具、存放、携带、邮寄、运输；

（3）拆本使用发票；

（4）扩大发票使用范围；

（5）以其他凭证代替发票使用；

（6）窃取、截留、篡改、出售、泄露发票数据。

税务机关应当提供查询发票真伪的便捷渠道。

除国务院税务主管部门规定的特殊情形外，纸质发票限于领用单位和个人在本省、自治区、直辖市内开具。省、自治区、直辖市税务机关可以规定跨市、县开具纸质发票的办法。

除国务院税务主管部门规定的特殊情形外，任何单位和个人不得跨规定的使用区域携带、邮寄、运输空白发票。

禁止携带、邮寄或者运输空白发票出入境。

7. 发票的保管

开具发票的单位和个人应当建立发票使用登记制度，配合税务机关进行身份验证，并定期向主管税务机关报告发票使用情况。

使用纸质发票的单位和个人应当妥善保管发票。发生发票丢失情形时，应当于发现丢失当日书面报告税务机关。

开具发票的单位和个人应当在办理变更或者注销税务登记的同时，办理发票的变更、缴销手续。

开具发票的单位和个人应当按照国家有关规定存放和保管发票，不得擅自损毁。已经开具的发票存根联，应当保存 5 年。

8. 发票的检查

税务机关在发票管理中有权进行下列检查：检查印制、领用、开具、取得、保管和缴销发票的情况；调出发票查验；查阅、复制与发票有关的凭证、资料；向当事各方询问与发票有关的问题和情况；在查处发票案件时，对与案件有关的情况和资料，可以记录、录音、录像、照相和复制。

印制、使用发票的单位和个人，必须接受税务机关依法检查，如实反映情况，提供有关资料，不得拒绝、隐瞒。税务人员进行检查时，应当出示税务检查证。

税务机关需要将已开具的发票调出查验时，应当向被查验的单位和个人开具发票换票证。发票换票证与所调出查验的发票有同等的效力。被调出查验发票的单位和个人不得拒绝接受。

税务机关需要将空白发票调出查验时，应当开具收据；经查无问题的，应当及时返还。

单位和个人从中国境外取得的与纳税有关的发票或者凭证，税务机关在纳税审查时有疑义的，可以要求其提供境外公证机构或者注册会计师的确认证明，经税务机关审核认可后，方可作为记账核算的凭证。

8.2 税款征收

税款征收是税收征收管理工作中的中心环节，是全部税收征管工作的目的和归宿，在整个税收工作中占据着极其重要的地位。

8.2.1 纳税申报

纳税申报是纳税人按照税法规定的期限和内容，向税务机关提交有关纳税事项书面报告的法律行为，既是纳税人履行纳税义务、税务机关界定纳税人法律责任的主要依据，也是税务机关税收管理信息的主要来源和税务管理的重要制度。

1. 纳税申报的对象

纳税申报的对象为纳税人和扣缴义务人。纳税人在纳税期内没有应纳税款的，也应当按照规定办理纳税申报。纳税人享受减税、免税待遇的，在减税、免税期间应当按照规定办理纳税申报。

2. 纳税申报的内容

纳税申报的内容，主要在各税种的纳税申报表和代扣代缴、代收代缴税款报告表中体现，还可以在随纳税申报表附报的财务报表和有关纳税资料中体现。纳税人和扣缴义务人的纳税申报和代扣代缴、代收代缴税款报告的主要内容包括：税种、税目，应纳税项目或者应代扣代缴、代收代缴税款项目，计税依据，扣除项目及标准，适用税率或者单位税额，应退税项目及税额、应减免税项目及税额，应纳税额或者应代扣代缴、代收代缴税额，以及税款所属期限、延期缴纳税款、欠税、滞纳金等。

3. 纳税申报的方式

纳税人、扣缴义务人可以直接到税务机关办理纳税申报，或者报送代扣代缴、代收代缴税款报告表，也可以按照规定采取邮寄、数据电文或者其他方式办理上述申报、报送事项。目前，纳税申报的形式主要有以下三种：

（1）直接申报，是指纳税人自行到税务机关办理纳税申报。这是一种传统申报方式。

（2）邮寄申报，是指经税务机关批准的纳税人使用统一规定的纳税申报特快专递专用信封，通过邮政部门办理交寄手续，并向邮政部门索取收据作为申报凭据的方式。

纳税人采取邮寄方式办理纳税申报的，应当使用统一的纳税申报专用信封，并以邮政部门收据作为申报凭据。邮寄申报以寄出的邮戳日期为实际申报日期。

（3）数据电文，是指经税务机关确定的电话语音、电子数据交换和网络传输等电子方式。例如，目前纳税人的网上申报，就是数据电文申报方式的一种形式。纳税人采取电子方式办理纳税申报的，应当按照税务机关规定的期限和要求保存有关资料，并定期书面报送主管税务机关。纳税人、扣缴义务人采取数据电文方式办理纳税申报的，其申报日期以税务机关计算机网络系统收到该数据电文的时间为准。

除上述方式外，实行定期定额缴纳税款的纳税人，可以实行简易申报、简并征期等申报纳税方式。“简易申报”是指实行定期定额缴纳税款的纳税人在法律、行政法规规定的期限内或税务机关依据法律、行政法规的规定确定的期限内缴纳税款的，税务机关可以视同申报；“简并征期”是指实行定期定额缴纳税款的纳税人，经税务机关批准，可以采取将纳税期限合并为按季、半年、年的方式缴纳税款。

8.2.2　税款征收与缴纳方式

1. 税款的征收方式

税款征收方式是指税务机关根据各税种的不同特点、征纳双方的具体条件而确定的计算征收税款的方法和形式。税款征收的方式主要有以下几种。

（1）查账征收。查账征收是指税务机关按照纳税人提供的账表所反映的经营情况，依照适用税率计算缴纳税款的方式。这种方式一般适用于财务会计制度较为健全，能够认真履行纳税义务的纳税单位。

（2）查定征收。查定征收是指税务机关根据纳税人的从业人员、生产设备、采用原材料等因素，对其生产的应税产品查实核定产量、销售额并据以征收税款的方式。这种方式一般适用于账册不够健全，但是能够控制原材料或进销货的纳税单位。

（3）查验征收。查验征收是指税务机关通过查验数量，对纳税人应税商品按市场一般销售单价计算其销售收入并据以征税的方式。这种方式一般适用于经营品种比较单一，经营地点、时间和商品来源不固定的纳税单位。

（4）定期定额征收。定期定额征收是指税务机关通过典型调查，逐户确定营业额和所得额并据以征税的方式。这种方式一般适用于无完整考核依据的小型纳税单位。

（5）委托代征税款。委托代征税款是指税务机关委托代征人以税务机关的名义征收税款，并将税款缴入国库的方式。这种方式一般适用于小额、零散税源的征收。

（6）邮寄纳税。邮寄纳税是一种新的纳税方式。这种方式主要适用于那些有能力按期纳税，但采用其他方式纳税又不方便的纳税人。

（7）其他方式。如利用网络申报、用 IC 卡纳税等方式。

2. 应纳税额的核定与调整

（1）核定应纳税额的情形。

纳税人有下列情形之一的，税务机关有权核定其应纳税额：

①依照法律、行政法规的规定可以不设置账簿的。

②依照法律、行政法规的规定应当设置账簿但未设置的。

③擅自销毁账簿或拒不提供纳税资料的。

④虽设置账簿，但账目混乱或成本资料、收入凭证、费用凭证残缺不全，难以查账的。

⑤发生纳税义务，未按照规定的期限办理纳税申报，经税务机关责令限期申报，逾期仍不申报的。

⑥申报的计税依据明显偏低，又无正当理由的。

（2）核定应纳税额的方法。

税务机关有权采用下列任何一种方法核定应纳税额，当其中一种方法不足以正确核定应纳税额时，可以同时采用两种以上的方法核定：

①参照当地同类行业或者类似行业中经营规模和收入水平相近的纳税人的税负水平核定；

②按照营业收入或者成本加合理的费用和利润的方法核定；

③按照耗用的原材料、燃料、动力等推算或者测算核定；

④按照其他合理方法核定。

3. 税款缴纳方式

（1）纳税人直接向国库经收处缴纳。纳税人先向税务机关领取税票，自行填写，然后到国库经收处缴纳税款。该方式适用于在设有国库经收处的银行和其他金融机构开设账户的纳税人。

（2）税务机关自收税款。税务机关自收税款即由税务机关直接收取税款并办理入库手续。该方式适用于由税务机关代开发票的纳税人缴纳的税款；临时发生纳税义务需向税务机关直接缴纳的税款；税务机关采取强制措施，以拍卖所得或变卖所得缴纳的税款。

（3）代收代缴。代收代缴是指负有代收代缴税款义务的单位和个人，在向纳税人收取款项的同时，依法收取纳税人应缴纳的税款并按照规定的期限申报解缴的一种方式。该方式一般适用于税收网络覆盖不到或很难控制的领域。

（4）代扣代缴。代扣代缴是指负有代扣代缴税款义务的单位和个人，在向纳税人支付款项时，依法从支付款项中扣收纳税人应缴纳的税款并按照规定的期限申报解缴的一种方式。其目的是对零分散、不易控制的税源实行源泉控制。

（5）委托代征。委托代征是指税务机关委托有关单位和个人，以税务机关的名义向纳税人依法征收税款的一种方式。该方式适用于零星分散和异地缴纳的税款。

8.2.3　税款征收保障措施

1. 责令缴纳

所有的纳税人都应按照税法的规定如期缴纳税款。纳税人有特殊困难，不能按期缴纳税款的，经省、自治区、直辖市税务机关批准，可以延期缴纳税款，但最长不得超过 3 个月。上述所述的特殊困难主要指两种情况：一是因不可抗力，导致纳税人发生较大损失，正常生产经营受到较大影响的；二是当期货币资金在扣除应付职工工资、社会保险费后，不足以缴纳税款的。纳税人在申请延期缴纳税款时，必须以书面形式提出申请，税务机关应在收到申请延期缴纳税款报告之日起 20 日内作出批复，批准延期内免予加收滞纳金。

从事生产经营的纳税人、扣缴义务人未按照规定的期限缴纳税款的，纳税担保人未按照规定的期限缴纳所担保的税款的，由税务机关发出限期缴纳税款通知书，责令其限期缴纳。责令限期缴纳的最长期限不得超过 15 日。

纳税人未按规定期限缴纳税款的，扣缴义务人未按规定期限解缴税款的，税务机关除责令限期缴纳外，从滞纳税款之日起，按日加收滞纳税款万分之五的滞纳金。滞纳金必须在税务机关发出催缴税款通知书、责令限期缴纳税款、纳税人未能按期缴纳税款的情况下才能加收。加收滞纳金的起止日期为法律、行政法规规定的税款缴纳期限届满次日起至纳税人、扣缴义务人实际缴纳税款或解缴税款之日止。纳税人拒绝缴纳滞纳金的，可以按不履行纳税义务实行强制措施。

2. 责令提供纳税担保

纳税担保是指经税务机关同意或确认，纳税人或其他自然人、法人、经济组织以保证、抵押、质押的方式，为纳税人应当缴纳的税款及滞纳金提供担保的行为。

（1）适用纳税担保的情形。

①税务机关有根据认为从事生产经营的纳税人有逃避纳税义务行为，在规定的纳税期之前经责令其限期缴纳应纳税款，在限期内发现纳税人有明显的转移、隐匿其应纳税的商品、货物以及其他财产或应纳税收入的迹象，责成纳税人提供纳税担保的。

②欠缴税款、滞纳金纳税人或其他法定代表人需要出境的。

③纳税人同税务机关在纳税上发生争议而未缴清税款，需要申请行政复议的。

④税收法律、行政法规规定可以提供纳税担保的其他情形。

（2）纳税担保的范围。

纳税担保的范围包括税款、滞纳金和实现税款、滞纳金的费用。费用包括抵押、质押登记费用，质押保管费用，以及保管、拍卖、变卖担保财产等相关费用支出。

3. 采取税收保全措施

（1）适用税收保全措施的情形及措施。

税务机关有根据认为从事生产经营的纳税人有逃避纳税义务行为的，可以在规定的纳税期限之前，责令限期缴纳税款。在限期内发现纳税人有明显的转移、隐匿其应纳税商品、货物以及其他财产或应纳税收入迹象的，税务机关应责令其提供纳税担保。如果纳税人不能提供纳税担保，经县以上税务局（分局）局长批准，税务机关可以采取下列税收保全措施：

①书面通知纳税人开户银行或其他金融机构冻结纳税人的金额相当于应纳税款的存款。

②扣押、查封纳税人价值相当于应纳税款的商品、货物或其他财产。其他财产包括纳税人的房地产、现金、有价证券等不动产和动产。个人及其所照顾家属维持生活必需的住房和用品，不在税收保全措施的范围之内。

（2）税收保全措施的终止。

纳税人在税务机关采取税收保全措施后，按照税务机关规定的期限缴纳税款的，税务机关自收到税款或银行转回的完税凭证之日起 1 日内解除税收保全。

纳税人在限期满仍未缴纳税款的，经县以上税务局（分局）局长批准，税务机关可以采取强制执行措施：书面通知纳税人开户银行或其他金融机构，从其冻结的存款中扣缴税款，或依法拍卖或变卖所扣押、查封的商品、货物或其他财产，以拍卖或变卖所得抵缴税款。

（3）税收保全措施的法律责任。

采取税收保全措施的权力，不得由法定的税务机关以外的单位和个人行使。采取税收保全措施不当，或纳税人在期限内已缴纳税款，税务机关未立即解除税收保全措施，使纳税人的合法利益遭受损失的，税务机关应当承担赔偿责任。

4. 采取税收强制执行措施

从事生产经营的纳税人、扣缴义务人未按规定的期限缴纳税款或解缴税款，纳税担保人未按规定的期限缴纳所担保的税款，由税务机关责令限期缴纳，逾期仍未缴纳的，经县以上税务局（分局）局长批准，税务机关可以采取下列强制执行措施：

①书面通知其开户银行或其他金融机构从其存款中扣缴税款。

②扣押、查封、依法拍卖或变卖其价值相当于应纳税款的商品、货物或其他财产，以拍卖或变卖所得抵缴税款。税务机关采取强制执行措施时，对上述规定中所列纳税人、扣缴义务人、纳税担保人未缴纳的滞纳金同时强制执行。

③个人及其所抚养家属维持生活必需的住房和用品，不在强制执行措施的范围之内。

④拍卖或者变卖所得抵缴税款、滞纳金、罚款以及扣押、查封、保管、拍卖、变卖等费用后，剩余部分应当在 3 日内退还被执行人。

8.2.4　税款征收的结算

1. 欠税清缴

欠税是指纳税人未按照规定期限缴纳税款，扣缴义务人未按照规定期限解缴税款的行为。

（1）税收优先。

除法律另有规定的外，税收优先于无担保债权。纳税人欠缴的税款发生在纳税人以其财产设定抵押、质押或者纳税人的财产被留置之前的，税收应当先于抵押权、质权、留置权执行。纳税人欠缴税款，同时又被行政机关决定处以罚款、没收违法所得的，税收优先于罚款、没收违法所得。税务机关应当对纳税人欠缴税款的情况定期予以公告。

（2）代位权与撤销权。

欠缴税款的纳税人因怠于行使到期债权，或者放弃到期债权，或者无偿转让财产，或者以明显不合理的低价转让财产而受让人知道该情形，对国家税收造成损害的，税务机关可以依照合同法第七十三条、第七十四条的规定行使代位权、撤销权。

（3）欠税公告与报告。

县级以上各级税务机关应当将纳税人的欠税情况，在办税场所或者广播、电视、报纸、期刊、网络等新闻媒体上定期公告。

纳税人有合并、分立情形的，应当向税务机关报告，并依法缴清税款。纳税人合并时未缴清税款的，应当由合并后的纳税人继续履行未履行的纳税义务；纳税人分立时未缴清税款的，分立后的纳税人对未履行的纳税义务应当承担连带责任。

欠缴税款数额在 5 万元以上的纳税人在处分其不动产或者大额资产之前，应当向税务机关报告。

（4）离境管理。

欠缴税款的纳税人或者他的法定代表人需要出境的，应当在出境前向税务机关结清应纳税款、滞纳金或者提供担保。未结清税款、滞纳金，又不提供担保的，税务机关可以通知出境管理机关阻止其出境。

2. 税款的补缴与追征

因税务机关的责任，致使纳税人、扣缴义务人未缴或者少缴税款的，税务机关在三年内可以要求纳税人、扣缴义务人补缴税款，但是不得加收滞纳金。

因纳税人、扣缴义务人计算错误等失误，未缴或者少缴税款的，税务机关在三年内可以追征税款、滞纳金；有特殊情况的，追征期可以延长到五年。

对偷税、抗税、骗税的，税务机关追征其未缴或者少缴的税款、滞纳金或者所骗取的税款，不受前款规定期限的限制。

3. 税款的退还

纳税人超过应纳税额缴纳的税款，税务机关发现后应当自发现之日起 10 日内办理退还手续；纳税人自结算缴纳税款之日起三年内发现的，可以向税务机关要求退还多缴的税款并加算银行同期存款利息，税务机关应当自接到纳税人退还申请之日起 30 日内查实并办理退还手续；涉及从国库中退库的，依照法律、行政法规有关国库管理的规定退还。

当纳税人既有应退税款又有欠缴税款的，税务机关可以将应退税款和利息先抵扣欠缴税款；抵扣后有余额的，退还纳税人。

8.3 税务检查

8.3.1 税务检查的形式

1. 重点检查

对公民举报、上级机关交办或有关部门转来的有逃避缴纳税款行为或嫌疑的，纳税申报与实际生产经营情况有明显不符的纳税人及有普遍逃税行为的行业的检查。

2. 类计划检查

根据纳税人历来纳税情况、纳税人的纳税规模及税务检查间隔时间的长短等综合因素，按事先确定的纳税人分类、计划检查时间及检查频率而进行的检查。

3. 集中性检查

税务机关在一定时间、一定范围内，统一安排、统一组织的税务检查，这种检查一般规模比较大，如以前年度的全国范围内的税收、财务大检查就属于这类检查。

4. 临时性检查

由各级税务机关根据不同的经济形势、偷逃税趋势、税收任务完成情况等综合因素，在正常的检查计划之外安排的检查，如行业性解剖、典型调查性的检查等。

5. 专项检查

指税务机关根据税收工作实际，对某一税种或税收征收管理某一环节进行的检查，如增值税一般纳税专项检查、漏征漏管户专项检查等。

8.3.2　税务检查的职责

（1）检查纳税人的账簿、记账凭证、报表和有关资料，检查扣缴义务人代扣代缴、代收代缴税款账簿、记账凭证和有关资料。

（2）到纳税人的生产、经营场所和货物存放地检查纳税人应纳税的商品、货物或者其他财产，检查扣缴义务人与代扣代缴、代收代缴税款有关的经营情况。

（3）责成纳税人、扣缴义务人提供与纳税或者代扣代缴、代收代缴税款有关的文件、证明材料和有关资料。

（4）询问纳税人、扣缴义务人与纳税或者代扣代缴、代收代缴税款有关的问题和情况。

（5）到车站、码头、机场、邮政企业及其分支机构检查纳税人托运、邮寄应纳税商品、货物或其他财产的有关单据、凭证和有关资料。

（6）经县以上税务局（分局）局长批准，凭全国统一格式的检查存款账户许可证明，查询从事生产经营的纳税人、扣缴义务人在银行或其他金融机构的存款账户。税务机关在调查税收违法案件时，经设区的市、自治州以上税务局（分局）局长批准，可以查询案件涉嫌人员的储蓄存款。税务机关查询所获得的资料，不得用于税收以外的用途。

（7）税务机关对从事生产经营的纳税人以前纳税期的纳税情况依法进行税务检查时，发现纳税人有逃避纳税义务行为，并有明显的转移、隐匿其应纳税的商品、货物以及其他财产或应纳税的收入的迹象的，可以按照法律规定的批准权限采取税收保全措施或强制执行措施。

（8）税务机关依法进行税务检查时，有权向有关单位和个人调查纳税人、扣缴义务人和其他当事人与纳税或代扣代缴、代收代缴税款有关的情况，有关单位和个人有义务向税务机关如实提供有关资料及证明材料。税务机关调查税务违法案件时，对与案件有关的情况和资料，可以记录、录音、录像、照相和复制。

8.4 法律责任

8.4.1 纳税人违反税收征管法的法律责任

1. 违反税务管理基本规定行为的处罚

（1）纳税人有下列行为之一的，由税务机关责令限期改正，可以处 2 000 元以下的罚款；情节严重的，处 2 000 元以上 1 万元以下的罚款。

①未按照规定的期限申报办理税务登记、变更或者注销登记的。

②未按照规定设置、保管账簿或者保管记账凭证和有关资料的。

③未按照规定将财务、会计制度或者财务、会计处理办法和会计核算软件报送税务机关备查的。

④未按照规定将其全部银行账号向税务机关报告的。

⑤未按照规定安装、使用税控装置，或者损毁、擅自改动税控装置的。

⑥纳税人未按照规定办理税务登记证件验证或者换证手续的。

（2）纳税人不办理税务登记的，由税务机关责令限期改正；逾期不改正的，由工商行政管理机关吊销其营业执照。

（3）纳税人通过提供虚假的证明资料等手段，骗取税务登记证的，处 2 000 元以下的罚款；情节严重的，处 2 000 元以上 1 万元以下的罚款。纳税人涉嫌其他违法行为的，按有关法律、行政法规的规定处理。

（4）扣缴义务人未按照规定办理扣缴税款登记的，税务机关应当自发现之日起 3 日内责令其限期改正，并可处以 1 000 元以下的罚款。

（5）纳税人未按照规定使用税务登记证件，或者转借、涂改、损毁、买卖、伪造税务登记证件的，处 2 000 元以上 1 万元以下的罚款；情节严重的，处 1 万元以上 5 万元以下的罚款。

2. 逃避税务机关追缴欠税行为的法律责任

纳税人欠缴应纳税款，采取转移或者隐匿财产的手段，妨碍税务机关追缴欠缴的税款的，由税务机关追缴欠缴的税款、滞纳金，并处罚款；构成犯罪的，依法追究刑事责任。扣缴义务人应扣未扣、应收而不收税款的，由税务机关向纳税人追缴税款，对扣缴义务人处以罚款。

3. 偷税行为的法律责任

偷税是指纳税人采取伪造、变造、隐匿、擅自销毁账簿、记账凭证，或者在账簿上多列支出或者不列、少列收入，或者经税务机关通知申报而拒不申报或者进行虚假的纳税申报的手段，不缴或者少缴应纳税款的行为。

纳税人偷税的，由税务机关追缴其不缴或者少缴的税款、滞纳金，并处罚金；构成犯罪的，依法追究刑事责任。

扣缴义务人采取上述偷税手段，不缴或者少缴已扣、已收税款，由税务机关追缴其不缴或者少缴的税款、滞纳金，并处罚款；构成犯罪的，依法追究刑事责任。纳税人、扣缴义务人编造虚假的计税依据的，由税务机关责令限期改正，并处以罚款。

4. 抗税行为的法律责任

抗税是指纳税人、扣缴义务人以暴力、威胁方法拒不缴纳税款的行为。对抗税行为，除由税务机关追缴其拒缴的税款、滞纳金外，依法追究刑事责任。情节轻微、未构成犯罪的，由税务机关追缴其拒缴的税款、滞纳金，并处以罚款。

5. 骗税行为的法律责任

骗税行为是指纳税人以假报出口或者其他欺骗手段，骗取国家出口退税款的行为。纳税人有骗税行为，由税务机关追缴其骗取的退税款，并处骗取税款 1 倍以上 5 倍以下的罚款；构成犯罪的，依法追究刑事责任。对骗取国家出口退税款的，税务机关可以在规定期间内停止为其办理出口退税。

6. 纳税人、扣缴义务人不配合税务机关进行税务检查的法律责任

纳税人、扣缴义务人逃避、拒绝或者以其他方式阻挠税务机关检查的，由税务机关责令改正，可以处 1 万元以下的罚款；情节严重的，处 1 万元以上 5 万元以下的罚款。

（1）纳税人、扣缴义务人有下列情形之一的，依照前款规定处罚：

①提供虚假的资料，不如实反映情况，或者拒绝提供有关资料的。

②拒绝或者阻止税务机关记录、录音、录像、照相和复制与案件有关的情况和资料的。

③在检查期间，纳税人、扣缴义务人转移、隐匿、销毁有关资料的。

④有不依法接受税务检查的其他情形的。

（2）税务机关依照《税收征收管理法》的规定，到车站、码头、机场、邮政企业及其分支机构检查纳税人有关情况，有关单位拒绝的，由税务机关责令改正，可以处1万元以下的罚款；情节严重的，处1万元以上5万元以下的罚款。

8.4.2 税务机关和税务人员违反税收法律制度的法律责任

1. 擅自改变税收征收管理范围的法律责任

税务机关违反规定擅自改变税收征收管理范围和税款入库预算级次的，责令限期改正，对直接负责的主管人员和其他直接责任人员依法给予降级或者撤职的行政处分。

2. 不移送的法律责任

税务人员徇私舞弊，对依法应当移交司法机关追究刑事责任的，不移交，情节严重的，依法追究刑事责任。

3. 税务人员不依法行政的法律责任

税务人员与纳税人、扣缴义务人勾结，唆使或者协助纳税人、扣缴义务人实施税收违法行为，构成犯罪的，依法追究刑事责任；未构成犯罪的，依法给予行政处分。

税务人员私分扣押、查封的商品、货物或者其他财产，情节严重，构成犯罪的，依法追究刑事责任；尚不构成犯罪的，依法给予行政处分。

4. 渎职行为的法律责任

（1）税务人员利用职务上的便利，收受或者索取纳税人、扣缴义务人财物或者牟取其他不正当利益，构成犯罪的，依法追究刑事责任；未构成犯罪的，依法给予行政处分。

（2）税务人员徇私舞弊或者玩忽职守，不征或者少征应征税款，致使国家税收遭受重大损失，构成犯罪的，依法追究刑事责任；未构成犯罪的，依法给予行政处分。

（3）税务人员滥用职权，故意刁难纳税人、扣缴义务人的，应调离税收工作岗位，并依法给予行政处分。

（4）税务人员对控告、检举税收违法行为的纳税人、扣缴义务人以及其他检举人进行打击报复的，依法给予行政处分；构成犯罪的，依法追究刑事责任。

5. 不按规定征收税款的法律责任

（1）违反法律、行政法规的规定提前征收、延缓征收或者摊派税款的，由其上级机关或者行政监察机关责令改正，对直接负责的主管人员和其他直接责任人员依法给予行政处分。

（2）违反法律、行政法规的规定，擅自作出税收的开征、停征或者减税、免税、退税、补税以及其他同税收法律、行政法规相抵触的决定的，除按《税收征收管理法》的规定撤销其擅自作出的决定外，补征应征未征税款，退还不应征收而征收的税款，并由上级机关追究直接负责的主管人员和其他直接责任人员的行政责任；构成犯罪的，依法追究刑事责任。

案例解析

1. 广西北海某石化在税收征收管理过程中的违法行为主要有以下几条：

①未按照规定设置、保管账簿或者保管记账凭证和有关资料的。

②逃避税务机关追缴欠税行为的法律责任，妨碍税务机关追缴欠缴的税款的。

③偷税行为的法律责任。偷税是指纳税人采取伪造、变造、隐匿、擅自销毁账簿、记账凭证，或者在账簿上多列支出或者不列、少列收入，或者经税务机关通知申报而拒不申报或者进行虚假的纳税申报的手段，不缴或者少缴应纳税款的行为。

④抗税行为的法律责任。抗税是指纳税人、扣缴义务人以暴力、威胁方法拒不缴纳税款的行为。

2. 税务局依照《税收征收管理法》等税法规定，对纳税人违反税法规定的作出处罚。《税收征收管理法》第六十三条规定，纳税人伪造、变造、隐匿、擅自销毁账簿、记账凭证，或者在账簿上多列支出或者不列、少列收入，或者经税务机关通知申报而拒不申报或者进行虚假的纳税申报，不缴或者少缴应纳税款的，是偷税。对纳税人偷税的，由税务机关追缴其不缴或者少缴的税款、滞纳金，并处不缴或者少缴的税款百分之五十以上五倍以下的罚款；构成犯罪的，依法追究刑事责任。因此，按照企业少缴的税款罚款 50%（0.5 倍），是符合税法规定的。

3. 广西北海某石化阻挠税务检查，广西税务局某稽查局可以采取的措施有：

①除由税务机关追缴其拒缴的税款、滞纳金外，依法追究刑事责任。情节轻微、未构成犯罪的，由税务机关追缴其拒缴的税款、滞纳金，并处以罚款。税务机关有根据认为从事生产经营的纳税人有逃避纳税义务行为的，可以在规定的纳税期限之前，责令限期缴纳税款。

②在限期内发现纳税人有明显的转移、隐匿其应纳税商品、货物以及其他财产或应纳税收入迹象的，税务机关应责令其提供纳税担保。如果纳税人不能提供纳税担保，则经县以上税务局（分局）局长批准，税务机关可以采取税收保全措施。

③从事生产经营的纳税人、扣缴义务人未按规定的期限缴纳税款或解缴税款，纳税担保人未按规定的期限缴纳所担保的税款，由税务机关责令限期缴纳，逾期仍未缴纳的，经县以上税务局（分局）局长批准，税务机关可以采取强制执行措施。

能力训练

一、单选题

1. 下列税种中，不是由税务机关负责征收的是（　　）。

A. 个人所得税　　B. 关税　　C. 车船税　　D. 烟叶税

2. 从事生产、经营的纳税人应自领取营业执照之日起一定期限内，办理税务登记。该期限为（　　）日。

A. 15　　B. 30　　C. 45　　D. 60

3. 企业发生的下列情形中，应当办理注销税务登记的是（　　）。

A. 住所迁移涉及主管税务机关的变动

B. 改变行政隶属关系

C. 改变生产经营方式

D. 减少注册资本

4. 下列关于税收强制执行措施的表述中，正确的是（　　）。

A. 税收强制执行措施不适用于扣缴义务人

B. 作为家庭唯一代步工具的轿车，不在税收强制执行的范围之内

C. 税务机关采取强制执行措施时，可对纳税人未缴纳的滞纳金同时强制执行

D. 税务机关可对未按期缴纳工薪收入个人所得税的个人实施税收强制执行措施

5. 关于税款征收表述中，正确的是（　　）。

A. 因税务机关的责任，致使纳税人、扣缴义务人未缴或者少缴税款的，税务机关在五年内可以要求纳税人、扣缴义务人补缴税款，但是不得加收滞纳金

B. 纳税人超过应纳税额缴纳的税款，税务机关发现后应当自发现之日起 30 日内办理退还手续

C. 省级以上各级税务机关应当将纳税人的欠税情况，在办税场所或者广播、电视、报纸、期刊、网络等新闻媒体上定期公告

D. 未结清税款、滞纳金，又不提供担保的，税务机关可以通知出境管理机关阻止其出境

6. 以下（　　）不属于虚开发票行为。

A. 为他人、为自己开具与实际经营业务情况不符的发票

B. 向他人购买空白发票

C. 让他人为自己开具与实际经营业务情况不符的发票

D. 介绍他人开具与实际经营业务情况不符的发票

7. 纳税人、扣缴义务人（　　）行为，由税务机关责令改正，可以处 1 万元以下的罚款；情节严重的，处 1 万元以上 5 万元以下的罚款。

A. 提供虚假的资料，不如实反映情况，或者拒绝提供有关资料的

B. 在检查期间，纳税人、扣缴义务人转移、隐匿、销毁有关资料的

C. 拒绝或者阻止税务机关记录、录音、录像、照相和复制与案件有关的情况和资料的

D. 扣缴义务人未按照规定办理扣缴税款登记的

8. 税收保全措施中扣押、查封纳税人价值相当于应纳税款的商品、货物或其他财产，不包括（　　）。

A. 纳税人的房地产

B. 纳税人的小汽车

C. 个人及其所抚养家属维持生活必需的住房和用品

D. 纳税人的首饰饰品

9. 以下关于发票管理的表述，不正确的是（　　）。

A. 增值税专用发票由国务院税务主管部门确定的企业印制

B. 发票应当套印全国统一发票监制章

C. 开具发票的单位和个人应当按照国家有关规定存放和保管发票，不得擅自损毁。已经开具的发票存根联，应当保存 10 年

D. 任何单位和个人不得转借、转让、介绍他人转让发票、发票监制章和发票防伪专用品

10. 关于税收优先原则的表述中，不正确的是（　　）。

A. 纳税人欠缴的税款发生在纳税人以其财产设定抵押之前的，税收应当先于抵押权执行

B. 纳税人欠缴税款，同时又被行政机关决定处以罚款、没收违法所得的，税收优先于罚款、没收违法所得

C. 纳税人欠缴的税款发生在纳税人的财产被留置之前的，税收应当先于留置权执行

D. 对于法律上有规定的无担保债权，税收优先于该无担保债权

二、多选题

1. 税务登记管理包括（　　）。

A. 设立税务登记　　B. 变更税务登记

C. 注销税务登记　　D. 停业复业登记

2. 下列关于发票管理的规定，正确的是（　　）。

A. 税务机关是发票的主管机关

B. 需要临时使用发票的单位和个人，不可以直接向经营地税务机关申请代开发票

C. 已开具的发票存根联和发票登记簿，应当保存 10 年

D. 一般纳税人申请增值税专用发票最高开票限额不超过 10 万元的，主管税务机主销税关不需要事前进行实地查验

3. 下列关于纳税申报的表述中，正确的是（　　）。

A. 纳税人在纳税期内没有应纳税款的，应按规定办理纳税申报

B. 享受减免税待遇的纳税人，在减免税期间应当按照规定办理纳税申报

C. 邮寄申报以收到的邮戳日期为实际申报日期

D. 因有特殊情况，纳税人不能按期纳税申报的，经省级税务机关核准，可延期申报

4. 税人有以下（　　）行为之一的，由税务机关责令限期改正，可以处 2 000 元以下的罚款；情节严重的，处 2 000 元以上 1 万元以下的罚款。

A. 未按照规定的期限申报办理税务登记、变更或者注销登记的

B. 未按照规定设置、保管账簿或者保管记账凭证和有关资料的

C. 未按照规定将财务、会计制度或者财务、会计处理办法和会计核算软件报送税务机关备查的

D. 纳税人通过提供虚假的证明资料等手段，骗取税务登记证的

5. 税款缴纳方式主要包括（　　）。

A. 纳税人直接向国库经收处缴纳　　B. 税务机关自收税款

C. 代扣代缴　　D. 委托代征

6. 以下（　　）发生变化需要进行变更税务登记。

A. 因其住所、经营地点变更　　B. 法人代表变更

C. 生产经营期限变更　　D. 纳税主体资格消亡

7. 以下关于账簿、凭证管理的表述中，正确的是（　　）。

A. 扣缴义务人应当自税收法律、行政法规规定的扣缴义务发生之日起 15 日内，按照所代扣、代收的税种，分别设置代扣代缴、代收代缴税款账簿

B. 从事生产、经营的纳税人应当自领取营业执照或者发生纳税义务之日起 10 日内设置账簿

C. 账簿、记账凭证、报表、完税凭证、发票、出口凭证以及其他有关涉税资料应当保存 10 年

D. 生产、经营规模小又确无建账能力的纳税人，可以聘请经批准从事会计代理记

账业务的专业机构或者财会人员代为建账和办理账务

8. 纳税人有下列（　　）情形之一的，税务机关有权核定其应纳税额。

A. 依照法律、行政法规的规定可以不设置账簿的

B. 依照法律、行政法规的规定应当设置账簿但未设置的

C. 擅自销毁账簿或拒不提供纳税资料的

D. 发生纳税义务，未按照规定的期限办理纳税申报，经税务机关责令限期申报，逾期仍不申报的

9. 目前，我国纳税申报的方式主要有（　　）。

A. 直接申报　B. 邮寄申报　C. 数据电文　D. 口头申报

10. 下列选项中（　　）属于纳税担保的范围。

A. 滞纳金　B. 抵押登记费用

C. 拍卖担保财产费用　D. 质押保管费用

三、简单题

1. 变更税务登记的范围包含哪些？

2. 发票的种类有哪些？

3. 纳税人纳税申报的方式有哪些？

4. 税收征收方式有哪些？

5. 税款征收保障措施有哪些？

参考答案

一、单选题

1～10　BBACD　BACCD

二、多选题

1. ABCD　2. AD　3. AB　4. ABCD　5. ABCD

6. BC　7. CD　8. ABCD　9. ABC　10. ABCD

三、简答题

1. 答案：

变更税务登记是指纳税人办理设立税务登记后，因登记内容发生了变化，需要对原登记内容进行更改，而向税务机关申报办理的税务登记。变更税务登记的适用情形主要包括：改变名称；改变法人代表；改变经济性质；增设或撤销分支机构：改变住所或经营地点（涉及主管税务机关变动的办理注销登记）；改变生产经营范围或经营方式；增减注册资本；改变隶属关系；改变生产经营期限；改变开户银行和账号；改

变生产经营权属以及改变其他税务登记内容。

2. 答案：

发票的种类

发票按照行业特点和纳税人生产经营项目，可划分为普通发票、增值税专用发票和专业发票三种。

①普通发票主要由增值税小规模纳税人使用，增值税一般纳税人在不开具专用发票的情况下也可使用普通发票。普通发票是最常见的一种发票，适用面最广。

②增值税专用发票是指专门用于结算销售货物和提供加工修理修配劳务使用的一种特殊发票，并且具备抵扣增值税税款的功能。

③专业发票是指国有金融、保险企业的存贷、汇兑、转账凭证、保险凭证；国有邮政、电信企业的邮票、邮单、话务、电报收据；国有铁路、国有航空企业和交通部门、国有公路、水上运输企业的客票、货票等。

3. 答案：

纳税申报是纳税人按照税法规定的期限和内容，向税务机关提交有关纳税事项书面报告的法律行为，既是纳税人履行纳税义务、税务机关界定纳税人法律责任的主要依据，也是税务机关税收管理信息的主要来源和税务管理的重要制度。

纳税人、扣缴义务人可以直接到税务机关办理纳税申报，或者报送代扣代缴、代收代缴税款报告表，也可以按照规定采取邮寄、数据电文或者其他方式办理上述申报、报送事项。

4. 答案：

（1）查账征收：查账征收是指税务机关按照纳税人提供的账表所反映的经营情况，依照适用税率计算缴纳税款的方式。这种方式一般适用于财务会计制度较为健全，能够认真履行纳税义务的纳税单位。

（2）查定征收：查定征收是指税务机关根据纳税人的从业人员、生产设备、采用原材料等因素，对其生产的应税产品查实核定产量、销售额并据以征收税款的方式。这种方式一般适用于账册不够健全，但是能够控制原材料或进销货的纳税单位。

（3）查验征收：查验征收是指税务机关通过查验数量，对纳税人应税商品按市场一般销售单价计算其销售收入并据以征税的方式。这种方式一般适用于经营品种比较单一，经营地点、时间和商品来源不固定的纳税单位。

（4）定期定额征收：定期定额征收是指税务机关通过典型调查，逐户确定营业额和所得额并据以征税的方式。这种方式一般适用于无完整考核依据的小型纳税单位。

（5）委托代征税款：委托代征税款是指税务机关委托代征人以税务机关的名义征收税款，并将税款缴入国库的方式。这种方式一般适用于小额、零散税源的征收。

（6）邮寄纳税：邮寄纳税是一种新的纳税方式。这种方式主要适用于那些有能力按期纳税，但采用其他方式纳税又不方便的纳税人。

（7）其他方式：如利用网络申报、用 IC 卡纳税等方式。

5. 答案：

责令缴纳：所有的纳税人都应按照税法的规定如期缴纳税款。纳税人有特殊困难，不能按期缴纳税款的，经省、自治区、直辖市税务机关批准，可以延期缴纳税款，但最长不得超过 3 个月。从事生产经营的纳税人、扣缴义务人未按照规定的期限缴纳税款的，纳税担保人未按照规定的期限缴纳所担保的税款的，由税务机关发出限期缴纳税款通知书，责令其限期缴纳。

责令提供纳税担保：是指经税务机关同意或确认，纳税人或其他自然人、法人、经济组织以保证、抵押、质押的方式，为纳税人应当缴纳的税款及滞纳金提供担保的行为。

采取税收保全措施：在限期内发现纳税人有明显的转移、隐匿其应纳税商品、货物以及其他财产或应纳税收入迹象的，税务机关应责令其提供纳税担保。如果纳税人不能提供纳税担保，经县以上税务局（分局）局长批准，税务机关可以采取下列税收保全措施。

采取税收强制执行措施：从事生产经营的纳税人、扣缴义务人未按规定的期限缴纳税款或解缴税款，纳税担保人未按规定的期限缴纳所担保的税款，由税务机关责令限期缴纳，逾期仍未缴纳的，经县以上税务局（分局）局长批准，税务机关可以采取下列强制执行措施。

参考文献

[1] 中国注册会计师协会. 税法 [M]. 北京：中国财政经济出版社，2024.
[2] 梁俊娇，王怡濮. 税法（第十一版）[M]. 北京：中国人民大学出版社，2024.
[3] 王素荣. 税务会计与税务筹划（第八版）[M]. 北京：机械工业出版社，2022.
[4] 吴力佳，胡小凤. 税法（第2版）[M]. 北京：机械工业出版社，2020.
[5] 国家税务总局政策法规库，https：//fgk. chinatax. gov. cn.
[6] 刘佐. 中国税制概览（2024年版）[M]. 北京：经济科学出版社，2024.
[7] 王乔，姚林香. 中国税制（第十版）[M]. 北京：高等教育出版社，2023.
[8] 马海涛. 中国税制（第九版）[M]. 北京：中国人民大学出版社，2023.
[9] 高培勇，张斌. 消费税理论与政策 [M]. 北京：中国财政经济出版社，2022.